江苏省社会科学基金重点项目最终成果
项目批准号：20FXA001

行政执法证据收集与运用规则研究

XINGZHENG ZHIFA ZHENGJU SHOUJI YU YUNYONG GUIZE YANJIU

邱爱民◎著

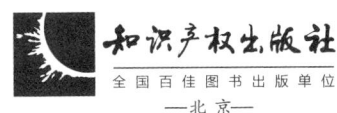

知识产权出版社
全国百佳图书出版单位
—北京—

图书在版编目（CIP）数据

行政执法证据收集与运用规则研究/邱爱民著. —北京：知识产权出版社，2022.10
ISBN 978-7-5130-8408-6

Ⅰ.①行… Ⅱ.①邱… Ⅲ.①行政执法—证据—研究—中国 Ⅳ.①D922.11

中国版本图书馆 CIP 数据核字（2022）第 193611 号

策划编辑：蔡　虹　　　　　　　　　　责任校对：谷　洋
责任编辑：王海霞　　　　　　　　　　责任印制：刘译文
封面设计：回归线（北京）文化传媒有限公司

行政执法证据收集与运用规则研究
邱爱民　著

出版发行：	知识产权出版社有限责任公司	网　　址：	http：//www.ipph.cn
社　　址：	北京市海淀区气象路 50 号院	邮　　编：	100081
责编电话：	010-82000860 转 8790	责任邮箱：	93760636@qq.com
发行电话：	010-82000860 转 8101/8102	发行传真：	010-82000893/82005070/82000270
印　　刷：	三河市国英印务有限公司	经　　销：	新华书店、各大网上书店及相关专业书店
开　　本：	720mm×1000mm　1/16	印　　张：	26.25
版　　次：	2022 年 10 月第 1 版	印　　次：	2022 年 10 月第 1 次印刷
字　　数：	500 千字	定　　价：	98.00 元

ISBN 978-7-5130-8408-6

出版权专有　侵权必究
如有印装质量问题，本社负责调换。

CONTENTS 目 录

第一章 行政执法证据和证明 ·· 1
 第一节 行政执法证据 ·· 1
  一、行政执法的概念与类型 ····································· 1
  二、证据的语词与概念 ··· 4
  三、行政执法证据的概念和功能 ································· 7
 第二节 行政执法证明 ·· 11
  一、证明与查明 ··· 11
  二、证明活动的构成要素 ······································· 14
  三、证明的分类 ··· 16

第二章 行政执法证据法 ·· 19
 第一节 行政执法证据法的概念和地位 ······························ 19
  一、行政执法证据法的概念 ····································· 19
  二、行政执法证据法的地位 ····································· 21
 第二节 行政执法证据法的渊源体系 ································ 23
  一、我国行政执法证据法的制定法法源 ·························· 23
  二、非法律规范性文件中的证据法规范 ·························· 25
 第三节 行政执法证据法的构成要素 ································ 28
  一、行政执法证据法构成要素的含义 ···························· 28
  二、行政执法证据法中的法律概念 ······························ 29
  三、行政执法证据法中的法律原则 ······························ 32
  四、行政执法证据规则 ··· 36

第三章 行政执法中的待证事实与查明职责 ······························ 42
 第一节 行政执法中的待证事实 ···································· 42
  一、行政执法案件事实 ··· 42
  二、行政执法案件事实的构成 ·································· 46
  三、行政执法案件事实的分类 ·································· 48
  四、行政执法中直接认定的事实 ································ 55

第二节 行政执法中的查明职责 ·········· 59
一、行政执法主体查明职责的行使 ·········· 59
二、行政执法主体的辅助取证 ·········· 64
三、行政执法中当事人的举证义务 ·········· 65
四、行政执法中当事人的举证权利 ·········· 68
第三节 行政执法的证明标准 ·········· 69
一、明显优势证据的证明标准 ·········· 70
二、排除合理怀疑的证明标准 ·········· 72
三、优势证据的证明标准 ·········· 74
四、反证的目的和证明程度 ·········· 75

第四章 行政执法证据的属性与类型 ·········· 77
第一节 行政执法证据的种类 ·········· 77
一、证据种类的含义和证据种类法定主义 ·········· 77
二、人证类法定证据 ·········· 78
三、物证类法定证据 ·········· 83
四、书证类法定证据 ·········· 85
第二节 行政执法证据的分类 ·········· 89
一、本证与反证 ·········· 89
二、言词证据与实物证据 ·········· 91
三、直接证据与间接证据 ·········· 91
四、原始证据与传来证据 ·········· 93
第三节 行政执法证据的属性 ·········· 95
一、行政执法证据的两要素 ·········· 97
二、行政执法证据的三特征 ·········· 99
三、证据鉴真 ·········· 104

第五章 行政执法证据的调查收集 ·········· 108
第一节 行政执法调查取证概述 ·········· 108
一、行政执法调查取证的概念和意义 ·········· 108
二、行政执法调查取证的工作原则 ·········· 111
三、行政执法调查取证的工作方法 ·········· 117
四、行政执法调查取证的工作步骤和路径 ·········· 125
第二节 人证的调查收集 ·········· 130
一、人证的调查方法 ·········· 130
二、询问的具体实施 ·········· 134
三、人证的固定 ·········· 143

四、人证的鉴真……………………………………………… 145
　第三节　物证的调查收集………………………………………… 147
　　一、物证寻找与发现方法……………………………………… 147
　　二、物证固定和保全方法……………………………………… 157
　　三、物证收取方法……………………………………………… 159
　　四、物证的鉴真………………………………………………… 161
　第四节　书证的调查收集………………………………………… 163
　　一、书证的收集方法…………………………………………… 163
　　二、书证的查阅、摘抄与复制………………………………… 166
　　三、书证原件与复制件………………………………………… 169
　　四、书证真实性及其鉴真……………………………………… 177
　第五节　科学证据的生成与收集………………………………… 180
　　一、非接触性取证与数字化信息平台………………………… 180
　　二、视听资料和电子数据的自我生成………………………… 182
　　三、视听资料和电子数据的调查收集………………………… 197
　　四、鉴定与鉴定意见…………………………………………… 206
　第六节　行政执法证据保全……………………………………… 211
　　一、行政执法证据保全概述…………………………………… 211
　　二、先行登记保存……………………………………………… 218
　　三、证据公证…………………………………………………… 225

第六章　行政执法证据的分析……………………………………… 227
　第一节　行政执法证据分析概述………………………………… 228
　　一、行政执法证据分析的概念………………………………… 228
　　二、行政执法证据分析的原则………………………………… 232
　　三、行政执法证据分析的内容………………………………… 238
　　四、行政执法证据分析的方法………………………………… 251
　第二节　行政执法单一证据的分析……………………………… 259
　　一、各种行政执法证据的分析要点…………………………… 259
　　二、行政执法中应当排除的证据……………………………… 266
　　三、行政执法中待补强的证据………………………………… 269
　　四、卷宗和程序证据的分析…………………………………… 270
　第三节　行政执法全案证据的分析……………………………… 273
　　一、全案证据的逻辑证明体系………………………………… 273
　　二、间接证据的证明力………………………………………… 277
　　三、数个证据的证明力比较…………………………………… 281

第七章　行政执法证据的整理与提交 ·················· 285
第一节　行政执法证据的整理 ·························· 285
一、行政执法证据整理的概念 ···················· 285
二、行政执法证据整理的适用情形 ················ 287
三、行政执法证据整理的原则 ···················· 291
四、行政执法证据整理的方法 ···················· 293
第二节　行政执法中的证据提交 ······················ 296
一、行政执法证据提交的基本规则 ················ 297
二、各类行政执法证据的具体提交 ················ 300
三、行政执法中的责令提出证据 ·················· 304
四、行政执法中的证据交换 ······················ 305
第三节　行政执法证据目录的编制 ···················· 306
一、行政执法证据目录及其组成 ·················· 307
二、证据目录标题和案号的表达 ·················· 309
三、证据目录表格内项目的表达 ·················· 311
四、证据目录编制主体与日期的表达 ·············· 314

第八章　行政执法听证程序与质证 ···················· 315
第一节　行政执法听证程序概述 ······················ 315
一、行政执法听证制度与原则 ···················· 316
二、行政执法听证范围 ·························· 317
三、听证主体及其权利义务 ······················ 320
第二节　行政执法听证实务操作 ······················ 323
一、听证的告知、申请和受理 ···················· 323
二、听证的准备 ································ 324
三、听证的实施（举行） ························ 326
四、听证笔录与听证报告 ························ 333
第三节　听证程序中的质证 ·························· 334
一、质证的概念和功能 ·························· 335
二、质证的主体与客体 ·························· 337
三、质证的内容与路径 ·························· 339
四、质证的方法 ································ 341

附录　行政执法证据收集与运用规则 ·················· 345

参考文献 ·· 409

第一章 行政执法证据和证明

行政执法有三个核心问题，分别是事实认定、法律适用和程序操作。执法程序犹如一个平台、一种形式，尽管有其自身的独立价值，然而，贯穿于程序中的实质事项还是事实认定与法律适用。所以，"以事实为根据、以法律为准绳"便是行政执法的最基本法治要求。如何认定事实？靠证明活动。如何实施证明？靠证据。行政执法中的证明就是收集和运用证据完成案件事实认定的专门活动。行政执法证据法就是规制这种证明活动的法律原则和法律规则。

第一节 行政执法证据

古人讲"名不正，则言不顺"。从逻辑和语言的角度讲，就是指概念必须准确，判断才能通顺、规范。因此，认知整个行政执法证据法或者行政执法证据规则，必须明确两个最基础、最核心的概念：证据和证明。本节探讨什么是证据，进而解释什么是行政执法证据。

一、行政执法的概念与类型

理解和认识行政执法证据、行政执法证明、行政执法证据法或者行政执法证据规则及其所有问题，都有一个绕不过去的"坎"，那就是什么是行政执法？哪些行政行为属于行政执法？这是必须首先回答的基础性问题。

1. 行政执法的定义

什么是行政执法？姜明安教授把各种认识归结为四种范围大小不一的主张：广义说、较广义说、较狭义说和狭义说。其中较广义说认为行政执法是行政机关执行法律的行为，是主管行政机关依法采取的具体的、直接影响相对一方权利义务的行为；或者对个人、组织的权利义务的行使和履行情况进行监督检查的行为。[1] 依据该观点，行政执法包括行政执行、行政监督检查。

---

[1] 姜明安：《行政法》，北京：北京大学出版社2017年版，第276—284页。

笔者赞同"较广义说",认为行政执法不包括抽象行政行为和行政司法行为;行政复议等解决行政争议或者特定民事争议的行为也不是本书所论及的行政执法行为。行政执法就是指各种行政执行行为和行政监督检查行为。相关规范文件也把行政执法界定为行政许可、行政处罚、行政强制、行政征收、行政收费、行政检查等执法行为。❶

2. 行政执法的主体

行政执法主体也是行政执法证据的收集和运用主体。通常而言,有什么样的行政主体和部门,就会有什么样的行政执法领域,相应地就存在什么样的行政执法证据和证明。根据《宪法》、国务院和地方各级人民政府组织法等法律法规的规定,行政执法的主体包括三类:

①行政机关。包括中央或者全国性行政机关、地方行政机关。

②法律、法规授权的组织。包括法律、法规授权的行政机构及其他社会组织。这些行政机构及其他社会组织是否享有行政执法权限,需要依据授权的法律、法规加以界定。并非所有能够成为行政主体的行政机构和其他社会组织都能够成为行政执法主体。

③受委托的行政执法组织。受委托的行政执法组织是基于行政机关的授权而成为执法主体的。依照法律、法规、规章的规定,行政机关在其法定职权范围内,可以委托其他行政机关实施行政许可、行政处罚等执法行为。

3. 行政执法的行为类型

与行政执法的概念密切相关,确定行政执法行为具体包括哪些类型,对于正确理解和认知行政执法证据、证明、证据法或者证据规则极有助益。因为在每一种行政执法行为中都存在证据收集与运用的问题,都有证明或者事实认定事宜,都需要法律规制和调整。笔者认为,十八届四中全会决定明示的六种行政执法行为是行政执法的核心和重点,行政执法证据及其收集和运用、行政执法证据法主要存在于这六大行为的执法程序之中。

(1) 行政许可

行政许可,是指行政主体根据行政相对人的申请,通过颁发许可证或者执照等形式,解除法律的一般禁止,依法赋予特定相对人从事某种活动的权利或

---

❶ 例如,2016年7月14日中共中央办公厅、国务院办公厅印发的《行政执法类公务员管理规定(试行)》第2条指出,行政执法类公务员,是指依照法律、法规对行政相对人直接履行行政许可、行政处罚、行政强制、行政征收、行政收费、行政检查等执法职责的公务员,其职责具有执行性、强制性。

者资格的行政执法行为。❶

（2）行政处罚

行政处罚，是指行政主体依照法定权限和程序，对那些违反行政管理秩序，尚未构成犯罪，但是依法应予行政处罚的行政相对人给予行政制裁的行政执法行为。❷

（3）行政强制

行政强制包括行政强制措施和行政强制执行。行政强制措施，是指行政机关在行政管理过程中，为了制止违法行为、防止证据损毁、避免危害发生、控制危险扩大等情形，依法对自然人的人身自由实施暂时性限制，以及对自然人、法人或者其他组织的财物实施暂时性控制的行为。行政强制执行，是指行政机关或者行政机关申请的人民法院，对不履行行政决定的自然人、法人或者其他组织依法强制履行义务的行为。❸

（4）行政征收

广义的行政征收包括税费征收、财产（不动产或动产）征收和劳力的征调。狭义的行政征收，专指行政主体为了公共利益的需要，依法征收、征用行政相对人的财产（不动产或动产），并依法对之予以补偿的行政执法行为。❹

（5）行政收费

行政收费属于税费征收。但相对于税，费通常不具有长期性、稳定性。依据法治原则，费改税将是财税体制改革的方向。但是，绝对的不收费也是不存在的。目前我国的主要收费项目有资源费、建设资金费、管理费及其他行政事业性收费。❺

（6）行政检查

行政检查也称行政监督检查、行政调查，是行政监管的一项重要手段，是指行政执法主体依据相关的法律、法规和规章，对相对人的生产经营和服务活动是否合法所进行的察看、了解和掌握，以及可能出现的督促、纠正等执法行

---

❶ 参见 2019 年 4 月 23 日修正的《中华人民共和国行政许可法》（以下简称《行政许可法》）第 2 条："本法所称行政许可，是指行政机关根据公民、法人或者其他组织的申请，经依法审查，准予其从事特定活动的行为。"以下不再——注明该法典的修正日期。

❷ 参见 2021 年 1 月 22 日修订的《中华人民共和国行政处罚法》（以下简称《行政处罚法》）第 2 条："行政处罚是指行政机关依法对违反行政管理秩序的公民、法人或者其他组织，以减损权益或者增加义务的方式予以惩戒的行为。"以下不再——注明该法典的修订日期。

❸ 参见 2011 年 6 月 30 日通过的《中华人民共和国行政强制法》（以下简称《行政强制法》）第 2 条。以下不再——注明该法典的通过日期。

❹ 姜明安：《行政法》，北京：北京大学出版社 2017 年版，第 374-375 页。

❺ 参见 2016 年 3 月 15 日财政部印发的《政府非税收入管理办法》（财税〔2016〕33 号）第 3 条规定。

为。这里的行政检查不包括对内的监督检查,纯粹是指对外的、针对行政管理相对人的监督检查。我国虽然没有专门的行政检查法,但是许多行政实体法都有专门的监督管理章节。

在上述六类具体行政执法行为中,行政检查、行政处罚和行政强制无疑居于中心位置。例如,经国务院批准,生态环境部公布的《生态环境保护综合行政执法事项指导目录(2020年版)》中有248项行政执法事项,要么是行政处罚,要么是行政强制。同样,农业农村部公布的《农业综合行政执法事项指导目录(2020年版)》中共有251项执法事项,其中230项为行政处罚,21项为行政强制。

二、证据的语词与概念

什么是证据?在现行行政执法部门制定的规章以及非法律规范性文件中,一律把行政执法中的证据界定为"材料",即证据是证明案件事实的材料。这种表达是否符合证据这一概念的基本内涵,是否足以涵盖行政执法中的所有法定证据种类呢?笔者认为不能。这种表达的根本原因在于受到了行政执法办案卷宗的影响。在行政执法程序中,卷宗是自始至终的办案过程与结果的载体,是执法程序的"包裹"。所有的证据,不管其在法律上如何界定,客观上如何存在,最终都要转化为卷宗里的材料。当事人、证人、鉴定人不能装入卷宗,怎么办?转换为身份证件、资质证书、照片影像;他(她)们的言词陈述不能装入卷宗,怎么办?转换为询问笔录、录音录像;案件现场是不动产,不能装入卷宗,怎么办?转换为勘验检查笔录、现场笔录、照片影像;瓜果蔬菜、灰尘雾霾、微量物质等不能装入卷宗,怎么办?转换为照片影像、电子监测数据;如此等等,不胜枚举。鉴于此,大家纷纷以为证据就是材料了。其实,这种主张虽无大错,但是不准确。

1. 证据的语词来源

(1)汉语中的"证据"

在汉语中,"证据"一词的准确起源已经很难考证。古代汉语文献中,"证""据"二字往往是分开使用的,其中,"证"字相当于现代的证据,但多指人证;"据"字则是指依据或者根据。"证据"二字合用的情况比较少见,其含义有两种:一是名词性用法,指"证明事实的根据",如晋代葛洪著《抱朴子·弭讼》有述:"若有变悔而证据(證據)明者,女氏父母兄弟,皆加刑罪。"二是动词性用法,指"证明,考据",如唐代韩愈《昌黎集三二·柳子厚墓志铭》中夸赞柳宗元"俊杰廉悍,议论证据(證據)今古,出入经史百子。"其中的"证据"就是动词用法,意思为"据史考证"或"据实证明"。❶在《唐律·断狱》"官司出入人罪"条也有"虚立证据(證據)"的表述,此处的"证据"也是名词用法。

20世纪初,白话文的推广和清末变法修律运动,促使"证""据"二字越来越多地合并为一个词使用,而且多出现在与法律事务有关的文献中。现在,"证据"已经是汉语中常用的语词之一。

(2)英文中的"证据"

证据在英文中的最佳对应词汇是evidence,例如,美国《联邦证据规则》就使用了这一词汇:*The Federal Rules of Evidence*。美国的《布莱克法律词典》(*Black's Law Dictionary*)收录了evidence一词,指出该法律词汇在14世纪出现,作为名词,其含义有四种:❷ 其一,指"能够证实或者否定主张事实存在的事物,包括证言、文书和有形物"。显然这是从通常的、广泛的角度,基于证据之功能而作出的解释。其二,指"证据事实"。所谓"证据事实",是指"法庭据以得出某种推论的事实;在审判或者听审中被允许作为证据的事实"。这一解释强调证据已经被法庭或者听审程序所采纳,具有可采性。其三,证据是指"针对有争议的主张或者事实,而在法庭呈现的所有事物,如证言、展示件等"。英美证据法中的展示件主要是指实物证据和示意证据,它们的举证、质证离不开展示或者出示。这一解释侧重于从当事人举证的角度进行分析。这里的证据应当既包括真实的证据,也包括虚假的证据。必须注意:当事人提交的证据并非全部能够被法庭所采纳,不一定都具有可采性。其四,指"证据规则"(rules of evidence),即"规范证据可采性的证据法的主体部分",而可采的证据,其内容将被记入法律程序之中,作为定案依据。这一解释应当关注其语境,即在英美法律体系中,evidence可以用于指称证据法的主干部分:证据规则。证据法与其他部门法一样,其内容要素也包括证据法概念(concepts)、证据法原则(principles)、证据法规则(rules)三部分。其中,证据法规则无疑属于核心。

此外,对于汉语中的"证据"一词,英文中也用proof或testimony表述之。但是,proof作为名词,其含义包括"证据;证明;检验;证实;求证;验算"等。在证据法上,更多地用于指称"证明"。testimony作为名词,其含

---

❶ 广东、广西、湖南、河南辞源修订组,商务印书馆编辑部:《辞源(修订本重排版)》,北京:商务印书馆2010年版,第3185页。

❷ Bryan A. Garner, *Black's Law Dictionary*, 9th ed, New York: WEST/A Thomson Reuters business, 2009, p.635.

义包括"证据；证明；证词；证言；口供"等。在证据法上，更多地用于指称"证言"。

特别强调一下，evidence 在英文中的含义比较丰富，作为名词，有"根据；证明；证据；（法庭上的）证据、证词、人证、物证"等意义；作为动词，有"证明；表明；作为……的证据"等意义。约定俗成，大家都用它指称"证据"。

2. 证据的概念

证据的概念，如同证据法学上的其他名词术语一样，"百家争鸣，百花齐放"。对证据可以从多种方面进行认识，或者说，只有从多个方面才能认识证据的属性。例如，从内涵角度来看，证据是证明案件事实的事实，即证据本身也是事实；从其形态来看，证据为证明案件事实的有关事实材料；从结果来看，证据为认定案件事实的根据。此外，证据有定案证据和非定案证据之分，只要事实材料与案件事实有关联，不管最终能否审查属实，都可以作为证据。❶

21世纪初，我国就有学者整理归纳了证据法学界关于"证据"概念认知的各种学说观点，发现居然有14种之多，包括事实说、材料说、根据说、信息说、统一说、定案证据说、两义说（事实、材料）、方法（手段）说、结果说、原因说、证明说、反映说、综合说（事实、方法）、多义说。❷ 笔者认为，在众多学术观点中，影响较大且或多或少、直接或间接有法条支撑的是事实说、材料说、根据说和信息说。

单纯的事实说或者材料说比较片面，信息说比较抽象，故以根据说最为可取。证据是指证明案件事实存在与否的根据。将"根据"作为证据的属概念，可以解决"假证据、伪证据、非法证据、不能证实为真的证据"是不是证据的问题。有人认为"假证据、伪证据、非法证据、不能证实为真的证据"不能称为证据，不在证据范畴之内。笔者认为，这种观点是机械、僵化、于法无据的。"证据"一词，应当涵盖所有法律程序中出现的、当事人加以运用的，以及最终被事实认定者（法官、陪审团、仲裁员、行政执法机关等）采信为定案根据的证据。简言之，证据既包括那些进入法律程序中、真假混杂的证据，又包括查证属实并最终作为定案根据的证据。不要把定案根据与证据直接

---

❶ 《最高人民法院司法解释小文库》编选组：《行政诉讼证据司法解释及相关法律规范》，北京：人民法院出版社2002年版，第35－36页。

❷ 高家伟，邵明，王万华：《证据法原理》，北京：中国人民大学出版社2004年版，第3页。这里主要是从诉讼证据法的角度进行考察。

混淆，当作一回事。《行政处罚法》第 46 条第 1 款规定的证据有书证，物证，视听资料，电子数据，证人证言，当事人的陈述，鉴定意见，勘验笔录、现场笔录。第 2 款规定"证据必须经查证属实，才能作为认定案件事实的根据"。如果立法者使用"证据"一词，仅仅就是指"真实"的证据，那么有何必要再规定"查证属实"呢？要求"查证属实"就意味着双方当事人提交的证据可能存有虚假。而这种虚假的证据亦应当被称为证据。真假混杂的证据经过程序审查的过滤，剩下的就是能够作为定案根据的那部分证据。

3. 证据与证据材料

"证据材料"在我国现行证据法中是一个法定术语，它是 20 世纪 50 年代就出现的一个法律概念。"证据材料"的出现与使用，本来是为了解决"证据是事实"这一立法表述的逻辑矛盾的，因为在法律程序中，并非所有证据形态都是事实。当初，"证据材料"与"证据"有很大的区别，不能等同替代。但是，随着法典及司法解释文件对这一词汇的广泛使用，以及 2012 年后相关程序法典的陆续修正，"证据是事实"的表达及理解已经被改为"证据是材料"。此外，尽管事实类证据是初始证据、本原证据，但是它们的固定、反映却常常需要示意证据和笔录材料，如物证照片、证人谈话笔录等。这些都是事实类证据的转化材料，它们亦都可以称为证据。所以，通常情况下，"证据材料"与"证据"可以作为同一概念，可以混同使用、等同替代。

三、行政执法证据的概念和功能

行政执法证据是证据在行政执法程序中的特定化，是存在于行政执法程序中的证据，故也可以称为行政执法程序证据，但不宜称为行政证据或者行政程序证据。毕竟行政执法与行政、行政程序还是有很大差异的。例如，《浙江省行政程序办法》❶ 所规定的行政程序就包括政府规章、行政规范性文件制定和重大行政决策程序；一般行政执法程序；特别行政执法程序。可见，行政程序包括行政立法程序、规范性文件制定程序、行政决策程序、行政执法程序。

1. 行政执法证据的概念

笔者将行政执法证据的概念界定为：行政执法证据是指有助于行政执法主体查明案件真实情况的一切事实和材料。

既然笔者赞同"证据就是证明案件事实存在与否的根据"，为什么又将行政执法证据界定为"是指一切有助于行政执法主体查明案件真实情况的事实和材料"呢？原因如下：

---

❶ 2016 年 10 月 1 日，浙江省人民政府令第 348 号。以下不再——注明该文件的发文日期和发文号。

（1）证据是根据，证据是事实和材料，这两种表述并不矛盾

证据是证明的根据，那么可以进一步提问"证据为什么能够成为证明的根据呢"？答案是：证据留存着当初发生的案件事实的全部或者部分信息。正是这些留存的信息帮助事实认定者查明了、复制出了、证实了过去发生的案件事实的真相。这些留存着过去案件事实信息的证据，就其生成或者出现的实际状况而言，大体可分为事实类证据和材料类证据。换言之，过去案件事实的信息是如何得以留存的？信息的载体是什么？是通过事实类和材料类证据得以留存的；信息的载体包括事实类证据和材料类证据。在诉讼程序和行政执法程序中，事实类证据尽管具有原始性，但总体数量不多，而且往往需要借助各种材料才能保存或展示，所以办案程序就成了"做材料"的过程。故而，材料类证据占比较大。鉴于此，用信息界定证据，不算错，但偏重于证据内容的揭示且非常抽象，高深难懂；单纯用事实或者材料来定义证据，也不算错，但偏重于证据形式且片面不完整，不具周延性。因此，中外各国以信息定义证据的不多。综合比较下来，还是"根据说"最为可取，内涵通俗易懂，外延周全完整，立场中性、覆盖真假。但是，证据之所以能作为根据，还是通过事实类证据和材料类证据这些载体来实现的。有些根据是事实，有些根据是材料，事实根据往往要转化为材料根据。

（2）把行政执法证据界定为事实和材料，就是要破除证据是材料的不周全定义

所谓事实类证据，就是当初案件发生时，就客观存在于案件环境之中或者直接感知案件事实的实物或人员。在我国法定证据种类里，物证、书证、视听资料、电子数据、（民事、行政）当事人、犯罪嫌疑人、被告人、被害人、证人等都是事实类证据。所谓材料类证据，是当初案件发生时不存在，而在案件处理过程中陆续形成或者出现的信息载体，诸如文字材料、电子音像材料、实物示意材料等。材料类证据的根本来源或者说基础还是当初案发时的实物或者人员，只不过添加了法律程序的因素，在法律程序中生成，它们有些属于我国立法文本中的法定证据，如鉴定意见、勘验笔录、现场笔录、检查笔录、辨认笔录、侦查实验笔录等；有些属于法定证据的示意物、固定品、复制件，如物证的复制品或照片、书证的复印件或影印件、证言和当事人陈述的书面记录或者电子音像记录、视听资料和电子数据的拷贝等。

（3）把行政执法证据界定为事实和材料，更具有大众性，易于行政执法主体和当事人及其他参加人所接受

界定"证据是根据"比界定"证据是信息"更加通俗易懂。但是，对于社会大众来说，还是存在一定的抽象性。而界定证据为事实或者材料，其通俗

性又前进了一步。之所以这么说，是因为相关词典都是这么界定证据的，如第7版《现代汉语词典》把证据解释为："名词，能够证明某事物的真实性的有关事实或材料。"❶

（4）把行政执法证据界定为事实和材料，在证据法学界和实务部门早已有之

1992年5月，当时的中国高级律师高级公证员培训中心组织编写了一套试用教材，其中一本是《证据理论与实务》。该书指出，证据，顾名思义，就是证明的根据或凭据。包括古今中外一切证据制度在内的广义的证据概念，就是指证明法律事务事实真相的一切根据或凭据。而在我国，广义的证据概念则是指证明法律事务事实真相的一切事实和材料。这种广义的证据既包括诉讼证据又包括非诉讼法律事务证据；有真假之分和是否属实之别；有的进入了证明程序，有的没有进入证明程序；有依法收集的证据和非法收集的证据；有经过查证属实的证据和未经过查证属实的证据；有的指证据事实本身，有的指证据材料本身。狭义的证据则专指经过查证属实可以作为定案根据的证据。❷ 可见，很早就有学者指出证据包括事实类证据和材料类证据，它们经过查证属实都可以作为定案的根据。

在这里还需要指出一点，那就是行政执法中的所有证据，无论是事实类证据还是材料类证据，其最终来源要么是人，要么是物，抑或人与物的两两组合。具体分析，这种证据来源又包括五种情形：其一，独立来源于人的证据，如当事人陈述、人身中的生物证据等；其二，独立来源于物的证据，如现场、违法搭建的房屋等；其三，来源于人与人结合的证据，如证人证言等；其四，来源于物与物结合的证据，如交通违法中的车辆撞击痕迹等；其五，来源于人与物结合的证据，如现场指纹、鉴定意见等。

2. 行政执法证据的功能

行政执法证据的功能和其他法律事务中证据的功能是一样的：总体上讲，都是认定案件事实的根据。在行政执法系统内，有人主张行政执法证据的功能在于：证据是认定案件事实的依据；证据是实现执法公正的前提；证据是当事人合法权益的保障。❸ 但是，笔者认为，证据作为行政执法程序中当事人证明相关案件事实的工具和行政执法主体查明案件事实的手段，其功能或者说首要

---

❶ 中国社会科学院语言研究所词典编辑室：《现代汉语词典》（第7版），北京：商务印书馆2016年版，第1673页。

❷ 刘金友：《证据理论与实务》，北京：法律出版社1992年版，第55-59页。

❸ 交通运输部政策法规司：《交通运输行政执法证据收集与运用》，北京：人民交通出版社2012年版，第5-6页。

层次的功能，在于如下两个方面。

（1）证据是当事人用以支持其事实主张的根据

在诉讼程序中，双方当事人都应当依法提交证据、运用证据，证据是其希望并最终实际赢得诉讼的工具，证据的作用就在于支持了该当事人的事实主张。在其他法律程序，诸如仲裁、行政执法过程中，证据的功能相对于程序当事人来说，亦是如此。尽管行政执法具有直线型、主动性的特点，在行政执法程序中，当事人提交证据、运用证据的责任没有诉讼或者仲裁程序中那么明显。但是，当事人一方面享有举证的权利，可以运用证据更好地维护自身的合法权益；另一方面，在有些执法活动，如行政许可、行政给付等中，当事人依法还是需要提交相应的证据来证明自己符合许可条件、给付条件的。如果没有这类证据的提交，当事人可能会失去行政许可、行政给付。❶

（2）证据是行政执法主体认定案件事实的根据

除了行政许可、行政给付等少数执法行为外，从时间的角度去看，所有的案件事实都是过去时。过去曾经发生的案件事实如何展现在当下、呈现在面前呢？靠证据的复制。因为证据是过去案件事实留下的信息，证据留存着过去事实的信息。所以，行政执法主体认定案件事实时，尽管有些免证事实的制度安排，但绝大多数还是需要借助证据。认定案件事实，必须以证据为基础。❷ 所谓基础，就是基石、根据、凭据和依据。

3. 行政执法证据与其他证据的关系

行政执法证据与行政复议证据、行政诉讼证据和刑事诉讼证据，乃至民事诉讼证据固然有所在法律程序或者法律环境的不同、证明对象与证明价值的不同、分析审查判断主体的不同等区别，但是它们也有一定的联系。

（1）行政执法证据延续至行政复议和行政诉讼之中

根据《中华人民共和国行政复议法》和《中华人民共和国行政诉讼法》，在行政执法程序中收集的证据，既可能又可以在行政复议或者行政诉讼中依法使用。但这些证据需受行政案卷外证据排除规则的约束。在取证和析证的基础上，行政执法主体在行政复议或者行政诉讼中运用证据的重点是举证和质证环节的己方证据维护与对方证据破坏。与此同时，行政复议或者行政诉讼证据的运用原则与规则，对行政执法证据的收集和运用有很好的指导引领作用。因为行政执法证据极有可能面临着行政复议或者行政诉讼的"考验"。

---

❶ 详见本书第三章第二节相关内容。
❷ 2011年5月30日《环境行政处罚证据指南》（环办〔2011〕66号）第5.1.1条。以下不再一一注明该文件的发文日期和发文号。

（2）行政执法证据与刑事诉讼证据可以互相转化

根据《中华人民共和国刑事诉讼法》（以下简称《刑事诉讼法》）第54条第2款和《公安机关办理行政案件程序规定》第33条的规定，行政执法主体在行政执法和查办案件过程中依法收集的物证、书证、视听资料、电子数据等证据材料，在刑事诉讼中可以作为证据使用；刑事案件转为行政案件办理的，刑事案件办理过程中依法收集的证据材料，可以作为行政案件的证据使用。行政执法证据与刑事诉讼证据是可以相互转化的。❶

（3）行政执法证据彼此之间可以相互使用

《价格行政处罚证据规定》❷第38条指出，其他行政执法机关移送的证据材料，在经过充分审查，认定其真实、合法后，可以作为定案依据。❸《文化市场行政处罚案件证据规则（试行）》第25条规定，上级执法部门交办或者其他行政部门移送案件时移交的书证、物证、视听资料、鉴定结论、现场笔录、勘验笔录等证据材料，经执法部门审查确认后，可以直接作为行政处罚案件的证据使用。❹《福建省行政执法条例》第53条第2款也有类似规定。❺由此可见，行政执法证据彼此之间经过一定的审查分析，是可以相互使用的。

第二节　行政执法证明

证明是行政执法证据法理论与实务中一个基础的、根本性的概念，其逻辑顺位甚至高于证据。因为证据只是证明的手段或者工具而已。本节探讨证明的含义、构成要素和证明的分类。

一、证明与查明

在行政执法程序中有一个非常值得关注的事项，那就是"证明"与"查明"并用。例如《行政处罚法》在第33条第2款使用了"证明"一词，在第40条使用了"查明"一词。第40条要求行政机关在给予违反行政管理秩序的

---

❶ 指2018年10月26日第三次修正的《刑事诉讼法》和2020年8月6日第三次修正、公安部令第160号发布的《公安机关办理行政案件程序规定》。以下不再一一注明此两份文件的发文日期和发文号。

❷ 《价格行政处罚证据规定》已于2019年废止，出于介绍相关法规的需要，书中引用了其中的部分内容。

❸ 2013年4月9日，发改价监〔2013〕716号。以下不再一一注明该文件的发文日期和发文号。

❹ 2012年9月24日，文市发〔2012〕34号。以下不再一一注明该文件的发文日期和发文号。

❺ 2019年7月26日，福建省第十三届人大常委会第十一次会议通过。以下不再一一注明该文件的通过日期。

公民、法人或者其他组织行政处罚时，必须查明事实；违法事实不清、证据不足的，不得给予行政处罚。

1. 证明的语词用法与概念

"证明"一词有名词性用法和动词性用法。《现代汉语词典》解释名词性用法的"证明"是指证明书或者证明信；解释动词性用法的"证明"是指用可靠的材料来表明或断定人或事物的真实性。❶ 这种观点基本上也可以运用到证据法中来。在证据法上，证明更多的是作为动词使用，是指国家专门机关、当事人等主体按照法定的程序和标准，运用已知的证据和事实揭示或者认定案件事实的专门活动。行政执法证明就是指行政执法主体在行政执法程序中，收集和运用证据来证实案件事实的专门活动。证据法中的证明也有作为名词使用的，指书证中的一部分。《中华人民共和国治安管理处罚法》（以下简称《治安管理处罚法》）❷ 同时在名词性和动词性上使用"证明"一词，其中第52条、第59条和第87条都是名词性用法，分别指被伪造、变造或者买卖的证明文件，典当物品来源和合法性的证明材料，执法检查时的检查证明文件。第93条是唯一的动词性用法的"证明"，该条强调，公安机关办理治安案件，对没有本人陈述，但是其他证据能够证明案件事实的，可以作出治安管理处罚决定。但是，只有本人陈述，没有其他证据证明的，不能作出治安管理处罚决定。这是治安管理行政处罚中的"唯陈述不能定案"规则，要求运用证据来证明案件事实，而这种证据不能仅仅是当事人的陈述。

2. 查明的语词用法与概念

"查明"一词只有动词性用法。《现代汉语词典》对"查明"是这样解释的：动词，调查清楚。调查也是动词，是指为了了解情况进行考察，多指到现场调查。❸ 这种用法在证据法上能不能直接使用？笔者认为是可以的。行政执法中的"查明"是指行政执法主体在行政执法程序中将案件事实调查清楚的专门行为。在行政行为的内容合法性要件中，包括行政行为应有事实根据，证据确凿；在行政行为的程序合法性要件中，包括行为符合法定的步骤与顺序。以行政处罚为例，行政主体实施行政处罚行为，必须有行政相对人实施了违法行为的事实根据。实施行政处罚，一般首先要调查、取证，查明事实之后才能

---

❶ 中国社会科学院语言研究所词典编辑室：《现代汉语词典》（第7版），北京：商务印书馆2016年版，第1673页。

❷ 指2012年10月26日修正的《治安管理处罚法》。以下不再一一注明该法典的修正日期。

❸ 中国社会科学院语言研究所词典编辑室：《现代汉语词典》（第7版），北京：商务印书馆2016年版，第137页，第301页。

依法作出相应的处理，即"先调查、后处理"。❶ 因此，"查明"一词在行政执法的相关法律文件和非法律规范性文件中才会大量存在、普遍使用。同样看《治安管理处罚法》，该法只有一个条文在动词意义上使用了"证明"，却有三个条文使用了"查明"。该法第89条第3款强调，对扣押的物品，经查明与案件无关的，应当及时退还；第90条指出，为了查明案情，需要解决案件中有争议的专门性问题的，应当实施鉴定；第99条第2款规定，为了查明案情进行鉴定的期间，不计入办理治安案件期限。这三处所谓的查明，都是指把相关案件事实调查清楚，作出准确的事实认定。

3. 查明是自向证明

在行政执法程序和行政执法证据法中，查明与证明并用，查明比证明使用得更加频繁。那么，查明与证明是什么关系呢？我国有学者指出，根据证明的目的是让自己明白还是让他人明白，可以把证明分为自向证明和他向证明。自向证明就是向自己证明，自己搞清楚案件事实，自己说服自己可以作出相应的事实认定；他向证明就是向他人证明，通过证据的提交、运用，让他人搞清楚案件事实，说服他人作出有利于自己的事实认定或者支持自己的事实认定。❷ 自向证明和他向证明的主体在法律程序中可以转化，公安机关在治安管理处罚程序中查明案件事实，自己说服自己作出了相对人违法的事实认定并作出了行政处罚，此时属于自向证明。在相对人提起行政诉讼后，公安机关就需要向法院证明自己的治安管理行政处罚在事实认定上是正确的，法官应当相信并支持自己的事实认定，此时属于他向证明。因此，查明在一定意义上可以等同于自向证明。

笔者认为，在三角形的"两造对立，居中裁判"的纠纷解决机制中，查明与证明的区别比较显著，竭力证明的是讼争双方，负有举证证明责任的是讼争双方，实施他向证明的是讼争双方；查明事实，作出公正裁决的是法官或者仲裁员，他们才是自向证明的主体。但是，在直线型的行政执法程序中，查明与证明可以混同、混用，除非该行政执法事务涉及争议或者确实存在查明与证明的差异。例如，在相互斗殴引起的治安管理处罚案件中，某一当事人被指控为故意伤害他人，此时该当事人主张自己是正当防卫，于是，主张正当防卫者需要证明（他向证明），说服公安机关相信自己的事实主张。这时当事人的证明与公安机关的查明就有所不同了。但需要注意一点，纵使该当事人不主张正当防卫，不提出证明或者证明不充分，依据行政法的规定，公安机关也应当主

---

❶ 姜明安：《行政法》，北京：北京大学出版社2017年版，第244—246页。
❷ 何家弘，刘品新：《证据法学》，北京：法律出版社2004年版，第194—197页。

动查明案件事实和案件性质，搞清楚该当事人的行为到底是故意伤害还是正当防卫。毕竟，行政执法强调职权探知，即"先调查、后处理"。对于那些依申请而作出的行政执法行为而言，申请者的证明和行政执法主体的查明也会有所不同。申请者提交材料属于他向证明；行政机关审查申请材料并作出相应的决定属于自向证明；利害关系人对申请事项提出陈述和申辩也属于他向证明。

简而言之，在行政执法程序和行政执法证据法中，查明与证明一般情形下可以等同使用，都是运用证据揭示案件事实。查明与行政执法主体的关联性更强一些，强调执法主体的职责，追问主体有没有把案件事实搞清楚；证明偏向于外在证据运用的结果状态，追问案件事实有没有被证实出来。使用动词性"证明"的《治安管理处罚法》第93条完全可以以"查明"的方式表达出同样的意思：公安机关查处治安案件，对没有本人陈述，但能够通过其他证据查明案件事实的，可以作出治安管理处罚决定。但是，只有本人陈述，没有其他证据来查明案件事实的，不能作出治安管理处罚决定。因此，本书下文除非有特别交代，一般不严格区分查明与证明。

二、证明活动的构成要素

从制度的角度来看，证明或者查明是由不同的部件按照法律规定构成的有序的系统。如果说分类是从外部的角度分析证明的范围和形态，那么，构成则是从内部的角度剖析证明的构成要素和环节。证明或者查明活动的构成要素是本书分论部分的主线和纲目。本书第三章至第八章就是围绕行政执法证明或者查明活动的构成要素而展开的。对于证明活动的构成要素，证据法学界一般主张五要素说，包括证明对象、证明主体和证明责任、证明标准，证明方法、证明程序。[1] 笔者认为，还应当加上一项要素，即证明手段。

1. 证明对象

证明对象，亦称待证事实、要证事实、证明标的，是指法律规定行政执法主体为正确处理案件所必须查明的案件事实。证明对象是证明活动的客体，它提出案件中哪些事实需要证明的问题，树立了行政执法证明活动的标的或者靶向。证明对象具有普遍性和特殊性。所谓普遍性，是指实体法从一般的意义上规定了同类案件的要件事实；所谓特殊性，是指证明对象的具体内容由具体案件中的人、物、行为、事件等决定。行政执法中的证明对象主要由实体法和程序法规定，是证明的首要构成环节。详见本书第三章"行政执法中的待证事实与查明职责"第一节行政执法中的待证事实。

---

[1] 樊崇义：《证据法学》（第6版），北京：法律出版社2017年版，第255-256页。

2. 证明主体和证明责任

证明主体是指依法承担证明义务、享受证明权利的主体。证明责任是指证明主体依法承担的查明或者阐明案件事实的责任。在行政执法程序中，证明责任也称为查明责任、查明职责，它回答了对于证明对象应当由谁来加以证明的问题。详见本书第三章"行政执法中的待证事实与查明职责"第二节行政执法中的查明职责。

证明责任如何分配的问题由实体法和程序法共同解决。实体法不仅规范当事人的权利义务关系，还规范当事人的证明责任的分配；程序法规定查明案件事实是行政执法人员的职责，证明责任自然在其范畴之内。此外，程序法还规定当事人的证明责任，作为对实体法有关规定的补充和具体化。

3. 证明手段

证明手段，亦称证明根据、证明工具，是指用来进行证明活动的根据或依据。证明手段解决了证明主体用什么来实施证明活动的问题。这个根据或依据就是证据，包括书证、物证、人证等。它应当是客观存在的事实或者材料。详见本书第四章"行政执法证据的属性与类型"。

4. 证明方法

证明方法主要是指主观思维活动的形式，包括文义分析、逻辑推理、经验法则、科学分析（鉴定）、推定、行政职务认知等。证明方法把行政执法证据与行政执法待证事实联系了起来，通过对证据中所包含的信息的分析，完成了对过去案件事实的"复制"或者"重建"。逻辑推理是最重要的证明方法，其中形式逻辑具有重要的意义。推定和行政职务认知的特点是省略了一般的取证、举证、质证和认证的复杂程序，是一种快捷的证明方法。详见本书第六章"行政执法证据的分析"第一节行政执法证据分析概述之行政执法证据分析的方法、第三章"行政执法中的待证事实与查明职责"第一节行政执法中的待证事实之行政执法中直接认定的事实。

5. 证明程序

证明程序亦称证明过程，是实施行政执法证明活动应当经历的步骤和环节，一般包括取证、析证、举证、听证与质证几个阶段。证明过程与行政执法证据法、行政执法程序法密切关联，证明过程是行政执法程序过程的核心和主体部分，也是行政执法证据法的重点内容。证明过程生动且完整地展示了证明活动的如何实施、如何开展、如何完成。详见本书第五章"行政执法证据的调查收集"、第六章"行政执法证据的分析"、第七章"行政执法证据的整理与提交"、第八章"行政执法听证程序与质证"。

6. 证明标准

证明标准亦称证明要求、证明任务、证明程度，是指行政执法主体查明案件事实、当事人证明案件事实所应当达到的程度，具体表现为对证据的量和质的要求以及对全案证据认定的要求。对证据质的要求表现为客观性、合法性和关联性；对证据量的要求是"充分"。对全案证据的认定要求是"案件事实清楚""排除合理怀疑""明显优势证据""优势证据"等。对行政执法人员来说，对案件事实的认定没有达到证明标准的，视为违法；对当事人来说，对案件事实的证明没有达到证明标准的，视为没有履行举证责任，应当承担不利于己的后果。证明标准解决了证明活动何时可以停止的问题，也是行政执法证明是否完成的检验尺度。详见本书第三章"行政执法中的待证事实与查明职责"第三节行政执法的证明标准。

三、证明的分类

证明的分类是从外部的角度，依据不同的划分标准来分析证明或者查明的范围和形态，以便更加精准地认知和实施相应的证明活动。

1. 行为意义上的证明和结果意义上的证明

这是以证明的表现形态为标准所作的分类。行为意义上的证明是证明行为（prove），指证明主体根据已知事实查明或者阐明未知案件事实的活动。结果意义上的证明是严格意义上的证明（proof），指运用已知事实阐明或者查明未知案件事实的结果，特别是行政执法人员对案件事实的形成确信的心态。

行为意义上的证明可以进一步分为取证、析证和认证、举证、听证和质证等行为，这些行为表现为连续的证明过程。结果意义上的证明可以进一步分为证明和释明。所谓证明，又称为严格证明，是指对案件事实的证明必须达到相当高的程度，需要较高的证明标准，如"案件事实清楚、证据确实充分"或者"排除合理怀疑"。这种严格的证明适用于要件事实。所谓释明，又称为"稀明"，是指根据一定的证据认定某种事实大致可能成立，仅需要微弱的心证和较低的确信程度就可以了。释明适用于程序法事实。

2. 行政许可证明、行政强制证明、行政处罚证明和其他行政执法事务中的证明等

这是以行政执法行为的具体类型以及证明所在的程序为标准所作的分类。与此类似的划分还有公安执法证明、交通运输执法证明、农业农村执法证明、市场监管执法证明等。只不过这是从行政执法主体的角度对行政执法行为的另一种类型的划分。

3. 行政执法人员的证明、当事人及其律师的证明

这是以证明主体为标准所作的分类。不同的证明主体，其证明的程序规则有较大的差异。不同主体的证明，其证明目的也不一样。行政执法人员的证明是为了查明案件事实；当事人及其律师的证明是为了获得有利于己的事实认定。

4. 实体法事实的证明和程序法事实的证明

这是以证明对象为标准所作的分类。实体法事实的证明是指对要件事实的证明；程序法事实的证明是指对法律程序特别是诉讼程序进展状况事实的证明。

实体法事实的证明和程序法事实的证明，其标准不一样。另外，程序法事实在行政执法案件中具有一定的特殊性。

5. 宏观意义上的证明和微观意义上的证明

宏观意义上的证明是指由证明的全部过程和环节构成的系统，针对的是整体的证明制度；微观意义上的证明是指证明主体在办理案件过程中进行的证明活动，针对的是具体的证明行为。

通常所说的证明是指微观意义上的证明。所谓证明制度，则是指一个国家在特定的历史条件下形成的，由证明的构成要素按照法律规定构成的有序的、具有特定风格和模式的体系。证明制度和证据制度是相互包容并且经常被替换使用的概念，没有对二者进行区别的必要。

6. 自向证明和他向证明

自向证明是证明责任主体说服自己的一种证明；他向证明是证明责任主体说服别人（审查决定自身证明活动的其他主体）的一种证明。自向证明更多地表述为查明。

7. 预备证明和本体证明

对证据属性（真实性、合法性、关联性）的证明活动是"预备证明"，在美国《联邦证据规则》第九章中被称为 Authentication（证据鉴真）。❶ 相对而言，对案件实体构成要件事实的证明，以及对部分程序法事实的证明，则称为本体证明。《国务院办公厅关于全面推行行政执法公示制度执法全过程记录制度重大执法决定法制审核制度的指导意见》❷ 要求的执法全过程记录，其实就是对执法过程及在过程中获取的证据的关联性、真实性和合法性加以证明或者佐证。此时的文字记录或者音像记录都是证据鉴真的外在证据。2022 年 2 月 1

---

❶ 邱爱民：《实物证据鉴真制度研究》，北京：知识产权出版社 2012 年版。

❷ 2018 年 12 月 5 日，国办发〔2018〕118 号。以下不再一一注明该文件的发文日期与发文号。

日起施行的《农业行政处罚程序规定》❶第 35 条第 2 款规定：复制件、影印件、抄录件和照片由证据提供人或者执法人员核对无误后注明与原件、原物一致，并注明出证日期、证据出处，同时签名或者盖章。这里的注明、签名或者盖章也是预备证明，是证明复制件、影印件、抄录件和照片具有关联性、真实性和合法性的一种专门活动。

---

❶ 2021 年 12 月 21 日，农业农村部 2021 年令第 4 号。以下不再一一注明该文件的发文日期与发文号。

第二章　行政执法证据法

行政执法证据法是规制行政执法程序中的证明活动或者事实认定的法律原则和法律规则。虽然我国现在还没有全国统一的行政程序法或者行政证据法专门法典，但是，在许多法律、行政法规、地方性法规、行政规章和政策，以及非法律规范性文件中，行政执法证据法规范是大量存在的。这些行政执法证据法规范总体上保证了我国行政执法程序中事实认定的准确性。当然，目前仍存在一些有待消除的证据制度之瑕疵。

第一节　行政执法证据法的概念和地位

没有规矩不成方圆，行政执法程序中运用证据、实施证明，也需要加以必要的规制和调整。本节介绍行政执法证据法的概念和地位。

一、行政执法证据法的概念

"证据法"（Evidence Law, Law of Evidence）一词，从语词用法上讲，既指一门法学学科，又指若干法律规范。作为指称法律规范的证据法，既可以指称专门的证据法典，又可以指称所有事关证据运用的渊源体系。从其内部规制对象分，既有证据实体问题的规定，又有证据程序问题的规定；从其外部存在环境分，既有诉讼制度中的证据法，又有非诉讼事务中的证据法（二者还可以继续细分）。不同国家有不同的证据法，不同法系亦有不同的证据法。要而言之，作为法律规范的证据法，是指规制证明活动或者事实认定的法律原则和法律规则。

1. 行政执法证据法的定义

行政执法证据法是笔者提出的一个概念，是一个证据法学术语，有必要对其作出定义且进行必要的解释。目前学术界对于行政执法证据法相近的表述主要是行政程序证据制度、行政证据制度、行政程序证据规则、行政证据规则。那么，如何理解证据法与证据制度、证据规则三者的关系呢？证据制度，就是证据法律制度，是一个国家的各种法律法规中与证据有关的那些规定和规则的总称，是国家法律制度的一个重要组成部分。❶ 证据制度与证据法是一个事物的两种表述，本质上是一回事。证据规则是指那些确认证据的范围、调整和约束运用证据实施证明行为的法律规范体系，是证据法的集中体现。❷ 证据规则是证据法的核心和主干，简单地说，它们也是一回事。鉴于此，可以归结为一句要点：证据法，有时又被称为证据制度、证据规则。证据制度是证据法规定的法律制度，证据规则是证据法的基本内容。❸

综上所述，笔者认为，行政执法证据法亦称行政执法证据制度、行政执法证据规则，或者更详细地称为行政执法证据收集与运用制度、行政执法证据收集与运用规则。即行政执法证据法是规制行政执法程序中的证明活动或者事实认定的法律原则和法律规则。

2. 行政执法证据法定义的理解

正确理解行政执法证据法的定义，需要进一步阐释以下几个关联问题。

（1）行政执法证据法之"法"应作适度的扩张

根据《立法法》第 1 条和第 2 条的表述，《立法法》所指的"法"是宪法、法律、行政法规、地方性法规、自治条例和单行条例、国务院部门规章、地方政府规章。❹ 那么，行政执法证据法之"法"是否亦是如此范围呢？不完全是。行政执法证据法之"法"需要作适度的扩张。就成文法的角度考量，如果我们把《立法法》所规定的宪法、法律、行政法规、地方性法规、自治条例和单行条例、国务院部门规章、地方政府规章称为规范性法律文件，那么行政执法证据法之"法"应当扩张到非法律规范性文件。在认知行政执法证据法时，必须克服法律实证主义或者严格法条主义的倾向。由于我国的行政执法体制建立的历史不长，行政执法程序的完备度有待提高，相应地，关于行政执法证据收集与运用的规范性法律文件及其法条并不是很多。相反，许多规制行政执法证据收集与运用的文件和条文来自非法律规范性文件。在这种情况下，应当把具有一定的普遍性、说服力和调整功能的非法律规范纳入行政执法证据法之"法"的范围中来，把能否作为行政执法办案依据作为衡量某种社会规范是否属于行政执法证据法之"法"的重要标志和依归。其实，这些非法律规范性文件的制定与出台，亦是宪法和组织法所许可的行政行为，并非绝

---

❶ 樊崇义：《证据法学》（第 6 版），北京：法律出版社 2017 年版，第 4 页。
❷ 樊崇义：《证据法学》（第 6 版），北京：法律出版社 2017 年版，第 80 页。
❸ 樊崇义：《证据法学》（第 6 版），北京：法律出版社 2017 年版，第 29 页。
❹ 《中华人民共和国立法法》（以下简称《立法法》）于 2000 年 3 月 15 日通过，2015 年 3 月 15 日修正。以下不再一一注明该法典的修正日期。

对地没有法律依据、是法外之物。当然，从法治建设的角度看，非法律规范性文件应当逐步上升为或者转换成规范性法律文件，但这需要一个过程。

（2）行政执法证据法存在的领域应当作严格的限制

行政执法证据法应当严格限定在行政执法领域，行政执法应当限定在行政执行行为和行政监督检查行为，不应包含行政调解、行政仲裁、行政裁决和行政复议。因此，行政执法证据法延伸至行政程序法领域甚至行政法领域并不妥当，尽管行政程序和行政管理活动中亦有证据问题。其实，在行政程序中研究和关注的证据问题，主要局限于行政执法领域。如王万华教授主持撰写的《中国行政程序法典试拟稿及立法理由》，其中调查与证据、听证等制度安排都集中在第四章"行政决定"中，而不是在第三章"重大行政决策和行政规范性文件"、第六章"行政指导"、第七章"行政合同"中。❶

二、行政执法证据法的地位

行政执法证据法的地位，是指行政执法证据法能不能相对独立于行政实体法、行政程序法，以及有无独特的功能和作用。

1. 行政执法证据法是独立的分支部门法

行政执法证据法与行政实体法、行政程序法的关系，主要是指其能否独立于行政执法实体法、行政执法程序法而成为相对单一的法律分支部门。

我国法学界经过长期的研究和探索，确立了以法律所调整的社会关系（即调整对象）为主、结合法律调整的方法来划分法律部门的标准。❷ 鉴于此，行政执法证据法有无独特的调整对象？有无独特的调整方法？如果有，行政执法证据法自然有其自身的独立性质；如果无，其自身的独立性质也就无从谈起。笔者认为，行政执法证据法有专门的调整对象，它就是事实认定或者证明活动；行政执法证据法也有专门的调整方法，其原则和规则的构建，权利、义务、责任和制裁的安排都具有个性。依据调整对象和调整方法的不同，笔者界定行政执法证据法的性质是专门调整行政执法活动中的法律事实认定或者法律证明活动的分支部门法。裴苍龄教授曾经指出：如果从发现证据的进程来看，证据法更接近于程序法，然而，从证据的效力分析，证据的作用又在于确认实体上的权利关系，因为证据的功能主要是确定案件事实，而案件事实便是个实体问题，因而，证据法又有了实体法的色彩。实际上，证据法既不属于实体

---

❶ 王万华：《中国行政程序法典试拟稿及立法理由》，北京：中国法制出版社2010年版。

❷ 公丕祥：《法理学》，上海：复旦大学出版社2002年版，第359页。另可参阅该书第177-194页"法律调整的一般分析"部分。

法，也不属于程序法，它应当具有独立的性质。❶ 笔者认为，在行政法这个大的部门法内部，也可以细分为行政实体法、行政程序法和行政证据法。

行政执法证据法作为专门调整法律事实认定或者法律证明活动的分支部门法，能否与行政实体法、行政程序法呈三足鼎立之势，值得进一步探讨。笔者只是强调如下两点：

①行政执法证据法肯定不能简单归入行政实体法或者行政程序法之中，证据法与实体法或程序法至少是交叉关系，决不能理解为包含于关系。换言之，实体法中有证据法规范，程序法中也有证据法规范。笔者一直认为，证明对象、证明责任和部分推定，是在实体法中规定的；甚至个别证据种类的资格要素，在实体法中都有涉及。

②纵使行政执法证据法可以归入行政实体法或者行政程序法，也不妨碍它可以成为独立的分支部门法。因为部门法的划分不是一蹴而就的，而是可以多层次的。有学者指出，除了把一国的法律体系划分成一些独立的法律部门之外，还可以把一级法律部门进一步划分为第二层次乃至第三层次的次级部门或子部门。❷ 所以，即使行政执法证据法在行政程序法或行政实体法中有大量规定，也不妨碍其成为第二层次乃至第三层次的分支部门法。

2. 行政执法证据法的功能

笔者认为，包括行政执法证据法在内的所有证据法的功能无非体现在两个方面：其一，对当下法律事务方面的功能；其二，在国家法治建设方面的功能。

对于当下法律事务的处置而言，证据法最主要的功能就是"求真"价值的实现，即确保事实真相的发现。以事实为根据、以法律为准绳之"事实"能否全面、正确地呈现出来，完全依赖于证据法的保障、证据的运用。在个案处理方面，证据法也有部分的"求善"价值的实现。《价格行政处罚证据规定》第1条曾经交代该文件的制定目的之首为"准确认定价格违法案件事实"，可见该规范性文件的自身定位和功能表达是认定案件事实的准确性，即"求真"。

证据法在国家法治建设方面的功能是间接体现的，是通过具体事务、个别案件的正确处理而表达出来的。李学灯教授曾经指出，在法治社会中解决社会矛盾、定分止争，证据是公平正义的基础。认定案件事实，必然是适用法律的

---

❶ 裴苍龄：《证据法学新论》，北京：法律出版社1989年版，第8页。
❷ 公丕祥：《法理学》，上海：复旦大学出版社2002年版，第360页。

前提。因此产生了各种证据法则，遂为认定事实及适用法律之根本。❶《中共中央关于全面推进依法治国若干重大问题的决定》强调必须以事实为根据、以法律为准绳，健全事实认定符合客观真相、办案结果符合实体公正、办案过程符合程序公正的法律制度。这一要求彰显了证据、证据规则（法）在法治建设中的巨大作用。证据法的法治实现功能是建立在具体的诉讼案件、行政执法案件、非诉讼事务的正确处理基础之上的。

第二节　行政执法证据法的渊源体系

"法的渊源"一词有若干种不同的意义，包括但不限于法的历史渊源（产生特定法律原则和规则的过去的行为和事件）、理论渊源（曾经影响法律、促进立法及推动法律变革的一些理论或者哲学原则）、形式渊源（立法机关或者法律宣布机关制定或者发布的具有权威性的法律规则）、文件渊源（对法律的权威性阐述，如成文法、法定文件、判例法汇编、公认的法理等）、文字渊源（即法律文献）。法律的任何一条原则或规则都有其历史渊源、理论渊源、形式渊源和文件渊源。从研究角度看，历史渊源和理论渊源更有意义；但从实践角度看，形式渊源和文件渊源更有价值。❷ 本节所谓行政执法证据法的渊源体系，即偏重于实践方面。

一、我国行政执法证据法的制定法法源

我国行政执法证据法没有专门的、单一的法律文件或者法典，但是存在实质上的行政执法证据法规范体系，它们构成了行政执法证据法的渊源。具体而言，我国行政执法证据法的成文法渊源体系包括下列法律文件。

1. 宪法

我国《宪法》在其序言部分指出：宪法是国家的根本法，具有最高的法律效力。从证据法的角度考察，宪法中的证据法规范主要是事关人权保护及相应的取证合法性的规定。如第 37 条规定，中华人民共和国公民的人身自由不受侵犯。任何公民，非经人民检察院批准或者决定或者人民法院决定，并由公安机关执行，不受逮捕。禁止非法拘禁和以其他方法非法剥夺或者限制公民的人身自由，禁止非法搜查公民的身体。第 39 条规定，中华人民共和国公民的

---

❶ 李学灯：《证据法比较研究》，台北：五南图书出版公司 1992 年版，序言。
❷ ［英］戴维·M. 沃克：《牛津法律大辞典》，李双元等译，北京：法律出版社 2003 年版，第 1048－1049 页。

住宅不受侵犯。禁止非法搜查或者非法侵入公民的住宅。这些规定为取证合法性奠定了宪法基础。凡是违反这些规定而取得的证据，应当作为非法证据加以排除。

2. 全国人大及其常委会的法律

许多行政法典文件都存在或多或少的证据法规定。例如，《行政处罚法》第 45 条第 1 款规定，当事人有权进行陈述和申辩。行政机关必须充分听取当事人的意见，对当事人提出的事实、理由和证据，应当进行复核；当事人提出的事实、理由或者证据成立的，行政机关应当采纳。第 54 条第 1 款规定，除依法可以当场作出的行政处罚外，行政机关发现公民、法人或者其他组织有依法应当给予行政处罚的行为的，必须全面、客观、公正地调查，收集有关证据；必要时，依照法律、法规的规定，可以进行检查。《治安管理处罚法》第四章"处罚程序"第 77～90 条专门规定了证据"调查"。《行政许可法》第 31 条要求，申请人申请行政许可，应当如实向行政机关提交有关材料和反映真实情况，并对其申请材料实质内容的真实性负责。《行政强制法》第 37 条指出，在催告期间，对有证据证明有转移或者隐匿财物迹象的，行政机关可以作出立即强制执行决定。一个法条同时出现了证据、证明这两个证据法的核心词汇。

3. 国务院行政法规

对于证据法规范来说，国务院行政法规的规制是混合式的，即国务院并没有专门的证据运用的行政法规文本，而是在有关行政法规文本中存在若干证据法规定。如《道路交通安全法实施条例》第 92 条规定，发生交通事故后当事人逃逸的，逃逸的当事人承担全部责任。但是，有证据证明对方当事人也有过错，可以减轻责任。当事人故意破坏、伪造现场、毁灭证据的，则应当承担全部责任。❶ 这就是一个典型的证据法规范，包含法律推定、证明责任和证明对象。

4. 国务院部门规章

部门规章对证据的规定有混合式和专门的单行文件两种形式。关于证据的专门的单行文件的部门规章相对较少，如 2016 年 3 月 2 日，司法部颁布的《司法鉴定程序通则》（司法部令第 132 号）；2000 年 8 月 7 日，审计署颁布的《审计机关审计证据准则》（审计署令第 2 号），等等。部门规章混合证据法规范的文件则相对较多，如《公安机关办理行政案件程序规定》第四章"证据"有 9 个条文，规定了证据内涵和种类，取证规则和禁止非法取证，收集物证、

---

❶ 该条例于 2004 年 4 月 30 日由国务院令第 405 发布，于 2017 年 10 月 7 日修订。以下不再一一交代该文件的修订日期。

书证、电子数据的具体要求，刑事证据可转化为行政证据，证人资格与作证义务，等等；第七章"调查取证"有74个条文，规定了调查取证一般规定，询问，勘验、检查，鉴定，辨认，证据保全，办案协作，等等；第八章"听证程序"有31个条文，规定了听证一般规定，听证人员和听证参加人，听证的告知、申请和受理，听证举行，等等。

5. 地方性法规

地方性法规专门规定证据的文件几乎没有，但是，许多行政执法的地方性法规中包含大量的证据法规范也是一个不争的事实。如《福建省行政执法条例》第六章专门规定了行政执法证据。其他行政管理类的地方性法规中也或多或少地存在一些证据法规范，如2019年3月29日江苏省第十三届人民代表大会常务委员会第八次会议第二次修正的《江苏省城乡规划条例》，其第39条就规定申请办理建设工程规划许可证应当提交各种证据材料。

6. 地方政府规章

目前没有专门规定证据法的地方政府规章，但是许多涉及行政执法的地方政府规章中混合有大量的证据法规范。如《浙江省行政程序办法》第四章"一般行政执法程序"之第三节"调查和证据"中规定了取证、听证和认证。其他行政管理类的地方政府规章中也或多或少地存在一些证据法规范，如《江苏省租赁住房治安管理规定》（江苏省人民政府令第130号）第20条第1款要求乡镇人民政府、街道办事处以及住房城乡建设、消防救援、公安机关等有关部门和单位对租赁住房集中地区定期走访并进行安全检查，对租赁住房结构和使用性质、消防设施、疏散通道、电气燃气设施、车辆充电停放等进行日常巡查，巡查情况及发现租赁住房存在的安全隐患，形成检查记录，落实安全防范措施。这里的安全检查、日常巡查既是一项行政执法行为，又是发现证据、收集证据的现场检查活动，其所形成的检查记录是行政执法法定证据的种类之一，也是一项执法程序证据。

二、非法律规范性文件中的证据法规范

从法律实践或者适用法律时的法律推理角度考察，所谓法的渊源，就是指特定法律共同体所承认的具有法的约束力或者具有法律说服力，并能够成为法律决定（行政处理决定、司法裁判、仲裁裁决等）之大前提的规范或者准则来源。具有明文规定的法律效力并且直接作为法律决定大前提的法律规范是正式的法的渊源，即正式法源；不具有明文规定的法律效力但具有法律说服力，并能够合法成为法律决定大前提的准则称为非正式的法的渊源，即非正式法源。对于行政执法证据法的非法律规范性文件构成行政执法证据法的渊源之一

的说法没有争议。但对它们属于正式法源还是非正式法源，则有不同见解。笔者赞同把这些有关行政执法证据收集与运用的非法律规范性文件中的规定作为正式法源，以扩展行政执法证据法之"法"的范畴。这些非法律规范性文件具有数量多、质量参差不齐、适用面广的特点。

1. 非法律规范性文件的概念和组成

宪法和地方组织法条文中所指称的国务院规定的行政措施、发布的决定和命令，国务院各部、各委员会发布的命令、指示，县级以上地方各级国家行政机关规定的行政措施、发布的决定和命令，县级以上政府所属各工作部门发布的决定，乡镇政府发布的决定和命令，在行政法学界被称为"其他规范性文件""其他行政规范性文件"。对于其他规范性文件有两种理解：其一，是指各级各类国家行政机关为了实施法律、执行政策，在法定权限内制定的除行政法规和规章以外的具有普遍约束力的决定、命令及行政措施等；其二，是指没有行政法规和行政规章制定权的国家行政机关为了实施法律、法规和规章而制定的，具有普遍约束力的决定、命令、行政措施等。通说采纳第一种观点。❶笔者认为，根据《立法法》对广义法律的界定，既然这些其他规范性文件不属于广义的法律范畴，又具有相当的普遍约束力，不妨称其为"非法律规范性文件"。一方面，它们属于规范文件，具有规范性，是抽象行政行为，与行政立法较为接近；另一方面，它们也不属于法律文件，不具有法律规范的约束力。

根据发布非法律规范性文件的主体，可以将其分为三类：一是享有行政立法权的行政机关，如国务院、国务院一些部委、省级人民政府、设区的市级人民政府发布的行政规范性文件；二是不享有行政立法权的国务院的工作机构，如国务院办公机构、没有一般行政管理职能的直属机构和部委归口管理的国家局等发布的行政规范性文件；三是不享有行政立法权的地方各级政府及其工作部门，如县级政府、乡镇政府、省级政府的各工作部门等发布的行政规范性文件。❷根据《立法法》第85条，凡不是由部门首长签署命令予以公布的规范文件都不能称为国务院部门规章；凡不是由省长、自治区主席、市长或者自治州州长签署命令予以公布的规范文件都不能称为地方政府规章。它们只能被称为非法律规范性文件。

2. 非法律规范性文件中的证据法规范

非法律规范性文件在制定程序方面与行政立法近似，但在社会管理、行政

---

❶ 罗豪才，湛中乐：《行政法学》（第4版），北京：北京大学出版社2016年版，第169页。
❷ 姜明安：《行政法》，北京：北京大学出版社2017年版，第272页。

执法方面，却更接近于具体行政行为，只是比具体行政行为稍微抽象、间接一些而已。就行政执法证据法的渊源来说，许多非法律规范性文件发挥着比正式法源还要全面、具体的功效。理论上讲，非法律规范性文件对行政执法证据法的规定也有独立文件式和混合文件式之分。所谓混合文件式，就是在其他非法律规范性文件中有部分涉及行政执法证据法的条文；所谓独立文件式，就是指该非法律规范文件是专门针对行政执法证据收集或者运用而制定的。例如，2016年7月15日，国家安全监管总局出台了《安全生产执法程序规定》（安监总政法〔2016〕72号），其中第四章"安全生产行政处罚程序"，第二节"一般程序"之第26条规定了调查取证问题，第三节规定了听证程序，第五章"安全生产行政强制程序"中的第36条规定，可以对有根据认为不符合保障安全生产的国家标准或者行业标准的设施、设备、器材以及违法生产、储存、使用、经营的危险物品予以查封或者扣押，对违法生产、储存、使用、经营危险物品的作业场所予以查封；可以临时查封易制毒化学品有关场所、扣押相关的证据材料和违法物品；可以查封违法生产、储存、使用、经营危险化学品的场所，扣押违法生产、储存、使用、经营的危险化学品以及用于违法生产、使用危险化学品的原材料、设备工具。这些都属于行政执法证据法规范，只是混合于安全生产执法程序规定之中。

　　作为行政执法证据法的非正式法源，当然是以独立文件式为最佳。如2014年3月7日国家海事局颁布的《海事行政执法证据管理规定》（海政法〔2014〕141号）❶共四章，第一章"总则"中除规定制定目的、制定依据、适用范围之外，还规定了证据的概念、证据的属性、调查取证的原则；第二章"证据收集"中，在一般性规定部分规定了取证主体资格、严禁非法取证、证据先行登记保存和证据保管，然后分别规定了书证、物证、视听资料、电子数据、证人证言、当事人陈述、鉴定意见、勘验（检查）笔录的收集；第三章"证据审查与认定"规定了对单一证据和全案证据进行审查的内容、具体审查认定证据时的路径、证据排除规则和补强证据规则；第四章"附则"规定了解释主体与实施日期。很显然，这就是一部浓缩的海事行政执法证据法。类似的专门规范文件还有《价格行政处罚证据规定》《文化市场行政处罚案件证据规则（试行）》及《常见文化市场行政处罚案件执法取证指引（试行）》《环境行政处罚证据指南》《财政部门证据先行登记保存办法》等。❷公安部2017

---

❶ 以下不再一一注明该文件的颁发日期和发文号。
❷ 《财政部门证据先行登记保存办法》由财政部于2005年11月4日发布，发文号：财监〔2005〕103号。以下不再一一注明该文件的发布日期和发文号。

年2月16日公布的《公安机关鉴定规则》（公通字〔2017〕6号）❶是专门针对鉴定证据的单行证据法文件，该规则共12章、60条，详细规定了公安鉴定的主体、工作原则、后勤保障；鉴定人权利义务、鉴定人回避；鉴定的委托、受理、实施；补充鉴定、重新鉴定；鉴定文书、鉴定资料和检材样本的管理；鉴定人出庭作证、鉴定工作纪律与责任、规则冲突适用规定等问题。

第三节 行政执法证据法的构成要素

既然是成文证据法，无论是混合法典式，还是独立法典式，该法典或者文件就有一个内容组成的问题。部门法的内容一般都是由法律概念、法律原则和法律规则组成的。法律概念是基础，但它不直接调整社会关系、规制人的行为；法律原则与法律规则直接调整社会关系、规制人的行为。但是，原则比较抽象，体现着抽象性和灵活性；规则比较具体，体现着具体性和稳定性。

一、行政执法证据法构成要素的含义

1. 成文法的结构要件

法是由若干部分构成的统一体。构成法的整体的各个部分，称为法的结构要件。现代成文法的结构通常包括以下三个方面。❷

①法的名称。法的名称，亦称法律标题，是成文法必备的要件。

②法的内容。包括规范性内容和非规范性内容。规范性内容就是常说的法律规范，它涉及人类行为的法定模式和法定后果，是成文法的核心，大多数条文表达的都是规范性内容。规范性内容是成文法必备的内容，主要集中于分则部分。非规范性内容是指立法目的、立法依据、通过机关和通过时间、批准机关和批准时间、公布机关和公布时间、法的施行日期、授权立法、法的废止等事务性的规定。非规范性内容一般在法律文件的首部和尾部，即总则、附则部分。

③表现法的内容的符号。这部分主要包括题注，目录，总则、分则、附则，各部分的小标题，序言，编、章、节、条、款、项、目，附录，有关人员的签署等。

2. 成文法内容的构成要素

成文法内容的主体部分为规范性内容。规范性内容在形式上表现为法律条

---

❶ 以下不再一一注明该文件的发布日期和发文号。

❷ 周旺生：《立法学》（第2版），北京：法律出版社2009年版，第459-461页。

文，但其实质要素却是法律概念、法律原则和法律规则。换言之，法条是形式，概念、原则、规则是内容。

在基本的法理学上，法律概念、法律原则和法律规则（规范）被称为法（律）的要素或者微观内容。证据法也是如此。我国曾有学者指出，证据法的核心领域具体包括证据法的基本概念（如证据、证据材料、证明、证明责任、证明对象、证明标准、推定、司法认知等）、基本原则（如证据裁判原则、自由心证原则、直接言词原则、客观真实原则、利益衡量原则等）、证据规则（即有关区分定案证据和证据材料的证据可采性规则，有关证据证明力大小的采信规则，以及证据的种类和分类规则）以及证明规则（即有关证明对象的确定、证明责任的分配、证明标准的适用的一般性规则）等。❶ 因此，笔者认为，所谓行政执法证据法构成要素，是指通过成文法条文所体现的、关于行政执法证据收集与运用的法律概念、法律原则和法律规则。

二、行政执法证据法中的法律概念

概念是我们认知事物的最基本的逻辑形式。概念有两个基本逻辑特征：内涵和外延。内涵是指反映在概念中的事物的特有属性，通称概念的含义；外延是指反映在概念中的具有概念内涵的所有事物，通称概念的适用范围。概念作为一种思维形式，是通过一定的语言形式，即语词来表达的。

1. 行政执法证据法中法律概念的含义

《牛津法律大辞典》指出，法律概念（Legal Concepts），是那些法律思想家，基于对具体法规和案例归纳性研究而得出的一般性和抽象性观念。概念是那些法律思想的基本载体，将杂乱无章的具体事项重新整理归类的基础便是法律概念。❷ 在证据法的构建、适用、研究与传播的过程中，立法（制定）者、司法（执法）者、学者等也会对证据和证明的各种事物进行抽象概括，于是出现了证据法概念，行政执法证据法亦是如此，如《价格行政处罚证据规定》第3条对价格行政处罚证据的规定，其中就出现了"证据""证明""案件事实""材料"四个证据法概念。所谓行政执法证据法中的法律概念，也可以称为"行政执法证据法概念"，是指在行政执法证据法各规范文件中使用的、与证明或者证据运用有关的法律概念，其表现形式是各种语词或者词组。

---

❶ 高家伟：《论证据法的体系和法典化》，载何家弘主编《证据学论坛》第8卷，北京：中国检察出版社2004年版，第63页。

❷ ［英］戴维·M. 沃克：《牛津法律大辞典》，李双元等译，北京：法律出版社2003年版，第673页。

2. 行政执法证据法中法律概念的构成

行政执法证据法中的法律概念主要围绕行政执法中的事实认定或者证明来构建和组成，包括但不限于：

① 关于证明对象的概念。如《海事行政执法证据管理规定》第 3 条使用的"海事行政执法案件事实"一词。

② 关于证明主体和证明责任的概念。如《农业行政处罚程序规定》第22条要求农业行政处罚机关"必须查明事实"，这里的必须查明事实或者查明事实就是事关证明责任的概念。

③ 关于证明手段或者证明工具，也就是证据类型的概念。如《行政处罚法》第 46 条第 1 款规定，证据包括：书证；物证；视听资料；电子数据；证人证言；当事人的陈述；鉴定意见；勘验笔录、现场笔录。这里的概念都是法定证据种类的法律专门概念。

④ 关于证明方法或者分析评价证据的思维形态的概念。证明方法一般分为证据方法和非证据方法。证据方法是指运用证据，通过对证据所包含的案件事实信息的分析来认定过去存在过的案件事实；非证据方法是指免证事实。如《环境行政处罚证据指南》第 5.1.2 条要求案件审查人员应当依据法律、法规和规章规定，运用专门知识、逻辑推理和工作经验，对取得的所有证据进行全面、客观和公正的分析判断，确定证据材料与待证事实间的证明关系，排除不具有关联性的证据材料，准确认定案件事实。这里使用的"专门知识""逻辑推理"和"工作经验"三个概念分别代表三种证据分析方法，即科学分析、逻辑分析、经验分析（经验法则）。

⑤ 关于证明过程，也就是证据运用各个环节的概念。一般认为，证据运用的环节包括取证、举证、质证、认证，以及析证、听证等。如《海洋行政执法调查取证工作规则》❶ 的文件名称直截了当地使用了"调查取证"一词。

⑥ 关于证明标准的概念。我国证据法对证据标准的统一说法是"案件事实清楚，证据确实充分"。如《行政处罚法》第 40 条体现的标准是：事实清楚、证据充足。这里的"事实清楚、证据充足"就是关于证据标准的概念。再如《交通运输行政执法程序规定》❷ 第 4 条第 1 项使用的"事实认定清楚，证据确凿"也是证明标准的概念。

---

❶ 2009 年 1 月 12 日，国海办字〔2009〕22 号文。以下不再一一注明该文件的发文日期和发文号。

❷ 该文件于 2021 年 6 月 30 日修正，交通运输部令 2021 年第 6 号。以下不再一一注明该文件的修正日期和发文号。

行政执法证据法概念还包括关于行政执法证据法或者证据规则的概念，如证据法、行政执法证据法、行政执法证据规则、行政执法证据制度，以及关于证据法学和证据科学的概念，如证据法学、行政执法证据法学、证据科学、法庭科学等。

笔者认为，离开了证据法概念（证据法中的法律概念）也就不存在证据法了，无论是成文证据法还是判例证据法皆是这样。无论是立法、司法、行政执法，还是普法及法学研究与教育，皆是如此。因为所有的法律原则或者法律规则都需要借助法律概念来建构、表达、体现。按照一般的看法，法典由原则、规则和概念构成。不过，一个重要的问题是，原则和规则的实际意义仍需要通过法律概念来表达。在这个意义上，当我们说法典实际上只是一个概念体系时，并没有错误。任何法典都不过是围绕几个核心概念而构建的，都不过是对此等核心概念的进一步逻辑演绎或者细化。在演绎和细化的过程中，一个属概念又包含了不同的种概念，这样层层演绎，最后形成了一个完整的概念体系。❶ 证据法也是如此构建的。证据法最基本的核心概念是"（待证）事实"和"证明"；第二层次的核心概念是"证明责任""查明职责"以及"证明标准"；第三层次的关键概念是"证据方法"和"非证据方法"，即运用证据完成证明或者不依赖证据实现证明目的。接下来的概念便是"证据""司法认知""自认""推定"等。然后不断演绎、细化、推展出"证据种类""证据分类""证据收集""证据保全""证据提交""证据分析""物证""书证""勘验"等系统的、大量的证据法概念。所以，学习和研究证据法，绝对不能忽视证据法概念。每一个证据法概念都有其不容小觑的功能价值。只有证据法概念清晰明确了，才能谈及证据法原则和证据法规则。

3. 行政执法证据法中法律概念的解释

对于行政执法证据法中的法律概念，制定者在规范文件中作了界定或者有明确含义的，基本上按照此等界定或者明确含义理解即可。但是，对于没有进行界定或者没有明确含义的证据法概念，就需要进行解释。许多事关行政执法证据法的文件都有大量的自我概念解释。例如，《价格行政处罚证据规定》第3条对价格行政处罚证据作出了内涵式界定，指出价格行政处罚证据是证明价格违法案件事实存在，并据以作出行政处罚的材料；而第5条则对价格行政处罚证据作出了外延式界定，指出价格行政处罚证据是指书证，物证，视听资料、电子数据，证人证言，事人陈述，鉴定结论（鉴定意见），勘验笔录和现场笔录。此外，第6~12条还分别对各种法定证据进行了内涵式定义。

---

❶ 陈金钊，熊明辉：《法律逻辑学》，北京：中国人民大学出版社2012年版，第74页。

在规范文件中欠缺概念解释时，就需要另外的概念解释。这种解释分为有权解释和学理解释。有权解释一般是指制定者解释，如《价格行政处罚证据规定》第44条指出本规定由国家发展和改革委员会负责解释，那么国家发展和改革委员会对此文件中的法律概念进行的解释就是有权解释。学理解释亦称无权者解释、学术见解上的解释，常常仁者见仁、智者见智，众说纷纭。行政执法证据法中的法律概念的学理解释，首先应当采用文义解释的方式和规则，其次采用论理解释的方式和规则。

三、行政执法证据法中的法律原则

在《牛津法律大辞典》的编著者看来，法律原则（legal principles）也是法律规范，它通常是指对众多更为具体的表述及其适用予以论证、统一和解释，并作为进一步的法律推理的权威性起点的普通性规范。❶

1. 行政执法证据法原则概述

（1）行政执法证据法原则的含义

行政执法证据法中的法律原则（简称行政执法证据法原则），亦称行政执法证据法的基本原则、行政执法中的证据法原则，是指有关行政执法证据法规范文件所规定的，在行政执法证据收集与运用过程中应当遵守的基本行为准则或者根本准则。

理解行政执法证据法原则的含义，首先，要清楚它是行政执法证据收集和运用过程中的原则，不是行政执法证据法规范文件制定时的原则。制定规范文件时需要遵循的原则可以简略地称为"立法原则"。这里的基本原则是执法原则，是执法时收集证据、运用证据应当遵循的基本行为准则。其次，要清楚行政执法证据法原则不是哪一个、哪一级行政执法主体自封的原则，它来源于行政执法证据法的规范性文件，包括法律、行政法规、地方性法规、部门规章、地方政府规章，以及大量的非法律规范性文件。我国是成文法国家，法律原则也是成文法中的规范、法律条文。因此，它的法律来源应当是成文法规范文件。最后，要清楚行政执法证据法原则的功能价值在于其规范证据收集与运用的基础性、指导性和根本性。既称之为原则，就不能随意撼动，必须强调它的权威性和严肃性；既称之为原则，就不会过于具体，必须强调它的抽象性和宏观指导性；既称之为原则，就不宜僵化，必须强调它的灵活性、基础性和兜底性。

---

❶ ［英］戴维·M. 沃克：《牛津法律大辞典》，李双元等译，北京：法律出版社2003年版，第673页。

（2）行政执法证据法原则的组成

由于行政执法证据法学尚未在我国法学界、证据法学界正式建立起来，故对于行政执法证据法原则的组成，笔者提出了自己的观点。笔者认为，行政执法证据法基本原则包括证据认定原则、自由心证原则、合法运用原则和诚实信用原则四项。另外，行政执法证据法还有两项基本制度，即统一证据运用文书制度和回避制度。

2. 行政执法的证据认定原则

证据认定原则，亦称证据决定原则，在诉讼证据法领域常常被称为证据裁判原则。证据认定原则与证据裁判原则的区别在于事实认定主体及其各自作出的处理类型不同。对于行政执法而言，它作为具体的行政行为，最终都有相应的行政处理结果；但这种行政处理不是裁判、裁决、裁定，而是行政决定。因此，在行政执法证据法领域，证据裁判原则应当表述为证据认定原则或者证据决定原则。

（1）证据认定原则的含义

行政执法的证据认定原则包括完整的三项基本要求：所有行政主体的各类行政执法行为，都必须坚持以事实为依据，以法律为准绳。除非法律法规另有规定，行政执法主体认定案件事实，必须以证据为基础。任何行政执法行为的最终决定，都必须建立在先调查取证的前提之下，以证据能够证明的案件事实为根据。

（2）证据认定原则的相关规定

行政执法证据法中的证据认定原则，在相关的法律、部门规章、非法律规范性文件中都有相应的规定，因此称之为基本原则是合适的。例如《行政处罚法》第5条第2款指出，设定和实施行政处罚必须以事实为依据；第40条又强调给予行政处罚时，行政机关必须查明事实，违法事实不清、证据不足的，不得给予行政处罚。这是国家法律对证据认定原则的规定。再如，《交通运输行政执法程序规定》第4条第1项要求实施交通运输行政执法应当遵循"事实认定清楚，证据确凿"的原则。这是部门规章对证据认定原则的规定。又如《海事行政执法证据管理规定》第39条指出，证据不足以认定案件事实的，应当在作出海事行政执法决定之前进行补充调查，排除案件事实存在的其他可能性，或者对没有证据证明的部分事实不予认定。这是非法律规范性文件对证据认定原则的具体体现。

地方法规和地方政府规章对证据认定原则也有规定或者体现。例如《福建省行政执法条例》第28条规定，行政执法机关依法需要核查公民、法人和其他组织的申请的，或者对公民、法人和其他组织实施行政处罚、行政强制等行政执法行为依法需要查明事实的，应当合法、全面、客观、及时开展调查，合理使用必要、适当的措施。再如《江苏省行政程序规定》❶第60条第2款第2项要求行政执法决定应当载明"事实以及证明事实的证据"；第73条第1款第1项规定，主要证据不足的行政执法行为应当撤销。

3. 行政执法的自由心证原则

自由心证的英语表述有：free proof（自由证明）；free proof with intimate conviction（内心确信的自由证明）；freedom of proof with intimate conviction（内心确信的证明自由）。可见将英语表述翻译成自由证明、自由评价、自由评断也是可以的，或许能够多少避免一些唯心主义的嫌疑和指责。

（1）自由心证原则的含义

行政执法的自由心证原则包括完整的三项基本要求：其一，行政执法主体分析判断证据的证明力，不受其他机关、团体和个人的干涉；其二，行政执法主体分析判断证据的证明力，应当遵循法律法规的规定，恪守职业道德和工作纪律，综合运用逻辑推理、经验法则和专门知识全面、客观地认定证据证明力的有无及大小强弱；其三，行政执法主体分析判断证据的证明力，应当通过口头或者书面的方式阐释理由。

自由心证原则是对法定证据主义的背离。根据法定证据制度，各种证据的证明力大小，以及对它们的取舍和运用，都由法律预先加以明文规定，事实认定者在办理案件过程中不得自由评断和取舍。自由心证原则强调，证据的用与不用，以及所用证据的证明力大小强弱，案件事实的最终认定，均由事实认定者（如法官、陪审团或者行政执法人员），基于良心、理性而自由判断，形成自己内心的确信。所以自由心证证据制度也被称为"内心确信"证据制度。要而言之，自由心证原则的核心内容，就是对于证据证明力的分析以及案件事实如何认定，法律并不作具体规定，完全听凭事实认定者在理性的指引下，本乎良心和良知而自由地判断。事实认定者通过对证据的审查，在自己的思想中形成的信念，就叫作"心证"；"心证"达到没有任何合理怀疑的程度，便是"确信"。事实认定者通过独立自由判断证据所形成的"内心确信"就是作出判决的理性依据。❷

法定证据制度有其不足，但也不是一无是处；自由心证制度有其贡献和合理性，但确有恣意擅断之虞。所以，目前世界各国的证据制度可以说都是自由

---

❶ 2015年1月6日，江苏省人民政府令第100号。以下不再一一注明该文件的发文日期和发文号。

❷ 樊崇义：《证据法学》（第6版），北京：法律出版社2017年版，第20－21页。

证明与法定证明的结合，没有绝对的法定证据制度，也没有绝对的自由心证制度。笔者主张证据资格绝对法定，证据的证明力判断以自由心证为主，辅之以若干指导性规定。同时，对证据的证明力进行自由评判时，必须遵循现代自由心证制度所附加的各项法定限制，如严守法定程序、遵守职业道德和执业纪律，阐述理由、运用逻辑推理和经验法则，尊重科学技术，等等。

(2) 自由心证原则的相关规定

在行政执法证据法规范文件中明确规定自由心证的法条并不多见，但并不是没有。例如，《环境行政处罚证据指南》第 5.1.2 条要求案件审查人员应当依据法律、法规和规章规定，运用专门知识、逻辑推理和工作经验，对取得的所有证据进行全面、客观和公正的分析判断，确定证据材料与待证事实间的证明关系，排除不具有关联性的证据材料，准确认定案件事实。很显然，这条规定体现了现代自由心证原则的基本内涵。

4. 行政执法证据法的合法运用原则

合法运用原则，亦称程序法定原则，它要求行政执法主体在执法程序中运用证据认定案件事实，必须规范遵守相关法律法规。任何违背法律法规的证据运用行为及其后果，都不具备合法性和有效性。

在我国行政执法证据法规范文件中，合法运用证的基本原则是一项普遍的规定。例如，《治安管理处罚法》第 79 条要求案件调查应当依法进行，严禁刑讯逼供或者采用威胁、引诱、欺骗等非法手段收集证据。以非法手段收集的所有证据都不得作为处罚的根据。

地方性法规和地方政府规章中也有许多合法运用原则的表达，如 2018 年 11 月 30 日通过的《陕西省城市管理综合执法条例》第 23 条要求城市管理综合执法人员在执法过程中应当全面、客观、公正收集相关证据，并完整保存。城市管理综合执法人员调查取证时，应当信守法定的程序，不得采用利诱、欺诈、胁迫、暴力等非法手段收集证据，不得伪造、隐匿证据。再如《江苏省行政程序规定》第 55 条第 1 款要求行政机关应当采取合法手段和依照法定程序，全面客观、公正地收集证据，不得仅收集对当事人不利的证据。

5. 行政执法证据法的诚实信用原则

诚实信用原则要求行政执法主体在执法程序中运用证据时应当恪守诚实和信用的道德底线。任何违背诚实信用原则的行为及其后果，都不具备真实性和有效性。

诚实信用简称诚信，最初是一种道德领域的规范，随着市场经济的深入发展和社会文明的不断进步而逐渐植入法律领域，且从实体法扩展到程序法之中。诚实和信用具有密切的联系，但二者的侧重点略有不同。诚实和信用都具有否定和排斥欺骗的价值观，但前者强调的是真实，反对的是虚假；后者强调的是守信，反对的是食言。❶ 行政执法证据法中的诚实信用原则与行政法上的信赖保护原则有一定的交叉关系。信赖保护原则的基本含义是政府对自己作出的行为或承诺应守信用，不得随意变更，不得反复无常。德国学者哈特穆特·毛雷尔认为，信赖保护原则部分源自在法治国家原则中得到确认的法律安定性，部分源自诚实信用原则。❷ 在行政执法证据法中，诚实信用原则的功效主要体现在取证方面，它要求不得非法取证，不得用欺骗的方法取证，不得进行证明妨碍。当然，其在举证、质证和认证方面也有调节功能，如在听证会上进行证据质证时，当事人不得滥用质证权利故意拖延时间，在证据提交方面不能突然袭击，在证据分析和认定方面不能故意曲解证据信息、违背逻辑规律和经验法则进行推论，等等。

对于证据收集与运用时的诚信要求，许多行政执法证据法规范文件都有明确的规定，如《湖南省行政程序规定》❸ 第 68 条要求行政机关应当采取合理的手段和依照法定的程序，客观、全面收集证据，不得仅收集对当事人不利的证据；第 134 条规定行政机关以及有关单位和个人不得采取欺骗、贿赂、胁迫等不正当手段，操纵听证结果。听证主持人不得与当事人、利害关系人及其他听证参与人单方接触。采取欺骗、贿赂、胁迫等不正当手段操纵听证结果的，其听证无效，应当重新听证。

四、行政执法证据规则

根据《牛津法律大辞典》的解释，法律规则通常指规定某种事实的特定法律后果的、更加详尽具体的规范。❹ 显而易见，法律规则比法律原则以及法律原理更为具体、适用性更强、数量更多或者最多。从逻辑结构上分析，法律规则是完整地包括构成要件事实和法律效果两个部分的法律规范。任何一部成文证据法的核心部分都是法律规则，英美法系许多国家的证据法文件就直接称为证据规则，如美国《联邦证据规则》。其实，就其本质而言，判例证据法的核心同样是证据规则。行政执法证据法的主干、绝大多数规范，都属于证据规则。

---

❶ 何家弘，刘品新：《证据法学》，北京：法律出版社 2019 年版，第 93 页。
❷ 姜明安：《行政法》，北京：北京大学出版社 2017 年版，第 123 – 124 页。
❸ 2008 年 4 月 17 日，湖南省人民政府令第 222 号。以下不再一一注明该文件的发文日期和发文号。
❹ [英] 戴维·M. 沃克：《牛津法律大辞典》，李双元等译，北京：法律出版社 2003 年版，第 673 页。

1. 行政执法证据规则的含义和构成

（1）行政执法证据规则的含义

行政执法证据规则，亦称行政执法证据法中的法律规则，是指在行政执法程序中收集和运用证据时应当遵循的各项法律规范。调整行政执法证据收集和运用的分支部门法为行政执法证据法。在行政执法证据法中，数量最多、最直接、最具体发挥规制和引领作用的法律规范就是法律规则，即行政执法证据规则。行政执法证据法中的法律概念只是基础性规定，法律原则只是宏观抽象性规定，唯独法律规则是具体、直接的规定。

（2）行政执法证据规则的构成

行政执法证据规则除按照其调整对象划分为规定证据范围的规则和约束证明行为的规则之外，还可以根据不同的标准进行不同的划分。在这些不同的分类之下，各自包括一些相应的证据规则。例如，根据证据规则是规制证据的证据资格（证据能力）还是证明力（证明价值），可以将证据规则进行两分。规范证据资格的规则解决"这个证据（事实或者材料）能否被采纳进入执法程序"的问题，主要有关联性规则、传闻证据规则、最佳证据规则、意见证据规则、非法证据排除规则。规范证明力的规则解决"这个具有资格的证据（事实或者材料）有多大的证明价值，能否揭示或者能够在多大程度上揭示案件事实"的问题，包括但不限于原始证据优先规则、书证优先规则、补强证据规则。鉴于证据资格法定、证明力自由判断的立场，证据规则中规制证明力的规则相对较少。

在行政执法实务领域，有学者提出，环境行政执法证据规则包括如下三大体系：①环境行政执法证据合法性规则，包括非法证据排除规则、行政案卷排他性规则两项；②证据真实性规则，包括排除不真实性规则、最佳证据规则、自认规则、推定规则和补强证据规则五项；③证据关联性规则。❶ 笔者认为，证据规则的梳理与分析，证据规则究竟应当包括哪些内容，确实是一个众说纷纭的问题，难以形成统一的见解。这种围绕证据的合法性、真实性和关联性构建证据规则的见解也不错。

从理论上，不管是哪个分支部门证据法，也不管条文多少，其中除了法律概念和法律原则的规定外，其他都属于证据规则。因此，证据规则成了证据法的核心和主干，以至于一些证据法文本直接就称被为证据规则，而不是证据法或者证据法典。既然除了证据法概念和证据法原则之外的规范都是证据规则，

---

❶ 曹晓凡：《环境行政执法证据的收集与运用》，北京：中国民主法制出版社2015年版，第162－192页。

那么几乎所有证据法文件中的法条都是证据规则,就没有必要再去提炼了。学理上之所以提炼证据规则,就是也应当是要抓住核心中的核心,通过典型规则,以点带面地认知整个证据法规范。因此,笔者对于行政执法证据法的证据规则,选取如下几项进行阐释:非法证据排除规则、行政案卷外证据排除规则、关联性规则、最佳证据规则、补强证据规则,另外还有一项行政执法证据法与其他规范之间的冲突适用规则。

2. 非法证据排除规则

非法证据排除规则是指在行政执法办案中,应当排除通过非法手段收集的证据的一项规则。非法证据排除规则是对证据合法性的坚守。但是,是否"不合法"就一定"非法",换言之,证据的"非法"与"不合法"是否为同一概念?这个问题在学术界是有不同看法的。笔者认为,至少在行政执法领域,必须树立不合法即非法的理念。那种认为在非法与合法之间存在一块灰色领域的观点不能被支持。某行为或者事物只要与法律规定的要件不符合就是违法,即为非法。[1]证据的合法性有三项要求:符合法定证据种类;事实类证据的提取主体、过程符合法律要求;材料类证据的生成主体、过程、内容、形式符合法律要求。凡是不能达到这些要求的证据,都是不合法证据,都是非法证据,都应当加以绝对排除。非如此,依法行政在证据收集与运用领域就难以实现。

非法证据排除规则在行政执法证据法文件中可谓比比皆是。例如《海事行政执法证据管理规定》就从正反两方面规定了该项规则,其第7条要求海事行政执法调查取证应当按照规定程序开展。收集的证据应当满足证据种类和形式的法定要求。法律、法规、规章和规范性文件有规定文书格式的,应当使用规定的文书格式。证据应当载明来源、取得时间,并由海事行政执法人员以及当事人签字或者盖章确认。当事人拒绝签章的,海事行政执法人员应当在相应的证据材料上注明情况,有见证人的,还应当由见证人签字或者盖章。第8条规定不得采用以下方式调取、收集证据:以引诱、欺诈、胁迫、暴力等不正当手段获取证据材料;以偷拍、偷录、窃听等手段获取侵害他人合法权益的证据材料;以其他违反法律禁止性规定或者侵犯他人合法权益的方法获取证据材料。第42条指出,严重违反法定程序收集的证据材料,不予采信。

3. 行政案卷外证据排除规则

行政案卷外证据排除规则,亦称行政案卷排他性规则、行政案件卷外证据

---

[1] 曹晓凡:《环境行政执法证据的收集与运用》,北京:中国民主法制出版社2015年版,第162−163页。

排除规则、案卷排他原则,是指行政决定必须根据行政案卷内留存的证据作出;行政行为以行政案卷以外的证据、文件为依据的,应当依法予以撤销。行政执法卷宗除收录能够证明案件实体法事实和证据法事实的各种证据材料外,还留存着能够证实执法程序合法规范的程序性证据。简言之,所有行政执法证据都存于案卷之中。

在美国,案卷排他原则被认为是正式听证的核心内容,其目的在于维护听证的公正性和听证笔录的约束力。美国《联邦行政程序法》第556条第5款体现了这一规则。根据案卷排他原则,行政机关的决定必须根据案卷作出,不能在案卷之外,以当事人不知道或者没有论证的事实作为根据;否则,行政裁决无效。需要注意的是,德国、日本、韩国等国家和地区的规定与美国不同。在这些国家和地区,听证笔录对行政机关的决定确实具有一定的约束力,行政机关应斟酌听证记录作出行政决定。但是,行政机关不是必须以听证记录为根据,听证笔录并非行政决定的唯一依据。❶

笔者认为,不能因为我国行政执法证据法中存在大量的依听证笔录作出行政执法决定的条文,就误以为我国实行的是与美国一样的制度,遵循的是一样的规则。道理很简单,因为我国行政许可、行政处罚不是全面听证,而是部分事务需要依据申请或者职权予以听证。难道那些没有听证的行政许可、行政处罚就不需要遵守行政案卷外证据排除规则吗?显然不是。无论是否经过听证程序,行政决定都需要以案卷中的证据为依据。因为所有的证据都必须在案卷中有保存、有反映,事实类证据不能存于卷宗者应转换为可保存材料。既然听证限制在少数行政处罚和行政许可案件中,那么再多的、依听证笔录作出处理决定的规定,也不能得出我国与美国实行的是同一制度的结论。相反,我国的案卷外证据排除规则是与德国、日本、韩国等相接近的。

4. 关联性规则

证据的关联性亦称相关性,主要包括两项基本要求:其一,形式关联,该证据来源于过去发生的案件环境且与案件事实具有部分或者全部的牵连,能够指向案件中的待证事实;其二,实质关联,该证据所留存、表达的案件事实信息足以帮助行政执法主体认定部分或者全部过去发生的案件事实。关联性规则主要强调证据的形式关联性,其核心思想是与案件待证事实没有形式关联性的证据应当予以排除,不具有证据资格。在证据排除的条文中反映了无关联性证据无证据资格的思想,如《价格行政处罚证据规定》第39条第5项规定,不

---

❶ 王万华:《中国行政程序法典试拟稿及立法理由》,北京:中国法制出版社2010年版,第326-329页。

具备关联性的证据材料,是不能作为认定案件事实的依据的。

5. 最佳证据规则

最佳证据规则是英国普通法(判例法)中的一项古老证据规则。在英美法系中,该规则主要适用于文书证据,故亦称之为原始文书规则。该规则的含义是:在证明一份文书内容的程序中,如果文书内容对案件审理很重要,那么应当使用原始文书;如果是因为提出人重大过失之外的其他可证明的客观原因,则允许例外。换言之,在以文书的内容证明案件的事实时,除非存在法定的特定例外情形,必须提供原始文书,否则法官不予采纳。❶ 英美法系的最佳证据规则也有一个发展的过程。目前在英国仍然限于书证,未扩及影像资料;而美国《联邦证据规则》第 1002 条则将该规则扩展到了录制品和影像。这说明该规则具有相当大的扩张性。

在我国的行政执法证据法规定相关条文中,体现最佳证据规则的法条可谓比比皆是,如《海事行政执法证据管理规定》第 18 条要求,收集视听资料、电子数据应当收集有关资料的原始载体,并由证据提供人在原始载体或者说明文件上签字或者盖章确认。提取原始载体确有困难的,可以提取复制件。提取复制件的,应当由证据提供人出具由其签字或者盖章的说明文件,注明复制品与原始载体内容一致。与英美法系国家的最佳证据规则主要适用于书证不同,我国的最佳证据规则不仅适用于书证,也适用于物证、证人证言、鉴定意见等其他证据类型。❷ 但需要强调一点,最佳证据规则是对证据提交的要求,因为需要提交最佳证据,所以收集、调取时也应当获得最佳证据。反之,收集、调取最佳证据,是为了在举证时能够实际遵循此项规则。鉴于此,笔者把最佳证据规则分解为三个优先,即提交任何证据时都应当坚持下列基本规则:①原件、原物优先:适用于书证、物证、文字笔录;②本体、原始载体优先:适用于视听资料、电子数据、音像笔录;③当面陈述优先:适用于当事人陈述、证人证言、鉴定意见。当然,该规则并不妨碍根据实际情况采用其他变通的提交方式,如对不动产证据、案件现场就应当且只能提供诸如图表、照片、音视频等示意证据。存有合理疑问时,可以共同勘验原物或本体。

6. 补强证据规则

补强证据规则是指某一证据的证明力较弱,不能单独作为认定案件事实的依据,在有其他证据以佐证方式对其证明力予以补充、强化时,该证据因证明力得到补强而可以作为定案依据。证明力较弱,需要其他证据补强的证据,称

---

❶ 陈光中:《证据法学》(第 4 版),北京:法律出版社 2019 年版,第 253-255 页。
❷ 曹晓凡:《环境行政执法证据的收集与运用》,北京:中国民主法制出版社 2015 年版,第 184 页。

为待补强证据、被补强证据、应补强证据、主证据；用以补充、强化待补强证据的其他证据，称为补强证据（corroborative evidence），亦称佐证、旁证、助证。补强证据规则是事关证据证明力的一项规则，其目的是保护那些证明力不是很强的证据的证明价值，允许其在获得补强的情形下作为定案证据被采信。被补强证据并非没有证据资格，而是在具有证据资格的前提下，其证明力较弱。其证明力较弱的原因在于存在合理的不真实、不可信的怀疑。例如，《治安管理处罚法》第93条所指称的本人陈述（当事人陈述）就属于待补强证据。

在我国，单行的行政执法证据法文件大多受2002年7月24日《最高人民法院关于行政诉讼证据若干问题的规定》（法释〔2002〕21号）第71条的影响，规定一些证据不能单独作为事实认定的依据，如《文化市场行政处罚案件证据规则（试行）》第30条。而混合式的行政执法证据法文件几乎不见体现补强证据规则的条文，倒是有一些排除证据资格的规定。这是正确的。因为证据的资格必须法定，而证据的证明力委诸事实认定者自由心证。对于某一证据是否需要证明力的补强、补强的证据数量应是多少、质量应达到什么程度等问题，还是由自由心证来解决比较稳妥。"立法"只需要把一些明确的、值得关注的待补强证据列举出来即可。

第三章　行政执法中的待证事实与查明职责

著名证据法学家李浩教授曾经指出,证据制度与实体法之间有着相当密切的关系,以至于离开了相关的实体法,就不可能对诉讼中的事实认定作出正确的证据方面的设计,也无从解释证据规则这样规定的理由。具体而言,实体法对证据制度的影响主要表现在以下三个方面:实体法决定了证明对象;实体法决定了证明责任的分配;实体法决定了证明的标准。❶ 笔者认为,证明对象、证明责任和证明标准不仅是共存于实体法的问题,它们作为证明活动的三项要素,也有内在的逻辑联系:证明对象是证明的起点、证明的标杆;证明责任是对证明对象的证明责任的落实;证明标准既是证明责任的结果体现,也是证明活动的终点线。

第一节　行政执法中的待证事实

待证事实,亦称证明对象、要证事实、证明标的、证明客体、要件事实,是指在法律程序中需要加以证明或者揭示的、过去发生的案件事实。

一、行政执法案件事实

行政执法案件中的待证事实不同于诉讼案件中的待证事实。诉讼中的待证事实往往不包括全部案件事实,只是指有争议的那部分案件事实;除非法律、法规、规章另有明确规定,行政执法中的待证事实是指全部案件事实。由于行政执法机关办理行政执法案件主要是针对某一违反行政管理秩序的行为是否应当给予行政处罚,或者某一行政许可申请是否符合法定的条件等情况,因此,凡与之相关的事实,就成为行政执法的证明对象。❷

---

❶ 李浩:《证据法学》,北京:高等教育出版社2009年版,第38-39页。
❷ 交通运输部政策法规司:《交通运输行政执法证据收集与运用》,北京:人民交通出版社2012年版,第48页。

1. 事实的概念和特征

以事实为根据，以法律为准绳，是耳熟能详的法治原则，几乎人人皆知。那么什么是事实？它有何特征？

在证据法学语境中，张保生教授认为，事实与证据是证据法学中两个最基础的概念。事实是指特定事物及其关系的真实存在。❶ 笔者赞同这种观点。法或者法律是一种社会现象。在法律领域，存在立法、司法、执法、守法、普法等方面的事情、人物及其言行、物体及其时空、关系及其变动，它们都是客观真实存在的，是法律领域的事实。这些过去存在过或者现在存在的事实，有些需要证明或者查明，有些则不需要。法律领域中需要查明或者证明的事实，就是证据法中的事实。因为它们在各类具体的案件中体现，故亦可称为案件事实。

根据张保生教授的归纳，证据法学中的事实具有三个主要特征，即真实性、经验性和可陈述性。❷

（1）事实的真实性

事实是过去或者现在客观存在于一定时空维度中的事情、人物、行为、事件、状态。事实的真实性表现在空间上就是有一定的地点和周围环境；表现在时间上就是既成或者正在生成。

（2）事实的经验性

经验性是事实与存在的主要区别。存在是不依赖于人的主观意识的，具有纯粹的客观性。虽然事实也是一种存在，但它是实际存在、具体存在，它既有独立于人的意识的存在客观性，又有通过人的感知和思维才能把握的经验性。换言之，事实是为人实际感知的存在、真切知晓的存在。例如，占道经营在每个城市的每一天都存在，这是抽象的、可知的存在。某一天，某执法人员查获了某人在某道路上占道经营，这是具体的、特殊的、真实的存在，只有这种具体的、特殊的、真实的存在，才能称为事实或者案件事实，因为它具有经验性。占道经营这种存在作为认识对象，实实在在地被执法人员这一认识主体所感知，得以经验把握，遂称为事实。

（3）事实的可陈述性

从主体认识角度看，感知的事实都是可以陈述的，即以语言（概念、判断等）形式表达出来、叙述出来。实际上，人们也只能陈述自己所知道的经验事实。当某人自向证明或者他向证明某事实时，实际上就是把自己直接或者

---

❶ 张保生：《证据法学》（第2版），北京：中国政法大学出版社2014年版，第1页。
❷ 张保生：《证据法学》（第2版），北京：中国政法大学出版社2014年版，第2-6页。

间接感知的经验事实叙述出来、表达出来。他（她）之所以能够感知事实，常常是通过证据。证据复制出经验事实，经验事实被感知主体加以陈述。所知的事实都可陈述；不可陈述之"事"不是事实。

2. 行政执法案件事实

行政执法中的待证事实是指行政执法主体需要运用证据加以查明或者证明的行政执法案件事实。行政执法待证事实与行政执法案件事实具有高度的一致性。

（1）案件和案件事实

案件是国家司法机关、行政机关、仲裁机构等主体依据自身职责所处理的各类事件、事情、事务。诉讼或者仲裁案件是实体法律关系主体之间法律纠纷（争议、矛盾、冲突）进入诉讼或者仲裁程序之后的变性，即纠纷在诉讼或者仲裁程序中被称为案件。行政执法案件则是行政执法主体履行行政管理职责、实施行政执法行为的具体化和特定化。

笔者主张对于查明主体来说，查明或者证明对象既应当包括争议事实，又应当包括无争议事实。当然对于负有证明责任的主体来说，需要证明的对象主要是争议事实。行政执法是不同于诉讼和仲裁的直线型关系，行政执法案件事实应当包括争议事实和非争议事实。行政执法的案件事实在许多情况下不存在争议，只是有或无的问题。换言之，行政执法的待证事实、证明对象是全部案件事实，不必再区分争议事实或者无争议事实。只要是适用行政实体法、行政程序法或者行政证据法所需要查明的案件事实，都是证明对象，都属于待证事实。

（2）案件事实与法律规范中的构成要件事实

绝大多数情况下，案件事实是指过去发生的、能够被证据加以复制，并能够为人所感知或者认识的客观存在。案件事实与法律规范中的构成要件事实在本质上是事实归类、价值同一的。否则，这种案件事实不能作为适用法律时的推理小前提。

行政执法是行政机关将法律法规适用于具体行政相对人或事的活动。[1] 既然是适用法律的活动，就需要依循适法三段论推理模式。以实体法的适用为例，授予、界定或者约束权利（权力）、义务和责任（职责）的实体法规范，在逻辑结构上包括两个部分：构成要件事实和法律效果。构成要件事实是抽象的、一般意义上的行为或事件；法律效果就是该构成要件事实成就时的权利、义务、责任之安排。根据卡尔·拉伦茨教授的涵摄理论，省略大前提中的假定

---

[1] 公丕祥：《法理学》，上海：复旦大学出版社2002年版，第379页。

形式，就可以将这种三段论法用比较简要的方式表达如下：❶

$T \to R$（对 T 的每个事例均赋予法效果 R）

$S = T$（S 为 T 的一个事例）

$S \to R$（对于 S 应赋予法效果 R）

在法律适用的过程中，证据法就是证明特定案件事实 S 是否真正存在的法律规范。没有证据法规范，就无从查明或者证明特定案件事实 S 是否真的存在过。换言之，只有依据证据法规则复制出来的案件事实与实体法规范中的构成要件事实相同类，才能保证实体法得以落实。所以，作为证明对象的案件事实及其构成要素和分类等，都必须依据行政实体法规范。

《生态环境保护综合行政执法事项指导目录（2020 年版）》和《农业综合行政执法事项指导目录（2020 年版）》中，"事项名称"一列就是行政执法案件名称，包括案件事实和行政执法行为类型；"实施依据"一列就是所适用的行政实体法规范，亦是适法三段论推理的大前提。在具体行政执法办案时，重点就是查明是否有人实施了或者实际出现了该行政实体法规范中的构成要件事实。因此，行政执法待证事实或者案件事实，是指在行政执法程序中适用法律作出行政处理决定时应当查明的、所适用法律规范中确立的构成要件事实。

3. 行政执法事实认定

案件事实认定（Fact-finding），是指依照法律的规定，有事实认定权的主体，如行政执法人员、法官、仲裁庭等，在案件事实已获证明的基础上，对案件事实进行依法确定的一种程序性活动。❷ 离开案件事实的证明或者查明，事实认定往往是无源之水、无本之木。同理，行政执法程序中查明案件事实的活动就是事实认定。因为查明事实常常需要借助于证据，所以，事实认定也指通过证据分析、证据评价、证据审查判断得出案件事实结论的过程。行政执法实务部门的人员也因此称其为证据认定。

既然事实认定建立在事实证明或者查明的基础上，而查明或者证明往往建立在证据的基础上，那么，事实认定的路径或者方法，从证据的角度看，就是证据方法和非证据方法。所谓证据方法，就是运用证据来认定案件事实的方法，通过对证据所留存的、过去案件事实信息的分析，进而复制、重现出案件事实。这种方法从证明责任主体的角度，也称为证据证明法。所谓非证据方法，也称直接确认法或者免证方法，是指对案件事实的确认无须借助于证据或者较少借助于证据，而是在一定的条件下，凭借行政执法主体或者司法人员的

---

❶ ［德］卡尔·拉伦茨：《法学方法论》，陈爱娥译，北京：商务印书馆2003年版，第150页。

❷ 郭华：《案件事实认定方法》，北京：中国人民公安大学出版社2009年版，第48页。

经验常识、逻辑推理等直接得出事实结论。一方面，由于非证据方法占比不大；另一方面，也由于不存在绝对的、无凭无据的"非证据"方法，所以在事实认定上，证据方法是案件事实认定的主要方法，而非证据方法则为辅助方法。运用证据认定案件事实时，运用直接证据是直接认定案件事实；运用间接证据便是逐步推论出案件事实。❶

二、行政执法案件事实的构成

事实不是单一要素，而是多种因素的复合体。行政执法案件事实的组成因素，本质上是由法律规范加以规定的。在学理上对其进行必要的分析，有利于感知和把握事实。

1. 行政执法应当查明的案件事实

案件事实是指过去发生的、能够被证据加以复制，并能够为人所感知或者认识的客观存在。对于行政执法应当查明什么样的案件事实的问题在相关的行政执法证据法文件中少见相对集中的规定，常常是分散、零星的规定。如《行政处罚法》第30～33条规定了各种影响裁量的事实情节，如年龄、受有胁迫、立功表现、采取补救措施、已过追究时限等。

在行政执法证据法规范文件中，集中规定案件事实或者证明对象的条文也不是绝对没有。如《公安机关办理行政案件程序规定》第50条就集中指出，需要调查的案件事实包括：①违法嫌疑人的基本情况；②违法行为是否存在；③违法行为是否为违法嫌疑人实施；④实施违法行为的时间、地点、手段、后果以及其他情节；⑤违法嫌疑人有无法定从重、从轻、减轻以及不予行政处罚的情形；⑥与案件有关的其他事实。笔者认为，鉴于我国行政执法体制改革的历史发展时间短且还在进行中，考虑到行政执法人员执法技能和专业素养的实际状况，对于行政执法中的案件事实或者待证事实、证明对象，应当采取"集中＋分散"的表达模式。一方面，用专门的条文相对集中地规定该执法领域的案件事实；另一方面，在具体行为或者事件类型的表达上，分散规定相应具体的、个性化的案件事实。基于这种考虑，笔者提出行政执法应当依法查明下列案件事实：

① 当事人及其他参与人的主体要素，包括但不限于姓名或者名称、性别或者单位类型、年龄、职业、住所、法定代表人及其职务、身份证号码或者组织机构代码等。

---

❶ 何家弘，刘品新：《证据法学》，北京：法律出版社2019年版，第272－277页；郭华：《案件事实认定方法》，北京：中国人民公安大学出版社2009年版，第201－330页。

② 行政违法行为或者应当适用法律法规的事件、条件或者资格，包括但不限于作为、不作为、考试成绩、勘查结果等。

③ 与行政违法行为或者应当适用法律法规的事件、条件或者资格相关联的时间、地点、手段、过程、结果、动机与原因等。

④ 应当从轻、减轻、免除行政法律责任或者从重处理的情节，如事实性质、主体年龄、违法原因等。

⑤ 与案件相关的其他事实及其构成要素。

2. 案件事实的核心要素

任一行政执法类型中的案件事实，其核心要素都应当包括如下七项（"七何"或者"7W"）：❶

① 何事（What Matter）：行为或者事件的法律定性，如非法建设行为、擅自占用河道的房屋等。

② 何人（Who）：行为或者事件牵涉的主体，包括但不限于相对人、利害第三人、见证人、自然人和单位，以及他们的年龄、精神状况、资质、资格等，如占道经营的80岁老年人等。

③ 何时（When）：行为或者事件的起始时间、终结时间、延续期限，如连续排污3个月等。

④ 何地（Where）：行为或者事件的空间处所或者位置以及周围环境，如非法搭建的阳光房位于某小区某栋楼某单元的某层等。

⑤ 何情（如何，How）：行为或者事件的具体活动表现，包括但不限于行为手段、行为过程、行为结果，如对污染物的偷排方式或者公开排放等。

⑥ 何物（What Thing）：行为或者事件中存在的物品、物质和痕迹，包括但不限于工具物、被侵害物、关联物，如非法运营的"黑车"、占道经营的售卖对象西瓜等。

⑦ 何故（为何，Why）：出现行为或者事件的主观和客观原因、动机与目的、外界诱因、因果关系，如为了牟取暴利而生产销售假冒伪劣产品等。

毫无疑问，在行政执法案件事实的构成要素中，行为是根本性、基础性要素。行为在行政法律关系和行政执法程序中，既可以是行政法律关系的客体，也可以是引起行政法律关系产生、变更与消灭的法律事实之一，还可以是行政法律关系的内容，权利行使与义务承担往往就表现为行为。行为是指行政法律关系主体有目的、有意识的活动，如征税、征地、违法建房、阻碍交通等。从客体角度看，并非所有行为都是行政法律关系的客体，只有具有法律意义的行

---

❶ 何家弘，刘品新：《证据法学》，北京：法律出版社2019年版，第218－223页。

为或者受行政法规范的行为，才能成为行政法律关系的客体。❶

按照主体的身份，行为可以分为行政执法主体的行为，如行政处罚、行政许可、行政检查等；行政相对人的行为，如占道经营、故意殴打他人、违规排放废水等。按照主体的属性，行为可以分为自然人的行为和单位的行为。张三无证驾驶车辆是自然人的行为；某4S店销售走私汽车是单位的行为。按照是否遵循法律法规，行为可以分为合法行为与不法行为，申请企业登记是合法行为；污染环境是不法行为。无论是合法行为还是不法行为，都会影响行政法律关系的变动。根据其客观外在特征，行为还可以分为作为与不作为。作为是行为人以积极的身体活动实施的行为；不作为是行为人"应为而不为"的消极状态。在《行政强制法》第44条中，当事人自行拆除属于作为；当事人不申请行政复议、不提起行政诉讼、不拆除，属于不作为。行政机关发出公告；依法强制拆除，属于作为。在行政程序中，认定案件事实绝大多数都是对行为事实的认定。但这不是绝对的，也有对事件、条件、资格等的认定。纵使是行为事实，也不是一味地认定为行为。例如，对于老旧的违法建筑，认定为老业主或者新业主的违法建设行为可能面临举证困难、定案证据不足的风险。相反，就事论事，直接认定建筑物为违法建筑，没有依法获得行政许可，可能更有利于查处和拆除。

三、行政执法案件事实的分类

对于行政执法中应当查明的案件事实，可以根据不同的标准进行分类。这些分类可以帮助人们更准确地认知案件事实，也可以更有针对性地予以实践指导。

1. 不同法律、法规、规章规定的事实

依据认定案件事实的法律、法规、规章和证明目的，行政执法应当查明的案件事实可以分为如下三类：

① 由行政实体法规定的实体构成要件事实，如违法搭建事实、非法排污事实、盗版盗印事实等。

② 由行政程序法规定的程序性事实，如应当回避的事实、未依法召开听证会的事实、文书送达事实等。

③ 由行政证据法规定的证据属性事实，如非执法人员调取证据的事实、书证复印件未核对确认的事实等。

在上述三类事实中，对实体法事实作为证明对象的说法不存在争议；对程

---

❶ 罗豪才，湛中乐：《行政法学》（第4版），北京：北京大学出版社2016年版，第19-22页。

序性事实作为证明对象的说法也比较一致。唯独关于证据法规定的证据属性事实能否成为证明对象，争议很大。下面详加介绍。

（1）实体构成要件事实

实体构成要件事实，亦称实体性事实、实体法事实，是由行政实体法规定的、行政机关作出行政决定必须查清并证实的案件事实。实体构成要件事实是行政程序中证明对象的主要部分。实体构成要件事实作为证明对象，一般由各个具体的实体法律规范规定，如2021年7月27日公布的《市场主体登记管理条例》第8条规定了申请市场主体登记许可时，申请人需要证明的六类事项案件事实或者待证事实、证明对象，诸如名称、住所等。这些事项都齐备了，就符合市场主体登记许可的一般条件，一般就能获得登记许可。对于这些待证事实，《市场主体登记管理条例》第16条规定了用以证明的证据材料、各种书证资料。

（2）程序性事实

程序通常是指事情的开展过程和先后顺序、机器的操作规程、诉讼的法律过程等。法律程序是从事法律行为作出某种决定的过程、方式和关系。过程是时间概念，包括时序（行为的先后顺序）和时限（行为占用时间长短）。方式和关系是空间概念，行为方式是指行为的表现形式，如公开或秘密、口头或书面；空间关系是指行为主体及其行为的确定性（专属性）和相关性（彼此权利义务）。本着程序法定原则，法律程序都应有明确的法律依据，即程序法依据。❶ 行政程序、行政执法程序也是法定程序。行政执法程序是指在行政执法领域，由特定的人物、时空、行为、过程、口语、文书等要素构成的法律程序。所谓程序性事实，亦称程序法事实，是指行政执法程序是否符合行政执法程序法的规定、有关要求是否满足、有关行为和步骤是否完成、是否遵守顺序和时限等客观事实。行政执法程序性事实在行政程序中就是一项待证事实，往往需要加以证明。

（3）证据属性事实

证据属性事实也是行政执法案件的证明对象。然而，对于这个显而易见的问题，行政执法证据法学界和实务部门却存在着对立的观点。有人认为证据事实不能纳入证明对象的范畴，他们指出：无论是什么种类的证据，其本身必须是真实的，而证据本身的真实性必须借助其他证据来证明。但是，证据事实只是证明案件证明对象的手段，即用来证明实体性事实或者程序性事实的一种手段。虽然证据事实本身也需要其他证据加以印证，但这种印证与被印证之间的

---

❶ 公丕祥：《法理学》，上海：复旦大学出版社2002年版，第218-220页。

关系,仍然只是证明手段之间的关系。就整个证明过程来说,证据事实无疑是第一步需要得到证实的事实,但不能因此就认定其为证明对象,从证明的最终目的看,它只是一个中间环节。在证明过程的链接链条中,在复杂的情况下,可能每一个环节都需要其他环节加以证实,然而证明对象的范围不可能也没有必要延伸至所有这些链条的环节。❶ 这种观点难以自圆其说,因为它一方面承认证据事实必须借助其他证据来证明、需要其他证据加以印证、是第一步需要得到证实的事实;另一方面又因为证据是证明手段,是最终证明的一个中间环节,所以不可能也没有必要把它作为证明对象。既然需要证明、印证、证实,就应当是证明对象。

与上述否定论相反,有人则主张证据事实应归入证明对象的范围,他们指出:在行政执法案件中,关于案件事实的认定,是对案件性质作出判断,并对案件作出决定的基础。案件事实的认定是否有充分的依据,直接关系到作出的行政执法决定的基础是否存在,理由是否成立,由此作出的判断(如案件性质)是否正确,以及据以适用的法律是否正确。因此,从外延看,案件事实包括实体性事实、程序性事实以及证据事实。❷

笔者认为,所有的事实之所以会成为证明对象,是因为法律规范有规定,适用法律必须查明或者证实;同时,该事实是否客观存在、如何客观存在又处于未知或者有争议的状态,需要"加以证而达致明"。证据属性事实之所以应当成为证明对象,亦是上述两个原因。所谓证据属性事实,亦称证据事实、证据中的事实、证据法事实,是指证据是否确实具备合法性、真实性和关联性。简单地讲,就是是否"属实";精准地说,就是是否具备足以影响其证据资格的过程合法性、形式真实性和形式关联性。一旦对此等证据属性产生怀疑或者争议,证据的提出者、使用者就应当对所提、所用证据之属性事实加以证明。有学者曾经指出,我们反对在一般意义上将证据事实作为证明对象,但并不是说,证据事实在任何情况下都不可以作为例外而成为证明对象。这种例外情况,就是在法律程序中,当这一证据事实成为证明案件真实情况的关键,而成为案件中的主要系争点时,这时,也只有这时,才可将这一证据事实作为证明对象。❸ 这就强调了存在争议、存有疑点是把一种事实作为证明对象的考量条件。

---

❶ 曹晓凡:《环境行政执法证据的收集与运用》,北京:中国民主法制出版社2015年版,第131页。
❷ 交通运输部政策法规司:《交通运输行政执法证据收集与运用》,北京:人民交通出版社2012年版,第49-53页。
❸ 刘金友:《证据理论与实务》,北京:法律出版社1992年版,第147页。

证据法学理论和实务界、行政执法证据法学理论和实务界反对将证据事实作为证明对象的理由主要有两个。第一个理由：证据事实成为证明对象会带来循环论证、无限证明。❶ 笔者认为，这种所谓自我循环的疑虑，源于三个认知不足。其一，对案件证明逻辑性认知不足。案件证明的逻辑性层次如下：证明对象，如某实体法构成要件事实；对证明对象进行证明的证据甲；对证据甲进行证明的证据乙；对证据乙进行证明的证据丙。证据甲是证据乙的证明对象；证据乙是证据丙的证明对象。案件中不存在文字游戏式的"证据是证明证据的根据，证明对象是由证明对象证明的对象"。如李四控告张三对其进行了殴打，要求公安机关对张三予以治安处罚。张三说自己不认识李四，没有殴打他。那么，本案的证明对象或者待证事实就是张三有无殴打李四。为了证实自己的主张，李四提供了证人皮五的书面证言。张三说该书面证言不是皮五亲笔书写，所有文字及签名都不是皮五的笔迹。公安机关征得李四和张三同意，委托文书鉴定专家赵六进行笔迹鉴定，出具了一份鉴定意见书，确认书面证言及签名是皮五本人的笔迹。该鉴定意见书还附载着赵六的鉴定人资格证书。最终张三承认因为琐事殴打了与自己素不相识的李四。在本案中，张三有无殴打李四是证明对象，是实体法事实；皮五的书面证言是证据甲，直接证实张三殴打了李四；赵六出具的鉴定意见书是证据乙，直接证实皮五书面证言的真实性、关联性和合法性；赵六的鉴定人资格证书是证据丙，直接证实赵六是可以进行鉴定的合法鉴定人、真实的鉴定人、从事文书鉴定的鉴定人。试问，在这起治安行政处罚案件中，何处出现了自我循环？赵六出具的鉴定意见书根本不能证明张三有无殴打李四，只能证明皮五的书面证言是合法的、真实的、相关的。案件实体法事实获得证明，是靠皮五的书面证言。正是因为皮五书面证言的证据属性获得了鉴定意见书的证实，才带来实体法事实的被证实。将皮五的书面证言作为文书鉴定的证明对象有何不妥？其二，对法律实践认知不足。在法律实践中，无论是法官，还是仲裁员，抑或行政执法人员，对于案件中有争议的或者未知的事实，从来不问是什么事实，一律要求当事人加以证明或者自行加以查明。还是上述案件，张三说书面证言不是皮五亲笔所写，是虚假的。公安机关执法人员首先想到的就是笔迹鉴定，通过笔迹鉴定来证明书面证言到底是不是皮五亲笔书写。于是要求李四、皮五证明书面证言的真实性。李四、皮五的保证、发誓不能证明书面证言的真实性，文书鉴定专家的鉴定意见书完成了这一证明任务。在这种情况下，会不会无限证明下去？答案是不会。因为任何证明都有证明标准来把关、来刹车、来终结。办案人员、证据分析人员、事实

---

❶ 何家弘，刘品新：《证据法学》，北京：法律出版社2019年版，第210页。

认定人员凭借逻辑推理、经验法则、文义分析、科学分析，以及职务认知、推定、当事人自认等，完全可以决定证明环节的结束，作出最终的事实认定。其三，对域外证据制度认知不足。在域外，大陆法系有中间确认之诉。反对将证据事实作为证明对象的学者也不得不承认只有在中间确认之诉中，证据事实才能成为证明对象。❶ 英美法系中有证据鉴真（Authentication）制度。所谓证据鉴真，就是在对提交证据的可采性（证据资格）产生争议时，提交证据的人应当运用其他的旁证（Extrinsic Evidence/Additional Evidence）来证明该证据具有真实的关联性，是可采的。这一证据鉴真活动、程序、制度，是证据获得可采性的先决条件，是被称为可采性铺垫的一种预备性证明。❷ 既然需要对证据资格加以证明，那么证据属性事实就是案件中的一类证明对象。反对者之所以会担心自我循环，实际还是认知不足所致。为了避免这种担心，笔者主张把对证据属性的证明称为"证据鉴真"，作为预备证明；把对案件实体法事实或者程序法事实的证明继续称作"证明"，作为本体证明。对证据属性事实的预备证明与对案件实体法事实或者程序法事实的本体证明不在一个逻辑层次，二者不是一个平面上的联系，而是上下层之间的联系、立体的联系。❸

反对将证据事实作为证明对象的第二个理由是，人们对证据事实的内涵存在分歧，连证据事实是什么都不清楚，又何谈对其加以证明呢？❹ 确实，证据法学界对于什么是证据事实存在认知差异。到底什么是证据事实？从20世纪80年代到21世纪20年代，主流的观点是：证据事实是指证据中所留存的过去案件事实的信息。如有学者指出，证据事实是证据的实质内容，如某杀人案中有一个证据，证人甲说他看见乙用刀扎丙。甲看到乙用刀扎丙，即为这个证据的证据事实。❺ 笔者认为，任何证据之所以能够成为证据，就是因为其中留存着过去案件的事实信息，把这种证据中留存的信息称为证据事实，还不如称其为"证据中的事实"更为可取。证据中的事实之所以会成为证明对象，一方面是因为证据法要求证据必须留有过去案件的事实信息；另一方面是因为这些留存下来的事实信息是不是真实的、相关的？这种信息的获取是不是合法的、规范的？没有对未知的探知，没有对争议或者疑虑的回答，就没有证明对象。所以，证据中的事实或者证据事实之所以成为证明对象，其实是源于对其

---

❶ 卞建林：《证据法学》（第3版），北京：中国政法大学出版社2007年版，第230页。
❷ 王进喜：《美国〈联邦证据规则〉（2011年重塑版）条解》，北京：中国法制出版社2012年版，第312-313页。
❸ 邱爱民：《实物证据鉴真制度研究》，北京：知识产权出版社2012年版，第95-97页。
❹ 何家弘，刘品新：《证据法学》，北京：法律出版社2019年版，第210页。
❺ 巫宇甦：《证据学》，北京：群众出版社1983年版，第83页。

真实性、关联性、合法性的未知与存疑。因此，笔者主张把作为证明对象的证据事实改称为"证据属性事实"，以避免所谓说法上的商榷和含义上的分歧。

行政执法必须树立证据鉴真意识，强调对证据属性事实的证明，强化证据运用的规范、有效。证据事实，无论是直接证据或者间接证据，都需要具有成为证明手段的资格，这种资格就是法律对证据提出的采用标准，即客观性、关联性和合法性。任何证据最终要成为有效的证明手段，都必须同时具备这三个属性。当某个证据因其合法性、关联性或者客观性发生争议、需要其他证据印证时，在这种印证与被印证的关系中，存在着目的与手段的关系。❶ 所以，行政执法证据收集运用人员应树立证据属性事实也需要证明、同样应当成为证明对象的观点。

2. 不同执法类型的实体法事实

程序性事实和证据属性事实具有一定的一致性，二者的差异不是很明显。但是，在不同的行政执法类型中，需要查明的实体法事实却有很大的不同。

（1）行政许可的待证事实

行政许可的实体性事实是指《行政许可法》及其他法律法规规定行政许可执法主体作出行政许可决定或者作出与行政许可相关的行政行为时，必须收集和运用证据查明的案件构成要件事实，主要是指申请人或者被许可人是否达到应当许可的资格或者变动许可的条件。细分则包括如下五方面情形：①行政许可申请人是否符合颁发行政许可的条件和标准；②被许可人生产经营的产品是否符合要求；③被许可人是否依法履行开发利用自然资源义务或者利用公共资源义务；④被许可人是否按国家规定的服务标准、资费标准和行政机关依法规定的条件，向用户提供安全、方便、稳定和价格合理的服务，是否履行普遍服务的义务；⑤对直接关系到公共安全、人身健康、生命财产安全的重要设备、设施，设计、建造、安装和使用单位是否建立相应的自检制度，重要设备、设施是否存在安全隐患。❷

（2）行政处罚的待证事实

行政处罚的实体性事实是指《行政处罚法》《治安管理处罚法》及其他法律法规规定行政处罚执法主体在作出行政处罚决定时，应当收集和运用证据查明的案件构成要件事实，主要包括是否存在应予处罚的违法行为及其裁量适用法律法规的情节。细分为三大类：①行政违法行为构成要件事实；②排除行为违法性的行为事实；③影响裁量处罚的情节事实。行政法学者指出，在特定情

---

❶ 樊崇义：《证据法学》（第6版），北京：法律出版社2017年版，第262－263页。
❷ 徐继敏：《行政程序证据规则研究》，北京：中国政法大学出版社2010年版，第211－213页。

况下，虽然行为人的行为符合行政违法的构成要件，并且在事实上对一定的社会关系造成了侵害，但是，因该行为的实施是为了保护更大的合法权益，因而排除其违法性，免除对其行政责任的追究。其中正当防卫、紧急避险、利害关系人同意和意外事件就是四项主要的排除行为违法性的行为事实。❶

（3）行政强制的待证事实

行政强制的待证事实在总体上，就是有无应当采取强制措施或者予以强制执行的行为、事件或者事物。细分为以下几类实施行政强制措施时应查明的实体法事实，即有无违法行为需要制止；有无证据损毁需要防止；有无可能发生的危害需要避免；有无可能扩大的危险需要控制。除此之外，还有实施行政强制执行时应查明的实体法事实。自行实施行政强制执行时，应当查明行政决定是否作出且合法有效；行政相对人是否不履行行政决定，应履行期限有无届满；不履行行政决定有无合法正当理由。申请法院强制执行的，还需要查明当事人有无在法定期限内申请行政复议或者提起行政诉讼。

（4）行政检查的待证事实

行政检查专指行政主体依据法定职权对行政管理相对人是否遵守法律、法规、规章，执行行政命令、决定的情况进行检查、了解、监督的行政行为，不包括对行政活动予以监督的行政法制监督（监督行政）。作为一种行政监管手段，以及一种调查取证方法，行政检查的证明对象与其目的、内容高度重合，就是查明行政管理相对人是否存在行政违法的行为事实。几乎每一个行政系统，都有相应的行政检查行为。在不同的阶段，行政检查的待证事实略有不同：事前检查，主要是查明可能发生行政违法行为的因素，防患于未然；事中检查，主要是查明已经存在的行政违法行为，及时发现问题，纠正违法行为；事后检查，主要是查明对行政违法行为的补救状态，制止违法行为继续损害社会利益。

3. 不同层次的事实

案件事实在行政执法及其后续可能出现的行政复议、行政诉讼中呈现出多个不同的层次。

① 当事人或者其他参与人违法行为或者符合适用法律、法规、规章条件的事实，如某人非法占道经营等。

② 行政执法主体具体行政行为事实，如行政处罚的立案受理、调查取证、听证、决定处罚、送达文书、执行处罚等。

③ 行政复议程序事实，包括但不限于申请复议、受理、复议机关审核、

---

❶ 罗豪才，湛中乐：《行政法学》（第4版），北京：北京大学出版社2016年版，第351－352页。

作出复议决定、送达文书等。

④ 行政诉讼一审事实，包括但不限于起诉、受理、开庭审理、作出裁判、送达文书等。

⑤ 行政诉讼二审事实，包括但不限于上诉、审查、裁决等。

不同层次、不同阶段的案件事实，其具体构成要素有所不同，需要证明的事实亦有差别，应当加以必要的厘清。

4. 定性事实与裁量事实

在行政处罚或者行政强制等执法程序中，案件实体事实可以分为定性事实与裁量事实两大类。《环境行政处罚证据指南》所称的"主要事实"近似于定性事实，所称的"裁量事实"与此处表述相同。

定性事实是指违法或者不当行为及其关联事物的法律定性，如建筑物属于违法搭建、沿街摆摊属于占道经营等。裁量事实是指对当事人及其他参与人予以行政处罚或者实施行政强制时应当考虑的从轻、减轻、免除或者从重情节。认定裁量事实必须有法律、法规、规章的明确依据且应严格依法执行。许多法律、法规、规章和非法律规范性文件都对定性事实和裁量事实有明确的表述。

5. 初始事实与变动事实

在行政许可或者行政检查等执法程序中，案件实体事实可以分为初始事实与变动事实两大类。

初始事实是指在行政执法程序中首次出现的事实，如申请行政许可时的资格或者条件、行政检查时发现的问题等。变动事实是指在行政执法程序中后续出现的事实，如行政许可条件的丧失、行政检查发现问题的整改等。

四、行政执法中直接认定的事实

行政执法中直接认定的事实常被称为免证事实，似乎这类案件事实真的不需要用任何证据加以证明或者查明。其实，绝对不需要证据加以证明的案件事实是很少的。免证事实与要证事实只是一种相对的说法。所谓的免证事实，只不过是主要不依靠证据或者较少依靠证据而已。例如，已为有效公证书所证明的事实不需要再举证证明，但必须提交公证书。不提交公证书，怎么知晓有一个事实被公证证明了呢？在这类案件中，公证书难道不是证据？不需要装入行政执法卷宗？显然不是。只能表明有公证书即可，不再需要其他证据。

1. 直接认定的事实类型

综合《环境行政处罚证据指南》第6.1条、《文化市场行政处罚案件证据规则（试行）》第28条等规范性文件的规定，笔者认为，在行政执法程序中，下列事实无须查明或者证明，可直接加以认定：

① 自然规律以及定理、定律。

② 众所周知的事实。

③ 法律拟制的事实。

④ 依法律规定可以推定的事实。

⑤ 以已知事实和日常生活经验法则为基础推定的事实。

⑥ 已为人民法院生效裁判所确认的事实。

⑦ 仲裁机构生效裁决已经确认的事实。

⑧ 有效公证文书已经证明的事实。

⑨ 执法人员职务上应当知悉的其他事实。

除自然规律及定理、定律，以及法律拟制的事实外，当事人以及其他参与人有相反证据足以反驳或者推翻上述事实的，行政执法主体须承担相应的查明职责或者证明责任。

所谓相反证据足以反驳或者推翻，是强调这些直接认定的事实要么是推定出来的，要么是法律基于效率原则和行政执法人员的职务认知而加以简便规定的，都存在偏差、不可靠的可能性，故而在有相反证据足以反驳或者推翻时，这些直接认定的事实就无效了，以反证证实的事实为准。

2. 免证事实的拟制与推定

对于法律拟制的事实、依法律规定可以推定的事实，以及以已知事实和日常生活经验法则为基础推定的事实，行政执法主体应当直接作出相关事实认定。

（1）立法拟制

立法拟制，亦称法律拟制，是指立法者（法律文件）根据实际需要，把某种事实甲看作另一种事实乙，从而使事实甲与事实乙具有同一的法律效果。对于立法拟制，民事法律往往使用"视为"一词加以彰显；刑事法律往往使用"以×论（论处）"或者"按×处理（处罚或定罪量刑）"的表达方法；行政法律则兼采两类语言形式。立法拟制不能用反证来否定，因而也不涉及举证责任由谁承担的问题。这也是立法拟制与推定相区别的地方。❶《行政许可法》第50条中的"逾期未作决定的，视为准予延续"即为典型的立法拟制。《治安管理处罚法》第17条第2款则是"教唆反坐"的立法拟制，规定教唆、胁迫、诱骗他人违反治安管理的，视同自己亲自实施，一同予以治安管理处罚。

（2）法律推定

推定（Presumption）是建立在推理基础上的一种事实认定方法。推定的含

---

❶ 陈光中：《证据法学》（第4版），北京：法律出版社2019年版，第435－436页。

义是根据推理对事实进行认定。推定和推断、推论一样，也是以推理为基础。作为推定之基础的"理"，一般是指两个事实之间的伴生关系或者常态联系，一个事实存在时，便可以认定另外一个事实也存在。由于事实甲与事实乙之间具有伴生关系或者常态联系，所以只要事实甲存在，就可以认定事实乙。学理上，一般将事实甲称为基础事实或者前提事实；将事实乙称为推定事实或者结果事实；将二者之间的伴生关系或者常态联系称为连接纽带。此三者共同构成一个完整的推定要素，缺一不可。❶ 推定的基本功能就是给行政执法人员提供一种简便快捷的认定未知事实或者争议事实的方法。

最常见的推定分类是法律推定与事实推定，这是根据推定成立的基础而作的划分。法律推定，亦称立法推定、法律上的推定，是指由立法机关在有关法律文件中明确规定的推定。立法推定实则已成为法律规则，具有法律规范的强制效力，无法律明示的理由和充足的反证不得对其加以否定。法律推定不强求条文中必须出现"推定"的语词。法律条文中即使没有使用"推定"这样的词语，但是从其内容和结构上分析，仍为法律上的推定者，应当作为法律推定加以遵守。❷ 例如，2021 年 4 月 29 日第三次修正的《道路交通安全法》之第 73 条规定了认定交通事故责任的常规路径。但是，《道路交通安全法实施条例》第 92 条则强调，发生交通事故后当事人逃逸的，逃逸的当事人承担全部责任。但是，有证据证明对方当事人也有过错的，可以减轻责任。当事人故意破坏、伪造现场、毁灭证据的，承担全部责任。这一条的规定属于法律推定。其一，发生交通事故后当事人逃逸的，推定逃逸的当事人负全部责任。对此推定，法律同时明示可以减轻，即有证据证明对方当事人也有过错的，可以减轻责任。其二，发生交通事故后，当事人故意破坏、伪造现场、毁灭证据的，推定该当事人负全部责任。对此推定，法律没有明示可以减轻或者否定的情形。逃逸只是单纯地逃离事故现场，对勘验、检查、调查有一定的妨碍，但不是十分严重；而故意破坏、伪造现场、毁灭证据，则严重地妨碍了对交通事故现场的勘验、检查、调查，以及后续的检验、鉴定。前提事实类型不同，法律推定的结果以及是否允许减轻或者反证否定亦有所不同。当然，既然是法律推定，本质上属于一种立法者的假定，所以虽然没有明示，也是允许运用反证推翻或者否定的。但是，条文明确规定出来与不加规定，其价值取向肯定是有差异的。

（3）事实推定

事实推定与法律规定相对称。事实推定，亦称司法推定、事实上的推定、

---

❶ 何家弘，刘品新：《证据法学》，北京：法律出版社 2019 年版，第 280 页。
❷ 曹晓凡：《环境行政执法证据的收集与运用》，北京：中国民主法制出版社 2015 年版，第 116 页。

诉讼中的推定，对于行政执法而言，不妨称之为行政执法中的推定，是指按照日常生活经验法则，从某一已知事实推论出另一未知事实的推定。但是从本质上讲，事实推定确实接近于证明，但不是运用证据的证明，它实际上是通过司法人员、行政执法人员解释法律、创设判例等方式完成的推定。例如，《行政强制法》第39条中的"确有困难""暂无履行能力""确有理由""可能造成难以弥补的损失"等事实，都属于模糊、未知、不肯定的事实。在行政执法实务程序中，要认定这些事实是否存在，需要由行政执法人员进行事实推定。例如，被执行人家庭房屋刚被龙卷风彻底摧毁，房屋被龙卷风彻底摧毁是基础事实，履行行政义务确有困难就是推定事实。这种房屋被毁与经济困难在日常生活经验法则上是具有显著的因果关系的，是能够成立的。那么，这种事实推定与证明有何区别呢？证明需要证据，如果是证明该被执行人确有困难，就需要该被执行人或者行政机关提供证据。对于被执行人来说，证明自己没有钱是难以完成的；对于行政机关来说，证明被执行人没有钱也不容易。相反，证明自己或者被执行人有钱则较为容易，拿出现金、查清银行存款等实物证据或者书面证据即可完成。而推定则免除了这种证据和证明上的困难，直接基于房屋被毁认定被执行人确有困难，在认定事实上简便快捷。

不同于法律推定是由法律条文规定的，事实推定是自然人思维活动的产物。所以，根据日常生活经验法则推定事实，必须有严格的限制，要点如下：❶

① 待证事实必须是无法用直接证据加以证明的案件事实，也就是说，只有借助间接证据确立的基础事实才能推断出案件待证事实。

② 事实推定的基础事实的真实性已经在法律上得到充分确认。

③ 基础事实和推定事实之间有必然的逻辑联系，且符合经验法则。

④ 在行政执法机关充分调查、收集证据或者行政相对人、利害关系人充分行使提供证据权利的情况下，不存在否定事实推定的相反证据（反证）。❷

3. 免证事实之行政职务认知

行政执法程序中直接加以认定的事实，除了法律拟制和推定外，其他几类都属于行政职务认知的范围。行政职务认知，亦称行政职务上知悉、行政认知、官方认知（Official Notice），是指行政机关对一些案件事实，根据众所周知的事情或者常识直接认定，无须用证据证明。行政认知相当于司法程

---

❶ 交通运输部政策法规司：《交通运输行政执法证据收集与运用》，北京：人民交通出版社2012年版，第55-56页。

❷ 陈光中：《证据法学》（第4版），北京：法律出版社2019年版，第440页。

序中的司法认知（Judicial Notice）。法官对于众所周知的事情或者职务上应当知悉的事实，无须当事人证明，而直接加以认定并作为裁判根据，称为司法认知。❶ 笔者认为，除非法律、法规、规章另有规定，行政执法主体对行政执法法律依据和行政执法程序中的显著且周知的事实，可以直接作出行政职务认知，免于调查和证明。行政认知既包括对事实的认知，还应当包括对法律、法规和规章的认知。

第二节 行政执法中的查明职责

证明责任在行政执法中更多地表达为查明职责。一方面是因为行政执法程序中对事实的认定，更多的是自向证明，让自己明白，是查明；另一方面是因为证明责任的承担，对于行政执法主体而言既是义务，也是职权。

一、行政执法主体查明职责的行使

行政执法行为绝大多数都具有主动性：主动启动、主动调查、主动审查与认定。只有少数是被动启动、主动审查与认定的。纵使是被动启动，其审查与认定仍然是主动的。既然如此，行政执法主体必然会在行政执法程序中主动、积极地提出事实主张或者作出某种事实认定之结论。本着古老的"谁主张、谁举证"的原则，行政执法主体应当承担查明或者证明责任。❷

1. 行政执法主体查明职责的认知

笔者认为，除法律、法规、规章另有规定外，对适用法律、法规、规章作出行政决定所必要的任何构成要件事实，行政执法主体都应当承担查明或者证明案件事实的责任。任何当事人以及其他参与人的承认，都不得作为认定案件事实的唯一证据。

（1）证明责任的语词及含义

证明责任主要是学术词汇，举证责任、举证证明责任是法条词汇，这三个语词是否等同？从字面上看，三者有差异，但本质上相同。❸ 受行政诉讼法律法规的影响，在行政执法证据法文件中，基本上不使用"证明责任"一词，少数文件使用了"举证责任"一词。如《湖南省行政程序规定》第72条规

---

❶ 徐继敏：《行政程序证据规则研究》，北京：中国政法大学出版社2010年版，第118页。

❷ 证明责任制度源自古罗马法中的"谁主张、谁举证"原则。古罗马法规定，原告应负举证证明责任，原告不举证，被告即开释。同时，举证义务存在于主张之人，不存在于否认之人，否认者不负举证责任。详见黄风：《罗马法词典》，北京：法律出版社2002年版，第21页，第183页。

❸ 何家弘，刘品新：《证据法学》，北京：法律出版社2019年版，第305–307页。

定，行政机关对依职权作出的行政执法决定的合法性、适当性负举证责任。本书把证明责任和举证责任等同视之，混合使用。

对于证明责任的含义，在行政执法领域，提出责任和说服责任并列、并存的双重含义说占据主流，如有人主张，行政执法证据证明责任，是行政执法机关对行政执法案件事实提供证据，并承担相应法律后果的责任。[1] 有人提出，环境行政执法证明责任，是指环境行政执法机关或者行政相对人收集或者提供证据，证明其主张的案件事实成立或者有利于己方的主张的责任，如果相关主体不承担证明责任，当某种对行政决定有实质影响的事实无法确定时，有义务查明或者证明该事实的行政执法机关或者相对人将承担自己的主张不能成立的风险。[2] 笔者认为，行政执法程序中的证明责任，是指行政执法主体和当事人在行政执法程序中，提供证据证明自己主张之案件事实成立的法定责任。对于行政执法主体而言，这种责任就是其查明职责，属于自向证明；对于当事人而言，就是他向证明任务的承担与完成。证明责任应该包括三个层面：①收集、提供证据的行为责任，即行政执法主体和当事人就其事实主张，在行政执法程序中收集、提供证据的责任；②说服事实认定者的行为责任，即行政执法主体和当事人使用符合法律要求的证据，说服事实认定者相信其事实主张的责任（行政执法主体主要是说服自己、行政相对人则是说服行政执法主体）；③承担不利后果的责任，即行政执法主体和当事人在不能提供证据或者不能说服事实认定者而且案件事实处于不清状态时承担不利法律后果的责任。在一些行政执法案件中，在提供证据之后、说服事实认定者（行政执法主体）之前，还有一项证据鉴真的责任。说服责任与证明标准的实现是一个事物的两种表达。

行政执法证明责任具有程序专属性（在行政执法程序中）、主体偏向性（证明责任的主要承担者是行政执法主体）和后果两面性。所谓后果两面性，是指行政执法主体依法承担并完成了查明职责，其作出的行政处理决定就会得到肯定和支持。反之，行政执法主体未能依法收集证据，或者其收集的证据不足以支持作出行政处理决定，则该行政处理决定就会被否定、被撤销。

（2）行政执法主体的查明职责

证明责任的核心是证明责任的分配，或者简单地讲，提及证明责任就是指证明责任的分配，就是强调谁对事实主张承担提供证据并加以证明的责任。在法律文件中，没有或者很少出现举证责任、证明责任的语词表达，不等于行政

---

[1] 交通运输部政策法规司：《交通运输行政执法证据收集与运用》，北京：人民交通出版社2012年版，第43页。

[2] 曹晓凡：《环境行政执法证据的收集与运用》，北京：中国民主法制出版社2015年版，第135页。

执法程序中没有证明责任的分配，也不意味着行政执法主体在行政执法程序中不承担查明或者证明职责。《行政处罚法》第 40 条强调，依法应当给予行政处罚的，行政机关必须查明事实；违法事实不清、证据不足的，不得给予行政处罚。第 54 条第 1 款又指出，除依照简易程序当场作出的行政处罚外，行政机关发现公民、法人或者其他组织有依法应当给予行政处罚的行为的，必须全面、客观、公正地调查取证，收集有关的证据；必要时，依照法律、法规的规定，可以进行检查。这些条文都强调了行政执法主体的查明职责或者证明责任。

行政执法行为种类多，相应的行政执法程序也很多。行政执法程序有简易程序、一般程序、听证程序等形式，十分复杂。所以，确立一个统一适用的证明责任分配规则是不太现实的。但是，必须坚守"谁主张、谁举证"的原则，同时综合考量法律、法规的规定，公平、效率、合理等价值的实现，以及举证难易程度。有学者指出，总结各国关于行政程序责任分配的规定，基本可以得出结论：在行政程序中实行"谁主张，谁举证"的分配规则，行政机关作出不利于相对人的决定时，行政机关承担举证责任；行政机关依相对人的申请，作出对相对人有利的决定时，由相对人承担举证责任。❶ 在行政执法证据法欠缺明确、细致的举证责任分配规则时，参照行政诉讼的证明责任分配规则是可取的，毕竟行政决定效力的最终确定者是人民法院。法院将对行政执法主体对案件事实的认定进行再审查，而行政执法主体在行政诉讼中提交给法院的证据只能是作出行政处理决定时已经收集的证据。因此，行政诉讼中的举证责任分配直接影响着行政程序中的举证责任分配，即行政处理决定的举证责任分配规则与行政诉讼中的举证责任分配规则具有对应关系。在行政立法欠缺行政处理决定的举证责任分配规则时，可以根据《行政诉讼法》及相关司法解释的规定去倒推行政处理决定中的举证责任分配。行政诉讼举证责任分配的基本规则是被告行政机关对具体行政行为承担举证责任；原告就特定事项承担举证责任。❷ 鉴于此，通常情形下，行政执法主体承担查明案件事实的职责。

在民事诉讼中，有一种自认制度。但是，这种制度在行政执法领域不宜存在，不能仅凭当事人的事实承认就直接定案。行政执法主体还是应当查明事实，收集和运用证据证明案件事实。因此，在行政执法程序中，任何当事人以及其他参与人的承认，都不得作为认定案件事实的唯一证据。但是，本着诚实

---

❶ 陈光中：《证据法学》（第 4 版），北京：法律出版社 2019 年版，第 335 页。
❷ 王万华：《中国行政程序法典试拟稿及立法理由》，北京：中国法制出版社 2010 年版，第 270－271 页。

信用原则，当事人在行政执法程序中对证据的认可是应当加以肯定的。一旦当事人认可了某证据，行政执法主体即可将该证据作为定案依据使用，一般情况下无须再查证其证据资格。为什么对事实的承认和对证据的认可要采用不同的采信规则呢？因为对证据的认可并不能等同于对事实的承认，二者的性质不同。❶ 所以，2018 年 10 月 23 日公布的《上海市城管执法调查取证规则（试行）》❷ 第 25 条指出，城管执法人员调查的证据，当事人表示认可的，可以直接作为认定事实的依据。不过，直接作为定案证据使用并不意味着对该证据的证明力不加分析判断。证据认可仅是证据资格的确认和肯定。

① 行政处罚中的查明职责。《治安管理处罚法》第 5 条第 1 款要求治安管理处罚必须以事实为依据。《市场监督管理行政处罚程序规定》❸ 第 3 条强调，市场监督管理部门实施行政处罚，应当做到事实清楚、证据确凿。《农业行政处罚程序规定》第 22 条指出，对违反农业行政管理秩序的行为，依法应当给予行政处罚的，农业行政处罚机关必须查明事实；违法事实不清、证据不足的，不得给予行政处罚。这些"必须以事实为依据""必须查明事实""应当做到事实清楚"的表述，彰显着在行政处罚程序中，行政执法主体、作出行政处罚决定的主体应当承担的查明职责。

② 行政强制中的查明职责。无论是行政强制措施，还是行政强制执行，都是行政执法主体在具备一定条件时，基于一定的行政管理目的而主动采取的对行政相对人人身权益或者财产权益加以限制或者减损的行为。由于这种行为对行政相对人有损益性，对行政执法主体有利益所得，同时考虑提供证据的便利、提供证据的能力等因素，应当由行政执法主体承担证明责任，证实应当采取行政强制措施或者行政强制执行的事由或者理由已经成立。❹ 其实，在《行政强制法》中，许多条文都体现了这一证明责任分配规则。例如，第 27 条要求行政机关采取查封、扣押措施后，应当及时查清事实，在法定期限内作出处理决定。

③ 行政许可中的查明职责。行政许可是依申请而作出的行政行为。因此，

---

❶ 最高人民法院民事审判第一庭：《最高人民法院新民事诉讼证据规定理解与适用》，北京：人民法院出版社 2020 年版，第 776 页。

❷ 2018 年 10 月 23 日，上海市城市管理行政执法局沪城管规〔2018〕4 号发布。以下不再一一注明该文件的发文日期和发文号。

❸ 2021 年 7 月 2 日，国家市场监督管理总局令第 42 号修正。以下不再一一注明该文件的发文日期和发文号。

❹ 曹晓凡：《环境行政执法证据的收集与运用》，北京：中国民主法制出版社 2015 年版，第 138 – 139 页。

在行政许可程序中，行政执法主体的查明职责更多地体现为对申请人资格条件及其保持等事实的审查、认定、证明或者查明。《行政许可法》第 34 条规定，行政机关应当对申请人提交的申请材料首先进行形式审查；其次，应当根据法定条件和程序，对申请材料的实质内容进行核实。无论是形式审查还是实质审查，都是行政许可机关查明职责的体现。行政许可机关应当查清并相信申请人的材料是齐全的、合法的、相关的，材料反映的资格、条件等许可要素是真实的。

2. 行政执法主体不得擅自转移证明责任

笔者认为，除非法律、法规、规章另有规定，行政执法主体不得在行政执法程序中擅自转移证明责任，将自己应当承担的查明职责无依据地转移给当事人或者其他参与人。

（1）证明责任的转移

所谓证明责任的转移，是指把证明责任从本应承担的那一方转移给相对方。证明责任的转移经常发生在提供证据的行为责任上，对于说服事实认定者的结果责任的转移更多地体现在证明责任倒置的制度安排中。❶ 原则上，行政执法证据法不能轻易规定证明责任转移制度。

（2）行政执法主体不得擅自转移证明责任

最高人民法院《关于审理证券行政处罚案件证据若干问题的座谈会纪要》❷ 第 1 条关于证券行政处罚案件的举证问题部分指出，证券监管机构应当依法对作出的被诉行政处罚决定承担举证责任。人民法院在审理证券行政处罚案件时，也应当考虑部分类型的证券违法行为的特殊性，由监管机构承担主要违法事实的证明责任，通过推定的方式适当向原告、第三人转移部分特定事实的证明责任。对此，能否作为行政执法中转移证明责任的反推依据呢？笔者认为不可以，否则就是对该司法解释的误解。人民法院审理行政诉讼案件时可以转移证明责任，不等于行政执法也可以转移证明责任。依据当事人及其他参与人的法定举证义务、配合义务，可以要求行政相对人等提供证据。但是，这不等同于行政执法主体转移自己应当承担的证明责任。除非法律、法规、规章有明确规定，否则，行政执法主体不得擅自转移证明责任。因为行政执法行为也应受"法无明文规定不可为"的制约。❸

---

❶ 何家弘，刘品新：《证据法学》，北京：法律出版社 2019 年版，第 326 页。

❷ 2011 年 7 月 13 日，法〔2011〕225 号文。

❸ 2014 年 10 月 23 日《中共中央关于全面推进依法治国若干重大问题的决定》提出，行政机关要坚持法定职责必须为、法无授权不可为。

3. 证据运用不当的过错责任

笔者主张,在证据的调查收集、审查分析和事实认定等过程中,违反法律法规的规定,导致行政行为被确认违法或无效、撤销、责令重新作出的,应当依法追究直接责任人员的过错责任。

(1) 行政不当与行政责任

行政法上的行政不当也称称行政失当、不当行政,主要是指行政主体作出的合法不合理、不适当的行为。从广义上讲,行政不当同样是一种行政违法,因为它违反了行政法对合法性和合理性的基本要求。从狭义上讲,行政不当是以行政合法为前提,是与行政违法相并列的一种有瑕疵的行为。不合法的行政行为属于行政违法,不合理的行政行为构成行政不当。对于狭义的行政不当行为,可以纠正、变更或者撤销;对于广义的行政不当行为,还可以确认其无效。同时,对于不当行政行为,相关责任人需要承担行政处分以及其他法律责任。[1]

(2) 证据运用不当的过错责任

证据运用不当是指广义的行政不当,包括违法,以及不违法但不妥当、不诚信、不规范、不合理等证据收集和运用行为。《文化市场行政处罚案件证据规则(试行)》第33条指出,在证据的收集、审查、认定等过程中,违反法律、法规和规章及本规则的规定,导致行政处罚行为被确认违法或无效、撤销、责令重新作出的,应当依法追究直接责任人员的过错责任。唯有如此,才能促进行政执法人员规范、合法地收集和运用证据。证据收集和运用违法的后果是证据被排除;非违法的不当行为可以补正者,应予补正。

二、行政执法主体的辅助取证

笔者认为,在行政执法程序中,行政执法主体除自身依法调查取证,完成相应的证明责任外,还存在依据当事人及其他参与人的申请而辅助取证的情形。当事人及其他参与人因客观原因不能自行收集的证据,有权口头或者书面申请行政执法主体予以调查收集。除该证据与待证事实无关联、对证明待证事实无意义或者其他无调查收集必要的,行政执法主体应当调查收集。当事人及其他参与人申请行政执法主体调查取证的,应当详细说明证据的基本信息或者主要线索、拟证明的案件事实,以及不能自行取证的客观障碍。

1. 当事人申请取证

当事人在行政执法程序中,除非法律、法规、规章有明确要求,一般不承

---

[1] 罗豪才,湛中乐:《行政法学》(第4版),北京:北京大学出版社2016年版,第341—344页。

担举证责任。但是,当事人享有举证的权利。当事人行使举证权利时所提交的证据通常是自己收集获取的。然而,由于各种客观原因,当事人无法自行获得某些对其有利的证据。此时,就需要行政执法主体予以辅助。相应地,行政执法主体有义务提供帮助。一方面,这是保护当事人合法权益的需要;另一方面,这也是全面查清案件事实、正确认定案件事实的需要。例如,《辽宁省行政执法程序规定》[1]第40条第1款就特别强调,当事人有权申请调取证据。当事人向行政执法机关申请调取证据的,应当提交调取证据申请书。该条第2款指出,调取证据申请书应当载明证据持有人的姓名或者名称、住址等基本情况;拟调取证据的内容;申请调取证据的原因及其要证明的案件事实等。

当事人及其他参与人申请行政执法主体调查取证的,应当详细说明三方面问题:证据的基本信息或者主要线索;拟证明的案件事实;不能自行取证的客观障碍。前两个问题论述申请调取的证据的重要性;后一个问题论述自行取证的不可能。证据很重要,自行取证无法实现,才有申请行政执法主体辅助取证的必要性。当事人自行取证的客观障碍,主要有证据材料由国家有关部门保存而须由行政执法机关调取;涉及国家秘密、商业秘密、个人隐私;确因客观原因不能自行收集。

2. 行政执法主体审查决定是否辅助取证

行政执法主体对当事人及其他参与人提出的取证申请,重点审查下列事项:该证据与待证事实有无关联;该证据对证明待证事实有无意义;该证据有无调查收集的必要。对那些与案件无关的,或者虽有关联但证明价值不大甚至没有价值的,以及重复、无再行收集必要的,当事人能够自力获取的证据,行政执法主体有权不予调取。可见,对于取证申请的审查,焦点在于证据的关联性上,包括形式关联,即与案件是否有关系、能否指向待证事实的证明等;以及实质关联,即证据对案件待证事实有无证明价值、有多大证明价值等。

行政执法主体决定辅助当事人调取证据的,应当按照自行调查取证的各项要求实施;行政执法主体决定不予调取证据的,应当书面告知申请人并说明理由。

三、行政执法中当事人的举证义务

在行政执法案件中,当事人应对其积极主张的事实进行证明。[2] 如《行政

---

[1] 2011年1月20日,辽宁省人民政府令第253号。以下不再一一注明该文件的发文日期和发文号。

[2] 交通运输部政策法规司:《交通运输行政执法证据收集与运用》,北京:人民交通出版社2012年版,第46页。

处罚法》第 33 条第 2 款规定，当事人有证据足以证明没有主观过错的，不予行政处罚。法律、行政法规另有规定的，从其规定。该条款允许行政处罚程序中的当事人以自己没有主观过错抗辩行政违法的指认。依据该条款，当事人运用无过错进行抗辩时，需要提出证据并以此证据证明自己没有过错。这就是当事人的举证责任。

1. 当事人的举证责任

当事人的举证责任侧重于提供证据的行为责任，而且当事人承担举证责任必须有法律、法规、规章的明确规定。

（1）当事人举证责任和证明责任的差异

在行政执法程序中，当事人的证明责任、提供证据的权利、提供证据的责任和配合义务常常混合在一起。区别它们的唯一依据就是法律、法规、规章的条文规定。当事人在行政执法程序中提出积极的、对自己有利的事实主张，其目的是证明案件事实，避免对自己不利的后果出现，往往应依法承担证明责任。当事人承担证明责任则肯定有提供证据的责任。为了保障自身合法权益，促进行政执法主体准确查明案件事实，当事人享有提供证据的权利。在行政检查和执法程序中，当事人依法负有配合义务或者提供证据的责任，需要提交自己掌握的各种证据材料。除了当事人依法承担证明责任的情形外，当事人行使举证权利、承担提供证据的责任和配合义务，都不应当因为提交证据的数量或者质量瑕疵而承担不利的后果。在此类情形下，当事人及参与人不能举证时，并不当然地免除行政执法主体依据法律、法规应当承担的查明职责。简单地讲，当事人承担的更多是行为意义上的举证责任、拿出证据的责任或者义务，而不是结果意义上的证明责任，并不是必须说服事实认定者，否则就要承担不利后果。对当事人来说，举证责任（偏重于提供证据）和证明责任（偏重于说服他人）是有所分离的。相反，行政执法主体的举证责任和证明责任则是混同混用、合为一体的。❶

（2）行政许可中的当事人证明责任

在行政许可程序中，根据《行政许可法》第 31 条等条文的规定，对于依法应当获得行政许可的条件或者资格已经具备，以及从事被行政监管的行为或者保有相关成果时，已经依法获得了行政许可证书等事项，应由当事人承担证明责任。行政许可申请人的证明责任，在形式上是提交证明材料；在内容上是证明材料具有真实性；在结果方面则是充分说明、显示、论证已经符合该行政

---

❶ 曹晓凡：《环境行政执法证据的收集与运用》，北京：中国民主法制出版社 2015 年版，第 136 – 141 页。

许可事项所要求的条件、资格、标准。对于行政许可程序中当事人的证明责任，许多规章及非法律规范文件也有明确的要求，如《安全生产执法程序规定》第17条、《江苏省行政程序规定》第59条第2款。

(3) 裁量事实的当事人证明责任

裁量事实有对当事人有利的，也有对当事人不利的。在行政处罚和行政强制程序中，当事人要求行政执法主体从宽处理时，对于自己符合法定的宽大处理情形应承担相应的举证证明责任。这是因为当事人积极主张自己具有法定的宽大处理之情形，属于树立一个有利于己的事实目标。对该目标是否真的存在，当事人自应承担相应的提供证据加以证明的责任。例如，当事人在治安管理处罚中提出自己殴打他人是因为正当防卫的需要。那么，该当事人就应当对正当防卫的存在提供证据加以证明，而不是简单地主张自己的行为是正当防卫，然后由公安机关去调查是否构成正当防卫。如果公安机关不能否定正当防卫，那么当事人自己就属于正当防卫，这种逻辑显然是荒唐的。"当事人动动嘴，执法人员跑断腿"的现象也是需要遏止的。在行政处罚和行政强制程序中，需要当事人提供证据证明的裁量事实主要是排除行为违法性的事实。

2. 当事人的配合义务

当事人配合行政检查与行政调查的义务，与当事人应当承担提供证据的责任有时难以区分。简单地说，当事人承担提供证据的责任建立在其有积极主张、积极要求的前提下，既然体现了事实主张上的主动性，那么相应地就需要承担提供证据的责任。而配合义务是在消极场合下应当承担的，即在行政执法主体主动调查、主动检查的前提下，当事人不积极对抗、不掩饰、不隐匿、不拒绝、不造假。

(1) 证据调查时的配合义务

当事人在行政执法主体调查取证时负有配合义务，应当到场并如实提供与调查有关的真实材料和信息。知晓有关情况的其他公民、法人和组织应当协助行政机关进行调查。如《江苏省行政程序规定》第52条要求当事人应当配合行政机关调查，提供与调查有关的真实材料和信息。知晓有关情况的其他公民、法人和其他组织应当协助行政机关调查。因协助调查产生的合理费用由行政机关承担。调查取证应当制作笔录，由行政执法人员、当事人或者其代理人、见证人签字；当事人或者其代理人、见证人拒绝签字的，不影响调查结果的效力，但是应当在调查笔录中载明。

(2) 行政检查时的配合义务

行政执法主体进行行政检查时，当事人的配合义务要比调查取证时的配合义务更具强制性。如2015年4月24日第二次修正的《税收征收管理法》第

56条要求纳税人、扣缴义务人必须接受税务机关依法进行的税务检查,如实反映情况,提供有关资料,不得拒绝、隐瞒。这就是强调当事人的配合义务:全部、真实地提供行政检查所需的证据材料。

当事人在行政执法检查时拒不配合的,需要承担相应的法律责任。当然这只是纯粹的程序性责任,行政执法主体不能因为当事人拒不配合检查就认定或者推定其具有实体性违法行为。如2017年11月4日第三次修正的《海洋环境保护法》第19条第2款强调,行使海洋环境监督管理权的部门,有权对管辖范围内排放污染物的单位和个人进行现场检查。被检查者应当如实反映情况,提供必要的资料。该法第75条对应指出,拒绝现场检查,或者在被检查时弄虚作假的,由依法行使海洋环境监督管理权的部门予以警告,并处二万元以下的罚款。"警告并处二万元以下罚款"就是对不配合检查行为的行政处罚。但这种处罚的对象是拒不配合检查的程序性违法行为,不是污染海洋环境的实体性违法行为。

四、行政执法中当事人的举证权利

在行政执法程序中,当事人及其他参与人可以就与案件相关的意见或者主张提供证据加以证明。行政执法主体对当事人提供的证据进行审查后,认为具备合法性、真实性和关联性的,应当予以采纳。

1. 当事人的举证权利

《行政处罚法》第45条第1款规定,当事人有权进行陈述和申辩;当事人可以提出相应的事实、理由和证据。这说明在行政处罚程序中,当事人享有提出证据的权利。其实,在其他行政执法程序中也是如此。例如,根据《行政许可法》第5条第3款等的规定,在行政许可程序中,申请人提交材料、提供证据既是责任、义务,也是一项重要的权利。《行政强制法》第18条第6项要求实施行政强制措施时,应当听取当事人的陈述和申辩。当事人陈述和申辩时,为了支持自己的主张往往会提供证据,这也是当事人的一项程序性权利。因为没有证据支撑的陈述和申辩是苍白无力的,不会被行政执法主体接受。在专门的行政执法证据规范文件中,也有强调当事人举证权利的规定,如《文化市场行政处罚案件证据规则(试行)》第23条就明确指出,在案件办理过程中,当事人可以就与案件相关的意见或者主张提供证据加以证明;执法部门对当事人提供的证据进行审查后,对符合客观性、关联性和合法性的证据,应当予以采纳。

2. 行政执法主体对当事人举证权利的保障

没有保障的权利是空洞的、不现实的。在行政执法程序中,当事人的举证权利也是如此。无论当事人是基于维护自身合法权益的目的，抑或反驳行政指控的目的，以及配合行政执法的目的而提交证据，只要其享有这项权利，那么相应地，行政执法主体就应当对这项权利加以保障。具体而言，行政执法主体对当事人举证权利的保障包括但不限于下列措施：

① 告知义务。告知当事人享有举证权利和举证义务。

② 接受义务。接受当事人提交的所有证据材料，在形式上不加无理拒绝。

③ 审查采信义务。对于当事人提交的证据材料，经审查符合真实性、关联性和合法性的，应当予以采信。

④ 辅助取证义务。在当事人行使举证权利但取证确有客观困难的情形下，行政执法主体应当依申请或者依职权辅助当事人收集相关证据。

第三节 行政执法的证明标准

证明标准亦称证明度、证明程度、证明任务、证明要求，是指承担证明职责的主体彻底完成此项责任的判断标志。对于行政执法的证明标准是一元化还是多元化，存在不同的认知。2001年11月6日，最高人民法院行政审判庭《〈关于行政诉讼证据的规定〉的起草说明》介绍了构建行政诉讼多元化证明标准的设想。❶ 不过，这些多元化证明标准的设想在《最高人民法院关于行政诉讼证据若干问题的规定》中被删去了。行政诉讼证明标准是否应当多元化，可以暂不讨论，尽管它对行政执法证明标准有反向助推作用。行政执法程序中的证明标准或者查明标准是否应当多元化却是一个值得关注的问题。学术界多主张应该多元化，但是，行政执法证据法的法律文件或者非法律规范性文件中却很少有证明标准多元化的表述。王万华教授指出，行政机关在行政决定中同时行使调查职能和决定职能，在认定事实时，与法庭一样面临证据对待证事实证明到何种程度才能判断事实真伪的问题。对于"事实清楚，证据确定、充分"的客观真实证明标准，多数学者持批评观点，认为客观真实标准实质上是用目标代替了标准，在实践中难以执行。为此，在《中华人民共和国行政执法程序条例（建议稿）》中，对行政决定的证明标准作了多元化构建，包括三种情形：①实质性证据标准。该标准为行政决定的一般证明标准，适用于大多数不利于相对人的行政决定。②排除合理怀疑标准。该标准提高了一般证明标准的要求，较之实质性证据标准更为严格，适用于对当事人有重大不利影响的行政决定。

---

❶ 《最高人民法院司法解释小文库》编选组：《行政诉讼证据司法解释及相关法律规范》，北京：人民法院出版社2002年版，第41-42页。

③合理根据标准。该标准降低了一般证明标准的要求，行政机关对事实的认定有合理根据支持即可，允许有合理疑点存在。合理根据标准适用于授益行政决定和紧急情况下的应急处置决定。❶

与学术界主张行政执法证明标准多元化的情况相反，行政执法证据法关联文件中一般都统一表述为"事实清楚，证据确实（确凿）、充分"。例如，《国务院办公厅关于全面推行行政执法公示制度执法全过程记录制度重大执法决定法制审核制度的指导意见》（国办发〔2018〕118号），在第四部分"全面推行重大执法决定法制审核制度"的第13项指出，行政法制审核的内容之一就是"案件事实是否清楚，证据是否合法充分"。当然，偶尔也有关于多元化证明标准的表述，如2012年发布试行规定、2014年1月1日正式施行的青海省《海北藏族自治州行政程序规定》第54条就曾经指出，适用听证程序的案件，事实认定应当排除一切合理的怀疑；适用一般程序和简易程序的案件，事实认定的可能性应当优于其他一切可能性；行政机关采取临时或者紧急措施的，事实认定应当合理。但是，非常遗憾，该规定的有效期自2014年1月1日至2019年12月31日，现已期满，实质上已经失效。

综上所述，本节关于行政执法证明标准的多元化阐述多为学术主张。不过，有理由相信，行政执法证明标准的多元化是一个必然趋势。一方面，考量行政执法本身的执法领域广泛、执法行为类型众多、执法待证事实复杂、执法结果对相对人的影响有利与不利两分等因素，证明标准不能单一，应当多元，如此才能提高行政执法效率、保障公平合理。另一方面，从横向比较的角度出发，我国的民事诉讼已经实现了四元化的证明标准：承担证明责任者的本证证明应当达到高度可能性（高度盖然性）；对欺诈、胁迫、恶意串通、口头遗嘱、赠与事实的证明，应当达到排除合理怀疑；对保全、回避等程序事项的证明，应当达到存在的可能性较大（优势证据）；对不负证明责任者的反证证明，应当达到动摇本证，使本证待证事实处于真伪不明状态即可。❷从更开阔的视野比较，美国、德国等国家的行政程序证明标准也是多元化的。

一、明显优势证据的证明标准

笔者提出，行政执法主体认定案件事实应当达到事实清楚，证据确实、充

---

❶ 王万华：《中华人民共和国行政执法程序条例（建议稿）及立法理由》，北京：中国人民公安大学出版社2016年版，第93-95页。

❷ 详见2015年1月30日公布的《最高人民法院关于适用〈中华人民共和国民事诉讼法〉的解释》（法释〔2015〕5号）第108条、第109条；2019年10月14日修正的《最高人民法院关于民事诉讼证据的若干规定》（法释〔2019〕19号）第86条。

分。除非法律、法规、规章另有规定，证据确实、充分是指行政执法主体对案件事实的查明已经达到本证成立具有明显的优势证据。证据是否充分与案件待证事实密切相关，不同的待证事实需要不同的充分证据。

1. 明显优势证据证明标准认知

明显优势证据的证明标准是对我国行政执法证据法现有条文规定的量化表述，是概率论叙述。现行有效的行政执法证据法规范文件对证明标准的条文表达主要呈现出定性的特点，如事实清楚、证据确凿（确实）、证据充分、能够证明案件事实等说法，都是对证据的定性规定。其中，"充分"一词表面看侧重定量，但其实语焉不详。所以，明显优势证据的证明标准就突出了它的量化特点，即"明显优势"。如果说证据优势是指51%以上的可能性，那么明显优势就是75%以上的可能性。❶ 大于或者等于51%是简单多数、具有优势、比较优势；大于或者等于75%则为绝对多数、绝对优势、明显优势。

明显优势证据证明标准，在英美法系中亦称为"清晰和令人信服的证明标准""清楚和有说服力的证明标准"；在大陆法系中则称为"高度盖然性"证明标准，是指行政执法主体认定案件事实真实存在的证据证明力要比否定案件事实存在的证据证明力更有可能性，即具有明显的优势。所谓更有可能性、明显的优势，是指本证肯定证据的证明力达到75%以上，根据这些证据认定案件事实的存在将是极有可能或者非常可能客观真实的。从表述上看，它高于优势证据证明标准，但低于排除合理怀疑的证明标准。这一标准是行政执法程序广泛适用的证明标准。具体来说，主要适用于一般程序的行政处罚案件以及其他一般程序的损益行政行为。所谓损益行政行为，是指该行政行为会给相对人带来不利后果。一般程序下的行政处罚或者行政损益行为，对于行政相对人的权益影响较大，是不利于相对人的。所以，认定一项不利于相对人的案件事实，应当做到"八九不离十"，行政执法人员经过综合分析证据，在其内心对案件事实的认定应当达到80%~90%的程度。❷

明显优势证据的证明标准适用于一般程序的行政执法案件、不利于行政相对人的案件、绝大多数行政执法案件。明显优势证据的证明标准与我国法律中的"案件事实清楚，证据确实、充分"在大多数行政执法案件中是一个事物

---

❶ 交通运输部政策法规司：《交通运输行政执法证据收集与运用》，北京：人民交通出版社2012年版，第61页。

❷ 曹晓凡：《环境行政执法证据的收集与运用》，北京：中国民主法制出版社2015年版，第152-153页。

的两个方面，二者具有同一性。❶

2. 案件待证事实与证据的充分性

证据的数量与质量是否达到证明标准，需要根据它们意图证明的案件待证事实来判断。同样的几份证据，意图证明事实甲可能不充分，用来证明事实乙却很充分。证明标准是承担证明责任的人对案件事实提供证据加以证明所应当达到的程度。案件事实是否清楚、有无被完整地揭示出来，是其应有之义。证明标准的内涵是对待证事实的证明或者揭示程度，不同待证事实的查明或者证明，肯定需要不同的证据。反之，判断案件中的证据是否充分、是否够用、是否足以揭示过去的事实情节，也离不开待证事实的确立。《环境行政处罚证据指南》"附一：常见证据的证明对象示例"和"附二：常见环境违法行为的事实证明和证据收集示例"，就比较直观地反映了待证事实与证据的关系。在这份规范性文件中，事实与证据的关系一目了然，案件事实需要什么证据、什么证据能够证明哪种案件事实，都是清楚的。这也提示人们：在确定案件证据是否达到相应的证明标准时，不能简单地就证据论证据，而应当注意证据要证明什么案件事实。在一定程度上，可以说案件待证事实决定着证据有没有达到证明标准。

二、排除合理怀疑的证明标准

排除合理怀疑的证明标准适用于对行政相对人有重大不利影响的行政执法案件。对于行政拘留、吊销许可证照、责令停产停业等严重影响当事人及其他参与人合法权益的行政处罚，行政执法主体对应处罚事项的查明必须达到排除了一切可不处罚的合理怀疑的程度。

1. 排除合理怀疑证明标准的内涵

排除合理怀疑本是英美法系刑事诉讼中的证明标准。所谓排除合理怀疑，是指定罪应获得全面的证实、完全的确信或者一种道德上的确定性。被排除的合理怀疑不是轻微可能或者想象的无罪怀疑，而是合理的无罪的怀疑、无罪的假设、无罪的可能。❷ 美国著名证据法学家华尔兹教授曾经指出，"在1~10分的评分表上，超出合理怀疑的证明需要9分，而优势证明只需要6分"。❸ 也有美国学者认为，超出合理怀疑的证明是指每个陪审员必须95%或99%相

---

❶ 交通运输部政策法规司：《交通运输行政执法证据收集与运用》，北京：人民交通出版社2012年版，第62-65页。

❷ 樊崇义：《证据法学》（第6版），北京：法律出版社2017年版，第290-291页。

❸ [美] 乔恩·R. 华尔兹：《刑事证据大全》，何家弘等译，北京：中国人民公安大学出版社1993年版，第313页。

信被告人有罪。❶ 这就是量化指标。

2. 排除合理怀疑证明标准的适用

尽管在行政执法证据法规范文件中罕见排除合理怀疑证明标准的规定，但是，这不妨碍学术界孜孜以求地建立特殊案件中的排除合理怀疑证明标准。有学者指出，在行政执法程序中运用排除合理怀疑证明标准的案件，必须是对行政相对人人身自由或者财产权益有重大影响的行政执法案件。正是因为这些行政执法行为对相对人的人身和财产权益有重大影响，而受到影响的权益接近于刑事诉讼法保护的公民权益，所以应当获得如同在刑事诉讼中的法律保护。根据行政法治的基本状况，排除合理怀疑的证明标准在行政执法活动中适用于下列案件：①数额巨大的罚款；②吊销许可证或者执照、责令停产停业；③涉及公共利益、行政相对人和利害关系人重大财产利益的行政征收、征用；④其他关系到行政相对人人身权或者财产权的具体行政行为。❷ 从这种建议可知，大体上，在行政执法程序中需要听证的案件，应当适用排除合理怀疑的证明标准。但笔者认为，诸如行政强制执行、行政拘留等案件，也应当采用排除合理怀疑的证明标准。有学者指出，我国的治安拘留相当于英美国家的轻罪处罚，属于刑罚的范畴，应当适用刑事诉讼程序。在限制人身自由的行政案件中，法官应当适用排除合理怀疑的证明标准。❸ 这种见解是正确的。我国的治安管理行政处罚，与法国的违警罪诉讼、美国的轻（微）罪诉讼、英国的简易罪审判和日本的违警罚确实非常接近，属于刑事定罪量刑范畴。❹ 按照正当程序的原则，应由法院裁断，适用排除合理怀疑证明标准。

借鉴刑事诉讼证据法的相关规定，在行政执法程序中，排除合理怀疑证明标准的具体要求包括但不限于以下方面：

① 据以定案的每一个证据都经过法定程序查证事实。这是对单个证据质的要求，作为定案根据的证据个体必须同时具备合法性、真实性和关联性。

② 案件主要事实都有相应的证据予以证明。这是从待证事实的角度对证据的全面要求，也是一种量的判断指标。待证事实的每一个构成要件都有对应的证据予以证明。反之，全案证据对应着案件待证事实的方方面面。当然，案

---

❶ ［美］爱伦·豪切斯泰勒·斯黛丽，南希·弗兰克：《美国刑事法院诉讼程序》，陈卫东、徐美君译，北京：中国人民大学出版社2002年版，第72页。

❷ 交通运输部政策法规司：《交通运输行政执法证据收集与运用》，北京：人民交通出版社2012年版，第58页。

❸ 甘文：《行政诉讼证据司法解释之评论》，北京：中国法制出版社2003年版，第176–179页。

❹ 张晓菲，吴瑞：《浅论违警罪的概念及其处罚》，载《甘肃警察职业学院学报》2011年第1期，第28–32页。

件主要事实都有证据证明,并不意味着凭单个证据不能定案。如果一个证据确实能够证明主要事实,也可以凭单一证据定案。

③ 全案证据已经形成完整的证明体系,证据彼此印证,没有无法排除的矛盾或者无法解释的疑问。

④ 证据与案件事实之间没有矛盾,根据证据认定案件事实足以排除合理的相反的一切怀疑,结论具有唯一性。

⑤ 运用证据进行的推理或者推论符合法律逻辑和经验法则。

三、优势证据的证明标准

对涉及民事权益或者有利于当事人及其他参与人的行政执法事实的认定,行政执法主体查明事实的标准可以确立为本证成立更有可能性。对程序性事实或者证据属性事实的查明或者证明,也采用优势证据证明标准。

1. 优势证据证明标准的内涵

优势证据证明标准,又称盖然性占优势、差别的盖然性标准,原本主要用于民事诉讼,是民事诉讼中的主要证明标准,它强调法院和法官应当按照证明力占优势的一方当事人提供的证据来认定案件事实。所谓优势,亦称有差别,是指一方当事人提供的证据较其他当事人提供的证据更具有证明力,足以使人相信该方当事人主张的案件事实的真实存在。优势是指两方证据证明力的比较值。在行政执法程序中,要不要采用优势证据标准?就学术界而言,答案是肯定的。有学者指出,我国应当逐渐放弃带有浓厚理想主义色彩的"事实清楚,证据确凿"证明标准,建立以盖然率为尺度的证明标准。针对不同行政程序和不同案件情况,分别采用排除合理怀疑、清楚而有说服力、优势证据等证明标准。❶ 盖然率是指盖然性的比率,盖然性是指可能性。盖然性证明标准可以分为高度盖然性和盖然性占优势,用数学值表述,前者指本证的证明力足以使案件待证事实的存在可能性达到75%以上;后者指本证的证明力足以使案件待证事实的存在可能性达到51%以上。显然,优势证据的证明标准,其要求大大低于明显优势证据的证明标准。

2. 优势证据证明标准的适用

行政执法证据法学界主张将优势证据证明标准运用于行政执法案件时,一般适用于涉及财产权或者人身权的行政裁决案件、行政合同案件等。行政机关实施行政管理、作出具体行政行为,在认定事实上可以采取优势证据的证明标准。概括而言,优势证据标准适用于下列情况:①行政机关裁决土地等自然资

---

❶ 徐继敏:《行政程序证据规则研究》,北京:中国政法大学出版社2010年版,第142页。

源权属纠纷、裁决民事争议，行政机关就行政相对人申请行政赔偿作出的具体行政行为。行政机关作出此类行政行为类似于人民法院的民事诉讼活动，对于当事人争议事实及有关因果关系的证据，应按优势证据标准加以认定。②一般行政处罚和其他对行政相对人已有权利构成影响的具体行政行为。❶笔者认为，应当扩大优势证据证明标准的适用范围，具体包括：

① 涉及民事权益的行政执法案件，如行政裁决、行政确权等。

② 有利于当事人及其他参与人的行政执法案件，即纯授益行政案件，如行政许可、行政给予、行政救助等。

③ 对当事人及其他参与人有轻微不利影响的行政处罚，如行政警告、通报批评等。

④ 对行政执法程序性事实的证明，如回避理由的认定、当场处罚程序的正当性等。

⑤ 对证据属性事实的证明，如复制品、复制件的来源等。

四、反证的目的和证明程度

笔者主张，在行政执法程序中，任何一方主体使用反证时，其证明程度应当达到能够使本证意图证明的案件事实处于真伪不明状态。反证达到动摇本证待证事实存在可能性的证明程度时，行政执法主体应当认定本证意图证明的相应案件事实不存在。

1. 反证的目的

根据证据对当事人所主张的事实的证明作用，将其分为本证和反证。本证是指对待证事实负有举证责任的一方当事人提出的，能够证明待证事实成立的证据；反证则是指对证明待证事实不负举证责任的一方当事人提出的，能够证明该事实不存在或者不真实的证据。❷ 本证和反证是民事诉讼和行政诉讼理论中的特有概念和证据分类。本证与反证与是否由承担证明责任的人提出有关，与诉讼参与人处于原告地位还是被告地位无关。❸ 在行政执法程序中，也存在本证与反证的运用问题。某公安机关根据证人甲的证言，认定公民乙在某年某月某日于该市某地涉嫌寻衅滋事。公民乙提供了那天他在千里之外的另一个城市出差住宿的票据，证明其不存在寻衅滋事的事实。公民乙提供的住宿票据就

---

❶ 交通运输部政策法规司：《交通运输行政执法证据收集与运用》，北京：人民交通出版社2012年版，第58-59页。

❷ 陈光中：《证据法学》（第4版），北京：法律出版社2019年版，第221页。

❸ 曹晓凡：《环境行政执法证据的收集与运用》，北京：中国民主法制出版社2015年版，第49页。

是反证。如果公民乙提供证人甲那天在外地出差住宿的票据，则属于反驳证据或者证据抗辩，不属于反证。证人甲出差住宿的票据只能否定其证言的真实性，他不可能看见，但不能否认公民乙涉嫌寻衅滋事。所以，反证的目的只能是也必须是证明对方所主张的案件事实不存在。如果提供证据只能否定对方证据的真实性、关联性和合法性，则属于反驳性证据。本身不负证明责任，为直接否定对方的事实主张而提供的证据，属于反证。张卫平教授指出，反证不是反驳性证据，二者不能混淆。反驳性证据是一方当事人提出的针对对方所提证据，以证明该证据不具有合法性、真实性和关联性的证据，是对对方证据加以反驳的依据。而反证的目的是证明对方当事人主张的事实不真实。❶

2. 反证的证明程度

对于反证的证明标准，完全可以借用民事诉讼法中的规定。反证的证明标准是动摇本证、使本证意图证明的案件待证事实处于真伪不明状态。换言之，如果说本证的证明标准是使案件待证事实被证明到"真"的程度，那么，反证的证明标准并不强求其对案件待证事实的证明达到"伪"的程度。反证无须达到使待证事实被证明为"伪"的程度，只需要使案件事实处于真伪不明状态即可。当然，能够将案件待证事实证实到"伪"的程度更好。在行政执法程序中，反证达到动摇本证待证事实存在可能性的证明程度时，行政执法主体应当认定本证意图证明的相应案件事实不存在。

---

❶ 张卫平：《民事证据法》，北京：法律出版社2017年版，第22页。

第四章　行政执法证据的属性与类型

一切有助于行政执法主体查明案件真实情况的事实和材料，都是证据。证据是证明的手段，是行政执法证据法具体规制的对象。从数量上看，证据有法定的种类和学理的分类；从质量上看，它应当具备一定的属性才能成为证据。在行政执法程序中，并非所有事实或者材料都能够成为证据或者定案根据。能否作为证据使用、能否成为定案根据，取决于证据的属性。

第一节　行政执法证据的种类

行政执法中的所有证据，无论是事实类还是材料类，其最终来源要么是人，要么是物，抑或人与物的两两组合。与英美法系国家不严格区分证据种类与证据分类不同，我国的证据种类属于立法划分，证据分类属于学理划分，二者合称证据类型。物证、书证、人证这三个概念可以穷尽所有证据，除这三种证据外，其余的均不是证据本身。❶ 所以本节对行政执法法定证据按此三类加以介绍。

一、证据种类的含义和证据种类法定主义

2021年1月22日修订的《行政处罚法》第46条增加了一条证据条款，指出行政处罚的证据包括：书证；物证；视听资料；电子数据；证人证言；当事人的陈述；鉴定意见；勘验笔录、现场笔录。这是我国行政法中首部明确规定证据种类的国家法律，这一增加行为是合理且必要的。因为证据的合法性之一就是证据种类法定。

1. 证据种类的含义

所谓证据种类，就是法律、法规、规章规定的证据的不同表现形式。证据种类是法律上对于不同证据的划分，这种由法律加以规定的证据形式具有法律

---

❶ 裴苍龄：《证据法学新论》，北京：法律出版社1989年版，第42页。

效力。在相关法律程序中作为起诉、抗辩、申请依据以及定案裁决根据的证据，必须与法律规定的证据形式和要求相符合，应当属于法定证据种类中的一个或者数个。

2. 证据种类法定主义

证据种类法定主义，亦称证据种类法定化，是指由国家法律、法规、规章对证据的种类作出立法规定，凡不在法定证据种类范围中的事实或者材料，不得作为证据使用，没有证据资格。尽管证据种类法定主义受到不少质疑与批评，尤其是指责它不具有开放性和更新性。但是，证据种类法定也为人们使用证据、收集证据、分析证据提供了统一的标准。笔者认为，证据种类法定在某种程度上体现的就是证据资格法定，这是可以且必须的。不要把证据种类法定、证据资格法定，与证据证明力法定加以混淆。证据证明力法定就是历史上的法定证据制度，它是由法律明确规定证据的证明力有无及大小强弱，那是不可取的。而证据资格法定则是必须坚持的。

二、人证类法定证据

在行政执法法定证据种类中，证人证言、鉴定意见和当事人陈述属于人证，也可以称之为言词证据。这三种法定证据的承载主体都是自然人，所以属于人证；表达案件事实客观信息或者分析意见的形式都是口语表达，所以属于言词证据。❶

1. 证人与证人证言

（1）证人的概念、种类与条件

笔者主张，行政执法程序中的证人仅仅是指直接参与案件法律关系或者亲历案件发生发展过程的自然人。

证人不同于当事人。当事人肯定也是直接参与案件法律关系或者亲历案件发生发展过程的人。但是，当事人承受着案件的法律结果或者效果。案件的处理及其权利、义务、责任最终是落实到当事人身上的。所谓"当事"就是承担后果的意思。而证人仅仅是作为旁观者或者辅助人直接参与案件法律关系或者亲历案件发生发展过程。除被侵害人与案件结果有间接关联外，案件处理结果中的权利、义务和责任与证人无关。因此，笔者主张证人包括被侵害人、程序见证人、关联第三人和普通目击证人。其中，被侵害人在其与侵害人的关系中属于当事人，但在行政主体处理侵害人的行政案件中属于证人。

---

❶ 鉴定意见书、证言笔录、当事人陈述笔录以及音像视听资料等是口语表达的书面或者音像固定物，可以作为口语陈述的替代证据。

证人的条件，也称证人资格、证人能力，可以从正反两个角度把握。从正面来看，证人首先应当具有知晓案件事实的基础条件，至于这种知晓是亲身直接地耳闻目睹还是间接地听闻转述，各国立法对其规定稍有差异。英美法系普遍有传闻排除规则，但也有使传闻不被排除的例外规则。我国没有明确禁止传闻的基础性。《文化市场行政处罚案件证据规则（试行）》第9条第1款直接指出：文化市场行政处罚案件的证人证言是指直接或者间接了解案件情况的证人向执法部门所作的可以证明案件事实的陈述。主要包括证人出具的书面证言和执法人员对证人所作的调查询问笔录等证言笔录。显然，间接了解案件事实信息者在文化行政执法程序中是有证人资格的。其次，证人还应当具有正确表达意思的能力、认知作证后果并能够承担法律责任的能力。从反面来看，首先，凡是因为各种原因而不能正确表达意思的人，都不能作为证人。影响正确表达意思的原因主要有生理上的缺陷、精神上的缺陷、年幼（年龄上的不足）。其次，曾经在前置程序中担任过代理人的自然人不能作为证人。最后，行政执法办案人员不能作为证人。后两类人不具备作证条件，是考虑到程序回避与客观公正原则。当然，他们在事涉行政执法程序规范和证据合法性的案件中，是可以作证或者佐证的。所以，证人有无资格，亦是与案件待证事实相关联的，不可一概而论。

（2）证人证言的概念、形态与限制

证人就其感知的案件事实向行政执法主体所作的言词陈述为证人证言。

证人自书材料或者对证人的调查询问笔录以及音像视频记录等为证人证言的书面载体或者固定资料。

所以，证人证言的形态包括三类：口头语形态，即言词陈述，当然最终还是需要落实到纸面上或者生成音像资料；传统书面形态，包括证人自书材料和行政执法人员作成的调查询问笔录；现代音像视频记录。这些不同的形态在调查收集部分有详细的阐述。

对证人证言的限制主要体现在形式和内容两个方面。在形式上，证人证言应当以当面口头陈述为主、音像视频表达为次，非有法定理由，不得以纯粹书面记录替代当面口头陈述。在内容上，证人证言只能陈述所知晓的案件事实，不属于案件事实的信息无须陈述，判断、推测、分析和评论一般也不得陈述。普通证人只能陈述其亲历的或者间接知晓的具体案件事实而不能表达其意见。当然，在行政执法实务中，事实和判断在一些情况下难以截然分开。例如，证人陈述其到现场时似乎在下雨。这是事实陈述还是判断意见陈述？"似乎在下雨"就是对当时案发环境的准确的陈述，尽管它是一种判断意见。这种意见是可以作出的、可以采用的。因为客观的自然天气就是下雨与不下雨的两可状态。

2. 专家意见证言

专家意见在英美法系中属于证人证言,为专家证言或者专家意见证言,在我国则是一种独立的、不同于证人证言的证据种类。鉴于鉴定意见来源于鉴定人,以及法律、法规、规章日益强调鉴定专家必须当面陈述鉴定意见,以言词的方式提供意见,所以笔者将其归类于人证。

(1) 鉴定意见及其种类

鉴定意见是指科学鉴定人运用科学原理和技术手段,对案件中的那些专门性问题进行研究、分析、检测、审查判断后提出的结论性意见。法律程序中之所以需要鉴定意见,是因为有些专门的事实问题超越了事实认定主体的常识和经验。为了便于事实认定者理解证据和认定事实,古今中外的法律制度都允许借助于或者求助于专家,由专家提供专业意见。中国也是如此,行政执法也是如此。

根据运用鉴定意见的不同法律程序,鉴定意见可以分为司法鉴定意见与非司法鉴定意见。司法鉴定意见主要适用于诉讼程序,非司法鉴定意见则适用于非诉讼程序。行政执法程序中运用的鉴定意见属于非司法鉴定意见。相较而言,规定司法鉴定的法律、法规和规范性文件比调整非司法鉴定的要多。不过,鉴于鉴定的科学性一体适用于诉讼和非诉讼领域,换言之,诉讼和非诉讼在借助科学鉴定问题上没有本质差异。所以,许多规范可以供行政执法程序参照适用。本书也不严格区分司法鉴定与非司法鉴定。根据《全国人民代表大会常务委员会关于司法鉴定管理问题的决定》第2条和第17条,行政执法中的鉴定意见可以划分为法医类鉴定意见、物证类鉴定意见、声像资料鉴定意见、其他类鉴定意见。在这种宏观种类划分的基础上,仍可以作进一步细分。如2020年5月14日司法部颁布的《法医类司法鉴定执业分类规定》(司规〔2020〕3号)对法医类鉴定作了进一步细分。再如2020年6月23日司法部颁布的《物证类司法鉴定执业分类规定》和《声像资料司法鉴定执业分类规定》(司规〔2020〕5号)对物证类和声像类鉴定作了进一步细化。

在行政执法程序中,对于涉及证据判断和事实认定的专门性问题,应当善于并且敢于利用科学鉴定意见。依据科学鉴定的学科基础,鉴定意见可以分为以自然科学为学科基础的鉴定意见和以社会科学为学科基础的鉴定意见。作为鉴定学科基础的自然科学,主要包括医学、生物学、物理学和化学四大门类。当然,行政执法中的鉴定具有行业性特色,许多司法鉴定在行政执法中并不需要。比较而言,行政执法中以物理学和化学为学科基础的鉴定更为多见,医学和生物学基础上的鉴定意见则相对少见。涉及侵权和犯罪的案件,较多地运用医学和生物学的鉴定意见。作为鉴定学科基础的社会科学,主要是指心理学、财会学、语言学、统计学等。

对于行政执法中的鉴定，在理解和运用时应作适度扩张，包括检验、检测、监测、检疫等。在此意义上的鉴定，可以分为行政系统内的鉴定和行政系统外的鉴定。

（2）鉴定人及其权利义务

广义的鉴定人包括鉴定机构和作为自然人的鉴定人员；狭义的鉴定人专指从事鉴定并提供鉴定意见的自然人。无论是鉴定机构还是鉴定人员，都必须遵循资格（资质）法定的原则，履行必要的登记（审批）许可程序，彰显主体法定主义。在把鉴定的含义适度扩张到检验、检测、监测、检疫等基础上，我国现行的鉴定机构和鉴定人有三个体系：其一，经司法行政机关批准登记的社会化鉴定机构和鉴定人；其二，公安和检察系统内设的鉴定机构和鉴定人；其三，行政执法系统内设或者附属的鉴定机构和鉴定人。其中，第三类鉴定机构和鉴定人日益事业单位化、社会化、中立化，被纳入社会化鉴定机构和鉴定人管理体系。

为了保障鉴定人顺利完成鉴定，同时规范鉴定行为、防止错误鉴定，许多规制鉴定机构和鉴定人的法律、法规、规章与非法律规范性文件都对鉴定人的权利、义务作了安排。如《公安机关鉴定规则》第8条规定鉴定人享有知情权，调查、实验权，获得鉴定所需检材、样本和其他材料权，表达本人意见权，保留意见权，拒绝鉴定权，申请撤销鉴定意见权等权利。同时该规则第9条又强调鉴定人应当履行遵纪守法的义务，遵守职业道德与职业纪律的义务，遵守鉴定工作原则和鉴定技术规程的义务，妥善接收、保管、移交与鉴定有关检材、样本和其他材料的义务，依法出庭作证的义务，保密义务等。

3. 当事人陈述

在行政执法程序中，行政执法主体之外的程序参与者主要包括当事人、利害关系人和其他参加人。当事人是直接相对人，利害关系人是间接相对人。当事人的陈述是独立的证据，利害关系人的陈述属于证人证言。

（1）当事人的概念

行政执法程序中的当事人不同于诉讼中的当事人。诉讼中的当事人具有两面性和对立性，即"两造对立"。而在行政执法程序中，当事人是一面的，即相对于行政执法主体的、直接的行政相对人。通常而言，在行政实体法中，称当事人为相对人或者直接交代公民、法人或者其他组织；而在行政程序法中多称当事人。在行政执法的法律、法规、规章和非法律规范性文件中，普遍使用当事人这一术语。笔者认为，行政执法程序中的当事人是指与行政执法行为有法律上的利害关系，以自己名义参与行政执法程序的公民、法人或者其他组织。《江苏省行政程序规定》第23条第1款对当事人的定义与此完全相同。所谓"与行政行为有法律上的利害关系"应理解为在行政管理法律关系中，该个人或者组织的权益受到了行政主体行政行为的直接影响。这种直接影响可以分为授益与侵益两类。所谓授益，是指行政行为对其权益产生有利影响，即通过行政行为获得了某种权益；所谓侵益，是指行政行为对其权益产生不利影响，即因为行政行为而失去某种利益或者使利益受有减损。一般来说，行政许可、行政给付行为的相对人为授益相对人；行政处罚、行政强制的相对人为侵益相对人。❶ 所谓"以自己名义参与行政程序"是指该个人或者组织直接作为行政程序中的主体享有、承受相应的权利、义务和责任。这一点将当事人与其委托的代理人在程序上显著区别开来，代理人是以被代理人（委托人）的名义参与行政执法程序的。

（2）当事人陈述及其组成

《行政处罚法》第7条和第45条规定了行政处罚程序中当事人享有陈述权；第44条和第45条规定了行政机关的陈述权告知义务（应当）和当事人意见充分听取义务（必须），要求行政机关复核当事人提出的事实、理由和证据。当事人提出的事实、理由或者证据成立的，行政机关应当采纳。第43条又规定当事人的陈述是法定证据种类之一。笔者认为，对陈述权中的陈述与当事人陈述这一证据种类中的陈述应当加以必要的区分。当事人在行政执法程序中的陈述包括主张或者请求的表达、事实的叙述、观点或者意见的论证与反驳等。并非所有陈述内容都属于行政执法证据法意义上的当事人陈述。笔者主张，就法定证据种类而言，当事人就其亲历的案件事实向行政执法主体所作的言词陈述属于当事人陈述。当事人陈述包括对案件事实和证据的承认、否认，以及对第三人行为事实的指认。当事人陈述不应当包括当事人表达的意见、主张、观点和理由。

犹如证人证言一样，当事人陈述的表现形式也分口语言词形式、文字笔录形式和现代音像记录形式。口语言词陈述最终需要加以有形固定。当事人自书材料或者对当事人的调查询问笔录为当事人陈述的书面载体或者固定资料。当事人自行录制或者行政执法主体录制的音像视频资料为现代音像记录和固定形态。无论是哪一种形式，陈述主体都应当是当事人。但需要注意两点：其一，单位当事人的陈述应由其法定代表人、法定负责人或者直接责任人作出，以单位名义所作书面陈述应参照书证或者笔录处置。其二，当事人委托的代理人，如果没有特别授权，不能代替当事人作出案件事实情况的陈述。

---

❶ 姜明安：《行政法》，北京：北京大学出版社2017年版，第221－225页。

三、物证类法定证据

广义的物证等同于实物证据，包括狭义物证、书证、视听资料、电子数据。而狭义物证则排除了书证、视听资料、电子数据。

1. 物证

行政执法证据法规范文件在界定物证时一般需要把握两个要素：一个是物证的外部组成，即物证包括哪些种类；另一个是物证发挥证明作用的信息要点，即物证留存并能够复制过去案件事实的信息源或者显著标记。其中最典型、最完备的表述是《海事行政执法证据管理规定》第14条，该条指出：物证是指其外部特征、物质属性、所处位置以及状态等与案件事实具有证明关系的各种客观存在的物品、物质或痕迹。

（1）物证的外部组成

以其自身内在属性、空间位置和外部特征来证明案件事实的物品、物质和痕迹属于物证。物证包括物品物证、物质物证和痕迹物证。

物品物证亦称有形物证，是指各种人体感官可感知的实体存在，包括动产和不动产。不动产是指土地及其附着物。不动产之外的任何实体存在和法律上的拟制物为动产。作为物证的物，可以依据不同的标准作进一步划分。

物质物证亦称微量物证，是指需要借助一定的工具或者仪器才能发现和提取的细微生物物质或者非生物物质，如金属粉末、生物DNA等。

痕迹物证是指两个以上物体相互接触后所留存的彼此印记，如手印、足迹、工具痕迹、整体分离痕迹、车辆痕迹和枪弹痕迹、火灾痕迹、爆炸物痕迹等。

上列物证属于典型的事实类证据，它们共生于案件事实之中，伴随着案件的产生、发展和终结。由于物证往往具有体积较大、性质复杂等特性，导致其在案卷中难以以实物形态留存。因此，在行政执法程序中，物证常常需要转化展示形态，如绘图、拍成照片、摄录成电子视频等。这些替代实物的材料，就是物证的示意证据、替代证据或者展示证据。

（2）物证的信息要点

尽管表达略有不同，但是行政执法证据法规范文件都强调物证是以其外部特征、内在属性和空间位置来证明或者复制过去发生的案件事实的。

物证的外部特征主要是指实体物的形状、大小、数量、颜色、新旧程度等。

物证的内在属性主要是指物证所具有的各种物理、化学性质及成分组成，如质量、成分、结构、性能等。

物证的空间位置主要指物证所处的位置、所占有的时间、空间范围等。

2. 物证的解读：鉴定

物证对案件事实的信息留存，有些是显而易见的，有些则需要解读。一般情况下，物证与人证、书证不同，物证自身不能将自己所蕴含的案件信息直接表述出来，而是需要运用物证的人或者专家进行分析、研究、检验、鉴别、判断。所以，物证也被称为"哑巴"证据。普通人对物证的解读归入物证分析与审查判断之中；专家对物证的解读，则是独立的证据种类，即鉴定意见。

物证解读的基础资料分为检材、样本、其他参考资料三部分。检材和样本，本身也是物证，或者说是对相关物证的另一种称谓。一般情况下，检材是指被寻找客体所产生或留下的反映形象或者是其自身的一部分。检材一般实际存在于案件环境之中，包括各种生物检材和非生物检材。样本是受审查客体所产生的反映形象或其自身的一部分。样本一般不存在于案件环境之中，而在案件环境之外，存在于各种载体上，或者需要事后生成与收集。

进行鉴定时所运用的科学原理和技术统称为法庭科学（Forensic Science）。在行政执法证据法规范文件中，法庭科学常被称为专门知识和技能，如《价格行政处罚证据规定》第11条和《环境行政处罚证据指南》第2.10条。有些表述也扩及专门的仪器与设备，如《文化市场行政处罚案件证据规则（试行）》第11条第1款。

3. 物证的找寻：勘查

在行政执法程序中，有些物证很大且不可移动，如违法建筑物，不亲临现场无法感知其性状特征；有些物证很微小，在通常情况下不可称量，如大气污染物PM2.5微尘颗粒，不经技术检查无法显现。对此，需要相应的找寻与确定手段，如勘验、检查、检测等。勘验、检查是发现物证的措施。对勘验、检查活动及其结果加以记录或者记载，无论是传统的文字笔录还是现代的音像摄录，都是行政执法程序中的独立证据种类，为笔录证据。其实，勘查笔录只不过是物证的示意证据、替代证据或者鉴真与佐证证据，其目的与功能都是对物证加以固定、描述、证实。因此，在民国时期，证明手段中只有人证、书证，此外便是鉴定和勘验，并无笔录证据之独立位置。我国著名证据法学者裴苍龄教授也主张勘验、检查笔录和鉴定结论都不是独立的证据，而是由物证取得的证据资料，即办案人员在法律程序中通过对证据的收集、调查和认识而形成的文字材料和其他资料。这些材料的内容所反映的主要是证据的证据资格和证据的各种信息情况。❶ 当然，本着证据种类法定主义，现代诉讼证据法和行政执

---

❶ 裴苍龄：《证据法学新论》，北京：法律出版社1989年版，第55–67页。

法证据法将笔录作为法定证据亦无不可。但是，需要注意其存在价值是依附物证的。这些勘查笔录一方面佐证物证的合法性、真实性和关联性；另一方面也彰显行政执法程序的规范与合法。

四、书证类法定证据

人类运用证据来查明或者证明案件事实的手段是逐步发展进化的。就书证而言，在狭义上仅指传统的，以文字、符号和图形记载的信息来证明案件事实的文书。而在广义上，则包括应用现代磁电技术生成、储存案件信息的视听资料与电子数据。在国外，美国《联邦证据规则》第十章把录制品和影像与传统文书证据合并规制。在国内，2020年5月28日公布的《民法典》第469条第3款规定，以电子数据交换、电子邮件等方式能够有形地表现所载内容，并可以随时调取查用的数据电文，视为书面形式。2019年4月23日第二次修正的《电子签名法》第4条也有类似规定。鉴于此，笔者将行政执法程序中的视听资料、电子数据等纳入广义的书证之中。

1. 文书证据

（1）书证的概念

以其自身所记载的信息内容来证明案件事实的各类文书、证照、图表、簿记、文献、凭据、报刊杂志等属于书证。行政执法证据法规范文件中，大多数都是以文书的意思表达方式（记载信息的具体形式）来定义书证的概念且进行适当的类型列举。例如，《环境行政处罚证据指南》第2.3条指出，书证是指以文字、符号、图形等在物体（主要是纸张）上记载的内容、含义或表达的思想来反映案件情况的材料，如环境影响评价文件、企业生产记录、环保设施运行记录、合同、发票等缴款凭证，环保部门的环评批复、验收批复、排污许可证、危险废物经营许可证，举报信等。

（2）书证的分类

对于书证，可以根据不同的标准进行不同的细化分解。首先，根据意思表现形式或者案件信息记载方式，书证包括文字书证、符号书证和图表书证。文字书证是指运用文字形式记载与案件有关的信息内容的文件或者类似物品，如传单、合同、证件等；符号书证是指运用通用或者专门符号记载与案件有关的信息内容的文件或者类似物品，如标记、标识、记号等；图表书证是指运用图案、图画或者表格等形式记载案件有关信息内容的文书或者类似物品，如现场地形图、建设规划图等。其次，根据制作书证的主体身份，或者说是否依据公共职权制作，书证可分为公文书（公文书证）和私文书（私文书证），享有公共管理职权的主体依据法定职权制发的文书称为公文书，如营业执照；反之，基于私人权利行使而制发的文书称为私文书,如民商事合同。根据文书的内容,可分为报道性书证和处分性书证,书证之内容信息纯粹为客观事实之记载者,为报道性书证,如账簿;书证之意思表示为处分权利(权力)者,为处分性书证,如遗嘱、婚约和契约。根据制作方式和制作程序有无特别要求,书证可分为普通文书和特殊(特别、特制)文书,无特殊制作程序和方式要求者,为普通书证,如借条;须有特殊形式或者程序者,为特别文书,如不动产登记证书。

2. 视听资料

(1) 视听资料的概念和种类

笔者主张,以模拟信号手段生成且不存储于电子介质中的录音资料和影像资料属于视听资料。

视听资料包括录音资料和影像资料。录音资料是指以模拟录音设备(如磁带录音机、录音笔)录音生成的声音信息。影像资料是指以模拟录像、照相设备(如磁带录像机、X光机)摄录生成的视频和图像信息。

在行政执法领域,对于视听资料的界定及其种类的构成,大体上呈现三种格局。

① 仍然与电子数据混合表达。如《价格行政处罚证据规定》第8条,一并指出视听资料、电子数据是指利用录音、录像、计算机储存等手段记录并显示的声音、影像或者其他信息来证明案件事实的证据资料。

② 图片、照片归入式。如《环境行政处罚证据指南》第2.5条指出,视听资料是指以录音、拍照、摄像等方式记录声音、图像、影像来反映案件情况的资料,如录音、录像、照片等。

③ 仅限录音、录像式。如《上海市城管执法调查取证规则》第8条第2款简洁明了地强调,视听资料包括录音资料和录像资料。

(2) 视听资料与电子数据的关系

作为法定证据种类,20世纪80年代只有视听资料,没有电子数据。21世纪初出现了"计算机数据或者录音、录像等视听资料"的并列表述,表明计算机数据开始从视听资料中相对分离出来。2020年修正的《公安机关办理行政案件程序规定》第26条第1款第7项则明确指出,公安机关办理行政案件的证据种类包括视听资料、电子数据。这一规章条文表明在公安行政执法领域,视听资料和电子数据已经各自独立、分离。2010年6月13日最高人民法院、最高人民检察院、公安部、国家安全部、司法部颁布的《关于办理死刑案件审查判断证据若干问题的规定》之第29条出现了"电子邮件、电子数据交换、网上聊天记录、网络博客、手机短信、电子签名、域名等电子证据"

的表达。根据该条文的内容及其位置，可以说此时在诉讼领域，电子证据与视听资料已经完成了分离，独立成为一种证据。2012年后，在诉讼证据法的法典文件中，视听资料和电子数据终于各自成为独立的法定证据种类，二者从视听资料一统天下到计算机数据包含于或者并存于视听资料，再发展到彻底脱钩。与诉讼证据法的规定相适应，在行政执法证据法领域，视听资料和电子数据各自成为独立证据种类的规定也日益增多，如2012年9月24日《文化市场行政处罚案件证据规则（试行）》第7条第1款规定的是视听资料，而第8条第1款则规定了电子数据。

3. 电子数据

电子数据，亦称电子证据、电子数据证据、计算机数据、计算机证据等，是行政执法中一种独立的证据形态。

（1）电子数据的概念与组成

电子数据作为一个专业术语，在20世纪90年代即有广泛的使用，主要存在于进出口贸易及其相应的海关监管与外汇管理制度或者程序中。如前所述，作为法律程序中的证据形态，电子数据这一概念及其关联术语在21世纪初逐渐出现。在行政执法证据法规范文件中，自2003年颁布《公安机关办理行政案件程序规定》以来，一直使用"电子数据"的称谓。但对于电子数据的定义，各自的表述并不完全相同，大体分为数据说和资料说两类。

① 数据说。如《公安机关电子数据鉴定规则》[1] 第2条指出，本规则所称的电子数据，是指以数字化形式存储、处理、传输的数据。

② 资料说。如《文化市场行政处罚案件证据规则（试行）》第8条第1款界定文化市场行政处罚案件的电子数据是指基于计算机应用、通信和现代管理技术等电子化技术手段形成的客观资料，主要包括文字、图形符号、数字、字母等。

笔者认为，电子数据是指以电子技术手段生成且以数字信号形式存储、处理、传输的各类数据电文及其记录信息与电磁介质。以数字信号手段生成且存储于电子介质中的录音资料和影像资料，属于电子数据。

电子数据包括数据电文证据（电子数据本身，即记录法律关系发生、变更与消灭的数据，如E-mail、EDI的正文）、附属信息证据（由数据电文生成、存储、传递、修改、增删而引起的记录，如电子系统的日志记录、电子文件的属性信息）以及系统环境证据（数据电文运行所处的计算机硬件和

---

[1] 2005年3月23日，公信安〔2005〕281号文。以下不再一一注明该文件的发文日期与发文号。

软件环境)。❶

（2）行政执法程序中电子数据和视听资料的来源

行政执法程序中作为证据的电子数据和视听资料，从其来源分析，有来自行政执法主体的，也有来自当事人的，还有来自第三方的。

① 当事人及其他参与人在生产经营或者生活中生成且可以作为独立证据种类的电子数据和视听资料，如网吧接纳未成年人上网打游戏的电子记录、网上淫秽表演的视频等。对此，行政执法主体采取"拿来主义"即可作为证据使用。

② 其他机关、团体、组织和个人在其工作和生活中以不违法的手段生成而被行政执法主体依法调取使用的电子数据和视听资料，如商店门口自设探头摄录小贩占道经营的视频、路人用手机对小贩占道经营的"随手拍"等。对于这类电子数据和视听资料，基本上也是采取"拿来主义"，但需要更严格地进行审核。

③ 行政执法主体在行政管理与行政执法程序中依法设置或者使用非接触性设备而生成的作为独立证据种类的电子数据和视听资料，如对交通违章的视频监控、对占道经营的无人机拍摄等。《环境行政处罚证据指南》第2.9条规定，环境执法主体可以使用污染源自动监控系统、DCS 系统、CEMS 系统等计算机系统监控环境污染事实，生成污染源自动监控数据、DCS 系统数据、CEMS 系统数据、监控仪器运行参数数据等。❷

④ 落实全过程记录制度而在行政执法过程中生成并作为证据鉴真或者程序合法正当佐证资料的电子数据和视听资料，如勘查影像、听证会影像、文书送达影像等。

4. 笔录证据

行政执法主体及其公务人员在执法程序中依法制作的各种笔录，完全可以归入公文书之范围。各类行政执法体系基本上都有自己的统一执法文书样式，其中都有各种笔录。

在行政执法程序中，用文字、符号、图表或者影像手段记录或者摄录行为过程及其结果或者言词陈述的属于笔录。在行政执法程序中出现的笔录，基本上都属于报道性书证，客观记述着行政执法程序中的行为过程及其结果。根据

---

❶ 汪振林：《电子证据学》，北京：中国政法大学出版社2016年版，第18页。

❷ DCS 是英文 Distributed Control System 的缩写，指分布式控制系统，也称集散控制系统，是一个由过程控制和过程监控组成的、以通信网络为纽带的多级计算机系统，环保中主要用于监控水质污染、大气污染等。CEMS 是英文 Continuous Emission Monitoring System 的缩写，指烟气连续排放监测系统，主要用于监测固定污染源烟气污染等。

使用场合及功能，行政执法笔录主要包括勘查笔录、现场笔录、询问笔录等取证笔录，以及听证笔录、审核笔录等行政程序笔录。根据记载工具或者表现形式，笔录亦可分为文字笔录和音像笔录。

第二节　行政执法证据的分类

证据分类是指学术界依据一定的划分标准，把各种法定证据重新进行归类分解的专门活动与学术主张。由于这种分类有利于把握各个证据及相近证据的特征，有利于指导证据收集与运用的实践，所以，在一些行政执法证据法规范文件中也时有出现。现当代的证据分类也不完全是一种学术研究方法，而是更具有实务指导价值。对于行政执法证据如何分类，有人回避之，根本不提。但也有人主张依据相应的标准，把行政执法证据划分为违法证据与合法证据、原始证据与传来证据、言词证据与实物证据、直接证据与间接证据、本证与反证等。❶ 笔者根据相关条文，主要介绍四大类划分情形。当然，诸如主要证据与一般证据、程序证据等分类见解也不容忽视。主要证据又称主证、必要证据，是对认定行政执法程序中的相关事实起主要证明作用的证据。一般证据又称旁证、佐证、补充证据或者次要证据，是对认定行政执法程序中的相关事实起次要证明作用的证据。行政执法主体在执法程序中落实全过程记录制度而生成的程序佐证资料，以及严守法定程序而留存的文字、图表和影像资料等，属于程序证据。程序证据在发生行政执法程序争议时，可以用来证明行政执法程序的合法性、规范性和正当性；当出现质疑证据的证据资格时，它可以佐证行政执法程序中所取得证据的证据资格。

一、本证与反证

本证与反证，是与证明责任或者查明职责密切相关的一种证据分类。根据"谁主张，谁举证"的举证责任分配规则，凡是主张某项事实的一方主体，负有相应的举证责任，有义务提供证据来证明或者证实自己事实主张的成立，基于此点提出的证据为本证。反驳对方事实主张的一方不负举证责任，但有权提出反驳或者否定对方事实主张的证据，这种用以反驳或者否定对方事实主张的证据，便是反证。所以，本证与反证的划分，与举证责任的分担基本一致。❷

---

❶ 曹晓凡：《环境行政执法证据的收集与运用》，北京：中国民主法制出版社2015年版，第43－49页。

❷ 樊崇义：《证据法学》（第6版），北京：法律出版社2017年版，第218－219页。

1. 本证

在行政执法程序和行政执法证据法规范文件中，很少出现"本证"的概念。本证的存在是与查明职责或者证明责任密切联系在一起的。在此基础上，凡是提及的证据，绝大多数都是指本证。如《行政处罚法》第40条规定的"事实不清、证据不足"；第46条第2款规定的"证据必须经查证属实"，第3款规定的"以非法手段取得的证据"；第64条第7项规定的"调查人员提出当事人违法的事实、证据"。这些条文中的证据，无一不是指本证。

行政执法主体作出事实认定，应当负查明职责，故而必须提出本证来证实自己事实认定得准确、清楚。与此同时，行政执法程序中的当事人也会提出自己的事实主张，对此，当事人也需要提出本证。如《行政许可法》第31条要求申请人应当如实向行政机关提交有关材料和反映真实情况，并对其申请材料实质内容的真实性负责。这里的材料就是当事人申请行政许可时的本证，用以证明自身符合法定的许可条件。在行政执法程序中，执法主体与当事人彼此反驳对方事实主张提出的证据则为反证。因此，不能把本证误解为仅仅是行政执法主体提出的证据。行政执法主体提出的证据，在职权性行政行为中，绝大多数是本证，但也有反证。当事人提出的证据，在依申请而作出的行政行为中，大多数也是本证，但也有反证。要而言之，对事实主张承担查明职责或者证明责任的主体，证实己方事实主张成立的证据为本证；不负查明职责或者证明责任的主体，对另一方事实主张加以否定而提出的证据为反证。

与诉讼证据法略有不同，行政执法证据运用中划分本证与反证的实务意义，主要在于督促事实主张者正确地履行自己的查明职责或者证明责任。

2. 反证

在行政执法证据法规范文件中，反证常常被称为相反证据，如《环境行政处罚证据指南》第6.1条和《文化市场行政处罚案件证据规则（试行）》第28条。

当事人提出反证，一般是基于申辩、反驳、否定行政执法主体的事实主张和证据属性。对于当事人提出的反证，行政执法证据法规范文件都明确要求行政执法主体加以必要的重视。如《行政处罚法》第45条规定，当事人提出的证据，陈述和申辩时提出的证据，多数属于反证。在行政执法程序中，尤其是在作出对当事人不利的行政执法决定时，提出反证是当事人的权利之一，收取、复核当事人提出的反证是行政执法主体的义务之一。行政执法主体应当综合考量本证与反证，以便作出最符合客观事实、最接近客观真实的事实认定。

二、言词证据与实物证据

根据证据信息内容的载体是人还是物,以及相应的信息表达形式是人的言词陈述还是物的客观存在,可以把行政执法程序中的各类证据划分为言词证据与实物证据。言词证据是活的证据、有声音的证据;实物证据则是静的证据、"哑巴"证据。二者在收集方法、保全手段、审查要点等方面有显著区别,但在运用上却又相互结合、印证、补充,扬长避短。

1. 言词证据

言词证据亦称人证、证言、口头证据、无形证据,是以人的陈述形式表现证据事实的各种证据的类称。在行政执法程序中,凡表现为人的言语陈述的证据皆为言词证据,如当事人陈述、证人证言。鉴定意见或者结论为言词证据。言词证据的笔录为言词证据的固定物。

言词证据的长处在于:能够系统、全面地证明案件事实和证据源不易灭失;不足之处是容易出现虚假或失真的情况。在行政执法程序中,收集言词证据的方法是询问;固定和保全手段是生成文字笔录或者音像笔录;审查的重点是其内容的真实性、可信性和可靠性。

2. 实物证据

实物证据是指以客观存在的物体为证据事实表现形态的证据。实物证据,要么以物体的外部特征、性质、位置等证明案情,要么以其记载的内容对查明案件具有意义。在行政执法程序中,凡有一定物质形态或者载体的证据皆为实物证据,如书证、物证、视听资料和电子数据。虽然鉴定意见或者结论为言词证据。但是,鉴定意见的基础材料(检材和样本)和资料为实物证据。言词证据的笔录为言词证据的固定物;实物证据发现、固定、保管等的笔录则为实物证据的鉴真或者佐证材料。

实物证据的优势是具有较强的客观性和稳定性;不足之处在于证据源容易灭失、关联性不明显以及证明效果不全面。在行政执法程序中,找寻和收集实物证据的方法包括但不限于勘验、检查、辨认、监测、采样、调取、收取、提取、抽样取证、查阅、摘抄、复制。固定和保全证据的方法有查封、扣押、冻结、先行登记保存。审查的重点是其关联形式和性质,除了文义分析、逻辑和经验分析外,必要时还需要借助鉴定的科学分析来研判其关联性。

三、直接证据与间接证据

根据证据与案件主要事实之间的关联方式,或者说证据发挥证明作用的不同形态,可以把行政执法证据划分为直接证据和间接证据。虽然在行政执法程序中应当尽量收集运用直接证据,但在可靠性上,直接证据和间接证据并无差异,直接证据不一定就比间接证据更为可靠。

1. 直接证据

能够直接、独立地起到有助于查明或者证明案件待证事实作用的证据为直接证据。大多数人证和书证、视听资料、电子数据可以归入直接证据。当事人与目击证人、参与证人是案件中的主体和参与者,对于案件的事实自然是直接介入、直接感知、直接记忆,故而可以直接表达与复制。书证记载的信息,通过基本的文义分析,其对案件事实的保留也是直接的,对案件事实的揭示当然也属于直接证明方式。这些直接证据对案件主要事实的证明具有直接性,即可以不依赖于其他证据,一步到位地、直接用来作证明的手段。

在行政执法程序中,必须防止把直接证据等同于肯定证实。直接证据不等于直接而肯定地证实,它强调的是证据与待证事实的关联没有经过中间环节,而不是证明力肯定具有或者肯定很大。直接证据的运用并不意味着肯定或者必然达成证明目的。直接证据强调该证据在形式意义上可以直接发挥证明功能,而不是指实质意义上的肯定证明出来、肯定证明清楚。任何证据,包括直接证据,其证明力是否足以揭示、证实案件中的待证事实,往往需要证据自身具有真实性。对于直接证据而言,只要其真实性没有问题,那么它对案件事实就可以直接证明出来、肯定证实清楚。此时,直接证据等于直接证明、肯定证实。原则上讲,一个直接证据经过查证属实后,就可以对案件主要事实作出肯定或者否定的结论。❶ 反之,如果直接证据本身的真实性未得到充分证实或者存有合理疑问,那么尽管它与案件事实的联系是直截了当的、没有经过中间环节的,也不能肯定证实案件待证事实。例如,当事人可能本着趋利避害的心理陈述有利于己的事实而掩盖不利于己的事实;证人可能片面陈述有利于与其有良好关系的当事人的事实或者不利于与其有恶劣关系的当事人的事实;书证可能是伪造的或者被篡改变造了。在这些情形下,所谓的直接证据既不能正确证实案件事实,又有可能误导事实认定。当然,对于直接证据的运用,还需要考虑其合法性和关联性。如果欠缺合法性或关联性,其证据资格都将失去,又何来肯定证实、必然证明清楚呢?如对现场目击证人进行欺骗、胁迫而获得的证言,应当排除。此时,尽管该证人证言属于直接证据,也不能作为定案根据。

2. 间接证据

间接证据,也称"旁证",是指需要同其他证据相结合才能发挥证明或者查明作用的那些证据。物证是典型的间接证据,笔录证据和鉴定意见也是间接

---

❶ 曹晓凡:《环境行政执法证据的收集与运用》,北京:中国民主法制出版社2015年版,第48页。

证据。间接证据的特点是，该证据与待证的案件事实之间具有间接联系，不能单独、直接用来证明案件事实。

虽然间接证据在证明功能上具有间接性，而且往往要以某种推论为中介才能证明案件的主要事实。但间接证据一旦具备完整性和充分性，是有助于行政执法主体完成查明职责的。间接证据的彼此连接，可以是环环相扣的链条式，但更多的是多股细绳拧成的绳索式。英国著名法学家弗雷德里克·波洛克（Frederick Pollock）指出，有人曾经说间接证据像一根链条，每一个间接证据都是这个链条上的一环。其实不然，因为任何一环断开，整个链条就会断掉。其实，间接证据更像是许多股细绳拧成的绳索。一股细绳也许不能承受重量，但许多股细绳合起来可能就足够结实有力了。❶ 如《环境行政处罚证据指南》"附二：常见环境违法行为的事实证明和证据收集示例"中收录了11类案件的主要事实（证明对象）、必要证据（证明主要事实）和可收集的补充证据（证明裁量事实、印证主要事实）。其中的必要证据和补充证据，很多都是间接证据。这些间接证据合股、印证，便足以证实案件主要待证事实。

相较于直接证据，间接证据的不足之处在于：其一，证明功能上的间接性；其二，证明过程有赖于若干间接证据相互结合；其三，证明目的实现需要借助于推理。但间接证据也有优势，即范围广、种类多、数量大。在行政执法实践中，运用间接证据认定案件事实时，应当遵循如下规则：❷

①各个间接证据本身必须与案件具有关联性且自身真实可靠。

②间接证据须具备一定的数量，并构成完整的证明体系（证据锁链），对于案件中的人物、时间、地点、行为过程、行为方式、行为结果、行为原因等事实要素皆有相应的间接证据。

③间接证据须具有一致性，相互之间不存在矛盾（彼此印证）。

四、原始证据与传来证据

相较于直接证据与间接证据的划分和术语在行政执法证据法规范文件中的少见，原始证据与传来证据的划分和术语则经常使用，出现频率很高。例如，《价格行政处罚证据规定》第41条第5项就指出，对同一事实的证明有数个证据时，原始证据的证明效力优于传来证据。

1. 原始证据

原始证据，亦称原生证据、从第一来源获得的证据，是指直接来源于案件

---

❶ 何家弘，刘品新：《证据法学》，北京：法律出版社2019年版，第140页。
❷ 陈光中：《证据法学》（第4版），北京：法律出版社2019年版，第220-221页。

环境或者过程中的证据，以及初始形成的笔录证据、鉴定意见。原始证据与传来证据的划分标准是证据的来源。凡是直接来源于案件事实或者原始出处的证据，都可以称为原始证据，如案件现场扣押的物品、目击证人的证言等。直接来源于案件事实，是指该证据是在案件事实的直接作用或者影响下形成的，如违法建设的建筑物。所谓直接来源于原始出处，强调该证据直接来源于证据生成的原始环境，如执法记录仪摄录的视频资料。既然原始证据直接来源于案件或者初始形成，那么它的关联性和真实性往往是很强的。与此相应，原始证据比传来证据的可靠性更高、证明力更强。

一般而言，证据与案件事实的关系越接近、越直接，其留存的信息数量就越多、质量就越保真，可靠程度也就越高、证明力自然越强。反之，当证据与案件事实的关系被一个个中间复制、传抄、转述环节所隔断时，其流转过程中可能发生的失误、失真、信息损耗与改变就会导致其留存的过去案件事实信息越来越少、质量越来越差，相应地，可靠性程度与证明力也就越来越弱。所以，在行政执法程序中，应当尽可能多地收集和运用那些原始证据。不能如此时，则应当尽可能地获取那些最接近案件事实的传来证据。为此，对原始证据来源的真实性判断，是运用原始证据的审查重点。

2. 传来证据

传来证据，也称派生证据、复制证据、传转证据，是指以原始证据为基础，经过中间环节而生成或者出现的证据。一般来说，原始证据的固定物、替代品、示意证据、复制证据和流转证据皆是传来证据。传来证据最大的特点是其来源的派生性、传转性，它与案件事实或者案件环境不具有直接的、本初的距离，而是掺入了中间环节。因此，行政执法程序中运用传来证据需要重点审查流转环节的完整与案件信息的保真、存真。认知传来证据、识别传来证据，不能仅仅依据是否复制，不能简单地把复制件和复制品等同于传来证据，而是应当考量该证据是不是直接地、本初地源自案件的事实或者案件的环境。直接来自案件的复制件或者复制品的应当属于原始证据，而不是传来证据。例如，随意张贴、破坏市容市貌的、大批量复印的小广告属于原始证据；制作、传播的淫秽录像带母带和复制带属于原始证据；用复写纸开具的收据第二联是原始证据。在执法程序中，执法人员对小广告和第二联收据进行复制后的复印件则属于传来证据，对淫秽录像带拷贝后的音像资料也属于传来证据。

定案应当优先选择原始证据。这并不代表传来证据毫无使用价值。实际上，传来证据的功能很多。其一，传来证据可以作为发现和收集原始证据的线索。传来证据从原始证据派生而来，逆向寻根溯源，往往可以找到原始证据。其二，传来证据可以辅助审查原始证据的完整性和真实性。派生材料与原生材料相互印证、相互核实，可以补强原始证据的证明力。其三，在欠缺原始证据的情况下，如果传来证据的数量和质量达到证明体系的完整性和充分性，照样可以作为认定案件事实的证据。当然，运用传来证据时，除需要遵循一般的证据规则外，还应当遵循如下规则：❶

① 来源不明的材料，不能作为传来证据使用。

② 在不得不用传来证据时，应优选传闻、转抄、复制次数最少的材料。

③ 仅凭传来证据定案时，必须慎之又慎，不可轻易作出案件事实的相关结论。

第三节 行政执法证据的属性

证据属性也称为证据特征、证据要素、证据品格，是贯穿于行政执法证据收集与运用全过程的核心问题，它决定着证据能否作为定案依据，也彰显着证据收集与运用工作是否有效。然而，这一问题却长期处于"剪不断理还乱"的状态，亟须澄清和准确把握。

证据属性之所以长期处于说不清、道不明的状态，一个重要的原因就是相关人员未能正确梳理证据属性认知方面的历史发展脉络，只是基于自身的学术背景和认知水平随意搭配。笔者认为，认知或者梳理世界各国在证据属性问题上的见解与表达，应当把大陆法系的两要素说作为历史源头和基础。无论是英美法系，还是社会主义法系，都是建立在大陆法系的制度基础之上的，都与大陆法系有着紧密的历史渊源关系。美国著名比较法学家约翰·亨利·梅利曼（John Henry Merryman）曾经指出，当今世界存在三大法系，即大陆法系、普通法系（英美法系）和社会主义法系。但历史最悠久、分布最广泛、影响最深远的肯定是大陆法系。通说认为，英美法系肇始于1066年诺曼底人于哈斯丁斯（Hastings，亦译为黑斯廷斯）一役征服英格兰，其历史不过九百多年。其之所以成为三大法系之一，是因为随着大英帝国的殖民扩张和渗透而迅速传播于世界范围之内。一般认为，社会主义法系起源于十月革命，距今不过百年时间。在十月革命前的沙皇俄国，大陆法系占主导地位，东欧各国在成为社会主义国家之前也都归属于大陆法系。社会主义法系是在大陆法系基础上形成的混合型的新法系。因此，这三大法系都起源于欧洲，大陆法系应当是其共同的

---

❶ 樊崇义：《证据法学》（第6版），北京：法律出版社2017年版，第210页。

历史渊源，要了解社会主义法系必须先了解大陆法系。❶

中国政法大学郭志媛教授明确指出，大陆法系学者用"证据能力"和"证明力"来阐述证据的基本属性。❷ 历经15个多世纪的长期发展，大陆法系在证据属性的认知和审查判断上，形成了证据资格（证据能力）和证明力的两要素说。因为在世界各国抛弃神明裁判、采用证据裁判主义之后，任何国家和社会、任何法律程序中对证据进行审查判断时，都必然会追问两个问题：其一，什么样的事实或者材料可以作为程序中的"证据"予以提出，允许其进入法律程序的"大门"，参与事实认定上的程序对抗。这就是所谓的证据资格问题。其二，具有证据资格的这些事实或者材料，能不能帮助事实认定者"恢复出"过去发生的案件事实，换言之，这些事实或者材料是否留存了过去案件的事实信息、在多大程度上留存着信息，根据这些信息能否"复制出"过去发生的案件事实。这就是所谓的证明力问题。概言之，对证据的审查评断不外乎证据资格和证明力两个要素。❸ 大陆法系之所以用证据能力（证据资格）和证明力来表达证据属性，也不是凭空杜撰的，而是符合立法和司法实践的，是对立法和司法进行理论概括后提炼出来的。

两要素说是证据属性最古老、最正确、最全面的认知与表达。但是，在英美法系的发展历程中，证据属性的规定却逐渐演化成了"一品性说"，主要关注证据的可采性，即证据的资格问题。即在英美法系中，证据属性主要关注可采性。而相关性决定可采性，实质性和证明性决定相关性。"一品性说"产生的原因在于英美法系的证据法立法与实践是建立在陪审制和对抗制基础上的。比较法大家达马斯卡曾经指出，对于英美法系证据法的特殊性或者认定案件事实方法的特色，可以从两个角度分析其产生原因：一是陪审团制度，即由非专业人士担任案件事实的裁定者；二是对抗式诉讼制度，即诉讼双方律师在收集证据材料和将这些材料出示给法庭时扮演着重要角色。❹ 这与建立在专业职业法官探知案件事实、推动程序进展的大陆法系明显不同。在陪审团审理模式下，法官负责审核单一证据的可采性，陪审团评议证据的证明力，法官根据陪审团评议的事实结论适用法律作出裁判。由于证据证明力的判断交给了陪审团秘密评议且只需要公开结果而无须阐述理由，故而证明力的属性判断逐渐萎

---

❶ [美] 约翰·亨利·梅利曼：《大陆法系》（第2版），顾培东、禄正平译，李浩校，北京：法律出版社2004年版，第1–5页。

❷ 陈光中：《证据法学》（第4版），北京：法律出版社2019年版，第141–142页。

❸ 何家弘，刘品新：《证据法学》，北京：法律出版社2019年版，第411页。

❹ [美] 米尔建·R. 达马斯卡：《漂移的证据法》，李学军等译，何家弘审校，北京：中国政法大学出版社2003年版，第1–4页。

缩。但是，在无陪审团审判的程序中，专业法官审理案件时，仍然会同时考虑证据的资格问题（可采性）和证明力问题。

大陆法系的两要素说及其判断路径也影响了我国。自 20 世纪 50 年代开始，我国对于证据属性的认知逐渐形成了三特征说，三特征说逐渐成为主流观点并得到了规范性文件的支持。根据三特征说，证据应当具有合法性（法律性）、关联性（相关性）和客观性（真实性）。必须强调一点：三特征说与两要素说在本质上是一致的。

一、行政执法证据的两要素

运用证据的行政执法主体从外部评价、分析证据时考虑的证据特征为证据要素。证据要素包括证据资格和证明力。证据资格具有前置性。有行政法学者指出，证据资格与证明力是一对联系非常密切的概念。证据资格解决的是证据的门槛问题，不具有证据资格的证据材料根本不能作为证据被提出，更不能作为定案的根据；证明力解决的是具有证据资格的证据对待证事实的证明程度、强弱问题。因此可以说，证据资格是从形式方面观察证据的资格条件；证明力则是从实质方面考察其价值。证据资格和证明力是证据评价、分析主体考察证据时的基本追问。❶

1. 证据资格

证据资格，亦称证据能力，证明能力，证据的适格性、容许性、可采性等，是指相关事实或者材料被采用为证据而必须具备的条件，即被法律所容许为证据的资格。证据资格是某一事实或者材料能够作为证据进入行政执法程序的可能性。

应当说，证据资格是法定的。大陆法系对于证据资格的法律规制，一般不从正面积极规定在哪些情形下、符合哪些条件就有资格，而是从反面消极规定哪些证据资料不具有证据能力或者证据能力受有限制，如德国法律中的证据禁止制度。从证据禁止的类型来看，可以说凡是不具有合法性的证据材料都没有证据资格。取证是否合法成了大陆法系中证据是否具有资格的判断依据，即合法性决定证据资格。大陆法系法律之所以一般用排除或者禁止的方式规定证据资格，其原因和目的在于最大限度地保证与事实认定有关的资料都可以进入法律程序。用正面积极的表达方法，难免挂一漏万，也增加了认定与论证的难度。相反，用反面消极的表达方法则较为周全，凡未被明确禁止或者排除的资

---

❶ 王万华：《中华人民共和国行政执法程序条例（建议稿）及立法理由》，北京：中国人民公安大学出版社 2016 年版，第 79 页。

料，都有证据资格。禁止或者排除无资格的资料，剩下的都是具有证据资格的。

证据资格由法律、法规加以规定。凡没有被法律、法规禁止或者排除的所有事实或者材料，都具有证据资格。与大陆法系各国关于证据资格的规定相一致，我国行政执法证据法规范文件对证据资格的表达也是采用反向排除的方式，通过规定一些证据材料不能作为定案根据来彰显证据资格。例如，《治安管理处罚法》第79条明确排除了以非法手段收集的证据，规定其不得作为治安处罚的根据。

2. 证明力

证明力，亦称证明价值、证据价值、关联性，是指证据在证明、证实待证事实（证明对象）存在或不存在上体现出来的价值，包括价值的有无、大小强弱等。证明力是某一、某些以及全部事实或者材料因其留存案件信息而具有的、揭示过去事实情况的价值，是证据在"复制出"或者"恢复出"过去案件事实上所具有的功效。

证据有无证明力及证明力的大小强弱，取决于其在多大程度上留存着过去案件事实的信息，留存的是不是案件中的信息，这些信息是否真实可靠。所以，关联性和真实性（对人证而言，一般称为可信性或者可靠性）通常是判断证明力的路径。对于证据证明力的判断，如果同证据资格一样，由法律作出规定，事实认定者只需机械适用、量化计算，这就是证据法定制度。对于证据证明力的判断，如果完全委诸事实认定者的经验和理性，法律不作规定，则为自由心证主义。现代社会一般采用修正的自由心证主义，一方面坚持证明力判断听凭事实认定者自由裁量；另一方面亦对自由裁量权进行一定限制，如遵守法制、信守道德、符合逻辑、全面客观等。与证据资格只能一一判断不同，证明力可以分为单一证据的证明力和全案证据的证明力。单一证据的证明力简单表述为"确实"，全案证据的证明力简单表述为"充分"。所以，全案证据的证明力也可称为证据的证明力体系或者证明体系，俗称"证据链"。

证明力由行政执法主体及法制审核人员、行政复议人员和行政审判法官等认定主体自由裁量。因此，行政执法证据法规范文件中很少有直接、详细规定某证据的证明力状况的条款，以免法定证据制度之嫌疑。但是，在行政执法证据法规范文件中，还是有两种事关证据证明力的表述方式：其一是规定某些证据的证明力有待补强；其二是规定证明同一事实的数个证据之间的证明力比较规则。前者如《海事行政执法证据管理规定》第41条；后者如《价格行政处罚证据规定》第41条。必须强调指出，这两种规定都是便于操作、指导实践的建议性条款，相较于证据资格的条文，其强制性较弱。尤其是对证据证明力比较的规定，仅具有一般指导意义或者建议价值，并不妨碍行政执法主体及其相关人员自由判断证据的证明力。

二、行政执法证据的三特征

影响证据要素判断的、证据自身应具备的特征为证据属性。我国行政执法证据的证据属性包括合法性、真实性和关联性，合称证据三特征或者简称证据"三性"。只有同时具备"三性"的证据，才能作为认定案件事实的根据。如《文化市场行政处罚案件证据规则（试行）》第3条第2款就强调，证据必须经过客观性、关联性和合法性审查，方能作为行政处罚的依据。证据的真实性和关联性与某事实或者材料一体产生；证据的合法性于该事实或者材料被调查收集或者制作生成时出现。有学者指出，根据现行有效的法律文件、司法解释以及司法实践，我国的证据属性应概括为真实性、关联性和合法性，其中真实性和关联性的内涵结合起来近似于大陆法系的证明力；合法性的内涵近似于大陆法系的证据资格。❶ 这种观点看到了证据三特征与证据两要素之间的联系，总体上是正确的，但不够细致严谨。笔者认为，证据的合法性、形式真实性和形式关联性影响证据资格，证据的内容真实性和实质关联性决定其证明力。

1. 证据的合法性

证据的合法性，亦称证据的法律性，是证据属性中的外赋属性，其内涵包括但不限于下列要求：

① 任何作为证据的事实或者材料必须属于现行有效的法律、法规所许可的证据种类。

② 事实类证据的提取主体、提取过程符合法律、法规的要求。

③ 材料类证据的生成主体、生成过程、证据内容、证据形式符合法律、法规的要求。

证据合法性不是指作为证据的人或者物具有法律所许可的正当性、流通性，而是强调证据种类的法定，以及各种类证据收集、提取、生成的主体、过程、内容和形式等完全符合法律、法规的基本要求。对于事实类证据，即案发时共生并存于案件之中的人或者物，其合法性侧重于提取主体和提取过程。例如，对于书证，应当有合格的执法人员加以收取。收取以原件为基本原则，收取原件确有困难时可以收集复制件。查阅、摘抄、复制时，应有提供人或者保管单位的签字确认。对于材料类证据，即案件处理时，当事人之外的相关主体依法生成的证据，其合法性涵盖主体、过程、内容和形式四个方面。例如，对

---

❶ 陈光中：《证据法学》（第4版），北京：法律出版社2019年版，第142页。

证人的调查（谈话）笔录属于材料类证据，其合法性取决于调查人员的主体合法，即数量在2人以上，质量（身份）上具有执法资格；过程合法，诸如事项告知、权利义务告知、出示证件并接受查阅等必要环节和步骤，不得刑讯逼供、暴力、威胁；内容合法，即只能询问了解与案件有关的事项，与案件无关的问题不得调查，不得引诱、欺骗证人提供虚假或者不实的证言；形式合法，即应当有被询问证人的签名或者手印，执法询问人员也应当在笔录上签字。所以，证据合法性更多地在于彰显程序的正当与规范，遏止非法的取证程序，追求依法行政、依法取证。

对于证据的合法性，亦可简要归纳为种类法定、主体适格、过程规范、内容客观、形式完备。因此，在行政执法程序中，审查分析证据的合法性，也应当从这些方面入手。

不具备合法性的证据不能作为定案根据，应当予以排除，这就是行政执法程序中的非法证据排除规则。行政执法中的非法证据排除规则，是指在行政执法活动中，对于非法取得的人证、物证和书证，应当予以排除，不得作为证据被采纳，即非法取得的证据无证据资格。这里的"非法"，既包括明显的不合法，如暴力取证；又包括总体合法但存在要件瑕疵的证据材料，如询问笔录中虽有两个人的名字，但只有一人手签姓名或者证人签名时遗漏一页。因此，非法证据并不完全等同于不合法证据，非法证据的外延要大于不合法证据。❶

2. 证据的真实性

证据的真实性，亦称证据的客观性，它是证据的内生属性，其内涵包括但不限于下列要求：

① 形式真实：证据应当具备成为该等证据应有的形式要件；证据应当具备被各类主体感知和认识的外在表现形式。

② 内容真实：证据所留存、表达的案件事实信息是客观真实的，不存在诸如伪造、变造等虚假情形，以及臆测、猜想、评价、分析等主观信息。

在现代证据法学界，也有学者主张证据客观性标准的两分。何家弘与刘品新认为，在具体的司法和执法活动中，客观性包括两个方面：其一，证据的内容必须具有一定的客观性，必须是对客观事物的反映；其二，证据必须具备客观存在的形式，必须是人们可以通过某种方式感知的东西。他们还指出，如果使用"真实性"一词替代"客观性"的措辞，则事关证据资格条件的真实性

---

❶ 曹晓凡：《环境行政执法证据的收集与运用》，北京：中国民主法制出版社2015年版，第162－167页。

应当是一种法律上的真实性。❶ 由此观点可见，证据的形式真实决定证据资格，内容真实或者实质真实影响证明价值。

在行政执法程序中，对于证据真实性的判断，应从形式与内容两个方面考量，具体而言，则包括若干细节因素。《公安机关电子数据鉴定规则》第53条要求《电子数据鉴定书》至少应由两名鉴定人签名，并加盖鉴定专用章。《电子数据鉴定书》为两页以上的，应当在鉴定报告正面右侧中部加盖骑缝章。这是典型的仅对证据（鉴定书）形式真实性要件的规定。《海事行政执法证据管理规定》第37条则兼顾了形式真实和内容真实，要求从来源或者出处，是否为原件、原物，复制件、复制品与原件、原物是否相符，是否进行过修改或者技术处理，提供证据的人或者证人与当事人是否具有利害关系等方面审查证据的真实性。

最能体现证据真实性要求的证据规则是最佳证据规则（Best Evidence Rule）。按照最佳证据规则，物证应当提供原物；书证和文字笔录证据应当提供原件；视听资料和电子数据应当提供原始载体；人证应当当面陈述；鉴定意见应当提供鉴定书原件，并且应当根据需要当面接受质询。为什么要求原件、原物、原始载体和面对面，因为只有原件、原物、原始载体和面对面才能彰显证据自身的真实性。例如公文书原件，其中的印章、发文主体即为真实性的自我证明或者鉴真（Self-authentication），在行政执法程序中，对于公文书的形式真实和内容真实应当首先推定其客观存在，无重大且确实的理由，不能轻易否定公文书的形式真实性和内容真实性。反之，公文书的复印件，则需要提供者或者保管者签字、盖章加以确认，即运用外在证据予以证明或者鉴真。

3. 证据的关联性

证据的关联性，亦称证据的相关性，它也是证据的内生属性，其内涵包括但不限于下列要求：

① 形式关联：证据来源于过去发生的案件环境且与案件事实具有部分或者全部的牵连。

② 实质关联：证据所留存、表达的案件事实信息足以帮助行政执法主体认定部分或者全部过去发生的案件事实。

在我国证据法学界和实务部门，对于证据应当具有关联性一直没有任何异议。然而，对于如何理解关联性，则存在纯粹照搬哲学上的普遍联系原理或者以哲学普遍联系原理为谈论语境的现象。笔者一直坚持主张对证据关联性进行两分，即把证据关联性的内涵分解为决定其证据资格的形式关联和体现其证明

---

❶ 何家弘，刘品新：《证据法学》，北京：法律出版社2019年版，第118－119页。

价值的实质关联。其实，对证据的关联性进行两分或者作细致的解剖，在国内外都是存在先例的。如美国著名证据法学者摩根教授（Edmund M. Morgan）把关联性分为逻辑上的关联和法律上的关联，证据与案件中待证的重要事项应当具有逻辑关联。但是，基于法律政策的考量，有逻辑关联的证据不一定具有法律上的关联。被法律所拒绝的证据没有法律上的关联。❶ 国内也有学者指出，对证据关联性的认识，有两点应当注意：第一，从形式上推论，证据与案件事实之间应当有逻辑上的联系；第二，从内容上看，证据所反映的内容应当是能够直接或者间接说明案件有关事实情况的。❷ 还有人提出，法律实践中，主要从两方面评价证据的关联性：一方面，证据必须与案件事实存在客观联系；另一方面，证据必须能够证明案件的真实情况。在证据与案件事实存在客观联系方面，强调证据与案件的联系是有助于查明案件真相，而不是简单的普遍联系。这种客观存在的联系，其表现形式广泛而复杂，包括但不限于时间联系、空间联系、因果联系、必然偶然联系、肯定否定联系、单一重合联系等。在法律实践中，并非所有与案件事实存在联系的事实或者材料都可以成为证据；只有那些对于证明案情既有实质性，又有证明性的证据，才是真正具有关联性的证据。❸ 笔者认同这种两分的观点。

证据作为证明手段，其与案件待证事实之间是证明与被证明、揭示与被揭示、证实与被证实的关系。而证据要发挥出这种证明、揭示、证实的作用，又取决于其自身的属性。关联性就是证据的属性之一，甚至可以说是证据的核心属性。因此，证据能否发挥出证明、揭示、证实案件待证事实的作用，又在很大程度上取决于其关联性。换言之，证据关联性是指影响证据证明、揭示、证实案件待证事实作用发挥的那些因素、条件。接下来的问题是这些因素或条件有哪些，它们是否构成一个严密的体系。笔者认为，证据关联性主要包括三个方面的因素，可以划分为形式关联与实质关联两个组成部分。这三个方面的因素分别是：第一，其来源、存在或形成的环境与案件有牵连；第二，其与案件中的待证事实或者说实质性问题有形式上的联系，指向这类事实的解决；第三，其存在足以使案件待证事实的存在或不存在成为一种可能，即证明了、揭示了、证实了案件中需要证明的事实。其中，第一、第二两个因素属于形式关联；第三个因素属于实质关联。形式关联决定着证据资格的有无，换言之，没

---

❶ ［美］Edmund M. Morgan：《证据法之基本问题》，李学灯译，台北：世界书局1970年版，第198－199页。
❷ 江伟：《证据法学》，北京：法律出版社1999年版，第214－216页。
❸ 潘金贵：《证据法学》，北京：法律出版社2013年版，第52－55页。

有形式关联性的证据是没有证据资格的，应当予以排除；实质关联就是证据证明力（证明价值）的有无或大小强弱。

形式关联首先强调的是证据的出身，即该证据的来源、存在或形成的环境与案件有牵连。例如，打架斗殴的人将凶器（一把刀）扔进了池塘里，警察不管费多大周折都要发现这把刀，而不能从商店再买一把一模一样的刀具。形式关联其次强调的是证据的指向，即该证据有助于对案件中的实质性问题或者待证事实的证明、揭示、证实。有关联性证据是指有助于证明重要事项的证据。正是这两个形式关联的因素使某证据能够成为证据、能够进入法律程序、具有了证据资格。西方有学者提出：关于证据的第四个问题是其关联性问题，即证据对争讼问题具有相关性。如果完全不相关，该证据将被排除。❶ 笔者十分认同这种说法。

实质关联仅强调一个因素，即该证据的存在足以使案件待证事实的存在或不存在成为一种可能，即证明了、揭示了、证实了案件中需要证明的事实。如果说形式关联是指证据出身和功能指向的话，实质关联就是结果意义上的证明或者证实。对于证据的实质关联，美国《联邦证据规则》第401条有一个经典的表述：相关证据是指证据具有某种倾向，使决定某项在诉讼中待确认的争议事实的存在比没有该项证据时更有可能或更无可能。这个表述是从某一证据对待证事实具有特定倾向的角度来阐释的。笔者认为，不管从何角度理解和认识，实质关联都是一种证据功能实现的状态，是一种足以揭示、证明、证实案件待证事实的价值体现。而这种价值体现往往不是法律所能够预定的，而是需要事实裁判者作一定的审核判定才能发现。证据之所以具有实质关联性，是因为其所留存的过去案件事实的信息足以让事实认定者据以"复制出"过去的案件事实之一部分或者全部。

4. 影响证据属性的因素

要而言之，证据的合法性、真实性和关联性是由下列行为、环节和状态决定的：

① 证据形式。
② 证据来源、证据生成。
③ 证据处所、证据环境。
④ 证据提取、证据扣押、证据保全、证据固定、证据保管、证据送检。
⑤ 证据内在和外在的一些特征、证据内涵。

---

❶ ［英］戴维·M. 沃克：《牛津法律大辞典》，李双元等译，北京：法律出版社2003年版，第400页。

⑥ 证人身份、证人感知、证人记忆、证人表达。

⑦ 其他对证据内在属性有影响的因素。

三、证据鉴真

行政执法证据必须首先具有证据资格，其次才能讨论其证明价值。在行政执法程序中，当对某事实或者材料的证据资格产生合理怀疑或者争议时，收集、提出或者引入该证据的相关主体应当承担证明该证据确系自己所主张的证据的责任，也就是需要对该证据的证据资格加以必要的证明。这种活动在英美法系中被称为证据鉴真或者证据证真。

1. 证据鉴真的概念和性质

笔者认为，证据鉴真是指证据提出者为了使其所提证据获得证据资格，而对证据的形式关联性、形式真实性以及过程合法性等属性进行的证明活动。证据鉴真的本质是一种证明，即对事关证据资格的必要事项的证明。该证明不同于运用证据对案件实体法事实或者程序法事实的证明，它仅仅是对某些证据资格有争议或者合理怀疑的证据的属性事实进行证实，专门针对事关证据资格的形式关联性、形式真实性和过程合法性。此时，该证据事关资格的形式关联性、形式真实性和过程合法性等属性事实是证明对象，其证明标准只需要达到比较优势或者表面可信即可。

在行政执法程序中，需要鉴真的情形是证据资格产生争议或者合理怀疑，包括但不限于如下情况：

① 对物证原物或者视听资料、电子数据原始载体的来源加以说明，包括口头说明、文字笔录和音像记录。

② 对人证笔录或者执法程序笔录原件真实性、关联性和合法性的说明，如制作者及参与者在文字笔录上签字、捺手印、盖章确认；制作者及参与者当面回答质询；同步全过程电子音像记录等。

③ 对书证、视听资料和电子数据复制件或者拷贝进行确认和证明，如原件或者原始载体掌管者确认出于己处；制作或使用复制件时，证明原件存放处所及复制过程等。

④ 制作或者使用物证照片、复制品等示意证据或者替代证据时，由拍摄及制作人证明最初出处，以及替代证据或示意证据的制作过程。

⑤ 对当事人及证人的作证能力（年龄、精神状况等）与亲历性（亲力亲为或者耳闻目睹）进行必要的说明。

类似上述证据鉴真的规定，在行政执法证据法规范文件中极为常见，如《市场监督管理行政处罚程序规定》第43条规定的录音、录像等方式，必要时邀请见证人；第 44 条规定的拍照、录音、录像等方式，都属于证据鉴真活动。

2. 证据鉴真的构成要素

除非法律、法规、规章有明确规定或者证据自身已经包括鉴真要素，证据鉴真一般需要提出另外的旁证加以证明。综合考量，证据鉴真活动的构成要素包括如下五个方面。

（1）证据鉴真的主体

通常情况下，凡是承担举证责任的当事人，在其履行举证责任、提出证据时，如果对方对该证据的证据资格提出异议，或者当事人双方对该证据的证据资格有争议，则该当事人应当对其提出的证据予以鉴真。在行政执法程序中，由于是行政执法主体收集证据、运用证据认定或者查明案件事实，所以相关法律、法规为了解决证据鉴真问题或者说为了减少证据资格上的争议，在证据收集或者生成的环节就要求采取一些证据资格佐证的措施。例如，《山西省行政执法条例》[1] 第 18 条第 2 款要求行政执法机关应当对现场执法活动和执法办案场所进行全过程录音录像；对调查取证等容易引发争议的行政执法行为，根据实际情况进行音像记录。之所以对调查取证予以音像记录，是为了对所取得、所运用的证据具有证据资格加以证实，具体来说，就是对取证过程的合法性、所取证据的形式关联性和形式真实性予以证明。此外，在行政执法程序中，部分前置或者辅助的证人也可能是证据鉴真的主体，如勘验见证人在勘验笔录、勘验所取得证据发生涉及证据资格的争议时，往往需要出面证实勘验当初自己的所见所闻，并以此佐证笔录的形式真实、物证的形式关联（来源清楚）。《农业行政处罚程序规定》第 39 条规定，现场检查或者勘验时的见证人有可能成为证据鉴真的主体人员。

（2）证据鉴真的对象

证据鉴真的对象是指证据鉴真的客体。既然是证据鉴真，那么其客体自然是证据。在行政执法证据鉴真实务中，作为客体的证据包括两大类型：其一，符合最佳证据规则的原始证据，包括书证原件，物证原物，视听证据、电子证据的原始载体，人证的面对面（出面或者当面）陈述，作为科学鉴定物质基础的检材和样本。对于这些最佳证据，鉴定的重点在于来源的合法、清晰和确实。其二，在法定情形下，法律允许使用的各种示意证据或者替代证据。这些示意证据或者替代证据，包括但不限于书证的复制件、摘抄件；物证的复制

---

[1] 2019 年 7 月 31 日，山西省十三届人大常委会第十二次会议修订。以下不再一一注明该文件的修订日期。

品、照片、视频；视听数据、电子数据的拷贝；证人的书面证词或者询问笔录。对于这些证据材料，鉴真的重点在于它们与原件、原物、原始载体等的一致性。只有同原件、原物、原始载体等一致，才能保证其具备证据资格，才能替代原始证据。

（3）证据鉴真的内容

既然证据鉴真是消除事关证据资格的异议或者争议的，那么，证据鉴真的内容当然是那些影响证据资格的证据合法性（主要是过程合法性）、形式关联性和形式真实性。但是，在具体的行政执法实务中，证据鉴定的内容更多地落脚于微观细节方面，关注的重点是影响证据合法性、关联性和真实性的具体行为、环节和状态。换言之，证据鉴真与证据分析一样，其内容具有三个层次：第一层是证据资格；第二层涉及影响证据资格的过程合法性、形式关联性和形式真实性；第三层则是决定过程合法性、形式关联性和形式真实性的微观细节，具体包括证据生成、证据发现、证据保全、证据收集等方面的若干行为、环节与状态。

（4）证据鉴真的方法

一般而言，证据鉴真的方法包括自我鉴真和旁证鉴真两类。自我鉴真，亦称立法鉴真，是指法律规定的公文书（如许可证书、红头文件）或者权威出版物（如立法机关公报），它们自身所包含的名称、印章、制作主体或者出版社就足以证明它们的真实性。倘无重大理由，不得怀疑其真实性。相应地，提出者、使用者亦无须证实其具备法定资格。《文化市场行政处罚案件证据规则（试行）》第29条第1项在对数个证据的效力关系进行比较时指出，国家机关以及其他职能部门依职权制作的公文书优于其他书证。这是因为公文书可以自我鉴真，当然具有真实性，而其他书证不能自我鉴真，需要旁证鉴真。所谓旁证鉴真，是指在司法或者行政执法程序中，一旦就证据资格产生异议或者争议，该证据的提出者或者使用者就应当运用其他外在的人证或者物证来佐证该证据具备证据资格。《海事行政执法证据管理规定》第7条第2款规定，证据应当载明来源、取得时间，并由海事行政执法人员以及当事人签字或者盖章确认。当事人拒绝签字或盖章的，海事行政执法人员应当在相应的证据材料上注明情况，有见证人的，还应当由见证人签字或者盖章。此处提及的当事人签字或者盖章确认、见证人签字或者盖章，就是旁证鉴真的典型形式。

（5）证据鉴真的程序

行政执法证据的鉴真存在于三类程序中：行政执法程序、行政复议程序、行政诉讼程序。行政执法程序的证据鉴真主要见于析证、听证两种场合，尤其见于听证程序中。行政执法主体在证据分析和审查判断时,如果对证据的资格产生疑问,则需要取证者、管证者、见证者、使用者等加以证实;当事人提出异议时,更应如此。《黑龙江省行政执法程序规定》❶ 第 26 条第 1 款第 4 项规定,听证程序中的一个重要环节就是出示证据,进行质证。所谓质证,其实就是对证据的资格和证明价值提出异议或者否定性意见。在这种质证情形下,证据鉴真势所必然。

---

❶ 2019 年 1 月 16 日,黑龙江省人民政府令第 1 号。以下不再一一注明该文件的发文日期和发文号。

第五章　行政执法证据的调查收集

调查收集证据（简称取证），也称证据调查、调查取证、证据收集，是证据运用过程的第一步，也是最为重要的一步。万丈高楼平地起，整个行政执法程序中的证据运用，都建立在获得证据的基础之上。如何获得证据？唯有调查收集。不同于诉讼或者仲裁程序中的证据运用，当事人自己或多或少都掌握一定的证据材料。行政执法程序中，无论是依申请而作出的行政许可、行政给付，还是依职权而作出的行政处罚、行政强制，行政执法主体都天然地欠缺证据材料，不得不通过各种法律许可的渠道和措施调查收集证据。

第一节　行政执法调查取证概述

调查取证是行政执法行为的具体活动，是行政执法程序中的重要环节。行政主体作出各种行政处理决定前，都必须进行全面、客观、公正的证据调查工作。调查程序是整个行政执法程序中的基础性工作，应当遵循相应的工作原则，采取合法的工作方法，谋划科学的工作步骤。

一、行政执法调查取证的概念和意义

在一些行政执法证据法规范文件中，证据调查与收集是分开表述的两个语词，如《行政处罚法》第54条。该条文的语句表述似乎显示调查、收集证据、行政检查是三项分离的活动，其实它们是一个整体，都是调查取证。《治安管理处罚法》第四章处罚程序之第一节调查，就涵盖证据调查、证据收集、执法检查、证据保全（扣押）等活动。因此，认识行政执法调查取证不必过于拘泥于语词表达的差异。

1. 行政执法调查取证的概念

在行政执法领域，调查取证是一个专门的法律术语，如《公安机关办理行政案件程序规定》第七章的标题就是调查取证。对于调查取证的界定，有狭义与广义两种情形。

狭义的调查取证仅指行政执法主体通过自身行为发现、采集、提取各种证据的活动。

广义的调查取证还包括行政执法主体依法采取的证据的固定与保全，申请证据公证和请求其他单位协助调查收集证据的活动。

狭义的调查取证强调行政执法主体及其工作人员运用法律许可的方法和手段亲力亲为、直接获取证据的情形。广义的调查取证则是在狭义的基础上，增加了证据固定与保全、证据公证和执法协作。与狭义调查取证相比，广义调查取证呈现出一定的间接性、暂时性和借助第三方力量完成取证的情形。《公安机关办理行政案件程序规定》第七章调查取证就是广义的使用。在该章中，诸如询问、勘验、检查等属于狭义的调查取证，而证据保全、办案协作则属于广义的调查取证。

证据固定与保全在诉讼证据法中称为证据保全或者保全证据，而在行政执法证据法中，证据固定与保全被称为先行登记保存，如《行政处罚法》第56条。所谓证据固定与保全，无论是在诉讼领域还是在行政执法领域，都是指为了防止特定证据的自然灭失、人为毁灭或者以后难以取得，因而用一定的形式和合法的措施将其固定下来，加以妥善保管，以备在分析、认定案件事实时顺利使用。❶

2017年9月1日第二次修正的《中华人民共和国公证法》（以下简称《公证法》）第11条第1款第9项规定了公证机构办理保全证据事项。综合《公证法》第2条、第11条和第12条的规定可知，所谓证据公证是指公证机构依据自然人、法人或者其他组织的申请，依法对作为证据使用的相关事实、行为、文书的真实性与合法性予以证明的专门活动。公证机构可以保全证据，同时对于行政执法机关的证据保全活动，公证机构亦可加以公证。

协助调查取证是行政执法办案协作的内容之一，是指行政执法主体彼此接受其他行政执法主体的委托，代为实施调查取证活动。

2. 行政执法调查取证的意义

行政执法调查取证的意义可以从多个角度加以认知。

（1）从行政执法证据运用过程的角度看，调查取证是证据运用的第一步是基础环节

证明过程是指证据运用的一系列环节，也是在法律程序中，证据从无到有、从少到多的过程。何家弘、刘品新两位教授很早就提出司法证明的四个基本环节是取证、举证、质证、认证。在任何国家的诉讼活动中，这四个环节都

---

❶ 樊崇义：《证据法学》（第6版），北京：法律出版社2017年版，第247页。

是不可或缺的，它们共同构成一个完整的体系。❶ 行政执法证据运用环节具有特殊性，因为行政执法总体上是直线形关系，行政执法主体与当事人相对应，只有两方主体。而诉讼关系总体上是等腰三角形关系，两造对立、居中裁判，具有三方主体。所以，司法证明的四大环节尽管在行政执法程序中仍然存在，但其顺序和表述应有所调整，其过程分为取证、析证（认证）、理证（证据整理）与举证、听证与质证。在此过程中，取证是证据运用的第一步，是基础环节。如果没有取证，后续的析证、理证、举证、听证与质证就没有行为对象，无法开展。只有经过取证，获得了相应的证据，才可能出现后续的证据运用环节。

（2）从行政执法查明案件事实职责的角度看，调查取证是查明案件事实的必要前提

案件事实是过去发生的客观存在，在当下的程序中如何复制、如何再现？主要是通过证据来实现。事实与证据的关系，在一定程度上类似于本质和现象、内容和形式的关系。事实是不变的，证据具有变动性；事实是整体，证据是片段；事实具有本源性，证据具有表征性。❷ 在行政执法主体介入的情况下，具体而言就是在收集、分析证据的情形下，通过过去案件事实遗留的证据复制出了过去的案件事实。对于案件中的当事人和目击证人而言，事实直接在其大脑中生成事实影像而被其感知和记忆。对于行政执法人员来说，固然在执法检查中也会直接留存案件事实信息，但更多的是通过案件留存的证据（包括人证和物证）进行推论而间接认知和把握案件事实，也就是说，只有借助于证据才能认定案件事实、隔着证据来认定事实。正因如此，调查收集证据十分重要，它是查明案件事实的必要前提。作为恢复、呈现过去案件事实的镜子，证据不会从天上掉下来，而是有赖于行政执法主体的收集。

（3）从行政执法正确适用法律的角度看，调查取证是适用法律的保障要件之一

《河南省行政执法条例》❸ 第 3 条第 1 款明确指出，行政执法就是执行法律、法规、规章的行为。既然执法就是适用法律、落实法律的活动，那么纸面上的法律、文件中的法条、抽象的规范如何在行政执法实践中得以落实、得以体现、得以贯彻呢？必须通过案件事实这一中介。只有在具体的案件事实与行

---

❶ 何家弘，刘品新：《证据法学》，北京：法律出版社 2004 年版，第 218 页。
❷ 张保生：《证据法学》（第 2 版），北京：中国政法大学出版社 2014 年版，第 12 页。
❸ 2016 年 3 月 29 日，河南省十二届人大常委会第 20 次会议通过。以下不再一一注明该文件的通过日期。

政法规范中的抽象法律事实类型相同一、价值相一致时，法律规范中的权利、义务、责任才能够得以落实、体现和贯彻。"以事实为根据、以法律为准绳"的原则非常精准地表达了这一三段论推理的要件与程序。在法律适用的三段论推理程序中，法律规范是大前提，案件事实使小前提，推导过程使小前提能够涵摄于大前提之事实构成要件之中，然后大前提的法律效果便理所当然地彰显于小前提之人与事之上。没有案件事实的查明，便没有三段论推理的可能，再完善的法律也是空中楼阁、镜花水月。唯有通过案件事实这一中介，法律适用的三段论推理才能实现。而案件事实的查明与证立，断然离不开调查取证。有鉴于此，调查取证便是适用法律的保障要件之一。

（4）从行政执法法制审核和法治要求的角度看，调查取证是彰显依法行政水平的主要标志

《国务院办公厅关于全面推行行政执法公示制度执法全过程记录制度重大执法决定法制审核制度的指导意见》在第四部分"全面推行重大执法决定法制审核制度"中规定，行政执法法制审核的内容包括执法主体、执法程序、案件事实、适用法规、执法权限、执法文书和案件移送等七个方面。这七个方面是判断重大执法决定是否合法有效的关键环节，是衡量行政执法能力和水平的显著标志，是依法行政、达到法治程度的重要指标。其中，在事实审核方面的具体表述是案件事实是否清楚、证据是否合法充分。显然，事实与证据犹如一枚硬币的两面。案件事实是否清楚取决于有无证据；证据是否合法充分取决于调查取证工作的开展。因此，有没有调查取证、会不会调查取证就成为检验行政执法能力和水平的重要依据。

（5）从行政执法当事人责任追究与权益保障的角度看，调查取证是重要保证

《行政处罚法》第5条第2款强调设定和实施行政处罚、追究责任与保障权益都必须以事实为根本依归，调查取证就是实现这一目标的重要保证。没有证据还原相关事实，责任追究与保障权益就会成为无源之水、无本之木。

二、行政执法调查取证的工作原则

行政执法调查取证的工作原则，是指行政执法主体在实施调查取证的过程中应当遵循的基本精神和行为准则。调查取证的工作原则是保障调查取证工作顺利开展的最高法律规范。只有谨守这些工作原则，才能保证调查取证的有效性，才能确保所收取的证据具有合法性、真实性和关联性。

对于行政执法程序中调查取证工作应当遵守的基本原则，几乎每一部行政执法证据法规范文件中都有规定，如《文化市场行政处罚案件证据规则（试

行)》第 3 条第 1 款要求执法部门应当全面、客观、及时、合理、合法地收集和调取证据。综合相关行政执法证据法的规范文件，笔者认为，行政执法主体及其适格工作人员调查收集证据必须遵循的基本原则包括合法、客观、全面、公正、及时、合理，此外还有保守秘密、全过程记录、主体适格等。

1. 取证合法原则

取证合法原则的正面要求是所有调查收集证据的活动都必须遵守法律、法规和规章的规定，有法律依据；反面禁止事项为不得以任何非法的方法调查收集证据。证据的合法性就是强调取证的合法性。取证合法原则的具体内涵包括以下几个要点。

① 主体合法。行政执法主体和行政执法人员都依法获得了行政执法证书或者证件。同时，在具体调查收集证据时，人员数量应当在 2 人以上；着装规范；遵循回避制度。详见主体适格原则。

② 过程合法。凡是法律、法规、规章明确要求的取证过程及具体环节，都应当具备，例如主动出示执法证件、告知调查事项、告知相对人法定义务或者配合义务、告知当事人有陈述申辩权、询问证人应个别进行、询问聋哑人与少数民族或者外国人应有手语或者口语翻译等。在调查取证过程中，不得以威胁、引诱、欺骗或者其他非法方式收集证据。

③ 内容合法。对于每一种证据，应有的信息事项都应当齐备，调查收集信息与案件有关联，如鉴定意见应有明确的结论、当事人陈述所作所为、证人陈述所见所闻、文书摘录或者视频摄录应当连续完整。

④ 形式合法。每一种证据的法定形式都应当符合法律要求，如询问笔录应有当事人的签名、书证复制件应有提供者的签字盖章确认。

2. 取证客观原则

取证客观原则要求遵守诚实信用原则，在调查取证过程中尊重事实、保持事实、坚持事实，实事求是，力戒主观想象、先入为主，更不可弄虚作假、歪曲事实真相。《交通运输行政执法程序规定》第 33 条要求执法人员应当合法、及时、客观、全面地收集证据材料，依法履行保密义务，不得收集与案件无关的材料，不得将证据用于法定职责以外的其他用途。第 64 条又强调执法部门应当依法依规全面、客观、公正地调查，收集相关证据。可见客观取证的重要性。客观取证原则的贯彻主要在于保障证据的客观真实性、关联性。

① 调查收集证据必须符合各种证据的客观性要求，尊重客观事实。针对不同的证据，运用不同的方式方法进行收集，首先要保障证据的形式客观，如不能用易挥发的铅笔记录当事人陈述。其次应当保障内容客观真实，如实事求是地勘查丈量、忠实于证人陈述地加以记录、完整连续地摄录现场音像视频。

② 调查取证时不能从主观臆断出发，既不能用主观猜测去代替客观事实，也不能按照主观喜好去收集证据。

③ 调查取证时严禁弄虚作假、颠倒黑白。

④ 调查取证前后，应当最大限度地保存证据信息的真实性，所有材料类证据，如勘查笔录、音像记录都必须符合事实；所有事实类证据，如微量物质、文书证据都必须保持原貌。

3. 取证全面原则

取证全面原则是保障证据真实性、关联性的要求。《江苏省行政程序规定》第55条要求行政机关应当采取合法手段和依照法定程序，全面、客观、公正地收集证据，不得仅收集对当事人不利的证据。当事人可以以书面、口头或者其他方式向行政机关提供证据。取证全面原则有如下要求。❶

① 取证范围的全面。凡是有助于查明行政执法案件事实的证据材料都应当加以收集，既不能遗漏，也不能随意取舍。以案件待证事实和基本事实构成要素为出发点，既不能缩小调查取证范围，又不能无限扩大调查取证范围。同时，深入细致也是全面原则的应有之义，欠缺深入细致的调查取证是不可能达到全面要求的。

② 本证与反证的全面。调查取证应当本证（有利证据）与反证（不利证据）一起收集，不得选择性地调查取证。既要收集对当事人不利的证据（往往是对行政执法主体有利的证据），也要收集对当事人有利的证据（往往是阻遏行政执法决定的证据）。

③ 言词证据与实物证据的并重。根据《治安管理处罚法》第93条的规定，在调查取证时应当并重言词证据和实物证据。由于言词证据是人的陈述，因此存在虚假性的可能较大，但关联性较强；实物证据虽然客观真实性较强，但往往关联性较弱。在行政执法程序中，能够做到两者并重是最佳的选择。既要注重收集当事人陈述、证人证言等言词证据，又要注意收集物证、书证、视听资料、电子数据等实物证据。绝对不能轻信当事人陈述，不论这种陈述对当事人有利还是不利，都不能仅凭当事人陈述这一项证据就定案。

④ 主动取证与被动接受的兼顾。行政执法调查取证是以行政执法主体及其执法人员主动调查、发现、收取证据为主要形式的。但是，在行政执法程序中，当事人、证人、保管人等也有权向行政执法主体提供各种证据，一定情形下，他们也有义务配合行政执法主体的调查取证活动。所以，行政执法调查取

---

❶ 交通运输部政策法规司：《交通运输行政执法证据收集与运用》，北京：人民交通出版社2012年版，第72-73页。

证应当避免闭门造车、自行其是，应将主动调查收集证据与被动接受当事人、证人、保管人提出证据相结合。

⑤ 传统取证方法与现代科技手段的全面结合。随着科学技术的日新月异，在行政执法程序中，借助现代科技手段取证将日益成为主要的调查取证手段。科技取证主要包括利用各种科技设备，如执法记录仪、智能手机、数码照相机、数码摄像机、无人机、视频监控系统、在线检测系统等的非接触性取证；以及借助专家知识和技能的科学鉴定，包括但不限于法医学鉴定、生物学鉴定、物理技术鉴定、化学分析鉴定等。取证全面原则也要求将传统取证方法，如询问、勘查、辨认、查封、扣押、复制等，与现代科技手段相结合。

4. 取证公正原则

取证公正原则要求保持中立，平等对待（冲突）各方，不偏不倚。《环境行政处罚证据指南》第4.1.1条规定了依法、及时、全面、客观、公正地收集证据的原则。公正、公平原则虽然更多地体现在行政执法的法律适用方面，但对于调查取证来说，它也有指导意义，对于保证证据的真实性和关联性具有一定的价值，其要点如下：

① 个案中平等对待。行政执法主体及其执法人员在调查取证时应秉持法律面前人人平等的原则，保持客观中立的心态，摒弃个人偏见，排除外界干扰和压力，公平、公正地对待相关各方，规范地调查取证。例如，在摄录行政执法人员与当事人冲突现场时，不能仅摄录当事人暴力抗法的情景而不摄录暴力执法的情景。

② 类案中一视同仁。相同的案件类似地调查取证是体现公正的一个规则，如在勘查成片违法建筑（超范围违法搭建或者扩建）时，不能对张三家严谨细致、锱铢必较而对李四家草率粗略、大而化之。

5. 取证及时原则

取证及时原则要求实施调查取证工作应当迅速，不拖延、不懈怠，严防证据灭失。这一原则的贯彻对于保障证据的真实性、关联性具有重要意义。《海事行政执法证据管理规定》第9条要求海事行政执法调查取证应当及时。取证及时原则的要点如下：

① 发现案件线索或者立案之后，应当尽快开始调查取证，立即着手寻找、发现和收集证据。绝对不能因为拖拉或者懈怠而导致证据灭失、毁损或者以后难以取得。

② 在时间紧迫、符合法定条件的情况下，可以先采取证据保全或者固定的措施，诸如先行登记保存、查封、扣押、办理证据公证等。一旦确认证据收集的必要性，则应立即采取取证行为。

③ 在法定或者合理的时限内完成调查取证工作。对于人证要及时询问；对于物证、书证要及时勘查、提取；对于科学证据要及时生成、委托鉴定；对于当事人的陈述和申辩要及时查核。

适用取证及时原则时，还应当注意如下两个方面：

其一，取证迅速但不能产生危险，应当注意人或物的安全。迅速与安全往往是一对矛盾，取证时必须平衡好二者的关系。在迅速、及时开展调查取证工作的同时，必须保证相关人员和实物的安全与完整。例如，对违法当事人开展调查询问不能采取急速追踪的方式，勘验现场不能采取急速翻动的手段等。

其二，取证迅速不等于走马观花，应当深入细致。工作效率不能仅看单位时间的产出量，还应当注重单位时间内的有效产出量，即不能只重数量而忽视质量。调查取证深入细致是全面调查原则的内涵，也是适用取证及时原则时需要关注的要求。迅速及时与深入细致本质上是一致的，不应产生冲突。

6. 取证合理原则

取证合理原则要求采取任何调查取证措施时，都应当优先选择给相对人最小损害的方式方法。该原则可以视为取证合法原则的延伸与细化，虽然不能直接影响证据的合法性，但却与取证合法密切相关。《福建省行政执法条例》第28条要求行政执法机关依法需要核查公民、法人和其他组织的申请的，或者对公民、法人和其他组织实施行政处罚、行政强制等行政执法行为依法需要查明事实的，应当合法、全面、客观、及时开展调查，合理使用必要、适当的措施。取证合理原则的要点如下。

① 取证措施的谦抑。所谓取证措施的谦抑，是指在保证顺利调查取证的前提下，尽量不要采用或者滥用对相对人权益有所损害的手段。例如《行政强制法》第16条第2款可以不采取行政强制措施的规定；第23条第1款强调不得查封、扣押与违法行为无关的场所、设施或者财物，不得查封、扣押生活必需品。这些规定对于适用查封、扣押的措施具有指导意义，查扣的范围或者对象应当谦抑，应当与案件有关联性，应当不影响相对人生活。

② 取证过程中对当事人的损害或者不利的最小化。例如，询问当事人和证人的时间点一般应当在白天而不宜在夜晚，尤其是深夜；询问持续的时间一般不宜太长。《治安管理处罚法》第83条规定一般询问查证的时间不得超过8小时；情况复杂、可能适用行政拘留的，不得超过24小时。

7. 保守秘密原则

行政执法案件涉及国家秘密、商业秘密和个人隐私时，调查取证需要遵循保守秘密原则。对此，相关行政执法证据法规范文件也多有规定，如《治安管理处罚法》第80条。保守秘密原则涉及的秘密主要包括如下三项。

① 国家秘密。2010年4月29日修订的《中华人民共和国保守国家秘密法》第2条、第9条和第10条指出，国家秘密就是指关系国家安全和利益，依照法定程序确定，在一定时间内只限一定范围的人员知悉的那些事项。国家秘密分为绝密、机密、秘密三级。

② 商业秘密。2019年4月23日修正的《中华人民共和国反不正当竞争法》第9条第4款指出，所谓商业秘密，是指不为公众所知悉、具有商业价值并经权利人采取相应保密措施的技术信息、经营信息等商业信息。

对于商业秘密，民商法、行政法和刑法都是加以保护的。在行政执法程序中、在调查取证过程中，行政执法主体及其工作人员也应当保守所知悉的商业秘密，如《价格行政处罚证据规定》第4条就要求政府价格主管部门不得将依法取得的证据用于价格行政处罚之外的其他目的，不得泄露国家秘密、商业秘密和个人隐私。

③ 个人隐私。2021年1月1日施行的《中华人民共和国民法典》（以下简称《民法典》）第1032条规定，个人隐私是指自然人的私人生活安宁和不愿为他人知晓的私密空间、私密活动、私密信息。

8. 全过程记录原则

行政执法主体的所有调查取证活动应当贯彻全过程记录原则，确保所有发现、固定、提取、保管、运用证据的行为和过程都具有可回溯性。全过程记录是行政执法三项制度之一，其目的在于保障程序正义、生成行政执法程序证据、佐证行政执法调查取证工作过程及其结果的合法性。

2017年1月19日，国务院办公厅印发《推行行政执法公示制度执法全过程记录制度重大执法决定法制审核制度试点工作方案》（国办发〔2017〕14号），确定在天津市、河北省、安徽省、甘肃省、国土资源部以及呼和浩特市等32个地方和部门开展"三项制度"试点。2018年12月5日，国务院办公厅发布《关于全面推行行政执法公示制度执法全过程记录制度重大执法决定法制审核制度的指导意见》（国办发〔2018〕118号），在全国各地区、各部门全面推行"三项制度"。其中的全过程记录方式，可以采取文字记录、音像记录及二者结合的形式。

9. 主体适格原则

主体适格是调查取证合法性原则的内容之一，同时也具有独立地位。主体适格包括行政执法机关或者法律、法规授权的组织以及受托组织的适格，执法主体中具体从事执法行为的自然人的适格。主体适格不仅涉及调查取证，还事关程序正当性、职权规范性等方面。《中共中央关于全面推进依法治国若干重大问题的决定》强调行政执法人员持证上岗和资格管理，与贯彻落实主体适格原则密不可分。

（1）行政执法人员调查取证时的资格要求

实施调查取证的适格主体，应当具有下列要件：

①是行政执法主体中具有行为能力的自然人。

②该自然人依法获得行政执法资格。获得执法资格的行政执法人员可以独立、主导调查取证，而没有行政执法资格的辅助人员只能协助或者参与调查，绝对不可以独立调查取证。对此，《湖南省行政执法人员和行政执法辅助人员管理办法》第19条和第20条有明确规定。❶

③实施调查取证的自然人数量不得少于2人。所有的行政执法证据法规范文件都一致要求具体实施调查取证活动的工作人员不得少于2人或者2人以上。对于2人以上的人员资格问题，绝大多数行政执法证据法规范文件都明示或者暗示应当有2名或者2名以上的行政执法人员。也有规定2人以上的组成至少应有1人是行政执法人员，如《浙江省行政程序办法》第51条第1款的规定。

④自然人应当通过服装与证件主动彰显自己的身份。行政执法人员的着装及其佩戴标识和行政执法证件一样，并不是单纯御寒蔽体的服饰，而是执法主体的身份证明。所以，各行业、各系统都有相应的制作、配发、穿着、退还等管理规定。调查取证时，执法人员应当通过规范着装和主动出示证件来证明自己的主体身份。

（2）设置非接触性取证设施的法制审查与技术审查

设置非接触性取证设施应当事先获得必要的行政许可，并以科学、规范、专业的手段加以完成和维护。这也是主体适格原则的要求。根据《行政处罚法》第41条的规定，没有经过法制和技术审核获得许可而设置的视频监控及其收集、固定的违法事实与证据信息，应当按照主体不适格、行为不合法处理。

三、行政执法调查取证的工作方法

行政执法调查取证的工作方法，也称为调查取证的措施，如《山西省行政执法条例》第25条的规定；有时称为调查取证的方式，如《交通运输行政执法程序规定》第34条的规定。当然，称为调查方法的也有，如《文化市场行政处罚案件证据规则（试行）》第16条的规定。

---

❶ 2017年3月3日，湖南省人民政府令第280号。

1. 行政执法调查取证的工作方法

有学者提出，取证的方法既包括法律、法规明文规定的各种调查措施或者手段，也包括未作规定的调查措施或者手段。因为我国现有法律规范显然不能囊括所有的取证方法，而且在实践中，尚未得到法律确认的取证方法亦是比较普遍的存在。❶ 尽管如此，笔者仍然认为，行政执法主体不得采取任何无法律、法规、规章依据的调查取证手段。理由在于法无授权不可为。

对于调查取证的方法，有人从认识方法、思维方法、逻辑方法和行动方法、技术方法等多层次、多单元的角度加以认知。❷ 对此，笔者认为，行政执法调查取证本质上就是一种行为或者活动。作为调查取证主体的自然人，在实施调查取证行为时，其主观思维和客观行为并不是分离分立的，而是一种必然的联系和整体。人的行为断然离不开认识和思维，认识和思维并存于行为之中。仅有认识和思维而没有行动，也不能称之为调查取证。所以，这里探讨分析的调查取证方法，就是指行动方法或者工作方法，即各种调查、收集证据的措施、方式或者手段及相应程序。

调查取证的工作方法，首先应当强调有明确的法律、法规、规章授权；其次应当根据不同种类证据的特点，有针对性地采取与之相适应的措施或者手段，以保障其证据资格的具备和证明价值的保全。综合现行有效的行政执法证据法规范文件，笔者认为，行政执法主体依法可以采取的调查取证方法主要包括：

① 询问并且制作《调查询问笔录》：针对当事人陈述、证人证言等言词证据。

② 勘验、检查并制作笔录（含同步录音、录像、摄影、拍照）：针对现场、物证。

③ 收集、调取（含委托调取）、提取并附交接手续：针对物证、书证、视听资料、电子证据。

④ 抽样取证并制作证明文书：针对多数物证。

⑤ 查封、扣押并附手续：针对物证、书证。

⑥ 冻结存款、汇款和有价证券等财产并附手续：针对钱款、有价证券。

⑦ 查阅、摘抄、复制：针对他人保管的文书证据。

⑧ 录音、录像、拍照、摄影，生成视听资料和电子数据：针对现场、物

---

❶ 何家弘，刘品新：《证据法学》，北京：法律出版社2019年版，第227页。

❷ 何家弘：《证据调查》，北京：法律出版社1997年版，第179页；何家弘：《证据调查实用教程》，北京：中国人民大学出版社2000年版，第205-259页。

证、书证及一切取证行为的补强。

⑨ 委托或者指定鉴定从而获得鉴定意见：针对专门性问题。

⑩ 实施辨认：针对物品、场所和人员的确认。

⑪ 先行登记保存并附文书：针对证据固定和保全。

⑫ 委托办理证据公证：针对证据固定和保全。

⑬ 法律法规规定的其他调查取证措施。

2. 调查取证方法的分类

对于行动意义上的调查取证方法，也就是行政执法中的所有调查措施和程序，可以根据划分标准进行不同的归类。❶

（1）依据调查取证主体的权限性质不同，可将证据调查方法分为权力型和权利型

权力型调查取证是指行政执法机关及其工作人员依法开展的强制性收集与保全证据的方法，如查封、扣押；权利型调查取证是指行政执法当事人及其律师依法开展的收集与保全证据活动。总体上，行政执法程序中的证据调查是权力型活动。但是，当事人也有收集、保全与提交证据的权利，如《交通运输行政执法程序规定》第70条第2款的规定就意味着当事人有权提出证据。既然如此，当事人为了能够顺利提出证据，必然需要依法收集与保全证据。

（2）依据调查事项是否经过委托，可将证据调查方法分为自行调查取证与受托调查取证，或者自行取证与委托取证

自行调查取证是指承担取证义务的主体自我实施的证据收集与保全活动；受托调查取证是指某主体本来不承担取证义务，在接受其他主体委托后而依法开展的收集与保全证据的活动。受托调查从委托方的角度看，其实就是委托别人代替自己开展证据调查收集活动。如《江苏省文化市场综合行政执法管理办法》❷ 第20条规定，文化市场综合行政执法机构在行政执法活动中可以依法书面请求其他行政机关协助调查、提供具体信息和协助作出行政行为。被请求协助的行政机关应当依法及时协助。不能提供协助的，应当以书面形式及时告知并说明理由。这里书面请求其他行政机关协助调查的文化市场综合执法主体的请求行为就是委托取证；被请求协助调查取证的行政机关实施证据调查收集活动就是受托取证。而该文件第19条第1款要求文化市场综合执法机构全面、客观、公正地调查取证则专指自行调查。

（3）依据证据调查所涉及的空间领域，可将证据调查方法分为国内调查

---

❶ 何家弘：《证据调查实用教程》，北京：中国人民大学出版社2000年版，第209-229页。

❷ 2020年8月12日，江苏省人民政府令第136号。以下不再一一注明该文件的发文日期和发文号。

与域外调查

所谓国内调查是指在我国领土范围内开展的证据收集与保全活动；域外调查是指在国外或者我国特别司法区域开展的证据收集与保全活动。《文化市场行政处罚案件证据规则（试行）》第13条就对域外取证提出了详细的要求。

（4）依据调查任务的性质不同，可将证据调查方法分为探索型调查与核实型调查

探索型调查是查清案件事实的各项未知因素或者要件，在调查中没有参照因素。核实型调查则是指审核案件的各项因素以及相应证据是否一致、有无矛盾之处。一般在案件调查初期多是探索型调查，后期则多见审核型调查。《公安机关办理行政案件程序规定》第85条指出，为了查明案情，办案人民警察可以让违法嫌疑人、被侵害人或者其他证人对与违法行为有关的物品、场所或者违法嫌疑人进行辨认。此处规定的对物品、场所的辨认，就是证据审核；辨认就是核实型调查方法。人民警察已经收集到相关物品、确定了案发场所（不动产物证），为了进一步确认其关联性、真实性，再通过辨认加以审核。❶

（5）依据是否具有明确的调查对象，可将证据调查方法分为有特定对象的调查与无特定对象的调查

证据的终极来源，要么是人，要么是物。相应地，证据调查过程有两种基本形态：其一，从事到人的调查过程；其二，从人到事的调查过程。从事到人的调查过程，说明首先发现了某一案件或者事件，然后去寻找和认定是谁造成了这一案件或者事件，以及如何造成的。从人到事的调查过程，说明首先知晓了某个违法行为人或者嫌疑人，然后去调查该人的违法行为是否存在，具体事实要素是什么。❷ 所谓有特定对象的调查，就是从人到事的调查；无特定对象的调查，则是从事到人的调查。《福建省行政执法条例》第26条第1款规定，行政执法程序由行政执法机关依职权启动，或者依公民、法人和其他组织的申请启动。依申请启动行政执法程序的，往往人和事都在启动时知晓了，接下来就是审查核实的问题。对于依职权启动执法程序而言，可能是通过检查、巡查、报案、举报、控告等前置途径首先知晓了人，也可能是首先知晓了事。那么，在立案后开展调查取证工作，自然会出现有特定对象的、从人到事的调查，或者无特定对象的、从事到人的调查。例如，某公路边被乱倒了大量垃圾和固体废弃物，案发现场和事件已经存在，接下来需要查证行为主体以及其他

---

❶ 徐伟红，高文英：《公安机关办理行政案件程序规定理解与适用：条文解读、案例分析、最新修改提示与执法风险提示》，北京：中国法制出版社2020年版，第221页。

❷ 何家弘：《证据调查》，北京：法律出版社1997年版，第91－92页。

事实构成要素。这是一种无特定调查对象的取证活动。

（6）依据调查主体的身份是否公开，可将证据调查方法分为公开调查与隐蔽调查

公开调查强调调查取证主体的身份向调查对象公开，而隐蔽调查则是不公开身份、秘密实施调查取证活动。总体而言，行政执法调查取证应当采取公开调查的方式。几乎所有行政执法证据法规范文件都要求行政执法主体在执法程序中规范着装并按规定佩戴执法标识、主动出示执法证件，这些都是调查取证的公开化。《行政处罚法》第41条第1款要求将电子技术监控设备的设置地点向社会公布，也是彰显公开取证原则。对于隐蔽调查，有学者指出，原则上应予禁止行政机关通过秘密手段取证。因为现代行政的根本目标是维护行政管理相对人的合法权益，如果允许行政机关使用秘密手段取证，不仅会导致公民、法人和其他组织的权益遭受侵害，而且会使执法机关的自身形象受到严重的影响。❶这种观点是正确的。然而，笔者认为，在行政执法程序中绝对地禁用隐蔽取证也是不妥的。《文化市场行政处罚案件证据规则（试行）》第12条第1款规定，文化市场行政处罚案件的现场笔录和勘验笔录主要包括现场检查（勘验）笔录、网络文化市场（远程）勘验笔录等；第2款则要求制作现场笔录或勘验笔录应当由当事人逐页签名或者盖章，而远程勘验笔录似乎不强求当事人签名或者盖章。这是为什么？因为许多远程勘验活动是在当事人不知晓的情况下实施的，是秘密取证。对于秘密取证的材料，可以在事后的程序中交由当事人审核确认，但实施取证时却不宜事先告知当事人。事先告知反而收集不到任何信息了。所以，在县级以上执法机关领导人批准的前提下，允许在线提取、远程勘验、技术侦查和大数据分析等手段的运用，这些手段具有一定的隐秘性。此外，在执法实务中，无人机空中巡查跟踪渣土车、红外夜视成像仪在晚间取证等手段都有一定程度的隐蔽性。当然，隐秘取证必须严格控制使用范围、规范操作基本流程和切实保障当事人的各项合法权益，绝对不能滥用。

（7）依据证据类型的不同，可将证据调查方法分为人证调查方法、书证调查方法、物证调查方法和科学证据调查方法

证据分类的功能之一，就是针对不同的证据选择相应的调查收集方法。在此，笔者针对行政执法调查取证的各种方法，提出一种简便易记的分类，即"1234"分类法：

第一，收集人证（言词证据）：1个字——问。对于行政执法中的当事人陈述、证人证言，其调查收集的方法就是询问。

---

❶ 李红枫：《行政处罚证据原理研究》，北京：中国政法大学出版社2013年版，第101-102页。

第二，收集书证：2个字——拿来。收集书证基本上就是"拿来主义"。当然，对于是调取原件还是复制件，什么情况下可以查阅、摘抄和复制，如何使用复制件等，存在许多规范要求。

第三，收集物证：3个字——找、定、取。所谓找，是指物证的发现，其方法主要是勘验、检查或者巡查；所谓定，是指对物证的固定和保全，其方法主要有辨认、先行登记保存和查封扣押、冻结；所谓取，是指对物证的提取，包括提取的最佳证据规则（原物和原始载体优先）、多数物证的抽样取证以及物证保管链条等。

第四，生成或者获取科学证据：4个字——电子、"夫子"。生成视听资料和电子数据的技术为电子，尽管二者也存在模拟技术和数字技术的差异；形成鉴定意见的是专家学者，故称"夫子"。视听资料、电子数据和鉴定意见有一个共性——都是具备科技含量、建立在科学技术基础之上的证据种类。录音、录像、拍照、摄影等是视听资料和电子数据留存案件信息的技术方法。种属鉴别和同一认定是专家鉴定得出科学意见的技术方法。

3. 注重科技取证手段的运用

行政执法主体在调查取证工作中应当着力运用现代科技取证手段，包括但不限于非接触性取证和科学鉴定。有学者指出，在证据调查中，越来越多地应用各种科技手段，其原因在于两个方面：其一，案件事实发生过程中涉及的科技问题日益增多，相应地，只有采取科技手段，才能查明事实真相；其二，人类认知水平不断提高，可以在案件中加以利用的新技术也日新月异、层出不穷。[1]

（1）科技取证手段的组成

在行政执法程序中运用的科技手段，统称为法庭科学。所谓法庭科学（Forensic Science），通常是指综合运用物理学、化学、医学、生物学等自然科学的原理和技术方法，研究证据采集、鉴定之一般规律的科学理论体系和技术方法体系。从更广泛的意义上说，任何用于解决法律程序中的事实认定问题的科学技术，都可以被视为法庭科学。[2] 对于法庭科学的构成，美国著名学者西里尔·魏契（Cyril H. Wecht）和约翰·拉戈（John T. Rago）将其分为三大体系：[3]

---

[1] 何家弘：《证据调查实用教程》，北京：中国人民大学出版社2000年版，第256页。

[2] 张保生：《证据法学》（第2版），北京：中国政法大学出版社2014年版，第210页。

[3] [US] Cyril H. Wecht, John T. Rago: *Forensic Science and Law*. Oxford: Taylor & Francis Group, 2006.

① 自然科学（evidence and the physical sciences）。包括指纹分析、痕迹（微量）证据检验、火器和工具痕迹鉴定、放火和爆炸的调查、可疑文书检验等。

② 生物科学（evidence and the biological sciences）。包括法医病理学、法医毒理学、血清学、DNA分析、法庭昆虫学、法医牙科学、法医人类学等。

③ 社会科学和应用科学（evidence and the social and applied sciences）。包括行为科学、数字证据、法庭语言学、司法会计学、法庭经济学、法庭工程学等。

笔者认为，在行政执法程序中运用到的法庭科学，主要包括法医学、生物学、物理学和化学四大门类。这些科技手段从证据调查角度看，包括各种非接触性取证技术和科学鉴定技术。对于证据调查中运用的这些技术手段，有学者根据技术所发挥的作用，将其划分为三大类：其一为发现、提取证据的技术，如光学技术、静电感应技术、电磁信号技术、化学显现技术等；其二为记录、存储、传递信息的技术，如电磁技术和计算机技术等；其三为检验、鉴定技术。❶ 其实，前两类技术的共性就是不与当事人直接接触，完全可以并称为非接触性取证技术。非接触性取证技术以物理学原理和方法为主，又可以分为移动取证技术及其设备、固定视频监控技术及其系统。非接触性取证技术主要生成视听资料和电子数据。2020年7月3日住房和城乡建设部办公厅印发了《城市管理执法装备配备指导标准（试行）》（建办督〔2020〕34号）。该标准要求城管综合执法应当配备五大类、62种装备，其中执法记录仪、手持终端、高清摄像机、数码照相机、数码录音笔、红外夜视仪、录音电话、内部视频监控系统、无人机等都是非接触性取证设备，基本上都是利用物理学科技原理与技术设计和生产的，诸如光学、电磁学等。《行政处罚法》第41条规定的电子技术监控设备，也是非接触性取证技术和设备。

（2）科学技术的可靠性判断

利用科技手段生成的、具有科技含量的证据，在学理上被称为科学证据。在行政执法证据种类中，视听资料、电子数据和鉴定意见都是科学证据。科学证据的证据资格仍然离不开合法性、关联性和真实性。所谓的科学性其实蕴含于合法性、关联性和真实性之中。在这里，科学技术和原理的可靠至关重要。《行政处罚法》第41条第1款要求利用电子技术监控设备收集、固定违法事实时应当经过法制和技术审核，其中的技术审核也包含科学可靠性判断。那么，如何判断科学原理和技术的可靠性呢？参照美国《统一证据规则》第702条

---

❶ 何家弘：《证据调查实用教程》，北京：中国人民大学出版社2000年版，第257-259页。

的规定，笔者认为可以通过以下路径和要素判断行政执法中的科学技术是否具有可靠性：

① 凡是有法律、法规、规章（含一些行业标准）或者最高人民法院、最高人民检察院指导案例、公报案例明确规定或者确认的科学技术及其原理和方法，都应当被视为存在科学可靠性。诸如在《全国人民代表大会常务委员会关于司法鉴定管理问题的决定》中列明的科学鉴定技术，即为存在科学可靠性的科技手段。相应地，凡是被有关法律、法规、规章或者司法裁决所否定的技术，应当视为没有科学可靠性。例如，2020 年 8 月 14 日《最高人民法院关于人民法院民事诉讼中委托鉴定审查工作若干问题的规定》（法〔2020〕202号）第 1 条就明确排斥了测谎的科学性。虽说这一文件是针对民事诉讼中的科学鉴定问题，但行政执法程序的鉴定技术审查完全可以参照其执行。

② 可靠性的推定。如果某一原理或者方法实际上已经在相关的科学、技术或者专业团体内被接受，那么该原理或者方法便是合理可靠的。当事人可以通过证明该原理或者方法不具有合理可靠性要比具有合理可靠性更为可能来反驳这一推定。例如，由国家市场监督管理总局、国家标准化管理委员会联合发布的《室内空气质量标准》（GB/T 18883—2002）及其检测技术在行业内被普遍接受，于是具有科学可靠性。

③ 不可靠的推定。如果某一原理或者方法实际上还没有在相关的科学、技术或者专业团体内被接受，那么该原理或者方法便不具有合理可靠性。当事人可以通过证明该原理或者方法具有合理可靠性要比不具有合理可靠性更为可能来反驳这一推定。没有被接受，常见现象就是该技术和方法存在较大的争议和分歧。例如，使用警犬识别（嗅辨）技术判断垃圾的恶臭气味，就是未被普遍接受的技术手段。推而广之，警犬鉴定记录在行政诉讼中也是不能作为证据使用的。❶

④ 可靠性的其他要素。在认定某一科学原理或者方法的可靠性时，应当考虑一切相关的附加因素，包括该原理或者方法已经得到检测的程度；用以检测该原理或者方法的研究技术的充分性；该原理或者方法已经公开发表，以及得到同行审核的程度；使用该原理或者方法时的差错率；科技专家使用这种原理或者方法的既往经验；该原理或者方法在相关科学、技术或专业团体内被接受的程度；科技专家的专业知识所属学科在整个科学、技术或专业团体内被接受的程度。

理解上述路径和要素，切不可误以为一切判断和分析都交给科技界了，作

---

❶ 刘玉民：《行政证据收集、举证、审查》，北京：中国民主法制出版社 2014 年版，第 14—17 页。

为行政执法主体只要依赖科技界的判断即可。这种拱手让与科学证据可靠性审查权的观点和做法都是不可取的。虽然行政执法主体及其工作人员不一定都是科技专家、都有科学素养，但作为证据调查主体、运用证据认定案件事实的唯一主体，应当担负起"守门人"（Gatekeeping）的角色，最大限度地审核判断科技手段的可靠性。有学者提出，对鉴定意见的采信要结合全案证据材料进行综合审查，并注意当事人对鉴定意见提出的有依据的合理辩解，这样才能保证行政执法办案的质量。❶ 这一建议是正确的，应当加以借鉴。

四、行政执法调查取证的工作步骤和路径

行政执法调查取证工作作为执法行为中的一环，其自身的开展也有相应的工作步骤和顺序。

1. 行政执法调查取证的工作步骤

笔者认为，行政执法主体调查收集证据应当以案件中需要查明的待证事实为出发点，以达到相应的证明标准为终结点。居于中间环节的、具体的调查取证过程应当合法、规范、科学、有效地实施，努力实现或者保障证据的合法性、关联性和真实性。同时，行政执法主体调查收集证据应当制定工作计划和保障预案，就实施调查取证的人员、时间、地点、方式、突发状况处置等做出安排。而且，调查收集证据应当与分析审核证据交互进行。通过对已取得证据的分析来决定是否后续补充取证或者重新调查。所以，从宏观上看，行政执法调查取证可以分为三大阶段：待证事实的确立与启动调查；具体实施调查；证据分析与终结调查。

程序法定和先取证、后裁决都是行政执法程序与调查取证行为的合法性要求，也是证据是否具有合法性的决定性因素。有鉴于此，证据调查依循基本的步骤，既是法定义务，也是工作职责。笔者主张把证据调查的基本步骤划分为三大阶段：启动、实施、结束。因为实体法律关系的演变步骤常常是产生、变更、消灭；程序法律关系和程序行为的步骤一般都是启动、实施、结束。

（1）证据调查的启动

启动证据调查一般在立案以后或者与立案同时进行，如《公安机关办理行政案件程序规定》第61条和第62条的规定。调查取证启动阶段的主要工作包括：确立待证事实与明确调查任务；安排具体实施调查的人员；分析已有证据；制定调查计划或者方案。明确调查任务与确立待证事实总体上是一回事。各种案件中证据调查的首要任务都是在核实已知事实的基础上，明确需要查明

---

❶ 董晓慧：《工商行政处罚证据收集与适用》，北京：中国工商出版社2016年版，第118页。

的未知事实。次要任务是确立一系列具体的调查措施与完成事项，也就是明确案件调查中的具体任务。无论是任务的明确还是调查计划与方案的制定，都离不开对在手证据的分析研判。一点儿证据或者信息都没有的案件是不存在的，报案、举报、巡查发现等，都会收取到相应的证据材料。只有在对现有证据材料进行分析的基础上，才能确立待证事实、明确调查任务；才能提出调查假说，推测未知事实和潜在证据；才能制定切实可行的调查计划，有效防止人力、物力和财力的无端消耗。❶

（2）证据调查的实施

在证据调查的具体实施阶段，调查取证人员应当以调查计划或者方案为行为指针，通过适当的行为模式，运用适当的手段和方法去发现、固定、提取证据。无论采用何种调查取证方法或者措施，也不管是传统手段还是技术手段，其调查模式基本上都离不开从事到人或者从人到事两种模式。采用从事到人的调查模式时，可以根据案件实际情况选择从"何故（原因与因果关系）"到"何人"；从"何时（时间联系）""何地（空间联系）"到"何人"；从"何情（主体行为及主体关联）"到"何人"；从"何物（涉案物品与场所）"到"何人"四种具体实施途径。选择从人到事的调查模式时，可以根据案件实际情况选择从"何时"到"何事"；从"何地"到"何事"；从"何情"到"何事"；从"何故"到"何事"；从"何物"到"何事"五种具体实施途径。❷

上述两类取证模式具有异曲同工之妙，都是追求查明案件事实核心要素的"七个何"，即何人、何事、何时、何地、何情、何物、何故。《上海市城市管理行政执法程序规定》第27条规定也体现了"七个何"的重要性。这一文件规定显示了这两类具体模式的正当性与合理性。此外，在具体实施调查取证时，还需要注意取证与析证应相辅相成，以及证据保管链条的完整性。

（3）证据调查的结束

法律行为是在法律时空中实施的，不可能一直进行下去，都有终结的时候，调查取证也是如此。证据调查的结果，无论是何种情形，依法应当结束时都必须结束。如《农业行政处罚程序规定》第49条就显示证据调查结束是一个重要的程序标志。

证据调查结束阶段的事项，包括分析全部证据，判断是否达到证明标准；选择定案证据；告知当事人并听取其意见（简易听取与听证会）；作出补充调查或者最终处理结论（撤案、定案）等。

---

❶ 何家弘：《证据调查实用教程》，北京：中国人民大学出版社2000年版，第124-126页。
❷ 何家弘：《证据调查实用教程》，北京：中国人民大学出版社2000年版，第120-124页。

2. 取证与析证的交互往返

析证，即证据分析，也称证据审查判断或者证据评价分析，既是行政执法证据运用过程中的一个独立的环节，也与取证、举证、理证（证据整理）等环节相牵连、交互并存。《价格行政处罚证据规定》第33条要求执法人员应当对收集的证据材料进行审核，确保证据的真实性、合法性和关联性，并及时整理和补充收集相关证据材料。这就是要求取证、析证、理证、再取证的交互循环。事实上，取证的同时就存在对证据真实性、合法性和关联性的研判。对已经获取的证据进行真实性、合法性和关联性分析后，才能决定是否需要进一步地再次调查取证。正如有学者指出的那样，审查证据往往贯穿于案件调查的始终，而且是与收集证据交叉进行的：一方面，调查人员在收集证据的过程中经常需要对收集来的证据进行评断与核实；另一方面，对证据的及时评断又可以指导和推进以后的证据调查工作。❶ 在行政执法程序中，应当克服一蹴而就的心理，能够一次取证就完成调查任务自然很好，但是，不能够一次完成调查任务时，也应当再次实施调查活动。是否已经完成调查取证任务、案件事实是否查清，依赖于对已有证据的分析。形象地说，取证与析证交互往返、相辅相成。

3. 行政执法证据调查的路径

调查取证的途径侧重于行为模式，无论是从事到人还是从人到事，都强调行政执法主体自身查明案件事实"七个何"的思维过程与行动方向。而调查取证的路径则是指证据的获取渠道、收集或者提供证据的主体。除行政执法主体自己收集或者生成证据外，还有哪些自然人或者单位向行政执法主体提供证据，这是调查路径探讨的问题。综合而言，行政执法调查取证的路径，或者说证据生成、收集与证据提供的主体，包括下列情形。

（1）行政执法主体自身

在我国的行政执法体制中，行政执法主体一般包括三类：行政机关；法律、法规授权的组织；依据法律、法规和规章而受托从事行政执法的组织。对此，《行政处罚法》第三章第17条、第19条、第20条、第21条有明确规定。另外，行政执法主体还可以分为单一执法主体与综合执法主体，如《行政处罚法》第18条第1款和第2款的规定。行政执法主体还可分为普通执法主体与专属执法主体。《行政处罚法》第18条第3款指出，限制人身自由的行政处罚权只能由公安机关和法律规定的其他机关行使。那么在限制人身自由这一行政处罚类型上，执法主体只能专属于公安机关或法律规定的其他机关。

---

❶ 何家弘：《证据调查实用教程》，北京：中国人民大学出版社2000年版，第128页。

(2) 当事人或者相对人

一般而言，行政执法的相对方，包括自然人、法人、非法人组织等，在行政实体法律关系中被称为相对人，在行政程序法律关系中被称为当事人。当事人或者相对人作为行政执法证据调查的路径或者渠道，其具体形态又分主动提供证据材料；被动接受调查，提供案件信息或者证据材料。前者如《行政许可法》第31条规定的"申请人申请行政许可，应当如实向行政机关提交有关材料和反映真实情况，并对其申请材料实质内容的真实性负责"。后者则更为多见，如《湖南省行政程序规定》第67条要求"当事人应当配合行政机关调查，并提供与调查有关的材料与信息"。

(3) 利害关系人或者其他证人

利害关系人作为证据材料的渠道之一，其提供的陈述属于证人证言。证人除了利害关系人之外，还包括与案件处理结果没有任何利害关系的目击证人和传闻证人。利害关系人和证人可以向行政执法机关提供其掌握的各种证据，也可以作出口头陈述。《公安机关办理行政案件程序规定》第26条第1款第3项就把被害人陈述和其他证人证言作为一类证据。利害关系人或者其他证人作为调查取证之路径，也分主动提供证据或者作出陈述、被动提供证据或者作出陈述两种具体形态。❶

(4) 鉴定人

在行政执法程序中提供鉴定意见的鉴定人分两类：一类是社会化的鉴定机构中的鉴定人；另一类是诸如公安侦查机关内设机构的鉴定人。

(5) 其他机关、团体、企事业单位

有学者提出，行政执法证据收集的渠道是多方面的，还包括深入群众调查，以及机关单位或者周边居民主动提供证据。❷ 除上述主体外，主动或者被动向行政执法主体提供证据或者案件信息的主体还有其他机关、团体、企事业单位。

4. 行政执法证据调查方案

古语有云："凡事预则立，不预则废。"行政执法调查取证亦是如此。如科技部等部门联合下发的《科研诚信案件调查处理规则（试行）》❸ 第16条指出，"调查应制订调查方案，明确调查内容、人员、方式、进度安排、保障措

---

❶ 交通运输部政策法规司：《交通运输行政执法证据收集与运用》，北京：人民交通出版社2012年版，第87页。

❷ 曹晓凡：《环境行政执法证据的收集与运用》，北京：中国民主法制出版社2015年版，第53－54页。

❸ 2019年9月25日，国科发监〔2019〕323号。

施等，经单位相关负责人批准后实施"。

（1）证据调查方案

证据调查方案，也称证据调查计划，是行政执法主体对未来调查取证工作的若干事项作出预先安排的书面文件。虽然并非每一起行政执法案件都需要制定调查方案，简单的案件可以用调查提纲替代调查方案，但是，对于重要或者重大案件的调查取证工作，还是以制定书面调查方案为宜。

很显然，证据调查方案要比证据调查提纲更为规范和完整。一般来说，证据调查方案包括标题、署名落款、正文三部分，特殊情况下还可以包括附件。证据调查方案的标题由案由与文种构成，如"某公司超范围建设案件证据调查工作方案"。其中"某公司超范围建设案件"为案由，"证据调查工作方案"为文种。标题也可以加上行政执法主体的名称，但需要与案由、文种分两行表述，而且在标题中出现单位名称后，署名落款部分可以不再交代。证据调查方案的署名落款一般在标题下方、正文前面，可以用圆括号加以特别标注，如"（某某综合行政执法局2020年3月10日）"。证据调查方案的核心部分为其正文，包括序言（引言、导言）与具体工作方案的详细安排。序言一般不加序号，用完整的一段文字简单交代制订证据调查方案的起因与目的、制订依据与批准程序等。正文中的具体工作安排一般需要使用中文序号加以特别显现且应有相应的小标题，如"一、案件基本情况（已知案情）；二、案件已有证据材料（已知证据）；三、需要进一步查明的事实（待证事实）与收集的证据（潜在证据）；四、调查取证人员及分工（包括领导指挥者、具体实施行为者，以及重大案件的分组情况等）；五、调查取证措施（有哪些能够证明案件事实的人和物，对这些调查对象相应采取什么调查取证方法，以及调查地点等）；六、调查取证时间进度（取证顺序、具体时间点、调查次数等）；七、调查取证注意事项（如安全与保密事宜）；八、调查取证保障措施（如障碍预测与解决方案、部门协助或者联合调查）……"等。证据调查方案的附件根据具体情况斟酌考量，并不强求必须具备，如需要到外地调查取证时的路线安排、现场勘查时的现场状况图等。在证据调查方案中，属于调查提纲的事项都应当具备。证据调查方案中需要进一步查明的待证事实与继续收集的潜在证据，即为证据调查的内容。证据调查就是查明未知事实与相应证据材料。

（2）证据调查假说

无论是简单的证据调查提纲，还是详细、完备的证据调查方案，其中指明需要进一步收集的证据都或多或少地存在假设或者假说的因素。证据调查假说也称证据调查假设，是指行政执法主体及其调查取证人员对未知案件事实和可能存在的潜在证据的一种预测、研判和假定。在现代汉语中，假设、假说与假定是同义词，都是指对未知的或者可能存在的客观事物的假定性说明、预测、设想。❶ 在行政执法程序中，在已知事实要素的基础上，根据案件事实构成要素的种类，推断未知的那些事实要素；在已知证据的基础上，根据全案证据完整性与充分性的要求和案件待证事实得以清楚证明（复制或者重建）的标准，推断潜在的证据材料，就是证据调查假说。完备的证据调查假说应当包括可能存在的证据的种类、特征、场所和形式等方面。❷

第二节　人证的调查收集

人证也称言词证据，是指各类自然人的口头陈述及其固定材料。行政执法程序中的人证包括当事人陈述和证人证言（含被侵害人陈述），如《海事行政执法证据管理规定》第 22 条指出，"证人证言是指海事行政执法过程中，证人就了解的案件事实向海事管理机构所作的陈述。当事人陈述是指海事行政执法过程中，当事人就案件事实向海事管理机构所作的陈述"。作为一种活的证据（人的陈述），人证具有真实性和虚假性并存的显著特征。人证调查的基本方法是询问。询问需要依法进行，由物质载体加以固定，且需要相应地进行鉴真。

一、人证的调查方法

人证调查是指在行政执法程序中收集、审查和运用人证的相关调查活动。询问是行政执法中人证调查的基本方法。此外，辨认也是人证调查的方法。❸

1. 询问

询问在行政执法口语分类中属于"问话（谈话）"形式，具体语言表现就是"一问一答"。

（1）询问的概念和特点

询问也称谈话、发问、查问、问询、询查等，是指行政执法调查人员用口头语言的方式向当事人、证人及关联自然人了解相关案件情况或者信息的取证活动。

询问是行政执法调查人员为了查明案件事实，以相关法律、法规和规章为

---

❶ 中国社会科学院语言研究所词典编辑室：《现代汉语词典》（第 7 版），北京：商务印书馆 2016 年版，第 627－628 页。
❷ 何家弘：《证据调查实用教程》，北京：中国人民大学出版社 2000 年版，第 152－164 页。
❸ 何家弘：《证据调查》，北京：法律出版社 1997 年版，第 214 页。

依据，与当事人、证人之间构成的一种特殊心理交往和语言交流过程。尽管随着科学技术的日新月异，科技取证日趋重要，但是询问作为人证调查的基本方法并未被削弱或者取代。询问的法律功能一如既往。通过询问，可以发现案件线索，寻找案件关联人员，收集证据，查明案情。

询问的特点可以从两个角度认知。其一，与其他行政执法调查取证手段相比，询问的特殊性在于适用于人证收集，采取口头语言形式。其二，与日常生活中的谈话或者问话相比，询问的特殊性在于必须依法进行，正规严谨；双向互动，围绕案件事实，目的性强。行政执法程序中的询问是受法律、法规和规章约束的规范化问话，其基本的构成要素包括享有行政执法调查权的询问者、了解或者掌握案件相关信息的被询问者（当事人或证人）、已知或者未知（待证）的案件事实情况。询问者与被询问者是围绕案件事实展开语言交流互动的。

（2）询问的主要分类

对于行政执法调查取证中的询问，理论上可以根据不同的标准进行类型划分。❶

① 正式询问与非正式询问。这是按照询问调查程序是否严谨完备所做的划分。正式询问是指询问人员依照法律、法规和规章所规定的程序实施的调查询问。正式询问一般都应当制作书面文字笔录，还可以同步录音、录像。正式询问的固定载体可以作为行政执法证据使用，具有法律效力。而非正式询问是指询问人员为了了解案情而与有关人员进行的一般性谈话。非正式询问一般不制作书面文字笔录，可以同步录音、录像。对于案件当事人、目击证人及被侵害人的询问应当采用正式询问；对于案件中的传闻证人、程序参与人如见证人等，可以采用非正式询问。在案情不明朗、询问对象不特定时，走访群众、获取案件信息通常也采取非正式询问。

② 走访询问与传唤询问。这是根据询问实施的地点做出的种类划分。走访询问也称登门询问，是指询问人员前往被询问者的住所或者居所、工作单位、本人提出的其他合适地点实施的询问。走访询问既可以是正式询问，也可以是非正式询问。传唤询问一般适用于公安机关办理行政案件的程序中，是指公安机关的调查取证人员依照法定程序把被询问者传唤到公安机关或者其他特定地点进行的询问。传唤询问肯定是正式询问，一般由享有传唤权的公安机关实施，如《治安管理处罚法》第82条的规定。

③ 公开询问与秘密询问。这是依据询问者身份是否公开而做的分类。公

---

❶ 何家弘，刘品新：《证据法学》，北京：法律出版社2019年版，第228页。

开询问时，询问者明确以行政执法人员的身份出现，公开地调查询问。公开询问既可以是正式询问，也可以是非正式询问。秘密询问也称侧面询问，是指不以行政执法人员身份出现、不暴露真实意图而实施的调查询问。秘密询问只能是非正式询问。《公安机关办理行政案件程序规定》第51条强调，"公安机关调查取证时，应当防止泄露工作秘密"。为此，根据案情需要，在走访群众、进行非正式询问时，适度采用秘密询问方式是合法合理的。必须强调一点：秘密询问作为非正式询问，只是为了获得案件中人和物的线索，其询问本身不具有法律效力，不得直接作为行政执法证据使用。

④ 直接询问与委托询问。这是基于实施询问的主体是否为案件真正执法主体做出的划分。所谓直接询问，是指案件的真正执法主体自身实施的询问；所谓委托询问，是指案件执法主体委托另外的同类主体或者相关行政主体实施的询问。《公安机关办理行政案件程序规定》第121条指出，"办案地公安机关可以委托异地公安机关代为询问、向有关单位和个人调取电子数据、接收自行书写材料、进行辨认……等工作"。

2. 辨认

辨认在很多案件中都会出现，辨认结果与相关当事人陈述、证人证言相结合可以成为案件中的证据。就行政执法程序而言，辨认也是一种与言词证据密切相关的取证措施和方法。

（1）辨认的概念和种类

辨认是要求辨认主体在若干认识客体中，辨别或者选择出自己曾经所见所闻的那个物品、场所或者人员的一种调查手段。❶ 本质上，辨认属于当事人或者证人的一种认识活动，是将现在面临的人或物与过去接触过的人或物进行同一认定的认识活动。辨认主体（认识主体）主要是案件的当事人和证人（含被侵害人）；辨认对象（认识客体）可以是案件中的各种人，也可以是物品或者场所。《公安机关办理行政案件程序规定》第101条指出，"为了查明案情，办案人民警察可以让违法嫌疑人、被侵害人或者其他证人对与违法行为有关的物品、场所或违法嫌疑人进行辨认"。该规定完整地表述了辨认的主体、客体，以及主持人和行为目的。

作为一种调查活动，辨认涉及调查者（辨认主持人）、辨认人（辨认主体）和辨认对象三个方面。根据辨认主体的不同，辨认可以分为当事人的辨认、被侵害人的辨认和其他证人的辨认。根据辨认客体的不同，辨认可以分为人身辨认、物品辨认和场所辨认。根据辨认方式的不同，辨认可以分为公开辨

---

❶ 樊崇义：《证据法学》（第6版），北京：法律出版社2017年版，第228–229页。

认（辨认主体与辨认对象或客体持有人互知）、秘密辨认（辨认对象或客体持有人不知晓）。

（2）辨认规则与方法

以《公安机关办理行政案件程序规定》第 101~106 条为依据，参照相关学者的阐述，辨认规则及其实务操作有下列规定或者要求。❶

① 辨认规则。

第一，个别辨认规则。多名辨认人对同一辨认对象或者一名辨认人对多名辨认对象进行辨认时，应当个别进行。

第二，混杂辨认规则。辨认时，应当将辨认对象混杂在特征相类似的其他对象中。辨认违法嫌疑人时，被辨认的人数不得少于七人；对违法嫌疑人照片进行辨认的，不得少于十人的照片。辨认每一件物品时，混杂的同类物品不得少于五件。同一辨认人对与同一案件有关的辨认对象进行多组辨认的，不得重复使用陪衬照片或者陪衬人。

第三，自由（独立自主）辨认规则。辨认时，应当将辨认对象混杂在特征相类似的其他对象中，不得给辨认人任何暗示。

② 辨认实务操作。

第一，辨认前的准备。组织辨认之前，需要做好如下工作：其一，应当向辨认人详细询问辨认对象的具体特征，并避免辨认人见到辨认对象；其二，确定辨认的时间和地点；其三，制订辨认方案；其四，准备辨认条件，如选择混杂对象等。

第二，辨认的实施。辨认由两名以上办案人民警察主持。辨认时，应当将辨认对象混杂在特征相类似的其他对象中，不得给辨认人任何暗示。辨认实施方法应根据辨认对象和辨认种类加以合理选择，对人进行直接辨认时，多采用静态辨认方法，即让辨认对象处于基本静止的状态，以便辨认人从容不迫地仔细观察其外貌特征。如果辨认人对辨认对象的外貌特征印象不深，而对其说话声音或者行走姿势较有印象，则应让辨认人听其讲话或者看其走路。在采用照片（画像）、录像、录音进行间接辨认时，辨认照片（画像）应尽量反映辨认对象的特征，并且生成时间应与辨认人接近辨认对象的时间相近。摄制的录像应画面清晰，防止影像失真。录像可以反复播放以及变速播放。制作辨认录音时要注意录音清晰，录音条件与案件原始声音条件、混杂人员的录音条件要相一致。对于尸体进行直接辨认时，可以不用事先询问，从而避免可能的暗示。如果尸体面目难以辨认时，可预先进行适度的整容。对物进行辨认应当尽可能

---

❶ 何家弘：《证据调查》，北京：法律出版社 1997 年版，第 240-243 页。

采取直接辨认方式,要注意挑选好混杂物并将其随意摆放。直接辨认确有困难时,亦可采用照片等间接辨认方法。

第三,制作辨认笔录。对于辨认经过和结果,应当制作辨认笔录,由办案人民警察和辨认人签名或者捺指印。必要时,应当对辨认过程进行录音、录像。

3. 自书材料

行政执法证据法规范文件常常允许当事人和证人自书陈述和证言材料。这可以视为言词询问与书面笔录的变通形式。如《文化市场行政处罚案件证据规则(试行)》第17条第4款指出,"案件当事人、利害关系人或者证人请求自行提供书面材料的,应当准许;必要时,办案执法人员可以要求案件当事人、利害关系人或者证人自行书写"。

当事人及证人的自书材料,应当针对行政执法调查主体的询问事项,除交代案件事实外,还应当具有下列项目:

① 载明当事人及证人的姓名、年龄、性别、职业、住址等基本情况。
② 有当事人及证人的签名或者盖章。
③ 载明书面陈述或者证言的出具日期。
④ 附有证明当事人及证人身份的居民身份证复印件等文件。

二、询问的具体实施

对于询问的步骤,有人提出四阶段说,认为询问应当分为准备、开始、深入和结束四个阶段。在询问的准备阶段,第一要确定至少两名询问人员,且明确谁主问、谁记录;第二要熟悉案情;第三是仔细阅卷,全面了解已有证据;第四是拟定一份询问提纲或者询问计划。询问的开始阶段是办案调查人员与当事人或者证人正面接触的开始,首先应亮明身份。在这一阶段应让被询问人充分陈述,一般不宜打断其叙事。询问的深入阶段是根据询问的总体要求,针对当事人在询问过程中心理活动的特点,综合运用有效的询问方法,把整个询问工作引向纵深的阶段。该阶段总体上体现为针对细节问题的一问一答。询问的结束阶段是每次询问的总结,既要归纳被询问人的陈述,又要审查询问项目是否齐全、记录是否完整,还要让被询问人审阅笔录,修正记载错误,并且签字确认记录无误。❶也有人主张询问的步骤分为准备阶段和实施阶段两大环节,各自有相应的工作事项。❷笔者主张人证询问步骤具体包括准备、实施、终结

---

❶ 董晓慧:《工商行政处罚证据收集与适用》,北京:中国工商出版社2016年版,第121-123页。
❷ 何家弘:《证据调查实用教程》,北京:中国人民大学出版社2000年版,第264-291页。

三阶段。

1. 询问的准备

询问工作能否成功，准备可能要占大头。询问的准备，就是指在实际与被询问人接触之前，行政执法调查人员应当预先完成的各种事项，具体包括人的准备和事的准备。

（1）询问前人的准备

实施询问前，人的准备主要包括确定被询问人、了解被询问人、确立询问实施人。

① 确定被询问人。询问调查是以具体的自然人为行为对象的，如果没有被询问人，则询问及其双向沟通或者信息传递即无法进行。所以，确定被询问人乃询问得以进行的基础。根据相关法律法规，被询问人包括当事人、被侵害人和其他证人等，在行政执法实务程序中，有时当事人和证人是显见的，有时则需要寻找、发现与确定。寻找、发现被询问人的客观依据包括但不限于：案件已有线索；现场涉及的社区范围；被侵害人及其亲属和其他社会关系；违法行为嫌疑人及其亲属和其他社会关系；当事人及其关系人；涉案物品、痕迹的来源与去向；已知证人及其提供的信息。

② 了解被询问人。知己知彼，百战百胜。在询问前，行政执法调查取证人员应当尽量了解、熟悉被询问人的一些背景信息，如年龄、性别、民族、职业、文化程度、健康状况、性格特点、个人爱好、生活习惯等。

③ 确立询问实施人。有学者郑重指出，在证据调查领域，询问活动具有显著的法律属性。作为一种特殊的、严肃的、必须准确无误的法律行为，询问必须严格遵循法律的有关规定，需要科学地挑选与被询问人特点、案件调查实际需要相适应的调查人员，甚至需要组建专门的询问小组。❶ 行政执法调查询问主持人、参与人，甚至翻译人员和记录人员的选取是不可马虎的事情，应当选择那些思想素养、人格特点、道德纪律、知识结构、业务技能、实践经验都有利于特定询问活动顺利完成的人员。

（2）询问前事的准备

实施询问前，事的准备主要包括明确询问目标、熟悉案情和相关法律规定、制订询问计划、准备工作器材。

① 明确询问目标。人类的行为往往都是有目标或者目的的，尤其是法律行为，调查取证亦是如此。行政执法程序中的人证询问肯定有追求的境地或者标准、需要解决的问题、想要得到的结果，这就是询问目标或者目的。从宏观

---

❶ 何家弘：《证据调查实用教程》，北京：中国人民大学出版社2000年版，第276页。

上讲，调查询问的目标当然是查明案情，获知案件待证事实的全部相关信息。从微观上讲，调查询问的目标一般不是整个案件待证事实，而是案件待证事实构成要素中的某个或者某些方面，如行为主体、行为过程、行为方法等。在实施询问之前，依据已知案情和已知证据，结合相关实体法、程序法或者证据法的规定，确定调查询问的目标或者目的，可以使询问工作事半功倍、有的放矢，从而取得更佳的实务效果。

② 熟悉案情和相关法律规定。具体而言，这种事先熟悉事项包括案件事实、案件关联专业知识、法律法规和规章的规定，如询问步骤、人员数量和身份、笔录完善与鉴真等。对于案件情况的熟悉，应当通过阅读与分析已有的材料，掌握案件发生的时间、地点、过程、人物及相关证据等。了解这些基本案情，可以减少询问的盲目性，提高询问的效率。

③ 制订询问计划，准备工作器材。除了简单约见和即时询问外，调查询问之前一般应当制订询问计划或者询问调查提纲。询问调查计划或者提纲应尽可能全面具体，逻辑性要强，同时要抓住案件关键环节，突出案件基本事实和基本特征。❶ 在询问工作计划中及计划制订后，需要考虑和准备若干询问工作器材，如询问笔录格式文书、记录用笔、录音笔、执法记录仪、照相机、摄像机等。

2. 询问的实施

调查询问事项或者需要通过询问查明的案件事实各有不同，难以整齐划一。但是，询问必须依法实施则是对所有调查询问的一致要求。对于询问的实施作出最为详尽规定的法律文件，在现有行政执法证据法规范文件中当数《公安机关办理行政案件程序规定》，其第七章"调查取证"第三节第66~80条为具体的询问工作规范。下面根据这些条文规定，结合其他规范性要求和学术主张，阐述具体实施询问时的若干事项。

（1）询问过程

询问的实施阶段包括询问的开启（启动）和逐步深入、接近主题的发展与推进过程。询问的启动是行政执法人员与被询问人正面接触的开始，有许多程序性事项需要在此阶段完成。许多行政执法证据法规范文件对询问的规制都把这一阶段作为重点。笔者认为，开启询问时，行政执法人员应当完成如下各项工作：

① 核对或者确定被询问人员的身份，必要时查验其身份证件。《海事行政执法证据管理规定》第26条第2项规定，"询问前应当确认被询问人员的

---

❶ 沈体雁，朱立国：《城市管理综合执法办案实务》，北京：北京大学出版社2018年版，第56页。

身份"。第23条第2款强调"证人证言和当事人陈述应当附有证人或者当事人的身份证明文件的复印件。证人、当事人是船员的，船员证件可以作为其身份证明"。

②向被询问人员敬礼，口头说明执法询问人员身份，交代来意。《江苏省行政程序规定》第51条第2款规定，"行政机关调查取证时，行政执法人员应当向当事人或者有关人员主动出示行政执法证件，说明调查事项和依据，否则当事人或者有关人员有权拒绝接受调查和提供证据"。

③出示执法证件，请求被询问人查验。《行政处罚法》第55条要求执法人员在调查或者进行检查时，应当主动向当事人或者有关人员出示执法证件。

④告知被询问人的作证义务，以及如实陈述、如实作证的法律规定。询问时，应当告知被询问人必须如实提供证据、证言和故意作伪证或者隐匿证据应负的法律责任，对与本案无关的问题有拒绝回答的权利。《文化市场行政处罚案件证据规则（试行）》第17条第1款也强调，"执法人员依法询问案件当事人、利害关系人或者证人时，应当告知被询问人有如实回答的义务和对与本案无关的问题有拒绝回答的权利"。

⑤告知固定陈述的方法，开始书面记录；必要时，自始就开启执法记录仪或录音设备。《交通运输行政执法程序规定》第39条规定询问时可以全程录音、录像，并保持录音、录像资料的完整性。对于询问记录的方式方法，调查人员应当明确告知被询问人。

询问的深入阶段是根据调查询问的总体要求和目标，针对被询问人在案件中的角色，综合运用有效的问话方法，详细了解案件事实信息，把询问工作引向纵深并最终达到询问目的的阶段。❶笔者认为，推进询问进入纵深阶段时，行政执法人员应当完成如下各项工作。

①高度概括地介绍相关案件情况，但需要注意不能泄露具体事实要素。调查询问不能采用让被询问人猜谜的方式了解案情。所以一般情况下，调查询问人员需要向被询问人适度交代来意，即向被询问人说明调查事项和依据，也就是询问的起因与案件性质等。例如："某年某月某日上午某时前后，在某地发生了一起交通肇事逃逸案件，根据初步了解，您是现场目击证人，今天同您谈话，请您谈谈当时看到的事情经过。"必须注意，这种对案件情况的介绍应当高度概括且不能泄露具体事实要素。如这样的介绍就很不妥："根据我们的初步了解，肇事逃逸者叫张三，穿蓝色夹克上衣、黑色长裤、白色旅游鞋，骑某品牌摩托车由东向西逆向行驶，与由南向北正常步行的李四相撞，事后逃

---

❶ 董晓慧：《工商行政处罚证据收集与适用》，北京：中国工商出版社2016年版，第123页。

逸,您是目击证人,请您谈谈当时的过程。"

② 请被询问人就其感知的案件事实进行总体上的宏观叙述。当事人陈述所作所为,证人陈述所见所闻。在此过程中,要注意适当纠偏和引导。在交代询问事由和调查来意之后,调查询问人员应当请被询问人进行一个整体的自由叙述。这是进一步了解案情的必要手段和步骤,也体现了对被询问人的尊重,且为后续一问一答铺垫了基础。有人曾经指出,询问证人时,一般应先让证人就他所知道的情况进行连续的详细叙述,并问明其所叙述事实的来源,然后根据其叙述,结合案件中应当查明的事实和情节,有针对性地进行提问。❶ 笔者认为,被询问人的身份不同,宏观叙事的内容也不一样:当事人应当陈述其所作所为;被侵害人应当陈述其所遇所受;证人应当陈述其所见所闻;利益关联人应当陈述其所思所想。但是,不管是谁,其在调查询问程序中的陈述都应当围绕案件事实构成要素进行,不宜偏离话题和重点事项。如果出现严重脱离案件事实和待证事项的陈述,调查询问人员应当适当纠偏和引导。当然,工作方式不宜简单粗暴,要注意表达技巧、循循善诱。询问是一个互动的过程,心理的契合、情感的认同、表达的呼应是整体行为。如果被询问人对询问产生了逆反、拒绝的心理,则其在情感上就会不愿接受调查,表达上就不会回应询问事项。所以,让被询问人自由地讲、尽情地说、舒心地谈,只要不太离谱、不过于偏离调查目标,还是应当适度容忍、容许。

③ 针对办案还需要查明的具体事实要素、事实细节逐一向被询问人问话,一问一答,获得案件事实信息。这是最具实质性、最能展现智慧和问话水平的询问工作。在已知案情、已知证据和被询问人整体、连续叙述的基础上,对照案件处理需要查明的待证事实,包括实体法构成要件事实、证据属性事实,以及程序法事实,如果还存在不知晓、不清晰、不确定的地方,则必须一一查询清楚。此时,调查询问人员应当逐一向被询问人提问或者诘问,并随着回答的进展来调整后续提问或者诘问,直至所有能从被询问人处了解的待证事实都已清楚。询问作为一种证据调查活动,其在本质上就是询问者与被询问人互相影响、互相作用的双向传导过程:一方面,是询问者通过提问方式作用于被询问人的过程;另一方面,也是被询问人通过回答方式反作用于询问者的过程。在此问答之间,调查询问人员应当努力掌握询问过程的主导权,使被询问人能够按照预定计划回答相关问题。各种询问方法、技巧及其运用艺术显得十分重要。❷

---

❶ 沈体雁,朱立国:《城市管理综合执法办案实务》,北京:北京大学出版社2018年版,第58页。
❷ 何家弘:《证据调查实用教程》,北京:中国人民大学出版社2000年版,第260页。

（2）询问时间

行政执法程序中的时间是指实施行政执法行为的持续性和顺序性，既有行为开始的方式，也有行为结束的方式，更多的是起点至终点的一段过程。从启动询问的角度看，询问时间分为即时和择时。所谓即时，是指发现并确定被询问人时就立即展开询问工作，如《公安机关办理行政案件程序规定》第69条第1款要求对被传唤的违法嫌疑人应当及时询问查证；第70条第1款要求对于投案自首或者群众扭送的违法嫌疑人，公安机关应当立即进行询问查证，并在询问笔录中记明违法嫌疑人到案经过、到案和离开时间。所谓择时，是指选定某一具体的时间对被询问人展开询问。

从白天与夜晚的划分角度看，择时询问应当选择白天，而且是正常的作息时间段。因为在夜晚及正常休息时间询问，会影响被询问人的休息、生活与身体健康。当然，这也不是绝对的。基于被询问人的工作与生活特点，征得被询问人同意，在早晨和傍晚询问也无不可。行政执法证据法规范文件基本没有关于询问应当在白天进行的规制条文，因为这是一个常识问题，无须明文规定。从时间延续的长度看，择时询问的持续性应有所约束，如《公安机关办理行政案件程序规定》第69条强调，对被传唤的违法嫌疑人，应当及时询问查证，询问查证的时间不得超过八小时；案情复杂，违法行为依法可能适用行政拘留处罚的，询问查证的时间不得超过二十四小时。不得以连续传唤的形式变相拘禁违法嫌疑人。

从是一次询问完成，还是允许再次实施询问调查的角度看，询问可以多次、再次进行。《公安机关办理行政案件程序规定》第73条指出，首次询问违法嫌疑人时，应当问明其姓名等个人特定要素；违法嫌疑人为外国人的，首次询问时还应当问明其国籍等情况。这样的规定意味着询问不止一次，而是至少两次以上，否则就不存在"首次"的说法。

（3）询问地点

对于询问谈话的地点，《公安机关办理行政案件程序规定》第66条和第79条分两类人员分别作出了不同的安排，其他行政执法主体询问地点的确立亦可参照执行。在书面的询问笔录中，对于地点的记载应当特定、具体，注明门牌号或者详细位置，确保地点具有唯一性。

① 对行政违法嫌疑人询问的地点。询问违法嫌疑人，可以到违法嫌疑人住处或者单位进行，也可以将违法嫌疑人传唤到其所在市、县内的指定地点进行。在公安机关询问的，在办案场所实施。

② 对被侵害人或者其他证人询问的地点。询问被侵害人或者其他证人，可以在现场进行，也可以到其单位、学校、住所、其居住地居（村）民委员

会或者其提出的地点进行。必要时，也可以书面、电话或者当场通知其到公安机关提供证言。据此，询问被侵害人和其他证人，可以选择的地点有三类：案发现场；被询问人熟悉的单位、学校、住所、居住地居（村）委会或者其自己提出的地点；在办案的公安机关。❶

（4）询问形式

询问形式包括接触方式和语言形式两个方面。

① 询问人员与被询问人的接触方式。询问应当个别进行、单独接触，这是公认的询问方式。《农业行政处罚程序规定》第38条第1款强调，农业行政执法人员询问证人或者当事人，应当个别进行，并制作询问笔录。个别进行也称个别询问，是指对每一个自然人的询问都应当独立进行，而不能对两个以上自然人共同进行询问谈话。行政执法案件的调查询问不同于一般的社会调查和信息收集，不可以采用座谈会这种多人参加的形式。只有个别询问，才能保证各被询问人不受他人的影响、不与他人串通，各自独立地陈述其所作所为、所见所闻、所思所想。唯有如此，才能保障案件调查结果的公正性和真实性。

② 询问的语言形式。根据基本的文义解释，调查询问应当用口头语言实施，即口语形式。然而在行政执法实践中，询问的语言形式既可以是口头的，也可以是书面的。如《反价格垄断行政执法程序规定》❷ 第7条规定了面谈、电话或者书面等方式。

（5）问话要素

询问时的问话要素是指影响谈话成功与否的各种语言、类语言以及关联因素。笔者主张，具体实施询问的执法人员应当采取合理有效的问话方式，综合运用口头语、态势语和书面语等语言要素，最大限度地获得过去发生的案件事实信息。一般而言，问话要素包括如下六个方面：

① 语词段落。这是指问话时的纯粹语言要素，包括使用的字、词、句、段落、关联等。基本要求是：准确、规范；发音标准、清晰；遣词用句谨慎、确切；不得使用粗俗的、歧视性、侮辱性以及威胁性语言。《海事行政执法证据管理规定》第28条要求海事行政执法人员在询问时，不得使用威胁性、诱导性语言。

② 修辞与推敲。这是指问话时的类语言要素，包括语调、重读、节奏、句式、停顿、沉默、修辞格等。基本要求是恰当，能够改善表达效果。所谓类语言，是指它们不是语言本身，但是有助于语言的表达，总体上可以称为修

---

❶ 何家弘：《证据调查》，北京：法律出版社1997年版，第217－218页。
❷ 2010年12月19日，国家发展和改革委员会令第8号。

辞，包括积极修辞（即各种修辞格）和消极修辞（即语言表达时的推敲与斟酌）。在调查询问过程中，问话的语气应不卑不亢；当谈话陷入僵局时，不妨适度沉默一下；诘问被询问人时，对于关键字词可以重读，语速和节奏可以加快。根据需要选用开放式问句或者封闭式问句。所谓开放式问句，就是不加限制的特殊疑问句，给被询问人选择的空间大、叙事的整体性强，相应地会得到更多的信息，如"请告诉我们，你当时看到了什么？"这种开放式问话在案件调查初期、询问的开始阶段具有重大作用。所谓封闭式问话，就是有所限制的简单疑问句和选择疑问句，如"是不是你干的这件事？"封闭式问话给被询问人选择的空间极小，只能选取"是与不是"或者"有无"等两种子项之一作答。相应地，调查人员获取的信息量亦少。在复查、核实案情的询问中，或者针对可疑及虚假陈述进行诘问的时候，选取封闭式问话有很强的针对性，回答也很明确简洁。❶

③ 态势语言。这是指问话时的体态语言要素，也称肢体语言，包括面部表情、手势、眼神和身体姿势等。基本要求是把握分寸，不宜过分渲染。态势语言能反映调查询问人员的精神面貌和职业素养，它与有声语言相结合，会使整个询问工作更加有力、顺利。例如，询问人员的眼神应当直面被询问人，不能游离不定；询问人员的面部表情应当严肃认真，不能嬉皮笑脸、油腔滑调；询问人员的身体姿势应当保持直立或者端坐，不能过于频繁地走动、倾斜、晃动；询问人员的手势应当与口头语言相适应，不能直指被询问人脸部。

④ 界域把握。这是指问话时询问人与被询问人的空间关系，包括双方各自的位置与彼此间的距离。基本要求是保持距离，位置适宜。很显然，调查询问时，询问人员与被询问人不宜太近，否则会显得过于亲昵；也不宜太远，否则会显得过于生疏。正确做法是保持一张桌子的间距。询问人与被询问人的位置在总体上应该是面对面的，保持平等或者水平直线。纵使是公安机关询问违法嫌疑人，也应保持平等相对。因为行政执法中的询问毕竟不同于刑事程序中的讯问，查询与审讯有很大的差异，不可混同。

⑤ 环境适应。询问谈话场所是一个小环境，询问人与被询问人彼此之间有一个环境适应的问题。在调查实务中，环境适应在现场询问时显得尤其重要。现场询问时的环境包括自然环境和社会环境。自然环境往往很空旷，甚至还有风雨；社会环境可能出现大量围观群众，甚至会有同情、支持违法行为人的人员。现场询问时的环境适应要素强调切合环境，争取和谐与共鸣，而不能罔顾环境。如现场很空旷，问话的声调就需要高一些，问句就需要简短一些。

---

❶ 何家弘：《证据调查》（第2版），北京：中国人民大学出版社2005年版，第214页。

再如，当周围群众不明真相、指责谩骂执法调查人员时，需要注意语句不要激化矛盾，不要使用"刁民""暴徒""流氓"等词汇。

⑥ 心理调控。表面上，询问谈话是一种语言互动，其实询问也是一种心理互动的过程。询问调查人员应有良好的心理素质，能够自我调节，且能够对被询问人的心理加以分析利用。首先，询问调查人员应有良好的心理素质，这是一种职业技能，也是与被询问人在询问过程中斗智斗勇的基础。良好的心理素质体现在敏锐的观察力、敏捷的思维力、较强的记忆力、灵活的应变力、顽强的意志力、良好的克制力等方面。❶ 在询问过程中，调查人员必须注意控制和调节自己的情绪，喜怒不形于色，始终保持镇定、自信、耐心、同情、理智等积极的心理状态，不受询问对象的影响和控制。其次，调查人员还应当研究并掌握被询问人的心理活动规律，分析并利用不同询问对象的心理特点，及时调整询问计划，正确实施询问策略，最终实现预期的询问效果。❷ 笔者认为，被侵害人、许可申请人与调查询问人员的心理大体上是趋同的，他（她）们愿意配合调查，积极回应各种询问；而违法当事人与调查询问人员的心理总体上处于冲突状态，为了避免可能遭受的行政强制与行政处罚，他（她）们往往会抗拒调查，拒绝回答或者虚假回应；普通证人的心理基本上是中立状态，但也有一些证人存在顾虑和担心，怕遭报复。针对不同的询问对象，调查询问人员需要运用各种方式、方法消弭其心理障碍因素，促使被询问人由消极心理转化为积极心理，从而配合调查、诚实叙述。

（6）对特殊人员的询问

在行政执法调查询问过程中，未成年人、聋哑人、外国人和少数民族是特殊的被询问人，相关规范性文件对如何对特殊人员实施询问有一些特殊的制度安排。要而言之，询问不满十八周岁的未成年人，应当通知其监护人到场；询问聋哑人或者不通晓当地通用语言的人，应当有通晓手语的人或者翻译提供帮助，并在询问笔录中注明被询问人的聋哑情况或者外籍信息以及翻译人员的姓名、住址、工作单位和联系方式。

（7）证人特免权与证人保护问题

尽管我国现在尚未制定专门的证人保护法规范文件，但是对于行政执法程序中，保护证人及其近亲属的人身和财产安全，应当是没有异议的事情。问题是行政执法程序中，证人应否享有拒证特权？笔者认为，在行政执法程序中，应当规定并保护证人享有拒证特权。

---

❶ 董晓慧：《工商行政处罚证据收集与适用》，北京：中国工商出版社2016年版，第137页。
❷ 何家弘：《证据调查》（第2版），北京：中国人民大学出版社2005年版，第216页。

证人特免权，也称拒证特权、证言特免权、拒绝作证权等，是指在法定的特殊情况下，证人享有拒绝作证的权利。该制度在我国古代早有类似规定。在国外，1976年《联邦德国行政程序法》第65条就曾对要式行政程序中，公职人员作为证人时的拒绝作证权利及其行使和相应的合法性司法裁定作出了明确规定，值得借鉴。❶ 2012年3月14日十一届全国人大五次会议通过的《全国人民代表大会关于修改〈中华人民共和国刑事诉讼法〉的决定》增加了配偶、父母、子女享有拒绝出庭作证的权利，法院不得对这些人予以强制的规定。在刑事诉讼程序中，在法庭开庭情形下，配偶、父母、子女都享有拒绝作证的权利，牺牲案件真相的发现来保护夫妻、父母、子女关系。行政执法案件的性质显然不如刑事追诉那么重要，为什么不允许配偶、父母、子女享有拒证特权呢？所以，应当确立相应证人拒绝作证的权利。

3. 询问的终结

无论是单次询问，还是整个调查询问，都不可能无限地进行下去，必然有终结之时。从结果角度看，询问结束时无非是良好结果与不好结果两种状态。询问的良好结果是获得部分或者全部案件信息；生成各种固定材料，如谈话笔录、调查笔录、视频资料等。询问的不好结果包括未获得案件信息；或者未能固定询问结果，如不肯做笔录、不肯签字确认等。

三、人证的固定

笔者认为，行政执法调查取证人员对询问的良好结果应当单独或者并列采取纸质或者科技手段加以固定。固定言词证据的纸质形式包括但不限于询问（谈话）笔录、当事人或者证人自书材料等。固定言词证据的科技手段是指运用非接触性设备生成音像资料。此等非接触性设备包括但不限于录音笔、录音机、智能手机、执法记录仪、摄像机等。

1. 文字记录

对人证进行固定的文字记录包括行政执法调查人员记录的询问笔录和陈述人的自书材料。

询问笔录是行政执法人员在各类行政执法活动中，就询问当事人、证人及关联第三人的过程及内容所作成的书面文字记录。凡法律、法规、规章要求询问应当制作笔录者，不得因有音像资料而缺失。

制作询问笔录应当尽量使用统一印制的询问笔录纸并规范填写与记录。询问笔录应当格式完整、项目齐备、过程清晰、内容真实、一人一份、能够

---

❶ 应松年：《外国行政程序法汇编》，北京：中国法制出版社2004年版，第106页。

证真。

综合行政执法证据法规范文件的规定，笔者认为，询问笔录一般包括如下记载项目：

① 文书名称（标题）。

② 文书编号或者案号。

③ 询问起止时间，具体到年月日时分。

④ 第几次询问。

⑤ 询问地址，具体到省县（市）街道（乡镇）路（小区或者村组）门牌号码。

⑥ 询问人员与记录人员身份信息交代。

⑦ 被询问人详细身份信息及其与案件关系交代，包括但不限于姓名、性别、年龄、身份证号码、联系电话、工作单位及职务、家庭住址等。

⑧ 调查询问人员身份交代、执法证件出示及号码记载，要求被询问人查验。

⑨ 告知被询问人应当如实回答与案件有关的问题。

⑩ 询问被询问人是否申请回避。

⑪ 具体的问答过程及其结果。

⑫ 被询问人和询问人的签名确认。

⑬ 其他必要记载事项。

对于当事人及证人的自书材料，笔者认为，除交代案件事实外，还应当具有下列项目：

① 载明当事人及证人的姓名、年龄、性别、职业、住址等基本情况。

② 有当事人及证人的签名或者盖章。

③ 载明出具书面陈述或者证言的日期。

④ 附有居民身份证复印件等证明当事人及证人身份的文件。

2. 音像记录

询问时生成的音像记录属于电子音像证据，其在证明案件待证事实方面与书面记录一样，是人证的载体和固定方式，为同一种证据。但是，在证明调查询问程序的合法性时，该音像记录可以作为独立的证据类型，以其中摄录的询问过程和询问内容来证明调查程序的合法规范。此时，该音像记录为程序证据，是证明程序合法性的证据。

在文字记录与音像记录的关系问题上，应当强调一点，一般情况下必须有书面文字记录，同时佐之以音像记录；也可以只有文字记录而无音像记录。但是，除非情况特殊且有法律规定，不能只有音像记录而没有文字记录。如

《文化市场行政处罚案件证据规则（试行）》第17条第4款就指出，询问应当制作调查询问笔录；案件当事人、利害关系人或者证人请求自行提供书面材料的，应当准许；必要时，办案执法人员可以要求案件当事人、利害关系人或者证人自行书写；询问时，可以根据需要在文字记录的同时进行录音、录像。之所以强调文字记录必有、不能仅有音像记录，是因为文字记录便于被询问人阅读、核对、更正、补充，便于其逐页签名、按捺指印或者盖章确认，也便于行政执法主体进行卷宗整理与材料装订。

四、人证的鉴真

笔者认为，言词证据的纸质形式或者音像载体，应当获得如下一种或者数种方式的鉴真（证真）：

① 被询问人的认可：签字（名），按捺手印，盖章。
② 调查询问人的佐证：签名，被询问人不肯签字确认的原因及过程交代。
③ 第三人（见证人）的佐证：签字（名）。
④ 视听资料、电子数据的同步佐证。
⑤ 被询问人或者见证人的事后追认或辨认，如在听证会上加以确认。

必要时，可以采用科学鉴定的方式来鉴真言词证据的纸质形式或者音像载体。

人证鉴真是对人证陈述的真实性、关联性和合法性的一种证明手段，具体表现就是在人证笔录和音像记录方面彰显若干确认或者佐证要素，其具体鉴真方式有自然人的鉴真和科学证据的鉴真两种。

1. 自然人的鉴真

所谓自然人的鉴真，是指通过调查询问程序中各类自然人的签字、按捺手印或者盖章来证实询问过程及其记录材料的真实性、关联性和合法性。

（1）被询问人的认可

询问是对被询问人实施的证据调查活动，询问记录、记载的主要内容是被询问人对于案件事实的陈述，因此，该询问过程及其记录是否与调查过程及其陈述相一致，是否具有真实性、关联性和合法性，被询问人最为清楚。被询问人对询问过程及其记录的认可，无可置疑地证实了调查活动及其记录载体的真实、关联和合法。被询问人的认可方式主要是作出记录真实一致的意思表示并签字（名）、按捺手印或者盖章。

通过被询问人认可来鉴真人证时，需要注意以下几个问题：

① 单纯按捺指印应当注意特定化。如果没有签名，只是按捺指印，则应当注明是左手还是右手，是大拇指还是食指。如果已有签名，则可以免除这种

特定化交代。因为有时指印本身是否真实也会成为一项争议，所以应预先加以特定化交代。

② 被询问人的认可应当以核对无误为必要前提。其核对方式包括自己阅读，或者调查人员、见证人等对其宣读。

③ 签字、按捺指印和盖章应当逐页完成。被询问人核对无误的意思表示可以只在最后一页加以注明。但是，被询问人的签字、按捺指印和盖章应当逐页完成，不得遗漏。每一页的底部都应当有被询问人的签字、按捺指印和盖章。

④ 被询问人认可不等于不能修改、补充。被询问人在认可前的核对阶段，如果发现记录有误，有权提出修改或者补充。例如《交通运输行政执法程序规定》第39条第4项规定，《询问笔录》记录有误或者遗漏的，应当允许被询问人更正或者补充，并要求其在修改处签名或者盖章。

⑤ 不能胁迫、引诱、欺诈被询问人加以认可。在行政执法调查询问工作中，不得以胁迫、引诱、欺诈等不正当手段获取证人证言或者当事人陈述。同理，在被询问人是否认可的问题上，亦应如此。应当坚持被询问人确认人证的自愿原则和客观真实原则。通过胁迫、引诱、欺诈被询问人而获得签字、按捺指印或者盖章的，也属于非法取证，其所形成的固定资料没有证据资格，应予排除。

（2）调查询问人员的佐证

调查询问人员也应当在笔录上签名，以确认笔录记载的真实性、关联性和合法性。对此，几乎每一份行政执法证据法规范文件都有相应的要求，如《治安管理处罚法》第84条第1款就指出，询问的人民警察也应当在笔录上签名。在调查询问人员也应签字的问题上，不能以笔录前部有调查人员姓名和执法证书交代就加以舍弃。调查询问人员的作证只需要签名即可，不存在按捺指印或者盖章之情形。因为执法人员不会是文盲，不存在无法签字的状况。调查询问人员的签名也应当每页都有，不应只在最后一页签名。

调查询问人员除了在笔录上签名确认调查过程和记录结果外，在被询问人不肯签字确认时，还应当在笔录上注明原因及过程。

（3）第三人（见证人）的佐证

对人证实施鉴真的第三人应作广义理解，不限于行政执法程序中常常提及的见证人，还应当包括监护人及类似人员和翻译人员。行政执法调查询问中出现的监护人只有未成年人的监护人一种，没有精神病人的监护人，因为不得且无法对精神病人进行询问调查。

第三人佐证询问过程及其记录的方式主要是签字（名）。特殊情形下，也可采取按捺指印或者盖章的方式。

（4）被询问人或者见证人的事后追认或辨认

被询问人或者见证人在询问调查结束时不肯签字确认或者佐证的，并不意味着其在后续阶段不会改变思想而同意签字。例如，在听证会上，随着案件事实的清晰和证据的叠加，其思想认识可能发生转变而愿意确认或者佐证了。此时的确认或者佐证，既可以通过在原笔录上签字、按捺指印或者盖章完成，亦可以在听证质证环节以口头语的形式加以辨认、承认或者追认，由听证记录人员记录在卷。被询问人或者见证人在听证笔录上的签字、按捺指印或者盖章也可以鉴真询问过程及其结果的。

2. 科学证据的鉴真

所谓科学证据的鉴真，是指借助同步录音、录像等电子视听资料和科学鉴定来证实询问过程及其记录材料的真实性、关联性和合法性。

（1）同步录音、录像的佐证

调查询问时的同步录音、录像，是鉴真询问过程及其结果的科学证据，具有动态直观性、连续完整性的优势。

（2）科学鉴定

人证鉴真时的科学鉴定主要是在对文字笔录和电子音像资料的真实性产生合理怀疑，如对文字笔录中的签名提出真实性争议、对录像资料的完整性提出异议时，运用科学鉴定手段加以确认。此时往往需要物证鉴定中的文书鉴定（笔迹鉴定和印章鉴定等）和痕迹鉴定（手印鉴定），以及声像资料鉴定。

第三节　物证的调查收集

在行政执法程序中，行政执法主体收集物证的方法可以从宏观上划分为三类：物证寻找与发现方法、物证固定和保全方法、物证收取方法。除先行登记保存和证据公证另行阐述外，本节按此三类方法介绍物证的调查收集。

一、物证寻找与发现方法

物证进入行政执法程序，理论上分为行政相对人、第三人的主动提交和行政执法主体的查找发现两大渠道。然而，鉴于许多行政执法行为，如行政处罚、行政强制等的主动性，行政执法主体在执法程序中的主动作为更为多见，也更加重要。在行政执法程序中，行政执法主体寻找与发现物证的方法主要有日常行政检查和个案勘验、检查。有人指出，行政法意义上的检查有两种：一是执法检查，是行政机关为了了解行政相对人遵守法律、法规、规章的情况而采取的活动；二是收集证据检查，是行政机关为了调查收集证据而采取的活动。❶《公安机关办理行政案件程序规定》第 82 条有这两种检查：第 1 款规定了个案证据收集意义上的检查；第 2 款规定了日常执法监督检查。第 2 款指出，对机关、团体、企业、事业单位或者公共场所进行日常执法监督检查，依照有关法律、法规和规章执行，不适用前款规定。然而，笔者认为，行政执法意义上的例行行政检查，其实也是发现证据、认定事实的专门活动。

1. 日常行政检查

行政检查，亦称行政调查、行政监督检查、行政稽查、执法巡查等，是指行政主体依据法定职权，对行政相对人遵守法律、法规、规章，执行行政命令、决定的情况进行检查、了解、监督、管理的行政行为。行政检查的主要目的是防止和纠正行政相对人的违法行为，保障法律、法规、规章的执行和行政目标的实现。要发现并认定行政相对人存有违法行为，需要证据的支撑。行政检查的方法也是寻找和发现证据的措施，如检查、调阅审查、调查、查验、检验、鉴定、勘验、登记、统计等。❷ 所以，日常的行政检查是行政执法活动与证据寻找、发现活动的综合行为。

(1) 日常行政检查的依据及工作计划

日常行政检查也应当具备合法性和预定性。所谓合法性，就是强调行政执法机关实施行政检查时，应当有法律、法规、规章作为依据。行政机关应当依照法律、法规、规章所赋予的法定职权，对公民、法人和其他组织遵守法律、法规和规章的情况实施行政检查。

日常行政检查的预定性强调行政执法检查应当有计划、有预案，对于行政相对人来说就是行政检查行为的可预见性。行政执法机关应当制订和公布年度行政检查工作计划，合理确定行政检查的事项、方式、对象、时间等；根据实际情况开展日常行政检查工作，确保必要的检查覆盖面和工作力度。对投诉举报较多、列入异常名录或者有严重违法记录等情况的，可以增加行政检查次数。当然，对于行政检查的预定性也不能狭隘地加以理解，根据国务院的相关部署，行政检查可以采用"双随机"机制，即随机抽取检查对象、随机选派执法检查人员。同时需要强调，行政机关根据总体行政检查工作计划实施随机抽查的，应当制定和公布随机抽查事项清单，采取随机抽取检查对象、随机选派行政执法检查人员的工作机制。由此可见，行政检查的预定性和随机性应当

---

❶ 上海市城管执法培训教材编委会：《城管执法证据收集与运用》，北京：人民法院出版社 2017 年版，第 27 页。

❷ 罗豪才，湛中乐：《行政法学》（第 4 版），北京：北京大学出版社 2016 年版，第 221－225 页。

有机结合，不宜偏颇。

（2）日常行政检查的措施

日常行政检查是发现证据、纠正违法事实的执法行为，其自身就是一种行政调查取证手段。在开展日常行政检查时，其具体措施又包括如下几种，与行政调查取证手段有交叉重复关系。

① 现场检查。常规例行检查中的现场是指行政执法主体监督管理的空间区域，如某条街道、某段水域海域，以及行政相对人（被检查人）生产经营或者工作的场所，如某企业厂区、车间，某商场大楼。在没有发现具体的行政违法行为之前，日常行政检查的现场不是指违法行为的发生地和留有证据的特定场所。现场检查或者巡查是日常行政检查最常用的监督管理方法。这种现场检查有很多具体的形式，如综合检查、专题检查；全面检查、抽样检查；定期检查、临时检查等。

② 书面调查。书面调查也称调阅审查，是行政检查主体为了查明和证实有关问题，对相对人的有关文件、证件、报表、账册等实施的审查活动。书面调查包括行政检查主体依法封存相对人的文书资料，要求相对人提供与调查事项有关的文件、资料，然后进行审查。

③ 电子监控。《行政处罚法》第41条允许行政机关利用电子技术监控设备收集、固定违法事实。《交通运输行政执法程序规定》第19条也指出，交通运输执法部门可以通过技术系统、设备实施电子监控来完成行政检查。所谓电子监控，是指借助电子技术设备和系统实施的行政检查和监督，它代替了行政执法人员的耳闻目睹，具有稳定自主性、动态直观性、连续完整性的优势。电子监控的核心技术是电子计算机技术，主要设备包括终端视频探头或者感应器、后方电子计算机信息平台、中间电子传输技术系统。在宏观上，电子监控包括电子视频监控和电子数据监控（在线监测）。

④ 科学鉴定、检验。实施日常行政检查时，行政执法主体可以自行或者委托法定鉴定、检验机构对有关事实进行鉴定、检验。如2018年12月29日修正的《食品安全法》第87条要求食品安全监督管理部门对食品进行定期或者不定期的抽样检验，并公布检验结果，不得免检。

⑤ 法律、法规和规章规定的其他行政检查措施。

（3）日常行政检查人员及装备

实施行政检查时，执法人员不得少于两人，执法人员应当依据相关规定着制式服装，携带执法记录仪等执法装备。执法部门应当按照有关装备标准配备交通工具等装备。

（4）日常行政检查过程与注意事项

① 严守法定检查范围和权限。

② 随机抽取被检查对象、随机选派检查人员。

③ 不妨碍相对人生产经营。

④ 注意安全。

（5）日常行政检查的结果告知与记录

行政检查情况及查处结果应当及时向社会公开。实施行政检查，应当制作检查记录，如实记录检查情况。对于行政检查中发现的证据材料，应当依法及时采集和保存。

2. 个案勘验、检查

在行政执法程序中，针对个案事实而开展的勘验、检查活动是相对集中的证据调查收集行为，属于典型的物证寻找与发现措施。

（1）勘验、检查的概念

笔者认为，勘验、检查是指行政执法人员对与违法活动或者其他案件事实有关的场所、物品、人身进行勘查、勘验或检查，以发现、固定和收集案件所遗留的各种物品、物质和痕迹的一种取证活动。

① 勘验、检查的界定。从文义分析看，勘验的客体是案发现场，检查的客体是涉案场所、物品、人身。现场专指案件发生之空间，而场所则是指案件关联之空间，如行为人住所、涉案物品储存地点等。然而，这种对于勘验和检查、现场和场所的区分，在行政执法证据法规范文件中似乎并不存在。在许多文件中，客体都是涉案物品或者场所，调查取证行为则分别表述为现场检查或者勘验、勘验，记载与固定材料也分别表述为现场笔录或者勘验笔录、勘验（检查）笔录。可见，勘验与检查并无严格区别的必要，可合称勘查。场所、物品与现场亦无严格区别之必要，现场是一个大概念，现场肯定体现为一定范围的场所，现场不是空无一物的，物品、物质和痕迹也不会脱离现场或者场所而凭空存在。有学者指出，现场勘查是指有关人员为了发现和提取与案件有关的各种痕迹和物品，而依法对与案件发生有关的场所实施的勘验、检查。❶ 这一定义生动地诠释了现场、场所和物品的紧密联系。同样，勘验笔录、检查笔录和现场笔录也无须严格区分，都是用文字或者音像载体记载勘查活动的过程及其结果。

② 现场的概念和种类。在行政执法程序中，勘验、检查的客体包括现场（场所）、物品和人身，但是现场占比更大。所以，狭义的勘验、检查专指现

---

❶ 何家弘：《证据调查》，北京：法律出版社1997年版，第250页。

场勘查。《现代汉语词典》将"现场"解释为：发生案件、事故或者自然灾害的场所以及该场所在发生案件、事故或者自然灾害时的状况。❶ 其中，"场所"强调现场是一个空间；"状况"凸显现场的时间性。在法律上，现场是指与法律行为或者法律事件有关的人、物、时、空存在及其内在联系的总和。现场的构成要素仍然是案件事实构成要素的"七个何"（何人、何时、何地、为何、如何、何事、何物）。

根据不同的标准，可以对行政执法中的现场进行分类。❷

第一，根据现场生成后有无发生变动或者受到破坏，可以将其分为原始现场和变动现场。原始现场是指在事件或者案件发生后至勘查前未被任何人为或者自然原因加以改变或者破坏的现场。原始现场基本保留着事件或者案件发生时的原生形态，能够真实、客观、全面地反映事实情况，有利于发现各种相关证据。变动现场是指事件或者案件发生后，因为人为原因或者自然原因而导致原始状态发生了变化的现场。虽然变化了的现场不利于发现有价值的证据，但并不是毫无意义，只要仔细观察、认真寻找，总能发现蛛丝马迹。

第二，根据现场的不同地位和作用，可以将其分为主体现场和关联现场。主体现场也称中心现场，是指案件或者事件主要事实发生的场所，一般也指结果发生地。主体现场遗留的物品、物证、痕迹相对较多且集中，各种物体发生的变化或者增减比较突出，是勘查的重点。关联现场亦称外围现场，是指与主体现场或者案件标的物密切相关的处所，如标的物存否地点、遗留物品或者痕迹的地点等。关联现场仍具有勘查意义，有的案件是先发现关联现场后追踪到主体现场，有的案件则是先确定主体现场后查找到关联现场。

第三，根据现场是否经过伪装，可以将其分为真实现场、伪装现场和伪造现场。真实现场是指确实发生了某种违法事实且行为人未对现场加以伪装、伪造的现场；伪装现场是指经行为人故意制造假象而形成的现场；伪造现场则是指根本没有发生某种事实或者事件，纯粹是行为人基于某种不当目的而人为制造出假象的所谓现场。伪装现场是在真实现场基础上制造假象，真假并存；伪造现场是凭空制造假象，纯属虚假。

第四，根据违法行为内容性质的不同，可以把现场分为治安违法现场、交通运输违法现场、农业违法现场、生态环保护违法现场、城市管理违法现场、文化监管违法现场、市场监管违法现场等。不同性质、不同类型的案件现场，

---

❶ 中国社会科学院语言研究所词典编辑室：《现代汉语词典》（第7版），北京：商务印书馆2016年版，第1423页。

❷ 何家弘：《证据调查》（第2版），北京：中国人民大学出版社2005年版，第274－276页。

其构成要素的具体内涵是有差异的，遗留的证据也有所不同。

（2）勘验、检查的步骤

完整的勘验、检查由勘查、访问、分析三大部分组成。鉴于访问可以归属于询问调查，分析与勘查一体存在，是内在思维与外在行动、主观研判与客观作为的整体，此处勘验、检查的步骤就是指实施勘查的各个阶段。

① 勘验、检查的准备。

第一，保护现场。保护现场是指发现需要勘查的现场后，立即采取相应的妥善措施，以防止现场被自然或者人为因素所破坏或者发生变化。现场保护与接受报案、自行行政检查等密切相关。

第二，制定勘查工作方案。各行政执法主体勘验、检查现场和物证，应当制定工作方案，合理安排勘验人员、辅助人员、勘查流程和记录分工，确保有效发现、固定、提取、保管物证。在现场实际开展勘查工作时，可以对勘查准备阶段的工作方案进行调整。

第三，准备必要的勘查器材与工具。准备若干与勘验、检查有关的器材与工具，包括数码照相机、高清摄像机、激光测距仪、皮尺、标签打印机、执法装备包、执法装备柜、执法文书包、交通锥、无人机等。这些器材与工具应当在勘查前准备好。

② 勘验、检查的常规处置。所谓勘验、检查的常规处置，是指勘查工作中具有共性的若干事项。一般而言，勘验、检查的常规处置有如下几个方面：❶

第一，检查现场保护情况。

第二，掌握重要知情人。

第三，了解掌握现场的情况。

第四，通知当事人并邀请现场勘查见证人。

第五，指派或者聘请专家或者技术人员参与勘查。

③ 勘验、检查的重点事项。所谓勘验、检查的重点事项是指勘查工作中个案不同、具有特色的若干事项。在个案的实际勘查工作中，按照一定的步骤、顺序和方法进行复杂、细致的勘验、检查是一项专业性和技术性很强的活动。案件或者事件性质不同、涉及人员不同、现场状况和构成不同，都决定着勘查的差异化和个性化。

---

❶ 马丽霞：《现场勘查》，北京：中国检察出版社2010年版，第60-61页。《公安机关办理行政案件程序规定》第81条第2款指出，现场勘验参照刑事案件现场勘验的有关规定执行。所以，勘查犯罪现场的常规处置完全可以作为行政案件现场勘查常规处置的依照。

第一，确定勘查的范围和顺序。具体实施勘验时，应当由勘查负责人确定勘查范围，安排专人维持现场秩序，防止突发事件发生。确定勘查范围时，可以先将范围划得大一些。在勘查过程中，再根据发现的证据和现场访问的结果，视情况随时调整勘查范围的大小。勘查顺序的确立可以根据案件或者事件的具体情况合理选择，如从中心向外围，从外围向中心，内外结合，沿行走路线，分片、分段或者沿地形、地物等。确立勘查顺序的基本原则是有利于证据的搜集和没有遗漏。❶

第二，确定勘查的具体顺序。勘查的顺序是指具体勘验、检查时的起点和先后次序，其确定没有固定的方式和一成不变的程序，但应遵循下列原则：先静止（观察或者拍摄）后动作（翻检或者测量）；先宏观后微观（先大范围后小范围）；先外围（环境或者表面）后内里（中心或者内部）；先用眼再用手，继而进行科技探查；先固定后提取，以防止损坏、污染环境与物证客体。勘查的步骤大体包括巡视现场、确定范围和起点、初步勘验并固定现场、详细勘查并发现物证、提取物证。

第三，确定勘查的具体方法。对于勘查的具体方法，有学者归纳为观察、记录法，提取原物、扣押法，封存法，拍照法，人身检查法，实验法，搜索法，保存、复制电子数据法等。❷ 这些具体的勘查手段，可以根据物证的组成而作体系化分类。既然勘查的主要目的是寻找与发现物证，而物证又分为物品、（微量）物质、痕迹三类，那么勘查的手段也可以分为如下三类：发现物品物证的方法，主要是观察法；发现微量物质物证的方法，包括肉眼观察法、特种光源照射法、化学试剂显现法、磁铁吸附法和静电吸附法等；发现痕迹物证的方法，如光源照射观察法、摄影法、物理和化学显现法、提取原物法、制作模型法等。❸ 不管采用何种方法，都应当注意避免对勘查客体造成不必要的损坏。

④ 勘验、检查的结束。勘验、检查活动不会无休止地进行下去，达到一定的条件就可以结束，但是要注意完成各项善后工作。❹

第一，勘查结束的前提条件。勘验、检查的结束，也称结束勘查，是指达到法定条件和勘查目的后完结勘查工作的决定。勘查结束的前提条件包括：勘查客体的主要情况已经查明和研究清楚；勘查范围、勘查重点和相应措施已经

---

❶ 何家弘：《证据调查实用教程》，北京：中国人民大学出版社2000年版，第332页。
❷ 马丽霞：《现场勘查》，北京：中国检察出版社2010年版，第100－105页。
❸ 何家弘：《证据调查》（第2版），北京：中国人民大学出版社2005年版，第288－291页。
❹ 马丽霞：《现场勘查》，北京：中国检察出版社2010年版，第63－64页。

基本确定；相关的法律手续齐全完备。必须强调一点，只有这些条件同时具备才可以结束勘查。

第二，勘查结束的善后工作。勘查结束后，应当根据案件或事件的具体情况，及时做好结束勘查的善后处理工作，包括但不限于撤销现场保护，运送作为物证使用的物品、物质和痕迹。

⑤ 复验与复查。一次勘查就能够发现并取得所需要的所有证据、全部掌握案件或者事件的相关信息当然是最理想的结局。但是，鉴于案件或者事件的复杂性、勘查人员的业务能力有限，以及客观条件限制，有些情况下，一次勘查可能难以寻找与把握既有信息，难以获得完整、充分的证据材料，因而就需要复验、复查。❶

复验、复查是指根据需要，对已经勘验、检查过的现场、物品和场所等，有目的、有重点地再次进行勘验、检查，具体包括补充勘查和重新勘查。补充勘查是对个别客体的再次勘查，重新勘查是对整体客体的再次勘查。

（3）活体检查及其注意事项

① 活体与活体检查的概念。这里的"活体"是与"尸体"相对的术语，专指自然人的人身。自然人具有生命现象和功能时称为活体，失去生命现象和功能时称为尸体。活体检查亦称人身检查，是指为了确定被侵害人、违法嫌疑人的某些人身特征、生理状况或者损伤情况而对其人身进行鉴别确定的专门活动。人身特征主要是指自然人的体表特征，如相貌、肤色、疤痕、肢体缺损等；生理状况主要是指有无生理缺陷，如智力障碍、视觉障碍、听力障碍、行走障碍等；损伤情况主要是指有无损伤，损伤部位、程度、伤情等。

② 活体检查的注意事项。

第一，检查活体人身时可以依法提取或者采集肖像、指纹等人体生物识别信息；涉嫌酒后驾驶机动车、吸毒、从事恐怖活动等违法行为的，可以依法提取或者采集血液、尿液、毛发、脱落细胞等生物样本。违法嫌疑人拒绝此等检查、提取、采集的，经办案部门负责人批准，可以强制检查、提取和采集。

第二，进行活体人身检查时，应当尊重被检查人的人格尊严，不得以有损人格尊严的方式进行检查。

第三，检查妇女的身体，应当由女性工作人员进行。涉及医学检查或者生物物证采集的，应当由医生进行。

（4）勘验、检查的固定

这里所谓勘验、检查的固定，专指对勘查过程及其结果的记录。通过各种

---

❶ 马丽霞：《现场勘查》，北京：中国检察出版社 2010 年版，第 65 - 67 页。

形式的记录，勘验、检查活动及其发现得以准确、客观、真实地固定下来，为恢复或者重建现场，证实案件待证事实提供合法、真实、关联的证据。

① 勘验、检查的固定方法。对勘验、检查活动及其发现、提取的物证，应当采用文字、图表、音像等手段全过程、全方位地立体记录。

② 现场绘图。现场绘图是运用制图学的原理和方法，借助各种规范的符号和文字说明，对案件或者事件现场及其状态和形象进行复制的专门活动。现场绘图的种类主要包括示意图、平面图、立体图和环境示意图。

③ 现场拍照。现场拍照亦称现场照相，是指勘查人员在现场勘查过程中，运用专门的照相技术对现场的环境、物品、物质和痕迹等客观真实地进行拍照，以形象、客观、准确、迅速地记录、固定现场情况及现场中各客体的相互关系。现场拍照主要分为方位照相、概貌照相、重点部位照相和细目照相四类。

④ 现场摄像。现场摄像亦称现场录像，是指在勘查过程中，勘查人员运用现代录像设备及录像技术，客观、系统地记录案件或者事件现场的情况以及现场中各客体相互之间的关系，动态、实时地反映案件或者事件现场的勘验、检查过程，真实、快捷地固定、提取现场物品、物质、痕迹等物证的一种科技记录手段。现场摄像既可以摄录、固定现场及其物证的静态，也可以摄录、固定动态的勘查活动及其发现、提取物证的过程。现场摄录生成的音像资料无论是采用模拟信号技术还是数字信息技术，都可以固定现场勘查之各种物证的真实性、关联性和合法性，亦可佐证勘查程序之合法、规范；既是所获取物证的补强证据、鉴真手段，也是执法调查的程序证据。

（5）勘验笔录和现场笔录

① 勘验笔录和现场笔录的概念。从文义分析的角度，勘查过程中的几种笔录有一些区别，勘验笔录是指办案人员对于与案件或者事件有关的场所、物品、痕迹等依照法定程序进行勘查、检验而作的客观记载；检查笔录是指办案人员为确定被侵害人、违法嫌疑人的某些特征、伤害情况或者生理状态而对其进行人身检验和观察后的客观记载；现场笔录是指国家行政机关及其工作人员对违反行政法律规范的行为当场作出处理而制作的文字记载资料。❶ 但是，鉴于众多的行政执法证据法规范文件中并不严格区别勘验与检查、现场与场所等。笔者认为，使用勘验笔录和现场笔录完全可以涵盖勘查过程中的笔录类型。

必须强调一点，既然称之为笔录，那么当然仅指文字记录，最多可以加上用笔绘制的勘查图。在这里不能混淆勘查记录与勘查笔录。勘查记录的方式包

---

❶ 卞建林：《证据法学》，北京：高等教育出版社2020年版，第183页。

括文字记录、绘图、照相、录像等，但是，勘查笔录仅指文字记录。那种认为勘查笔录的方式包括文字记录、绘图、照相、录像、模型等的观点是不严谨的。❶ 在现代汉语中，笔录是指用笔记录（动词）或者记录下来的文字（名词），而记录（名词）是指当场记录下来的材料。记录的工具很多，包括笔、相机、摄像设备等，而笔仅指写字、画图的用具。❷ 因此，笔者认为，勘验笔录、现场笔录就是指对行政执法现场活动，以及勘查取证活动加以固定所生成的文字记录。

②勘验笔录和现场笔录的记载事项。笔者认为，勘验、检查笔录和现场笔录应当完整记载下列事项：

第一，案由（事由）和案号（编号）。

第二，勘验、检查人员，以及执法人员出示执法证件表明身份和告知当事人申请回避权利、配合调查义务等的情况。

第三，现场勘验、检查的时间、地点、主要过程和结果。

第四，被勘验、检查的场所概况及与当事人的关系。

第五，与案件行为或者事件有关的物品、工具、设施的名称、规格、数量、状况、位置、使用情况及相关书证、物证。

第六，与案件行为或者事件有关人员的活动情况。

第七，当事人及其他人员提供证据和配合勘验、检查情况。

第八，现场测量、拍照、录音、录像、绘图、抽样取证、先行登记保存情况。

第九，执法人员勘验、检查发现的其他案件事实。

经过查阅或者听取宣读、解释与说明，当事人、见证人应当对勘验笔录和现场笔录逐页签名或按捺指印予以确认。当事人拒绝的，应在笔录中加以注明。执法人员也应当在勘验笔录和现场笔录上逐页签名确认。

此外，根据《海事行政执法证据管理规定》第33条和第34条的规定，勘验（检查）笔录应当使用规定的文书格式，客观、真实、完整地反映被检查（勘验）现场的客观情况，尽量避免使用分析、推断、猜测、评论的用语，尽量避免使用"大约""大概""估计""差不多""左右"等模糊词语。勘验（检查）笔录应当当场制作定稿，不得事后根据记忆制作。

---

❶ 马丽霞：《现场勘查》，北京：中国检察出版社2010年版，第164－165页。

❷ 中国社会科学院语言研究所词典编辑室：《现代汉语词典》（第7版），北京：商务印书馆2016年版，第69页，第615页。

二、物证固定和保全方法

物证的固定和保全方法包括查封、扣押，冻结，先行登记保存等。鉴于《行政强制法》第9条未明确列出先行登记保存，故而笔者将先行登记保存置于本章第六节"行政执法证据保全"中探讨分析。

1. 查封、扣押

《行政强制法》第9条指出，行政强制措施的种类有：限制公民人身自由；查封场所、设施或者财物；扣押财物；冻结存款、汇款；其他行政强制措施。很显然，其中的查封、扣押和冻结是对物所采取的强制措施，也是固定和保全物证的主要方法。

（1）查封、扣押的概念和适用

查封与扣押是两种强制措施，在《行政强制法》中并列作为第三章第二节的节名"查封、扣押"，在一些行政执法证据法规范文件中也常常并列一处，说明二者之间既有联系，也有区别。

① 查封、扣押的概念及区别。结合《行政强制法》第2条和第9条的规定，笔者认为，查封、扣押是指行政执法主体为了制止违法行为、防止证据损毁、避免危害发生、控制危险扩大等，对与行政违法案件有关的场所、设施、财物（包括视听资料、电子数据）和文件依法予以暂时强行提取、留置和封存的控制行为。查封与扣押的共性在于都是暂时控制当事人财物的行政执法行为，区别在于具体实施的客体略有不同：查封的客体虽不限于不动产但偏重于不动产，扣押则主要针对动产。查封、扣押的本质是行政执法主体对当事人的财物实施暂时控制的行为，是一种固定和提取实物证据的活动。

② 查封、扣押的适用。实施查封、扣押必须有明确的法律依据，遵守法律、法规规定的主体、条件、程序和期限。

第一，查封、扣押的适用依据。根据《行政强制法》第10条的规定，实施查封、扣押必须有明确的法律、行政法规、地方性法规作为依据。具体实施查封、扣押时，除《行政强制法》第9条规定外，还应当获得其他法律、行政法规和地方性法规的明文授权。

第二，查封、扣押的适用主体。依照《行政强制法》和《行政处罚法》，行政强制措施由法律、法规规定的行政机关在法定职权范围内实施，行政强制措施权不得委托。依法行使相对集中行政处罚权的行政机关，可以实施法律、法规规定的与行政处罚权有关的行政强制措施。

第三，查封、扣押的适用范围或者适用条件。按照《行政强制法》第23条，从正面讲，查封、扣押严格限于涉案的场所、设施或者财物；从反面讲，不得查封、扣押无关的场所、设施或者财物，不得查封、扣押个人及其扶养家属的生活必需品。场所、设施或者财物已被其他国家机关依法查封的，不得重复查封。

（2）查封、扣押的操作步骤

《行政强制法》第 18~21 条、第 24 条，明确规定了行政强制措施的实施步骤。笔者认为，实施查封、扣押的主要步骤包括如下几个环节或者方面。

① 批准和决定。通常情况下，实施查封、扣押（物证、书证）须由行政执法主体负责人事前批准，持有行政执法主体的证明文件（行政强制措施决定书或者查封、扣押决定书等）。事出紧急者，应当在 24 小时内向负责人报告，并补办批准手续。

② 到场人员。实施查封、扣押，首先应当通知当事人到场。当事人不到场的，应当邀请见证人到场。

③ 清点与交接。实施查封、扣押，应当依照法律、法规规定的程序，与当事人一起，查点清楚、交接明白，当场交付查封、扣押决定书和物品清单。必要时，应当进行同步拍照或者摄像。对不易移动或者有特殊存放要求的设施、设备，应当就地查封。查封应当张贴封条或者采取其他方式予以标识。

④ 妥善保管。根据《行政强制法》第 26 条，对查封、扣押的场所、设施或者财物，有三种保管主体，即当事人保管、行政执法主体保管、第三人保管。一般情况下，就地查封的不动产，包括房屋和设施由当事人自行保管；可以移动的设施或者财物，以及当事人不便保管的场所，由行政执法主体或者第三人保管。

（3）查封、扣押决定书与物品清单

根据《行政强制法》第 24 条，决定实施查封、扣押的，应当履行法定程序，制作并当场交付《查封、扣押决定书》和《清单》。这两种文书是查封、扣押的法定手续与文书。行政执法人员和当事人都应当在查封、扣押决定书和清单上签名或者按捺指印。有见证人的，还应当由见证人签名或者按捺指印。当事人或者见证人拒绝签名的，应当在决定书和清单上注明。

① 查封、扣押决定书。根据《行政强制法》第 24 条第 2 款的规定，《查封、扣押决定书》载明事项包括当事人的姓名或者名称、地址；查扣的理由、依据和期限；查封、扣押场所、设施或者财物的名称、数量等；申请行政复议或者提起行政诉讼的途径和期限；执法主体的名称、印章和日期等。

② 物品清单。物品清单与《查封、扣押决定书》是一体使用的。所以，有的行政执法文书规范文件将二者合并为一种文书，如《交通运输行政执法文书式样》（交通运输部令 2021 年第 6 号）文书 8。当然也有分开为两种文书

的，如《市场监督管理行政处罚文书格式范本》（国市监法发〔2021〕42号）文书21和文书24。物品清单的名称也有多种称谓，如物品清单，查封、扣押清单，查封（扣押）清单，查封（扣押）财物清单，场所/设施/财物清单，证据保全清单等。

（4）查封、扣押的期限

根据《行政强制法》第25条等条文的规定，查封、扣押是有期限的。同时，该期限在法定情形下可以延长，以及排除计算。

① 期限及其延长。查封、扣押的期间一般为30日，特殊情况下，经本部门负责人批准可以再延长30日，合计60日。除此之外，欲超过60日期限，必须有明确的法律和行政法规的授权。

② 期间的排除。检测、检验、检疫或者技术鉴定的期间不包含在查封、扣押的期间内。应当明确此类应排除期间，并书面告知当事人。

（5）查封、扣押的解除

对于查封、扣押后的处置情况，《行政强制法》第27条规定了没收、销毁、解除三种法定的处置方式。

① 解除查封、扣押的条件。根据《行政强制法》第28条第1款，解除查封、扣押的条件包括：当事人没有违法行为；查封、扣押的场所、设施或者财物与违法行为无关；行政机关对违法行为已经作出处理决定，不再需要查封、扣押；查封、扣押期限已经届满等。

② 查封、扣押解除后的工作。根据《行政强制法》第28条第2款，解除查封、扣押后的工作主要是立即退还财物；已将鲜活物品或者其他不易保管的财物拍卖或者变卖的，退还拍卖或者变卖所得款项；变卖价格明显低于市场价格，给当事人造成损失的，应当给予补偿。

2. 冻结

冻结是指行政执法主体对违法相对人或者嫌疑人的存款、汇款、债券、股票、基金份额等财产所采取的，限制其提取、转付、变现等流动或者变动权益的行政控制行为。冻结与查封、扣押一样，都属于行政强制措施，其目的既包括控制违法嫌疑人资金、证券的流动或者变动，也包括保全证据、保证对行政违法行为的有效查处。

三、物证收取方法

物证收取方法，按照主体的不同，可以分为自己收取、委托收取（委托其他执法主体代为收取）；按照客体的差异，可以分为直接收取（提取原物）、替代收取（提取或者制作复制品、照片、模型等）；按照数量的多少，可以分为全部收取、部分收取（抽样取证）。下面重点介绍最佳证据规则和抽样取证。

1. 最佳证据规则

有学者认为，我国的最佳证据规则与英美法系国家不一样，不仅适用于书证，也适用于物证、证人证言、鉴定意见等其他证据类型。❶ 笔者赞同扩大最佳证据规则的适用范围。所谓最佳证据规则，就是要求提取和运用最原始、最接近案件的证据形态，只有最原始、最接近案件的证据才是最好的证据。最佳证据规则的内涵是书证出示原件，物证出示原物，视听资料和电子数据使用原始载体，人证应当面对面口头陈述。

（1）提取物证应遵循最佳证据规则

收集、调取物证应当优先提取原物，只有在提取原物确有困难且符合法律要求的情况下，才可以收集或者制作与原物核对无误的复制品、示意证据或者替代证据。这几乎是所有现行行政执法证据法规范的一致要求。

什么是确有困难？许多行政执法证据法规范文件对此并无明确解释。根据《公安机关办理行政案件程序规定》第29条，可以制作或者收集、调取物证复制品、示意证据或者替代证据的情形，即所谓的确有困难，主要有四类：一是原物不便搬运，如不动产物证或者动产物证的体积太大；二是原物不易保存，如易挥发的微量物证、易腐烂变质的农副产品；三是应当由有关部门保管处理的，如应当销毁的爆炸物、应当没收的走私货物；四是依法应当返还的，如违法人占道经营的量具、受害人被侵占的物品。在出现以上四类情形之一种或者数种时，行政执法主体可以制作替代物。这些替代物经过核对、鉴定，可以作为证据使用。物证的替代物主要是拍摄或者制作的、足以反映原物外形或者内容的照片、录像。此外，也可以制作原物的复制品或者模型。❷

（2）物证的保真和保存

物证的保真和保存的总体功能一致，都是通过一定的措施确保获取的物证具有真实性、关联性。物证保真是目的，物证保存是手段。物证固定、物证保全、物证保存或者保管，都是为了实现物证保真，使物证不至于丧失真实性和关联性。笔者认为，对于提取、调取的物证，行政执法主体应当采取各种有效方法加以固定、保全和保存。此等方法包括但不限于：

① 原物优先，复制品、替代品、示意物（照片、录像、绘图等）例外。

---

❶ 曹晓凡：《环境行政执法证据的收集与运用》，北京：中国民主法制出版社2015年版，第184页。
❷ 徐伟红，高文英：《公安机关办理行政案件程序规定理解与适用：条文解读、案例分析、最新修改提示与执法风险提示》，北京：中国法制出版社2020年版，第67页。

② 采用特定化包装或者封装以保障其真实性。

③ 在物证上或者其周围添加显著标志，使其特定化，具有唯一性。

④ 采用执法记录仪、摄像机、无人机、智能手机等生成动态视频，完整、连续地存录其基本状态。

⑤ 用文字、图表生成相应笔录和清单，记述或者描绘其基本状态。

⑥ 法律、法规规定的其他保真和保存措施。

2. 抽样取证

《行政处罚法》第56条允许行政机关在收集证据时采取抽样取证的方法。抽样取证是从证据总体中抽取部分作为行政执法证据的一种收集（调查）证据的手段。抽样取证主要适用于多数物证，即物证数量很多，无全部提取之必要。对于变动物证（物证呈现连续或者持续状态）的抽样检测，也可以说是另一种具有科技含量的抽样取证，如污水排放、工地噪声和扬尘等的监测、检测等。

（1）抽样取证的操作

抽样取证必须事先经过部门负责人审查批准。

抽样取证时，当事人应当在场，执法人员与当事人一起查点清楚、交接明白。对于单位当事人，应通知单位领导，在有单位领导或者相关保管人员、管理人员、销售人员在场时实施抽样取证。如果当事人不在场或拒绝到场，可以请其他人员在场见证并注明。

抽样方法应有科学性，随机抽取以确保样品具有代表性。对抽样、封样方法和样品的数量等事项，法律、法规、规章、质量标准有规定的，应当遵守。封样要科学、严谨。

执法人员应当制作抽样取证凭证，对样品加贴封条。实施抽样取证时，应当制作抽样笔录。实施现场检查的，还应制作现场检查笔录。这类笔录包括照片及音视频记录。

（2）抽样取证文书

抽样取证应当向当事人送达《抽样取证决定书》《抽样取证凭证》和《物品清单》，对样品应加贴封条。

四、物证的鉴真

有学者指出，物证虽然具有客观性强、真实性强的特征，但这并不意味着所有的物证都是真实的，有些证据可能是伪造或者变造的，尤其是不能收集调取原物时拍摄或者制作的照片和录像。对待物证尤其是其替代物要仔细甄别，对其进行辨认或者鉴真，防止将伪造或者变造的物证当作真实的证据，导致对案件的错误判断。❶ 这说明，对于包括物证在内的所有证据，都需要进行鉴真，即真实性审核判断。

1. 物证鉴真的基本方法

物证的鉴真包括但不限于以下方法：

① 由笔录、清单或者音像资料所构成的取证记录。
② 物证保管链条。
③ 持有人、提交人和见证人等人员的辨认。
④ 执法人员的审查核对。
⑤ 科学鉴定。
⑥ 符合法律规定的其他方法。

2. 物的辨认

为了确定物品、场所（不动产物证）作为证据的真实性和关联性，可以对其实施辨认。广义上，物的辨认包括行政执法人员的核对辨认和当事人、关联第三人的核对辨认。狭义的辨认则专指行政执法主体主持的、由当事人或者关联第三人进行的辨认。辨认参照《公安机关办理行政案件程序规定》第七章"调查取证"第六节"辨认"第101~106条规定执行。

3. 物证保管链条

许多行政执法证据法规范文件都有直接或者间接的、关于物证保管及其流转的规定。物证保管链条既是收集、调取物证的基本要求，也是鉴真所取物证真实性和关联性的基本方法。

（1）物证保管链条的概念

物证保管链条，亦称"证据保管锁链"（Custody of Evidence Chain），是指某项证据从获取到最后在法庭上出示的整个过程中，其收集、保管和转移等各个环节及所有涉及的经手人员都有完整记录，且各环节都能得到证据证明，从而形成保管锁链。具体到行政执法领域，物证保管链条就是强调在行政执法程序中，收集、保管和转移物证的各个环节及所有涉及的经手人员都应当有完整记录，且各环节都能得到证据证明，从而形成保管锁链。物证收集、保管和转移的各个环节中的证据清单和流转手续构成完整的保管体系，可以确认物证的真实性、关联性。

---

❶ 徐伟红，高文英：《公安机关办理行政案件程序规定理解与适用：条文解读、案例分析、最新修改提示与执法风险提示》，北京：中国法制出版社2020年版，第67页。

（2）物证保管者陈述

通常情况下，物证保管链条中的证据清单与流转手续，即物证保管与流转的完整记录就可以完成对所涉物证的鉴真。然而，在对物证的真实性、关联性产生争议，以及怀疑物证保管与流转记录的完整性与真实性时，在整个保管链条中出现过的所有保管者，不管保管期间长短，都需要以自己的诚信陈述来鉴真物证与保管链条。这就是物证鉴真程序中的保管者陈述或者保管者鉴真。在这一流程中的执法取证人员、鉴定人员和物证保管人员都应当根据需要提供言词陈述来证明物证及物证保管链条的真实性和关联性。当然，如果后续还有拍照或者录像后依法变卖或者拍卖的、及时返还被侵害人或者善意第三人的、退还原主或者当事人的、依法追缴或者没收的，还有可能出现另外的保管者或者经手人。

第四节　书证的调查收集

比较而言，书证的调查收集相对简单，基本上奉行"拿来主义"。在行政执法实务中，常常把书证的收集、调取与物证一并加以表述，如《农业行政处罚程序规定》第35条。所以，许多关于物证调查收集的制度安排和操作规则也适用于书证。

一、书证的收集方法

书证，亦称文书、文书证据、文件或者文件证据，是行政执法程序中极为重要的一种法定证据形式。狭义的书证专指记载于纸质或者类似载体上的文字、符号、图形及其组合；广义的书证还包括音像电子数据。现代行政执法程序中，几乎所有的执法行为都是基于纸质文书或者电子数据而展开。❶ 与此相应，几乎所有的行政执法卷宗（案卷）都是纸质版，或者以纸质版为基础、电子版为备份。❷ 对于当事人及关联第三人在行政执法程序中的行为事实，书证也是常见载体之一。所以，书证的调查收集虽然相对简单易行，但不等于不重要。书证收集，是指有权收集证据的行政执法主体依法直接提取、采集并掌握书证的一种法律活动，一种调查取证活动。书证收集是行政执法主体审查、

---

❶ 2019年4月23日第二次修正的《电子签名法》第4条规定，能够有形地表现所载内容，并可以随时调取查用的数据电文，视为符合法律、法规要求的书面形式。

❷《市场监督管理行政处罚程序规定》第78条要求，结案后，办案人员应当将案件材料按照档案管理的有关规定立卷归档。案卷归档应当一案一卷、材料齐全、规范有序。案卷可以分正卷、副卷。

判断书证,利用书证查明案件事实的必要前提和基础性工作。

广义上讲,书证的收集方法包括收集书证的途径、收集书证的具体手段和书证的保管;狭义地说,书证收集方法仅指获取书证的具体措施或者手段。在行政执法程序中,书证是多种多样的,有公文书、私文书;有文字书证、图画书证、符号书证,不一而足。纷繁复杂的书证只是客观存在的事物,它们不会自动出现在行政执法人员的手中。书证作为实物证据,是需要调查收集的。证据调查人员通过分析研判,确定书证可能存在的处所,然后采取一定的方法,按相关的途径收集书证,并且妥善保管书证。唯有如此,书证才能在行政执法程序中出现,并发挥其独特的证明案件事实的作用。

1. 书证的收集途径

书证的主要收集途径如下。❶

① 当事人主动提交书证。在行政执法程序中,当事人为了获得有益于己的行政处理,常常会主动向行政执法机关提交各种文书证据,如营业执照复印件、居民身份证复印件、规划许可证、完税凭证等。当事人提交书证,有时是其法定义务,有时则是其法定权利。如《行政许可法》第31条第1款要求当事人应当提交的材料,主要就是书证。提交书证证明自己符合行政许可的条件,是当事人申请行政许可时的义务。又如《行政处罚法》第7条、第45条皆赋予当事人陈述权和申辩权。当事人行使陈述权和申辩权而提出的证据,毫无疑问包括书证。

② 有关单位或者个人主动提供书证。在行政执法程序中,有关单位或者个人的投诉、报案或者控告、举报,是行政执法机关查处行政违法行为的线索来源的一部分。这些单位或者个人投诉、报案、控告、举报时提供的许多书面材料就是证实行政违法行为的书证,如销售发票、订货凭证、合同书等。

③ 行政执法主体依据职权向有关单位或者个人调取书证。《交通运输行政执法程序规定》第34条第2项指出,执法部门可以通过向有关单位和个人调取证据的方式收集证据。这里的调取应作广义的理解,包括行政执法主体向有关单位或者个人发函索要;委托有关单位组织收集,协助调查取证;要求有关单位出具加盖公章的证明材料等具体路径。《行政处罚法》第26条明确了实施行政处罚时的相互协助,这里的协助事项包括协助调查取证、协助调查收集书证。

④ 行政执法主体通过勘验、检查、扣押等途径发现并固定书证。勘验、检查、扣押虽然也是调查取证的方法,但其职能主要在于发现并固定实物证

---

❶ 何家弘:《证据调查》,北京:法律出版社1997年版,第284-286页。

据，包括书证。相对于提取、收取、调取等方法来说，它们更多地属于发现并固定书证的途径。有学者指出，行政执法证据收集的渠道是多方面的。现场检查、勘验是收集证据的普遍渠道，大部分的物证、书证或者视听资料等都是通过这个渠道获得的。查封、扣押也是获得证据的重要渠道。❶

2. 书证收集的具体手段

笔者认为，综合所有法律、法规和行政执法实务，行政执法主体收集书证可以采取如下具体手段：

① 收集、调取（含委托调取）并附交接手续：针对可获取的书证。

② 查阅、摘抄、复制：针对他人保管或者留存的文书证据。

③ 录像、拍照、摄影，生成图片、视听资料和电子数据：针对不可获取原件的书证。

④ 委托办理证据公证：针对书证固定和保全。

有学者指出，不能单纯地、机械地用"拿"的方法收集书证。在特殊情况下，必须借助一定的科技手段才能达到收集书证的目的。❷ 但是，这种情形相对于刑事侦查而言，属于少数情况。在行政执法程序中，对于书证的收集方法而言，总体上属于"拿来主义"。相对于其他证据形态，书证的收集方法较为简便易行。

3. 书证的保管方法

所有的证据在调查取证环节都需要妥善保管，书证也是如此。鉴于绝大多数书证都是通过书写或者绘图工具将意思表示记载于纸张之上，其保管可以分为纸张等书证信息载体的保管和记载信息内容的保真两个方面。

（1）纸张等书证信息载体的保管

纸张是纸的总称，因为纸以张作为计量单位，故称为纸张。纸是用植物纤维经过特定的工艺制成的薄片，可以作为印刷、书写、绘图的物质载体，亦可用于包装。从考古发掘的资料来看，造纸术的发明不晚于西汉初年。因为书证多用纸张制成，纸张是书证最常用的记载材料，所以保管书证最基本的要求就是不得损坏书证的纸张载体。为此，不能让纸张受潮或者被水浸泡；不能让纸张产生霉变；不能让纸张接触高温以及脆化；不能随意折叠文书；较小纸张可以粘贴或者插入较大空白纸张之上，等等。凡不利于保存纸张的做法都不可取，凡有利于保存纸张的方法都是需要的。

---

❶ 曹晓凡：《环境行政执法证据的收集与运用》，北京：中国民主法制出版社2015年版，第53页。

❷ 何家弘：《证据调查》，北京：法律出版社1997年版，第287页。

（2）书证所记载信息内容的保真

书证的信息是通过钢笔、圆珠笔、墨水笔等书写工具，以文字、符号、图形的形式加以生成的。所以对书证所记载信息内容的保真就是确保这些书写工具所生成的文字、符号和图形客观存在，不致蜕化或者消失。液体或者化学试剂常常会对这些文字、符号、图形产生侵蚀作用，必须加以防范。例如，纯蓝墨水书写的文字遇水就会洇散而消失；圆珠笔书写的文字遇酒精会被溶解；纯蓝、蓝黑墨水书写的文字遇酸、强氧化剂等也会消褪。❶

4. 收集书证的最佳证据规则

许多行政执法证据法规范文件都对书证收集的最佳证据规则作了详细的表述。所谓最佳证据规则，是指收集书证时应当做到原件优先，最大限度地收取书证原件。在符合法律规定的条件，不得不收集复制件时，必须对复制件进行鉴真或者核对无异。对此，《交通运输行政执法程序规定》第 35 条有详细规定，足资参照。

二、书证的查阅、摘抄与复制

针对他人保管或者留存的文书证据，行政执法主体需要通过查阅、摘抄与复制的方法加以收集。

1. 书证的查阅

查阅是对书证所记载信息内容的了解。只有通过查阅，行政执法主体才能发现书证是否具有证据价值。查阅是摘抄与复制的前提步骤。

（1）书证查阅的客体

查阅也称阅卷、阅档，是对各类书证资料的查找、检视、阅读、查看等活动。对于一般书证、少量书证，通常不需要查阅，直接加以阅读并理解文义，即可发现证据信息。但是对于特殊的客体，特别书证，如档案资料和图书文献，没有查阅工作往往不能发现证据信息。

（2）书证查阅的程序及注意事项

① 查阅书证应当持有书面合法证明（如正式查阅函件），出示查阅人员有效身份证件（居民身份证或者行政执法证）。必要时应当办理查阅登记，经档案、图书保管部门负责人批准后方可查阅。

② 查阅书证应当在档案、图书保管部门指定或者规定的时间和场所进行。原则上不得将书证原件带出档案、图书保管场所。

③ 查阅书证时，保管单位可以派员在场。

---

❶ 何家弘：《证据调查》，北京：法律出版社 1997 年版，第 287－288 页。

④ 查阅书证时，应当保持书证的完整和清洁。不得对书证原件或者原始材料进行折叠、剪贴、抽取、拆散、拆换，严禁在原件或者原始材料上勾画、圈点、涂抹、填注、加字、改字，或者以其他方式加以污染或损毁。

⑤ 查阅书证时，未经允许不得进行摘抄、复印、翻拍、翻录。

⑥ 查阅书证时，应当注意安全和保密。涉及国家秘密、商业秘密和个人隐私的，应当保密。对查阅所知信息，不得对外泄露或者散布，不得不正当使用，不得损害相关主体的合法权益。

⑦ 查阅结束后，应当及时将查阅的档案材料、图书文献交回。必要时应当办理交接手续，确认交接事宜。

2. 书证的摘抄

在雕版印刷技术出现之前，抄写是一种生成文书副本或者备份的人工方法。在现代社会，抄写在理论上亦是如此，但主要用于形成备份或者留存文书基本信息。对文书进行全部抄写，形成的抄写本称为抄本、写本或者全抄；对文书进行部分摘抄，选取一部分内容加以抄录而形成的抄写本则称为节录本或者节本。写本与抄本是同义词，抄本就是指抄写的本子，是相对于"印本"而言，"印本"是指印刷的本子。❶

（1）书证摘抄的规范化

行政执法主体摘抄书证应当规范化，主要要求如下：

① 摘抄过程的合法性。在合法查阅的基础上，可以进行合法的摘抄。必要时，应当首先获得保管单位的批准或者许可。对于涉密或者事关个人隐私的，应当按照相关规定处置。

② 摘抄内容的相关性。摘抄或者摘录，是指从书刊、文件等中选取一部分内容抄写下来。选取的这部分内容，应当是与案件有相关性的信息。作为调查取证的手段，如果抄录的内容与本案无关，则失去了摘抄的意义，将成为无意义的摘抄。

③ 摘抄内容的完整性、连贯性。只有完整、连贯地摘抄相关的书证内容，才能确保其信息的真实有用。通常而言，摘抄应当以段落为基本单位。独立段落内不应当出现省略、遗漏，应保持其完整。当然，也没有必要做重复的、多余的摘抄工作。

---

❶ 中国社会科学院语言研究所词典编辑室：《现代汉语词典》（第7版），北京：商务印书馆2016年版，第151页，第1567－1568页。

（2）书证摘抄件的鉴真

对于书证的摘抄件或者节录本、节本，应当采取下列手段鉴真其真实关联性：

① 由提供人、当事人、保管人等在摘抄件上签字或者盖章确认。

② 由摘抄人制作摘抄笔录或者说明材料，并经提供人、当事人、保管人等在摘抄件上签字或者盖章确认。

③ 通过现代科技生成摘抄过程及其结果的音像电子资料。

3. 书证的复制

（1）复制的概念和手段

对于书证而言，复制是指以印刷、复印、临摹、拓印、翻拍、电磁转换、光电转换、模压等方式，按作品原稿或者原件（原本、正本、副本）制作一份或多份与其内容信息相同的文书的行为。❶ 简要言之，复制就是"制作复（復、複）本"，即在原稿或者原件之外，再制作一份或者多份内容信息相同的文本。复制包括但不限于以下手段。❷

① 抄录：人工抄写，照着原稿或者原件写下来。部分抄录即为摘抄。

② 印刷：亦称印制，把文字、图画等制成版，涂上油墨，印在纸张上。我国的手工印刷多用棕刷子蘸墨刷在印版上，然后放上纸，再用干净的棕刷子在纸背上用力擦过，故称印刷。近现代印刷则是用各种印刷机及计算机操作的照排系统。印版是指上面有文字或者图形的、供印刷用的底子。印版经历了木板、金属板、胶板（胶片）等的发展过程。不是原出版者实施的重印行为，称之为翻印。用照相的方法制版印刷称为影印。

③ 复印：照原样重印，特指用复印机重印，一般指静电复印，如复印资料。复印机是指利用某些导体对光有敏感反应的特性和静电特性，将文件、图片等照原样重印在纸上的机器。复印是不经过印刷制作，直接从原稿或者原件获得复制印品的方法，即通过光学系统将原稿或者原件中的图文记录于带静电荷的光导体表面，此静电潜影经墨粉显影后转移到普通纸或其他材料上，加热后墨粉固着于承印物表面成为复印品。❸

④ 临摹：照着书画原稿或者原件进行模仿或者绘制，也指用薄透纸张蒙

---

❶ 夏征农，陈至立：《辞海》（第6版彩图本，第1册），上海：上海辞书出版社2009年版，第653页。

❷ 此处相关词汇的解释，除有特别注明者外，皆参见中国社会科学院语言研究所词典编辑室：《现代汉语词典》（第7版），北京：商务印书馆2016年版。以下不再一一注明页码。

❸ 夏征农，陈至立：《辞海》（第6版彩图本，第1册），上海：上海辞书出版社2009年版，第656页。

在原字或者原画上写字或者画画。

⑤ 拓印：把碑刻、铜器等的形状和上面的文字、图形印下来，具体方法一般是在物体上蒙上一层薄纸，先拍打使凹凸分明，然后上墨，显出文字、图像来。拓印生成的文本称为拓本、拓片。

⑥ 翻拍：以图片、文稿等为对象拍摄复制，或者以原有的影视作品为对象重新拍摄。用照相机、摄影机或者摄像机把人、物的形象记录在底片、磁带或者其他存储介质上的行为称为拍摄。用照相机拍摄称为拍照，用摄影机或者摄像机拍摄称为摄像。

⑦ 扫描：用电子束、无线电波等在特定区域按一定规律移动而描绘出画面、物体等图形的活动。用于扫描的仪器称为扫描仪，它利用光敏感设备扫描图形或者文字，并将其转换为数字形式，以供计算机识别和处理。

书证收集过程中，与查阅、摘抄并列表述的复制，主要是指复印、拍照、扫描和摄像等措施，通过这些措施形成的书证，都是在原件基础上的转呈、转制、转化，具有传来性、二手性，即非原件。

（2）复制时的注意事项

① 复制的合法性：如同查阅、摘抄，复制也应当在合适合法的地点进行，办理必要的手续。

② 复制的真实性：复制的真实性取决于选取复制的信息的完整性。同时，对于复制件，应当由保管单位签名盖章确认原始出处和复制部分的客观真实。

③ 复制的相关性：复制的相关性体现在如何选择复制信息内容。复制书证信息应当基于案件待证事实，凡是对案件待证事实有证明作用的部分，不管是本证信息还是反证信息都应当加以复制；凡是与案件无关的信息，则不应当加以复制。

三、书证原件与复制件

在行政执法领域，书证的文本一般分为原件和复制件，如《农业行政处罚程序规定》第35条即采用了此种两分法。但是，公安机关的规定则有所不同，《公安机关办理行政案件程序规定》第30条采用了三分法，即原件、副本、复制件。此外，其他行政执法主体的表述以两分法为主流，如《交通运输行政执法程序规定》第34条和《市场监督管理行政处罚程序规定》第24条。两分法与三分法的分歧要点在于，书证副本应当归属于原件，还是应当独立且与原件及复制件"三分天下"。笔者赞同两分法，因为原件与复制件是一

对范畴；原本（原稿、初本或底本）、正本、副本是一组范畴，不可混淆。❶

1. 书证原件

原件（the original）是指未经改动或者变动，保持原始状态且可作为复制依据的、原来的或者起初的文件。❷ 一份文书之所以被称为原件，是因为其保有文书的原始状态。这种"原始状态"，表现为文件的内容与文件的载体一体化，即文书内容原始性和文书载体原始性的融合。正是因为这种融合与一体化的状态，使得针对文书内容与载体的任何改变都能够被识别。如果仅从一份文书最初制成的原始状态这一角度来看，原件和原本确为同一事物，如果事情就到此为止，那么区分原件和原本就没有意义。原件的最大意义在于它是复制件的对称，从复制行为这一制作方式的角度考虑，一份文书的原始状态（即按照人们通常理解的该文书制作方式不是复制方式）就是原件。何为文书的原始状态？这种"原始"表现为文件的内容与文件的载体一体化，即文书内容原始性和文书载体原始性二者融合。正是因为这种融合与一体化的状态，使得针对文书内容与载体的任何改变都能够被识别。因为不管是针对内容还是载体的改变，都会使融合与一体化的状态被破坏。换言之，其就不再是原件了——当内容与原载体相分离而内容又能保持文书原貌时，就产生了复制件，即常见的以影印、照相、扫描等"复制方式"形成的文本。❸

对于原件的组成，《环境行政处罚证据指南》第 4.3.2 条指出，书证的原本、正本和副本均属于书证的原件。《文化市场行政处罚案件证据规则（试

---

❶ 清末变法修律以及民国时期的立法文本，皆将原本和缮本并列表述，并无将原件、复制件与副本并列规定者。民国学者曾指出，凡最初作成之原稿，谓之原本；依原本制作之文书，谓之缮本（抄本）；缮本经有职权者所制，且与原本业经对照无异者，称之曰正本，与原本有同等效力。正本以外，唯与正本制作相同者，曰副本（东吴大学法学院：《证据法学》，中国政法大学出版社 2012 年版，第 150 页）。可见，民国时期，原本、正本和副本是一组相关联的概念，是基于文书来源而作的区别。副本没有同原件或者复制件并列表述的必要。新中国成立后，1982 年 3 月 8 日公布的《民事诉讼法（试行）》第 60 条规定，书证应当提交原件；提交原件确有困难者，可以提交照片、副本、节录本。这里开始出现原件与副本并列表达的情形，副本不属于原件。为什么要将副本与原件并列起来，原因不是十分清晰。是否误解了原本、正本与原件的关系，也不得而知。1998 年 9 月 2 日发布的《最高人民法院关于执行〈中华人民共和国刑事诉讼法〉若干问题的解释》（法释〔1998〕23 号）第 53 条第 1 款中出现了原件、副本、复制件并列表达的情形。大体上从 20 世纪 80 年代开始，副本是否属于原件，是否与原件、复制件并列考量，在我国法律领域逐渐出现了两种不同的用法和相应的观点。一种用法和观点是原件、副本、复制件三分，副本不属于原件；另一种用法和观点是原件、复制件两分，原件包括原本、正本和副本。

❷ 中国社会科学院语言研究所词典编辑室：《现代汉语词典》（第 7 版），北京：商务印书馆 2016 年版，第 1610 页。

❸ 全亮：《论原件与原本：兼辨复制件与副本》，载《四川师范大学学报（社会科学版）》2012 年第 5 期，第 18 – 22 页。

行)》第 5 条第 2 款第 2 项、《价格行政处罚证据规定》第 20 条第 1 项、《上海市城管执法调查取证规则》第 6 条都指明,原本、正本和副本均属于书证的原件。所以,原本、正本和副本都是书证原件,其中正本和副本都直接来源于原本,二者合称缮本。

(1) 原本

原本(First Original)是指原生的文书,即文书的原稿、初本、底本,如书籍的初刻、初印,公文的签批稿等。

认知原本,最需要注意的就是不能把原本等同于原件。必须认识到,原本只是原件的一种形态。尽管原本是文书的最初、本源形态,原件的最初、最佳文本是原本,但原件不限于原本。

原本和其他形式的文本最直观的区别是"制作时间或来源"。原本是最早的,没有原本就没有其他形式的文本。任何书证都有最初制成的原本,它是正本、副本、节录本、影印本、翻译本的最初源流。❶虽然影印本(复制本)、节录本、译本等与原本有明显的制作方式差异,各种文本的制作方式也不同,但正本和副本在制作方式上没有区别,甚至原本和正本的制作方式在现代技术条件下都可能没有区别(如谈判双方的合同书以打印方式制作)。因此,文书制作人最初将有关内容加以记载而制成的原始文本是原本的说法并无不当。原本在制作时间上具有最早性,即内容相同的若干文书中最早制作的那一份就是原本,其他各版本的文书根据这个制作时间可与原本相区别。同时,其他版本的文书之内容是依据原本制作的,因此从文书内容的来源上看,亦是原本在前,其他各个版本无论是全文抄录(正本、副本),还是节选(节录本)或者由其他演绎方式(如译本)形成的,皆在后。换言之,界定是原本还是非原本的标准应该是制作时间和内容来源。另外,原件和复制件虽然在产生时间和来源上也有先后之分,但二者更主要的差异是在任何时候都存在制作方式上的区别,并因为这种制作方式上的区别而导致了文书的形式是原始还是非原始的问题。因此,复制件始终应该是和原件相对应,并用于讨论书证的形式是否是原始状态的概念,而与其用途或持有主体无关,因而其不应当和正本、副本等概念并列,"正本和副本是另一个范畴的概念"。❷

原本与其他所有版本文书的共同区别是制作时间和来源;正本与副本的制作方式没有区别,甚至可能和原本的制作方式相同,其内容与原本一致,主要

---

❶ 陈一云:《证据学》,北京:中国人民大学出版社 1991 年版,第 269 页。
❷ 全亮:《论原件与原本:兼辨复制件与副本》,载《四川师范大学学报(社会科学版)》2012 年第 5 期,第 18-22 页。

的区别是制作用途和持有人不同;原本与复制本(影印本)的区别除了制作时间和来源,更主要是制作方式不同,但内容一致;原本与节录本、译本等演绎形式文本的区别除了前述差异外,还有内容上的不同。可见,通说的分类方式是将文书的制作时间和来源、制作方式、制作用途,以及内容是否保持一致等诸多标准混淆在一起而形成的"大杂烩",尤其是在承认原本与正、副本的区别主要是制作用途不同的前提下,又将不是同一个分类范畴的制作方式标准掺入其中,这就导致了原件、副本、复制件这种混乱的三分法。❶

文书常有一式多件的情形,如私文书中的合同书,订约双方各执一份,为一式两件同一内容,其作成名义人(合同双方)分别在两份文书上签名或者盖章,抑或按捺指印,具有同一效力。这种文书被称为复式原本(Duplicate Originals)。在采用复式原本的情况下,每一件(份)都属于原本,彼此之间并无差异。公文书中的复式原本多见于政府机关填发的收费联单,一联自存,一联交给缴费人留存,一联交给代收款银行或者国库等。这里的各联均属于公文书原本。再如报纸,每日发行者为一式多件,皆为原本,是为复式原本。❷运用复写纸生成的文书,也属于复式原本。复写纸是一种涂抹蜡质颜料供复写或者打字使用的特殊纸张,其功能是较为便捷和快速地制作复式原本。

(2) 正本与副本

缮本与原本是一对概念,原本、正本和副本是一组概念。清末变法修律以及民国时期的立法文本,皆将原本和缮本并列表述,并无将原件、复制件与副本并列规定者。例如,1921年11月15日公布的《刑事诉讼条例》第411条要求原审法院接受上诉之书状或理由书后,应于三日内将缮本送达于他造当事人;第412条要求原审法院接受答辩书后,应于三日内将缮本送达于上诉人。1928年7月28日公布的《刑事诉讼法》第395条和第396条有相同的规定。民国学者曾经指出,凡最初作成之原稿,谓之原本。依原本制作之文书,谓之缮本(抄本)。缮本经有职权者所制作,且与原本业经对照无异者,称之曰正本,与原本有同等效力。正本以外,唯与正本制作相同者,曰副本。❸ 可见,民国时期,原本、正本和副本是一组相关联的概念,是基于文书来源而作的区别。副本没有同原件或者复制件并列表述的必要和可能。

---

❶ 全亮:《论原件与原本:兼辨复制件与副本》,载《四川师范大学学报(社会科学版)》2012年第5期,第18—22页。

❷ 周叔厚:《证据法论》,台北:三民书局股份有限公司1995年第三版,第1090—1091页。

❸ 东吴大学法学院:《证据法学》,吴宏耀、魏晓娜点校,北京:中国政法大学出版社2012年版,第150页。

对于"缮"或者"缮写",通用工具书的解释都是指抄写。❶ 如果纯粹从抄写的角度理解缮本,则缮本包括全部抄录的正本、副本,部分抄录的节录本(节本),外文转译的译本。但是,隋唐以后刻本逐渐出现,近现代打印技术、印刷技术和计算机技术都给制作文书原本之外的文本提供了更加便捷、完善的手段。因此,现代社会的缮本应当强调其完整来源于原本。至于那些内容并非完整来源于原本的文本,一律不得称为缮本,而是应当归属于复制件。有鉴于此,缮本是指从原本派生出来的文书,包括正本、副本。缮本强调与原本核对无误,来源于原本且在内容上与原本完全相同,无任何增、减、错乱。

① 正本。正本(Duplicate Original)是指完整地抄录原本,或者按照原本印制,与原本具有同一内容;对外使用时,具有与原本同一效力的缮本。正本主要用于制作主体存档或主送受文主体。行政许可的正本主要用于保存或悬挂、张贴。通常来说,原本的用途是留存;正本的用途是发送,而且是指发给主收件人的那份缮本。

② 副本。副本(Counterpart Original 或 Counterpart)是指抄录原本或者按照原本印制,与原本具有同一内容的缮本。副本主要用于向制作主体或受文主体以外的第三人送达。行政许可的副本主要用于年检或者对外携带展示。比较而言,在现代社会,正本与副本的说法,更多地存在于公法领域和公务程序中。❷ 公法领域和公务程序中的正本和副本在民商事领域一般表现为一式多份的各文本,彼此都是原本且具有同等效力,即复式原本。

认知副本,非常关键的一点是要坚持副本也是原件的理念,副本与正本都是原件,二者仅仅是使用目的有所不同,即用途不同。例如,国务院公布的《市场主体登记管理条例》(国务院令第746号)之第22条第1款指出,营业执照分为正本和副本,具有同等法律效力。

同时需要注意,副本与正本一样,都来源于原本,内容与正本完全一致、印鉴皆为原始加盖,并且在总体形制上相同。但是,有些公文书的外表形式在正本和副本上有所差异,例如,2015年9月18日,国家工商行政管理总局《工商总局关于调整新版营业执照打印技术标准及有关事项的通知》(工商企

---

❶ 广东、广西、湖南、河南辞源修订组,商务印书馆编辑部:《辞源》(第三册),北京:商务印书馆1983年版,第2468页;夏征农、陈至立:《辞海》(第6版彩图本,第3册),上海:上海辞书出版社2009年版,第1967页;中国社会科学院语言研究所词典编辑室:《现代汉语词典》(第7版),北京:商务印书馆2016年版,第1140页。

❷ 电子版的公文书没有正本与副本之分,如2018年12月17日《市场监管总局关于印发〈电子营业执照管理办法(试行)〉的通知》(国市监注〔2018〕249号),就没有区分正本和副本,只有电子版和下载打印版。

注字〔2015〕153号）就对纸质版营业执照正本与副本的打印规格等作了不同的规定。当然，这种正本与副本之间字体、字号、字宽、边距的不同，并不足以否定副本与正本来源、内容、印鉴的一致性，也不能否定副本与正本同属原件的界定。

2. 书证复制件

从宽泛的意义上讲，除了文书原本（初稿、底本）是制作人从无到有的一种原创产品外，正本、副本、节录本、影印本、译本等都是从有到有的复制活动，是再次、三次甚至多次制作的。但是，不能因此就否认原件与复制件的划分，也不能因此就简单地把副本与复制件混为一谈。从古至今，副本的生成都可以是人工手抄与技术印制的。现代社会，借助印刷技术和计算机打印技术，通过模板印制副本大大超过了手抄复制。因此，再也不能基于传统的人工手抄生成副本而混淆副本与复制件了。所有副本都是需要复制的。在人工手抄的情况下，可以主张副本不属于原件，因为手抄容易出错，经过了流转，副本可能与正本不一致。纵使如此，如果手抄件加盖原始印鉴作为原件使用，还是应当将该副本视为原件。在印刷和打印的情况下，副本应当属于原件是没有疑问的。有学者指出，我国司法实务中对"复制件"这一概念一直缺乏明确而清晰的界定，因此除了"复制件"，还有"复印件""复制本""复制品""影印件""影印本"等提法。这些不同的提法，如果从同义词的角度理解，将其视为等同或者大同小异勉强可以接受。但我国相关立法和司法解释中习惯性地将"复制件"和"副本"并而列之，混在一起的提法则存在谬误。事实上，只有将正本或副本通过复印机复印出来的纸本才被人们称为复制件，而正本和副本实际上都是原件。因此，《最高人民法院关于行政诉讼证据若干问题的规定》第10条第1款第1项明确规定，原本、正本和副本均属于书证的原件。❶

书证原件与复制件是一对概念。作为对应于原件的复制件（Duplicate 或 Duplicate Copy），不能从宽泛的意义上来理解"复制"，书证复制件专指相对于原件的影印本、手抄本、节（抄）本和译本。有学者指出，原件的最大意义在于它是复制件的对称，从复制行为这一制作方式的角度考虑，一份文书的原始状态（即按照人们通常理解的该文书制作方式不是复制方式）就是原件。文书的原始状态表现为文件的内容与文件的载体一体化，即文书内容原始性和文书载体原始性二者融合。正是因为这种融合与一体化的状态，使得针对文书内容与载体的任何改变都能够被识别。因为不管是针对内容还是载体的改变，

---

❶ 全亮：《论原件与原本：兼辨复制件与副本》，载《四川师范大学学报（社会科学版）》2012年第5期，第18-22页。

都使得融合与一体化的状态被破坏，换言之，其就不再是原件了——当内容与原载体相分离而内容又能保持文书原貌时就产生了复制件，即常见的影印、照相、扫描等所谓"复制方式"形成的文本。❶ 该论者所谓的复制，应当是狭义的，专指转呈、转制、转化文书的方式。

（1）抄本与节本

抄本亦称手抄本，是指人工完整抄录文书形成的文本。

抄本的最初基础是原本，但抄本的前置文本并不强求必须是原本，对于抄本而言，原本、正本、副本，甚至各种复制件文本都可以作为抄写基础和抄写对象。因此，抄本亦可称为传抄本。

抄本与抄送的文本不是一回事。抄送的文本是副本，属于原件；抄本是复制件中的一种形态，一个具体的类型。

节本亦称节录本，是指摘录或者经过删减压缩形成的文本。

（2）影印本

民国时期的证据法学者一般不提及影印本以及复印件，他们表述的书证复制件主要是节本、译本。❷ 当然，也有提及文书照片者。❸ 我国台湾学者所述文书，则较多地涉及影印本，如周叔厚先生指出，文字、字母、图画、符号、数目，可以表达一定意思事实者，不管是用手写、打字、印刷、雕刻，还是复制、照相、影印、录影、磁性脉冲，以及以机械或者电子记录形式编辑者，皆为文书。❹ 大陆证据法学者也有忽视影印件表述者，认为根据书证的制作方式，其只能划分为原本、正本、副本和节录本。❺ 但是，绝大多数学者都注意到影印本的存在，主张按照书证作成（形成或者制作）的方法不同，将其分为原本、正本、副本、节录本、影印本以及译本等。❻ 之所以在书证影印本的有无问题上存在不同的表达，与时代的进步、书证复制技术及相应设备的发展密切相关，也和学者个人的认知范围逐渐扩大有关。

影印本是指对文书进行拍照、摄像、扫描、复印后得到的文本。认知影印

---

❶ 全亮：《论原件与原本：兼辨复制件与副本》，载《四川师范大学学报（社会科学版）》2012年第5期，第18-22页。

❷ 周荣：《证据法要论》，吴宏耀点校，北京：中国政法大学出版社2012年版，第141页。

❸ 东吴大学法学院：《证据法学》，吴宏耀、魏晓娜点校，北京：中国政法大学出版社2012年版，第150页。

❹ 周叔厚：《证据法论》，台北：三民书局股份有限公司1995年第三版，第1069页。

❺ 巫宇甦：《证据学》，北京：群众出版社1983年版，第165页。

❻ 陈一云：《证据学》，北京：中国人民大学出版社1991年版，第269页；刘金友：《证据理论与实务》，北京：法律出版社1992年版，第79页；江伟：《证据法学》，北京：法律出版社1999年版，第333页；陈光中：《证据法学》（第4版），北京：法律出版社2019年版，第160页。

本，必须首先厘清复制、影印和复印的关系，不能加以混淆。在行政执法实务中，对三者存在着一定程度的混乱表述。笔者认为，复制概念包含着影印概念，影印概念又包含着复印概念。首先，复制概念肯定包含着影印与复印概念。《辞海》对复制的解释是：依照原件制作；以印刷、复印、临摹、拓印、翻拍、电磁转换、光电转换、模压等方式，按作品原稿制作一份或多份与其内容信息相同的物品的行为。复制是作品得以传播的重要手段。❶ 2020 年 11 月 11 日第三次修正的《著作权法》第 10 条第 1 款第 5 项指出，复制权，即以印刷、复印、拓印、录音、录像、翻录、翻拍、数字化等方式将作品制作一份或者多份的活动。其次，影印概念包含着复印概念。从 20 世纪 90 年代至 21 世纪 20 年代，中国学者一致认为，影印技术包括摄影、拍照或者复印。❷ 复印只是影印技术中的一个具体手段。

影印技术包括传统的拓印工艺和现代科技的各种成像技术。影印本主要包括下列四种具体形态：①书证拓印件；②书证照片和影像；③书证扫描件；④书证复印件。

复制件与复印件最容易混淆。因为计算机的普及和复印设备的推广，书证的复印件在书证复制件中确实占比极大，以至于人们简单地认为复印与复制等同。其实，复印只是复制书证的一种手段。复印是指照原样重印，特指用复印机重印，一般指静电复印。复印机是指利用某些导体对光有敏感反应的特性和静电特性，将文件、图片等照原样重印在纸上的机器。❸ 复印是不经过印刷制作，直接从原稿或者原件获得复制印品的方法，即通过光学系统将原稿或者原件中的图文记录于带静电荷的光导体表面，此静电潜影经墨粉显影后转移到普通纸或其他材料上，加热后墨粉固着于承印物表面成为复印品。❹

（3）译本

译本是指用不同于原本（母本）的语言文字对原本（母本）进行翻译后形成的文本。民国时期，一些学者主张"以外国语言翻译原本之意旨者，称

---

❶ 夏征农，陈至立：《辞海》（第 6 版彩图本，第 1 册），上海：上海辞书出版社 2009 年版，第 653 页。

❷ 陈一云：《证据学》，北京：中国人民大学出版社 1991 年版，第 269 页；刘金友：《证据理论与实务》，北京：法律出版社 1992 年版，第 79 页；江伟：《证据法学》，北京：法律出版社 1999 年版，第 334 页；陈光中：《证据法学》（第 4 版），北京：法律出版社 2019 年版，第 160 页。

❸ 中国社会科学院语言研究所词典编辑室：《现代汉语词典》（第 7 版），北京：商务印书馆 2016 年版，第 411 页。

❹ 夏征农，陈至立：《辞海》（第 6 版彩图本，第 1 册），上海：上海辞书出版社 2009 年版，第 656 页。

为译本。"❶ 这种理解并不是十分正确。一国内部，不同民族语言之间的文书转译，亦属于译本。我国学者指出，译本是指运用其他国家或者民族的文字，将原本或者正本翻译而形成的文书。❷《著作权法》第10条第1款第15项所规定的翻译，是指将作品从一种语言文字转换成另一种语言文字，并没有强调该语言文字只能是外国语言文字。在更广泛的意义上，翻译也指方言与民族共同语、方言与方言、古代语与现代语之间一种用另一种加以表达的活动，以及把代表语言文字的符号或者数码用语言表达出来的行为（如翻译密码）。❸

对原件（原本、正本、副本）进行翻译，然后制版印刷或者打印。此时，相对于原文原件（母本），这种出版或者印制的译本为复制件；相对于再后来的摘录、删减压缩、翻译或者影印，它却属于原件了。这就表明所谓原件与复制件是相对而言的，流转的环节不同、次数不同，定性与界别常有不同。

四、书证真实性及其鉴真

笔者认为，书证作为直接证据，其真实性至关重要。书证一旦真实，则其信息所包含的案件事实便确凿无疑。在行政执法程序中，书证是常用的直接证据，因此需要注意其真实性审查问题。

1. 书证的真实性

对于文书的真实性，民国时期的学者以形式证据力与实质证据力阐述之；我国台湾地区学者以形式真正与内容真正表达之；大陆学者则以形式客观与内容客观为基本语词。笔者主张文书的真实性包括形式真实与内容真实。讨论书证真实性时，真实性与客观性应当作为同义词。

（1）书证的形式真实

文书的形式真实是指完全具有了文书成立的形式要件，确系提出者或者制作者所声称的那种文书。相应地，根据这些形式要件足以判断它是一种客观存在的、名副其实的书面文件。

书证的形式真实决定了其证据资格，那么，如何研判书证的形式真实呢？

---

❶ 东吴大学法学院：《证据法学》，吴宏耀、魏晓娜点校，北京：中国政法大学出版社2012年版，第150页。
❷ 樊崇义：《证据法学》（第6版），北京：法律出版社2017年版，第142页。
❸ 中国社会科学院语言研究所词典编辑室：《现代汉语词典》（第7版），北京：商务印书馆2016年版，第358页。

笔者认为，影响文书形式真实的要素主要包括下列三类。❶

① 主体彰显要素。主体彰显要素是指文书须有落款，特别是制作人落款。落款含签名、印章、指印、日期等。周叔厚曾经指出，所谓文书真正，就是强调该文书表示一定意思之人，真正为其人自己的陈述，故应确认其人。英美对于文书真正的确认专指确认其人真正。❷ 该文书有无制发主体，其主体是否具有资格制作该文书，是否真实彰显其姓名或者名称，有无行为能力等都影响着文书的成立与否。

② 意思周全要素。意思周全要素是指影响书证成立的必要之意思要素应当齐备，如建筑许可的面积、占道许可的街道。在行政执法程序中，无论是单向法律行为，如拆迁公告，还是双方契约行为，如行政协议，以及公务决定行为，如行政处罚决定，其相应的公文书都必须具备足以认定意思表示成立的基本要素。欠缺这些必要事项的，意思表示不能成立，书证也不具有形式真实。例如，《行政处罚法》第59条第1款要求行政处罚决定书应当载明若干事项。这些事项就是决定行政处罚决定书能否成立的要素。没有这些要素，所谓的行政处罚决定书就不是真正的处罚决定书，就不能称其为处罚决定书。

③ 表面清洁要素。表面清洁要素是判断文书证据自身有无伪造或者变造之情形，如改写、添加等。所谓伪造，即弄虚作假、凭空捏造，是指无权制作者制作假的文书、证件或印章等，既包括根本不存在某一公文、证件或印章而非法制作出一种假的公文、证件和印章，又包括在存有某一公文、证件或印章的情况下，模仿其特征而复印、伪造另一假的公文、证件或印章。模仿有权签发公文、证件负责人的手迹签发公文、证件的，亦应以伪造论处。所谓变造，则是利用涂改、擦消、拼接等方法，对真实的文书、证件或印章进行加工、改制，以改变其真实内容。《行政许可法》第80条第1项列出的涂改就是一种变造手法。

（2）书证的内容真实

书证的内容真实是指书证中记载的信息、表达的意思是相关主体真实的意思表示、真实的思想意识、真实的心理显现。

2. 书证的鉴真

对于书证的鉴真，周叔厚称之为"确认文书形式上的真正""文书内容真正的证明"。

---

❶ 邱爱民：《论文书证据的形式真实及其证明》，载《扬州大学学报（人文社会科学版）》2017年第6期，第26-31页。

❷ 周叔厚：《证据法论》，台北：三民书局股份有限公司1995年第三版，第1080页。

（1）书证鉴真的方法

笔者认为，文书证据之提出者一般基于形式表达或者字面记载即可完成形式真实之证明。如果存在质疑，则需要以下列方式加以证明。

① 自我鉴真方法。自我鉴真方法是指依文书原件中的若干要素事项（如公章）证明自身的形式真实，一般适用于公文书。采用这种书证鉴真的方法，应当遵循最佳证据规则，即原件优先、复制件为例外的提交规则。公文书的原件，其中的印章、发文主体、印制形式和材质等自带要素，往往能够自我证明真实性的存在。所以，早在民国时期，学界和相关立法就奉行这一基本鉴真方法：公文书，除有反证外，推定其为真正，故有形式上之证据力。❶

② 旁证鉴真方法。旁证鉴真方法是指运用其他外在证据（如笔迹鉴定）证明书证的形式真实，一般适用于私文书。书证旁证鉴真的方法包括但不限于：由笔录或者音像资料所构成的取证记录；持有人、保管人、制作人的来源、复制与核对说明；持有人、提交人和见证人的辨认与确认；行政执法人员的核对无误；专家的科学鉴定或者文书检验；法律、法规规定的其他方法。例如，《公安机关办理行政案件程序规定》的第30条和第31条对于书证复制件的证据资格问题，即形式真实问题，规定了核对、鉴定、解释说明等鉴真方法。

③ 免于鉴真的方法。免于鉴真是指出现了法定情形，无须采用旁证来证明文书的真实性，如当事人自认或者各方签有某种证据协议。在行政执法程序中，除非法律、法规、规章等有明确规定，一般不使用免于鉴真的方法。

（2）文书检验

在确认文书形式上真正方面，周叔厚提出了诸如文书具名之人证明，提出者证明，见证人、立会人、介绍人证明，核对笔迹或印迹，间接推论，古文书，程式推定，故意不提出或者妨碍提出的推定，保管者证明，函电回复佐证，电话交谈佐证等方法。❷ 其中，核对笔迹或印迹涉及文书检验技术，属于科学的书证真实性鉴真方法。

文书检验，简称文检，亦称文件检验、文书鉴定、文件鉴定、可疑文件鉴定等，是指运用文书检验学的理论、方法和专门知识，根据鉴定人的经验，并结合测量、检测的结果，通过综合分析，对各类文书的书写人、制作工具、制作材料、制作方法、性质、状态、形成过程等进行的专业判断。根据文书的种类、鉴定的对象和任务，文书检验可以分为笔迹鉴定、印章印文鉴定、印刷文

---

❶ 周荣：《证据法要论》，吴宏耀点校，北京：中国政法大学出版社2012年版，第143页。

❷ 周叔厚：《证据法论》（第3版），台北：三民书局股份有限公司1995年，第1081–1089页。

件鉴定、篡改文件鉴定、污损文件鉴定、特种文件鉴定、文件材料鉴定、文件制作时间鉴定等。❶

第五节 科学证据的生成与收集

"科学证据"（scientific evidence）一词于 20 世纪 80 年代在我国司法解释性文件中出现，并于 90 年代后引起人们的广泛关注。❷ 所谓科学证据，是指存在于法律事务过程中的，具有科学技术含量、能够证明案件事实或者证据事实的各种信息。❸ 对于我国法定证据种类中哪些证据形态可以归属于科学证据，学术界是有分歧的。笔者赞同把视听资料、电子数据和鉴定意见归属于科学证据。❹ 随着社会的进步、科技手段的发展、行政执法规范化程度的提高，在行政执法程序中，科学证据的运用必将日益广泛和重要。

一、非接触性取证与数字化信息平台

传统的调查取证手段有一个显著特征，那就是调查取证人员与被调查的人或者物往往有直接的接触。既然证据的终结来源要么是人，要么是物，那么直接接触被调查对象亦无不可。但是，在行政执法程序，特别是行政处罚和行政强制程序中，调查取证人员与被调查或者被检查人员直接接触，也引发了不少矛盾，甚至是影响很大的矛盾。于是，借助科学技术手段，进行非接触性取证，生成或者获得科学证据（视听资料、电子数据）就日益成为行政执法中的首选。

1. 非接触性取证的概念和功能

非接触性取证是在"非接触性执法"一词的基础上产生的。非接触性执法是一个完整的执法程序和创新模式，其中最为重要的环节就是非接触性取证。

---

❶ 许爱东：《物证技术学》，北京：法律出版社 2016 年版，第 262 页。

❷ 1986 年 12 月 31 日发布的《最高人民法院关于加强法院法医工作的通知》第一部分指出，法院法医技术工作的主要任务是运用现代科学技术，准确、及时地查明和确定案件真实情况，为审判工作提供科学证据。1988 年 1 月 28 日发布的《人民检察院文件检验工作细则（试行）》第 2 条也指出，文件检验是刑事科学技术的重要组成部门，是运用现代科学的理论和方法，为揭露犯罪，证实犯罪提供科学证据的专门技术手段。1993 年美国多伯特案件及其判断科学证据的规则（Daubert Test）被介绍到中国，引起了学术界尤其是证据法学界的高度重视，科学证据的研究开始成为一个热点和重点。

❸ 邱爱民：《科学证据基础理论研究》，北京：知识产权出版社 2013 年版，第 27 页。

❹ 邱爱民：《科学证据基础理论研究》，北京：知识产权出版社 2013 年版，第 99–116 页。

(1) 非接触性取证的概念

非接触性取证是指行政执法人员不与当事人及其他参与人进行正面接触，而是利用视频监控、影像摄录等各种信息技术手段获取有关案件事实的证据材料的取证措施。

在行政执法程序中，行政执法主体与行政相对人（当事人）之间有所接触是一种常态现象。既然如此，又何以提出非接触性执法、非接触性取证呢？因为在行政执法程序中，接触往往意味着主体冲突概率的增加，以及取证成功机会的减少。《现代汉语词典》对接触的解释就是人与人接近并发生交往或者冲突。❶ 可见，接触与冲突在许多场合如影随形。行政执法，尤其是负担性行政执法，执法主体与当事人天然具有对抗性。一旦接触，冲突发生的概率就会大幅度上升。所以，在行政执法程序逐渐完备的过程中，随着科学技术的进步和执法装备的改良，非接触式执法、非接触性取证日益增多，也越来越重要，如交通管理的视频监控，公安管理的远程在线勘查，城市管理中占道经营、出店经营的"隔空喊话"，大气环保、污水排放管理的在线检测，垃圾渣土等固体废弃物管理的无人机跟踪，林业执法的红外照相机拍照等，皆为常见的非接触性取证措施。

(2) 非接触性取证的功能价值

在行政执法程序中，非接触性取证的功能价值至少包括如下两点。

① 减少冲突，树立文明执法的良好形象。《中共中央关于全面推进依法治国若干重大问题的决定》要求坚持严格规范公正文明执法。笔者认为，文明执法的要点就是行政执法时应当注意口头语有文化、态势语（行为动作）显文雅、书面语（执法文书）合文法，与当事人及第三方交往无冲突。运用科技装备调查取证，可以很好地回避行政执法人员与当事人及第三方交往时可能出现的言语冲突及肢体冲突，展现文明执法文明。

② 提高取证效率，生成科学证据。2018年6月12日，浙江省住房和城乡建设厅印发的《全省综合行政执法系统"非接触性"执法试点工作方案》指出，针对执法过程中存在的取证难、处罚难、执行难等问题，扎实开展调查研究，认真分析原因，以实施"非接触性"执法为突破口，努力提升执法成效。可见，非接触性取证可以解决取证难的问题。这是因为非接触性取证是借助高科技的电子视听设备，在不与当事人接触，甚至当事人并不预先知晓的情况下，直观、动态、连续地摄录当事人的违法行为及其过程与结果，呈现出的取

---

❶ 中国社会科学院语言研究所词典编辑室：《现代汉语词典》（第7版），北京：商务印书馆2016年版，第661页。

证效果是"铁证如山"。非接触性取证借助的是科技装备,生成的证据主要包括视听资料和电子数据,它们都属于科学证据。非接触性取证的优势是人员投入较少、没有执法冲突、能够生成关联性与真实性极强的科学证据,大大提升了执法取证的效率。

2. 非接触性取证设备

每一个行政执法系统或者执法机关都有相应的非接触性取证设备或者装备。行政执法装备包括交通装备、通信指挥装备、取证装备、快检装备、防护装备和其他装备六大类。其中,取证装备是指满足执法过程中取证工作需要的装备,包括执法记录仪、执法记录仪采集工作站、智能手机、摄像机、照相机、录音笔、笔记本电脑或平板电脑、便携式打印机、便携式扫描仪、光盘刻录机、视频监控系统、无人机等。

3. 数字化信息平台

笔者认为,行政执法主体应当建立健全并充分运用各种行政管理与行政执法数字化信息平台发现案情、收集证据、固定证据、传送证据、留存证据和使用证据。

(1) 数字化信息平台的概念

数字化信息平台是综合运用物联网、大数据、云计算等现代计算机与网络信息技术手段构建的,完整地包括基础软硬件平台系统,以及监管数据采集子系统、监督中心受理子系统、协同工作子系统、地理编码子系统、监督指挥子系统、综合评价子系统、应用维护子系统、基础数据资源管理子系统及数据交换子系统等的信息化集成体系。数字化信息平台是一种现代管理手段和管理活动,具有自动化、信息化程度高,效率高、成本低等优势。

(2) 数字化信息平台建设的相关要求

国务院办公厅关于"三项制度"的指导意见,在数字化信息平台建设方面提出了三项紧密关联的要求:①加强信息化平台建设;②推进信息共享;③强化智能应用。2021年4月28日《中共中央 国务院关于加强基层治理体系和治理能力现代化建设的意见》专门提出加强基层智慧治理能力建设的具体举措,包括做好规划建设、整合数据资源和拓展应用场景。许多部门规章也对数字化信息平台建设提出了相关要求或者作出了制度安排,如《农业行政处罚程序规定》第37条第2款和《江苏省文化市场综合行政执法管理办法》第25条。

二、视听资料和电子数据的自我生成

视听资料和电子数据是行政执法程序中的两种法定证据,但由于二者的生成技术和设备相似甚至一致,在现代计算机科学和数码技术背景下,视听资料和电子数据的交叉关系以及重合度日渐增大。视听资料和电子数据的自我生成,是指行政执法机关在行政检查(巡查)、勘验调查、询问走访等行政执法程序中,使用各种影像视频设备生成证据材料。换言之,案件中出现的这些视听资料和电子数据不是向当事人或者第三方调查收集的,而是执法人员自我生成的。

1. 录音资料的生成

录音资料(Audio Materials)是指运用现代科学技术手段,以录音方式记录并储存的有关案件所涉客体的声音的证据。

(1)录音的概念、特征和种类

录音是指用机械、光学或者电磁等科技方法把声音记录下来的专门活动。❶ 虽然从理论上,录音可以分为现场录音与非现场录音、公开录音与秘密录音等种类,但是,在行政执法程序中,录音主要是指现场录音。现场录音是指行政执法人员在现场巡查或者勘查过程中,利用音频记录技术对与案件有关的口头言语信息进行记录的一种方法。现场录音又分为现场访问录音和现场状态录音。所谓现场访问录音,是指行政执法人员在巡查或者勘查时,记录当事人、利害关系人或者证人言词陈述的一种录音方式。这种录音成果可以佐证询问笔录的合法性、真实性和关联性。现场状态录音是指行政执法人员勘验、检查现场时,记录自己对现场原始状况予以口头描述的一种录音方式。这种录音成果可以佐证勘查笔录(文字和图形照片等)的合法性、真实性和关联性。❷

录音作为一种对声音记录而形成的证据,具有如下特征。

① 具有特定的关联性。录音证据的特定关联性在于,其所记录的某人言词陈述之声音具有唯一性、不可替代性。每个人的声纹与指纹一样,具有独一无二的特性。成年以后,人的声音可保持长期相对稳定不变。实验证明,无论讲话者是故意模仿他人声音和语气,还是耳语轻声讲话,即使模仿得惟妙惟肖,其声纹也是不同的。基于声纹的特定性和稳定性特征,通过声纹鉴定技术进行检验对比或者辨认,就可以对录音证据进行确认,从而使录音证据能够发挥证明作用。❸

② 具有信息的完整性和真实性。录音证据相对于传统的文字记录具有对

---

❶ 中国社会科学院语言研究所词典编辑室:《现代汉语词典》(第7版),北京:商务印书馆2016年版,第848页。

❷ 马丽霞:《现场勘查》,北京:中国检察出版社2010年版,第199页。

❸ 详见 https://baike.baidu.com/item/%E5%A3%B0%E7%BA%B9/1209792?fr=aladdin。访问日期:2021年7月15日。

话的互动性、言词陈述的连贯性、信息内容的完整性和真实性优势。现场访问录音有问有答、有来言有去语,问答之间,案件事实得以动态、连贯地展示出来。虽然不像照片或者摄像那么直观,但也足以反映案件事实。就其佐证功能来讲,录音可以把言语声音信息全面、准确地录制在一定的音频载体上,大大提高了现场勘查、询问记录的完整性和可信度。所以,《行政处罚法》第47条明确要求行政机关应当依法以文字、音像等形式,对行政处罚进行全过程记录,归档保存。录音信息的完整性和真实性必须建立在合法规范制作的前提下。只有合法规范制作的录音证据,才具有这一显著特征。

(2) 录音证据的制作规范

录音能够具有证据资格和发挥证明作用,必须建立在合法规范制作(生成)的基础上。要而言之,录音证据的制作规范如下。❶

① 录音的时间和地点。对人的陈述进行录音,无论是访问式调查询问还是勘验巡查时的现场描述,都应当与询问工作、勘验巡查工作同步进行、全过程持续。向当事人、证人询问的时间越早越好,勘验现场也应当及时迅速,这些都不是指录音的时间要求。录音的时间要求是指与调查询问、现场描述同步实施,如果不是同步实施,则不能算作录音。对于录音的地点,如果是勘验现场状态描述录音,其录音地点别无选择,必须是在案件现场。只有在现场,才存在勘验描述、口头介绍实际状况的客观性、关联性和合法性。对当事人、证人进行询问谈话时的录音地点可以选择,既可以在现场,也可以在行政机关办案场所,还可以在当事人、证人住所及其要求的其他地点。但是,考虑到录音的清晰、单一、连贯,应当在这些场所中选择比较安静的和不受干扰的空间(房间)。

② 录音器材和方式。在行政执法程序中,用于录音的设备很多,如录音笔、录音棒、电话录音、手机录音、MP4录音、平板电脑录音等。录音器材的选择因案情而异,因装备配备而不同,难以指定某一种或者数种设备。但是,应尽量选择录音时间长、存储空间大、音质效果好的设备。录音方式有面对面录音和电话录音、视频录音之分。应当首选面对面录音,电话录音、视频录音能不用则不用,只能使用时才用。在访谈式录音中,使用电话录音、视频录音容易为对方所控制,对方能够非常容易地中断录音。相反,面对面谈话时,对方人员想要随意中断谈话、中断录音则相对困难。纵使出现了这些干扰情形,行政执法取证人员可以采用的补救手段和措施也较多。根据是否予以公开,录

---

❶ 王毅:《城管综合执法实务操作与典型案例》,南京:江苏人民出版社2019年版,第111-114页;马丽霞:《现场勘查》,北京:中国检察出版社2010年版,第199-200页。

音还可以分为告知对方的公开录音与不告知对方的秘密录音。行政执法过程中的录音应当为公开录音。

遇有重大案件，在无法约见当事人，且无法取得其他直接证据的特殊情况下，为了提高录音证据的效力，应当采取公证录音方式。在邀请的公证人员面前拨打电话并予以录音，由公证机构出具《证据保全公证书》。

③ 录音前的准备。录音前的准备包括录音设备的准备和调查取证提纲的准备。录音设备的准备包括器材选择和检查，如使用磁带式录音设备时应检查磁带的数量和质量，使用数字式录音设备时应检查磁盘存储空间是否足够等。之所以需要准备调查取证提纲，是因为录音的根本目的是取证，取证时需要询问哪些问题、出现状况时如何应对等事项都需要事先考量，谋定而后动。否则，有可能出现取证遗漏、取证不能等不良后果。至于是否需要提前预约当事人或者证人，则没有定数，应当根据案情作出相应的安排。提前预约可以获得确定的时间、地点等的答复，但也可能被对方拒绝以及对方会提前筛选对自己有利的信息内容；直接前往、径直上门固然有出其不意、攻其无备的效果，但是也会出现寻人不得、被人拒绝等意外情形。

④ 对案件信息的记录（录音内容要点）。现场勘验巡查的状况录音为行政执法人员的单方叙述，录制的为单一口语陈述；现场访问与调查询问的录音为行政执法人员与被问话人之间的双方陈述。以调查询问录音为例，录音时对案件信息的记录或者录音重点内容应当包括下列要素：

第一，行政执法人员的身份介绍与目的告知。行政执法人员应当主动介绍自己的身份，出示执法证件并请对方辨认、确认，告知对方案由和本次调查询问的目的。告知录音并征得其同意，不得在强制、胁迫等情况下录音。

第二，被谈话人的身份查询与权利、义务、责任的告知。行政执法人员应当查证、核实被谈话人的个人情况，务必确认其真实身份。行政执法人员还应当告知被谈话人其享有的陈述权、申辩权、申请回避权等权利；以及应当如实回答询问，并协助调查或者检查，不得拒绝或者阻扰等义务；作虚假陈述或者作伪证的法律责任等。

第三，被谈话人的完整陈述。调查询问录音在案件事实信息的获取阶段，应当首先要求被谈话人就其所知晓的案件相关事实作一个相对完整的言词陈述：当事人讲述所作所为，证人讲述所见所闻，被侵害人讲述所受所遇，专家及鉴定人讲述所知所思。

第四，行政执法人员与被谈话人的问答。在被谈话人完整叙述后，行政执法人员应当针对案件事实调查还需要查明的问题逐一向被谈话人进行提问，被谈话人针对提问逐一予以回答。问答没有固定的数量、时间等的限制，一切以查明案件事实为依归。

第五，被谈话人陈述真实性确认。在谈话的最后，行政执法人员应当向被谈话人确认其所陈述信息的真实性，被谈话人应当明确回答予以确认。

在案件信息调查和录音的过程中，需要注意下列事项：

其一，案件事实要素应当齐备。谈话录音的长短，以查明案件基本事实为依据。案件事实有无查明，又以事实要素是否齐备为标准。这些事实要素包括但不限于人物、时间、地点、原因、动机、目的、行为及其过程、手段及其工具。

其二，谈话及录音尽量不要涉及与案情无关的个人隐私或者国家秘密、商业秘密。但是，对被谈话人的称呼应当尽量使用全称，以增强录音的关联性和可信度。

其三，谈话及录音不要偏离基本的调查取证目的，应当着眼于案件事实的叙述、承认或者否认，不要纠缠法律责任的有无及大小。

其四，在被谈话人完整叙事与回答提问时，应当进行必要的时间控制和适度的话题引导，防止并纠正被谈话人偏离话题、长篇大论、空洞无物。

其五，整个录音过程应当保持清晰、真实、完整。

其六，采取电话录音时，无论是座机还是手机，都可以同步用执法记录仪全过程摄录，使录音资料和视频资料相互印证。

⑤ 录音的保管和使用。录音结束后，应当将录制的磁带或者音频文件进行编号、登记、封存，交由行政执法机关专门部门或者专门人员妥善保管。录音的原件务必保存好，不得修改、剪辑和移动存储。确需复制（翻录）的，不得删除或者损毁原件。

调阅、复制录音（翻录）必须经过审批备案，做好信息安全工作。

⑥ 录音转化为文字记录。对于录音证据，一般应当根据录音过程和录音内容，及时翻译整理一份文字记录材料，归档如卷。

转化录音证据的文字记录材料，其功能在于说明、佐证录音证据的生成过程及信息内容，其要素一般包括：标题或者名称（录音整理记录）；案件编号；录制设备（表述录音设备名称与型号等）；录制时间和地点；录制内容（详细的调查信息）；录音带的规格和时间长度；音频文件的名称和大小；录制机构和人员；原件保存处所；文字整理人和整理时间。如果是电话录音，还需要交代拨出电话人号码、接听电话人号码。经过公证的，应当注明公证机构名称和公证人员姓名。

2. 录像资料的生成

录像资料（Video Materials）是指运用现代科学技术手段，以录像（摄像)、照相等方式记录并储存的有关案件所涉客体的形象的证据。

（1）录像的概念、特征和种类

录像（录象、录相）作为动词，是指用光学、电磁等方法把图像和伴音信号记录下来；作为名词，则是指用录像机、摄像机记录下来的图像。录像机是指把图像和声音记录下来并能重新放出的机器，分为磁带录像机、数字录像机等类型。❶ 摄像专指用摄像机拍摄实物影像。摄像机是用来摄取人物、景物并记录声音的装置。它可以将图像分解并变成电信号，通常有光学摄像机、数字摄像机之分。❷ 尽管从专业的角度分析，录像机与摄像机存在一定差异，如信号源不同，但是，在行政执法程序中，无须严格区分录像和摄像的技术性差异。它们完全可以作为同义词使用。在相关的声像资料鉴定专业规范术语中，录音、录像、图片是基本的分类，并无摄像一词。当然，也有一些行政执法规范文件只提摄像或者摄像机，而不提录像或者录像机，如国务院办公厅关于行政执法"三项制度"的指导意见。学者在界定视听资料或者录像证据的内涵时，也不刻意区分录像和拍摄（摄像）的技术差异，如有人指出，视听资料就是指运用录音、录像等科学技术手段记录下来的有关案件的事实和材料，如用手机录制的当事人谈话、拍摄的当事人形象及活动等。❸ 鉴于此，笔者把摄像与录像混同使用。

行政执法程序中，作为调查取证手段、生成视听资料的录像是指行政执法人员在执法巡查或者证据调查过程中，运用各种移动的或者固定的现代录像设备，客观、系统地记录案件情况，动态、实时地反映执法过程，真实、快捷地固定、提取证据的一种记录手段。该手段与绘图、照相以及其他记录手段相比有其明显的优势，具体特点如下。❹

① 录像及其生成的录像资料兼具视、听双重功效。录像资料是典型的视听资料，因为录像能够将图像和声音同时记录下来，兼容视、听两种"语言"。相较而言，录音单纯存储声音，图像可视性不足；绘图、照相单纯可视，但欠缺声音。录像则能全面记录图像和声音，对案件事实的记录更加全面、真实，扩大了甚至等同于案件的信息量，便于行政执法机关和执法人员多

---

❶ 中国社会科学院语言研究所词典编辑室：《现代汉语词典》（第7版），北京：商务印书馆2016年版，第848页。

❷ 中国社会科学院语言研究所词典编辑室：《现代汉语词典》（第7版），北京：商务印书馆2016年版，第1156页。

❸ 江必新，夏道虎：《中华人民共和国行政处罚法条文解读与法律适用》，北京：中国法制出版社2021年版，第157页。

❹ 马丽霞：《现场勘查》，北京：中国检察出版社2010年版，第194－195页。

视点、全方位地观察、了解、分析、研究案件情况。

②录像及其生成的录像资料的客观性、关联性极强。由于录像可以连续地记录动态过程,对于照相技术和录音技术不易完整反映的情况,用录像的方式则可以清晰、直观、动态地反映出来,所以,录像证据的客观性与关联性极强。一方面,它比非视听资料的客观性、关联性要强;另一方面,它也比视听资料中的纯图像资料、纯声音资料的客观性、关联性更强。如对于交通事故案发现场,事故车的转向灯还在闪动的现象,用录像的方式可以很方便、直观地反映出来。❶通过摄像镜头,多视点、多侧面地连续动态记录,反映的案件事实内容更全面、信息更丰富、状态更逼真、关联更无疑。

③录像的实效性强。录像可以做到现拍现看,现场录像尤其如此。通过双向微波电路和视频同轴电缆,可以将录制的声像同步传输到指挥中心或者其他信息平台。录像还具有反复播放、慢速播放、定格等功能,有利于查明某些在现场勘查时被忽略的事实,查清某些事件发生、发展、变化的全过程,能够弥补由于主、客观因素而造成的工作上的漏洞和不足。

④录像较为简便、实用。录像机、摄像机或者类似设备的操作相对简单,在任何可见光下均可进行拍摄。同时,还能通过视频录像机将任何一个场景录像直接转换为照片图像,以弥补现场照相的不足。此外,录像也可以记录在现场对发现情况的口头解说,能够起到代替文字说明的作用。

对于录像,可以根据不同的划分标准进行分类。

第一,公开录像与秘密录像。根据录像行为是否公开实施,可以将其分为公开录像和秘密录像。依据法治原则,行政执法程序中的录像应当为公开录像。但是,也不能绝对地排除秘密录像的情形。例如,某地国道旁边经常出现乱倒固体废弃物的情况,经过走访了解,无法认定系何人所为。经县综合行政执法局领导批准,四名行政执法人员采取蹲点勘查、秘密录像的方式将再次骑三轮车来此处倾倒垃圾的张某抓获。在张某及其雇主李某极力否认乱倒固体废弃物时,执法人员出示前后完整的录像视频,直观、动态地显现了张某如何从远处骑车装满垃圾过来,如何停车,如何四周张望观察,如何倾倒,如何空车返回。在录像证据面前,张某和李某承认了多次倾倒垃圾的事实,表示愿意接受行政处罚,并自行清除垃圾。试想,如果公开录像,张某看见有执法人员在录像,就不会再往前行,也不会当着执法人员的面倾倒垃圾。这样一来,可能会有效遏制本次倾倒行为,但难以查清以前的倾倒行为,也不能阻止以后的倾倒行为。

---

❶ 何家弘:《证据调查实用教程》,北京:中国人民大学出版社2000年版,第342-343页。

第二,固定设备录像与移动设备录像。根据非接触性音像设备是否固定设置或者使用,可以把录像分为固定设备录像和移动设备录像。《行政处罚法》第41条规定的就是固定电子技术监控设备,该设备完成的录像就是固定设备录像;第47条规定的执法全过程记录中的录像,应当是移动设备录像。因为行政处罚的启动、调查取证、审核、决定、送达、执行等执法行为往往不是固定于单一地点、静止于单一环境的,要将一系列的执法活动全过程地记录下来,只有使用移动录像设备才能实现。

(2)录像证据的制作规范

录像证据的制作规范,可以参照一些标准和规范文件,如《现场照相、录像要求规则》(GA/T 117—2005)、《现场照相、录像要求》(GB/T 29349—2012)、《公安机关现场执法视音频记录工作规定》(公通字〔2016〕14号)等。以现场录像为例,其制作的规范要点包括但不限于下列事项。

① 完备有效的设备。"工欲善其事必先利其器。"在行政执法程序中,要生成录像证据,首先要保证设备齐全且性能良好。现场录像的设备和材料主要包括摄像机、录像机,记录材料,摄像用三脚架,摄像用照明设备,近摄镜,摄像用滤光镜,摄像用附属设备。

录像设备由摄像机及传声器、录像机、电视信号处理装置、监视器四个主要部分组成。作为电子录像系统,录像设备是记录图像、显示图像和处理图像的电子、光学和电的综合系统。在该系统中,录像机的构成又分为磁带和磁带盘、磁头、信号系统、伺服系统和走带机构五个部分。

② 科学的实施步骤。现场录像是现场勘验、检查或者巡查的客观记录,应当与现场勘验的顺序一致。总体而言,主要步骤包括下列基本环节:了解案情、拍摄固定、现场构思、拟定计划、拍摄顺序、查漏补缺。

③ 正确的技术方法。理论上讲,录像技术又称为磁录像技术,是以电视技术和磁带录音技术为基础发展起来的一项复合技术。录像技术不但可以把图像和声音同步、同时记录下来,而且能及时储存、重放所记录的信息。❶

在行政执法实务中,现场录像的方法,亦称录像拍摄技术(Videography Technique),是指具体进行现场实际录像时的技术要领、技术手段,采用了这些技术要领和手段就能够完成现场录像任务,生成具备证据资格和证明价值的证据材料。要而言之,现场录像的正确方法应当同时考虑摄像镜头的景别、摄

---

❶ 樊崇义,温小洁,赵燕:《视听资料研究综述与评价》,北京:中国人民公安大学出版社2002年版,第231-235页。

像角度和方向、摄像镜头运用方式三大类要素。❶

第一，正确选择摄像景别。摄像技术中将不同取景范围的画面称为景别。景别的大小，是由摄像机与被摄客体之间距离的变化或者改变摄像机镜头的焦距等因素而形成的。常用的摄像景别有远景、全景、近景和特写四种。

第二，正确选择摄像角度和方向。常用的摄像角度有平摄、俯摄、仰摄三种。采用不同的摄像角度，会产生不同的视觉效果和表现功能。摄像机水平角度的变化，会产生不同的摄像方向。常用的摄像方向有正摄、斜侧摄、背摄三种。

第三，正确选择镜头运动方式。录像镜头是运动的，摄制的画面是连续活动的，如此才能给人以直观、形象的感觉，证据的真实性、关联性便可一览无余。现场录像中应当根据要表达的内容正确选择镜头运动的方式，以便在各种不同的状态下更清楚地展示现场情况。常用的镜头运动方式有推摄、拉摄、摇摄、移摄四种。❷

④ 严谨的工作作风。现场录像必须严格遵循相关操作规程或者技术规范的要求，如《现场照相、录像要求》（GB/T 29349—2012）等文件的规定，做到严丝合缝、一丝不苟，保持严谨的工作作风。

⑤ 必要的后期编辑。完整的录像资料制作工作包括前期的摄录和后期的编辑两个部分。为了保障录像证据的真实性和关联性，通常情况下，现场勘查或者巡查的录像资料是无须编辑也不宜编辑的。但是，当现场摄制的镜头画面上下之间衔接不起来、杂乱无章，或者现场录像时的同步录音时间长、噪声大、效果差等情形出现时，在保留原始素材的基础上，经过负责人的批准，可以进行后期编辑。现场录像的后期编辑包括现场画面的编辑、编写解说词和配音三部分。❸

3. 电子数据的生成

电子数据（Electronic Data）是指基于计算机应用和通信等电子化技术手段形成的信息数据，包括以电子形式存储、处理、传输、表达的静态数据和动态数据。❹ 对于行政执法人员来说，生成电子数据的关键在于会操作相关设备或者系统。由于生成电子数据的设备、产品、软硬件系统有一定技术含量，一

---

❶ 马丽霞：《现场勘查》，北京：中国检察出版社 2010 年版，第 195-197 页。

❷ 《现场照相、录像要求》（GB/T 29349—2012）"3.12 录像拍摄技术"部分介绍的镜头运动方式有推摄、拉摄、摇摄、移摄四种。

❸ 马丽霞：《现场勘查》，北京：中国检察出版社 2010 年版，第 198-199 页。

❹ 参见 2014 年 3 月 17 日司法部司法鉴定管理局《电子数据司法鉴定通用实施规范》（SF/Z JD0400001—2014）。

般行政执法人员的个人因素能够渗入或者影响、改变的可能性不大。所以，通常情况下，只要行政执法人员会用相关设备和系统，就能规范生成电子数据。

生成电子数据依赖于生成主体和生成工具（硬件和软件），生成的电子数据存储在特定载体或者介质中。所以，行政执法主体自我生成的电子数据，其有效性和真实性取决于如下五个方面。

（1）使用或者设置电子设备（硬件/终端）的主体合法

《行政处罚法》第 41 条允许行政机关依法利用电子技术监控设备收集、固定违法事实；第 47 条要求行政机关应当依法以文字、音像等形式，对行政处罚的启动、调查取证、审核、决定、送达、执行等进行全过程记录，归档保存，其实就是赋予行政执法主体使用或者设置电子设备、硬件或者终端，生成电子数据。主体合法是包括电子数据在内的所有证据的合法性的必然要求。事关电子数据生成的主体合法包括使用或者设置电子设备的机关具有执法权；具体使用人员具有执法证；执法程序与执法场所允许使用或者设置电子设备；实际使用或者设置电子设备的过程及其结果符合相关法律、法规和规章的要求等。

需要特别指出，根据《行政处罚法》的要求，设置或者使用电子技术监控设备生成电子数据证据的，应当有法律和行政法规的赋权。前者如 2014 年 4 月 24 日修订的《环境保护法》第 42 条第 3 款，其规定重点排污单位应当按照国家有关规定和监测规范安装使用监测设备，保证监测设备正常运行，保存原始监测记录。这是环保技术监控的法律赋权。后者如 2019 年 10 月 22 日出台的《优化营商环境条例》（国务院令第 722 号）。该条例在第五章"监管执法"中，用专门条文特别赋权政府及其有关部门可以采用非现场监管手段生成电子数据证据来固定、收集违法事实，实现执法目标。该条例第 56 条可以作为市场经济活动监督管理执法领域行政执法主体使用或者设置电子设备（硬件或者终端）的行政法规普遍授权。

（2）合法主体使用或者设置的电子设备（硬件/终端）质量合格

生成电子数据的硬件包括单机硬件和互联网硬件。硬件通常就是计算机硬件的简称，是指计算机系统中由电子、机械和光电元件等组成的各种物理装置的总称。从专业角度分解，计算机由运算器、控制器、存储器、输入设备和输出设备五个逻辑部件组成，它们可以划分为三大部分：中央处理器（CPU）、存储器、输入与输出装置。❶网络硬件一般包括终端机设备、传输介质、网络

---

❶ 李净，唐红洁：《新编现代科技概论》（第 2 版），北京：中国政法大学出版社 2008 年版，第 115 页。

连接设备和不间断电源。

《行政处罚法》第41条要求设置电子技术监控设备时，应当经过法制和技术审核，确保电子技术监控设备符合标准。这一要求体现了对电子设备（硬件/终端）质量的关注。在行政执法程序中使用或者设置的各种电子设备、硬件、终端，都是工业产品、高精尖电子元器件，应当遵守《产品质量法》的要求。《道路交通安全违法行为处理程序规定》❶第15条第2款强调，交通技术监控设备、执法记录设备应当符合国家标准或者行业标准，需要认定、检定的交通技术监控设备应当经认定、检定合格后，方可用于收集、固定违法行为证据；第3款要求交通技术监控设备应当定期维护、保养、检测，保持功能完好。这些都是从电子设备（硬件或者终端）质量的角度作出的法律规定。

（3）电子设备（硬件/终端）中的软件能够满足生成电子数据的全部需求

软件是计算机系统的组成部分，是指挥计算机进行计算、判断、处理信息的程序系统，通常分为系统软件和应用软件两大体系。❷

行政执法主体及其工作人员不是软件的开发者。但是，采购和使用时应当考量相关电子设备或者终端中的软件质量。因为软件质量的好坏，直接关系到能否生成电子数据以及生成的电子数据是否真实有效。对于软件质量的要求，国际上有ISO/IEC 25000系列标准，我国有2016年10月13日发布的《系统与软件工程 系统与软件质量要求和评价（SQuaRE） 第10部分：系统与软件质量模型》（GB/T 25000.10—2016）。我国关于软件质量的标准对软件质量提出了八项特性要求（模型），分别是功能性、性能效率、兼容性、易用性、可靠性、信息安全性、维护性、可移植性。每项特性又划分为若干子特性。❸

（4）数据生成的初始、原始、真实、真正

《行政处罚法》第41条第2款要求，电子技术监控设备记录违法事实应当真实、清晰、完整、准确。这一要求体现了人们对电子数据证据真实性和关联性的关注。❹只有初始、原始生成，真实、真正地反映案件全部事实或者主要事实的电子数据，才能达到真实性和关联性的指标。第一手的、最初的电子数

---

❶ 2020年4月7日，公安部令第157号。以下不再一一注明该文件的发文日期和发文号。

❷ 中国社会科学院语言研究所词典编辑室：《现代汉语词典》（第7版），北京：商务印书馆2016年版，第1115页，"软件"词条。

❸ 详见《系统与软件工程 系统与软件质量要求和评价（SQuaRE）第10部分：系统与软件质量模型》（GB/T 25000.10—2016）"4.3 产品质量模型及特性说明"。

❹ 也有学者主张这一条款是技术监控证据真实性、合法性、关联性的具体表现形式。袁雪石：《中华人民共和国行政处罚法释义》，北京：中国法制出版社2021年版，第258页。

据，才是纯正的、真实的和真正的信息。同时，如果初始生成的数据信息不清晰、不完整、不准确，那么，其再原始、再纯真也不能固定和反映案件事实。只有真实、清晰、完整、准确地记录了违法事实及其要素的电子数据，才能发挥其证明案件事实的基本功能。当然，再先进的设备也是一种机器、一种电子产品，属于物的范畴。既然是一种外物，那么其损坏、失真、失效就难以避免。为了防止错误数据信息的记录影响正确认定案件事实，必须对电子技术监控设备等电子产品生成的电子数据信息进行人工审核判断，实现"人机结合"，否则，可能出现错误的事实认定。

（5）电子数据存储、传输、处理的保真、存真

由于电子数据生成后是以数字化形式存储、传输、处理的，在这一过程中，必须确保初始电子数据的真实性，实现电子数据存储、传输、处理的保真、存真。这也是电子数据作为法定证据种类之一的基本条件。没有完整保存、准确传输、规范处理，往往会使电子数据失去其真实性和关联性。所以，在行政执法程序中，对于依法生成的各类电子数据，必须严格规范其存储、传输和处理工作。而这又与传输、储存等设备的技术指标和产品质量密切相关。

电子数据与其载体或者存储介质密不可分、合二为一。2011年12月12日原国家工商行政管理总局《关于工商行政管理机关电子数据证据取证工作的指导意见》（工商市字〔2011〕248号）第2条指出，本意见所称电子证据是指以电子数据的形式存在于计算机存储器或外部存储介质中，能够证明案件真实情况的电子数据证明材料或与案件有关的其他电子数据材料。可见，电子数据的载体包括计算机存储器和计算机外部存储介质两大类。有学者指出，电子数据是指以数字化形式存储、处理、传输的数据。电子数据是信息时代科学技术高速发展的产物，其载体包括磁盘、硬盘、光盘等计算机软、硬件和电子邮件、微博、QQ等虚拟网络交易和交流方式的记录等。[1]

存储介质是承载电子数据的各类载体或设备，这些电子存储设备可以写入、保留和重新读出数据。存储介质与电子数据的载体基本上是同一概念。笔者赞同相关国家标准的分类，认为常见的电子数据存储介质包括硬盘、光盘、闪存等。[2] 其中闪存的全称是快闪存储器，主要有各种储存卡（闪存卡）与U盘。

---

[1] 江必新，夏道虎：《中华人民共和国行政处罚法条文解读与法律适用》，北京：中国法制出版社2021年版，第157页。

[2] 参见公安部于2012年2月1日发布的《电子数据法庭科学鉴定通用方法》（GA/T 976—2012）和司法部司法鉴定管理局2014年3月17日发布的《电子数据司法鉴定通用实施规范》（SF/Z JD0400001—2014）

网络系统中电子数据的载体包括但不限于下列类型：电子邮件、电子数据交换、QQ聊天记录、短信与微信、博客与微博、网络平台认证账号、电子签名、网络域名、主体网页、网络交易记录。

4. 执法记录仪的规范使用

行政执法程序中，影像记录设备包括但不限于执法记录仪、摄像机。对于一线执法调查取证活动而言，最为普遍、最为便捷的装备是执法记录仪。执法记录仪的规范使用及其相关事项简述如下。❶

（1）执法记录仪系统

执法记录仪是现场执法、非接触性取证和全过程记录中不可或缺的设备，是调查取证的重要工具。但是，要实现执法有记录、能追溯、能复制、可作证的目的，还需要其他软、硬件的支撑。例如，2020年7月3日住房和城乡建设部办公厅印发的《城市管理执法装备配备指导标准（试行）》（建办督〔2020〕34号）中，除了要求执法单员人手一部执法记录仪外，还强调每一基层执法部门至少应当配备一台执法记录仪采集站（工作站），用于存储视音频证据。所以，一套完备的执法记录仪系统包括执法记录仪、数据管理平台和视音频数据管理平台三个部分。❷

① 执法记录仪（硬件）。执法记录仪具有同步录音、录像功能的便携式取证设备。其形式多样，虽然各地配置的型号、版本不统一，但基本的记录要求、视频标准是一致的。

② 数据管理平台（终端）。执法数据管理设备俗称数据工作平台、采集站或者工作站，其主要有两个功能：一是收集、管理执法记录仪的视音频资料；二是及时为执法记录仪充电。通过执法数据管理设备，对收集、传输来的数据进行云计算，按照程序涉及的目的进行管理、统计、分析，让数据"说话"，保障执法记录数据的存储安全。

③ 视音频数据管理平台（软件）。用于访问、管理、统计各基层单位数据管理平台（终端）的所有视音频资料，实现部门信息、队员信息等基础信息的同步。同时，可与网上办案系统联网共享视音频数据，也可根据其他业务需要设定不同的计划进行操作，完成执法信息整合，实现执法数据的存储、管理、应用和分析。

---

❶ 本部分内容除另有注明者外，主要参考王毅：《城管综合执法实务操作与典型案例》，南京：江苏人民出版社2019年版，第104–110页。

❷ 参见2017年1月22日上海市城市管理行政执法局印发的《上海市城管执法系统全过程记录信息化装备技术参数与配置标准》（沪城管执〔2017〕18号）。

（2）执法记录仪的使用规范

① 专人负责。无论是人手一部，还是以组为单元配备执法记录仪，都应当有专人负责执法记录仪的收存、发放、摄录工作。在执法取证过程中，执法人员的执法记录仪应当合理分工、相互配合，保证全面、高效、优质地采集视音频信息。主摄录者为专门摄录人员，次摄录者为辅助摄录人员。基层单位组织现场执法时，应当按照分组构成的单元，设一名摄录人员进行远距离拍摄（全局），各小组分别设一名摄录人员进行近距离拍摄（局部）。

② 正确佩戴。执法记录仪一般以佩戴为主，手持为例外。通常佩戴在上装的左肩部或者左胸部，以便获得最佳的摄录位置及效果。在具体执法程序中，对需要重点记录的内容或者佩戴不便于摄录时，可将执法记录仪取下，手持执法记录仪进行摄录。

③ 科学操作。使用执法记录仪前，应当先进行时间、日期等的设置或者校核，检查电池容量、内存空间，保证视频记录能够有效生成。摄录开始时，摄录人员应当进行同步语音记录，一般为：某某时间＋某某地点＋某某事由（案由）＋执法记录开始。摄录完成时，摄录人员也应当进行同步语音记录：本次执法记录完毕。

执法记录仪采用固定焦距镜头。现场摄录时，应当多用固定画面拍摄，多个固定画面之间通过"摇镜头"和"移镜头"来连接。摇镜头是指拍摄机位不变，改变拍摄角度延展场景。移镜头是指拍摄角度不变，前后左右或上下改变拍摄位置，以改变拍摄范围。摇镜头和移镜头的操作应当尽量分别进行，摇和移时都应当平顺舒缓，切忌方向和速度的突变，同时要始终保持机器水平，以符合正常视觉习惯。

④ 要素齐全。执法记录仪拍摄的信息内容应当完整包括案件事实的各组成要素，包括但不限于何时、何地、何人、何事、何果、为何、如何。总体来说，使用执法记录仪拍摄的每一段视听资料，都应清楚地说明什么时间、什么地点、什么人员、什么事情、什么起因、什么过程、什么内容和什么结果。既要重点突出，又要全面准确。

对于现场环境，拍摄的范围应当稍微广泛一些，从中应可以看出道路、建筑、周围相对固定的能识别位置的特定标识，如路牌、楼号、店铺、单位名称等要素。

对于相关人员，应当完整记录明显与案情直接相关的人员影像及其言语行为。条件允许的情况下，还要有意识地拍摄在现场的、可能与案情有关系的其他人员，以便为之后的调查工作提供线索。

对于与案情有关的物证，应当完整记录其原始物品状态、原始位置关系。

先静后动,静态拍摄后,再记录动态提取的过程。

对于关键执法行为,如现场勘查、文书送达、强制措施等,应当重点拍摄。因为这些行为与案件当事人的相关合法权益密切关联。拍摄时要注意证据本身与人员、处所的关联性,例如,先行登记保存措施的拍摄要素应当体现出在什么环境下、什么处所中、物品形状、数量等细节。

⑤ 用语规范。在执法记录仪拍摄过程中,需要根据不同的情形作出不同的口语表达且必须同步录入。这些用语应当规范,如检查涉嫌有违法行为的当事人的相关证照时,应当说"您好,请出示某某证照";实施执法行为前,使用执法记录仪时应当告知相关人员"为了保护您的合法权益、监督执法行为,本次执法全程录音、录像";实施行政处罚或者行政强制措施前,须告知违法行为人应有的法律救济权益及途径,应当说"您享有陈述权、申辩权和行政救济权利"或者"您可以在某某时间内向某某单位提起行政复议,在某某时间内向某某人民法院提起行政诉讼";要求违法行为人签收法律文书时,应当说"请您认真阅读法律文书内容,并在签名处签名"或者"我们已经向您宣读了文书内容,请您签字";对违法行为人依法处理后,应当说"请您收好文书(证件)"。

⑥ 专门保管。执法记录仪录入的数据是巨量且繁杂的,因此,需要根据实际情况,按照类别或者时间顺序建立资料库,明确每段视音频资料的摄录人、摄录时间、摄录地点,统一管理,以便于查询使用。在每天工作结束后,应当及时将执法记录仪信息储存至专门收集工作站(平台),正确输入文件名并自动充电。遇到特殊情况不能及时储存的,应当在24小时内完成储存。不得将执法记录仪直接与互联网或者其他与工作无关的设备连接。一般情况下,现场执法视音频资料的保存期限不少于一年,记录下列情形的视音频资料应当永久保存:作为案件证据使用的;当事人或者现场其他人员有阻碍执法、妨害公务行为的;处置抗法现场、突发事件、群体性事件的;其他重大、疑难、复杂案件的视音频资料。

任何人不得以任何方式直接或者间接通过自己或者第三方对执法记录仪摄录的信息予以泄露或者删除。确需删除的音像信息,应当由执法记录仪工作站负责人在书面履行单位领导审批手续后进行。视频资料作为证据使用的,应当制作文字说明材料,注明制作人、提取人、提取时间等信息,并将其复制(刻录)为光盘后附卷。

⑦ 经常保养。应当严格按照使用说明书使用执法记录仪,注意日常保养维护,确保其工作状态良好。应当及时检查电池容量、内存空间、系统时间、有无故障等。对执法记录仪要妥善保管,不得人为丢失或者损坏。确有丢失、

损坏或者出现故障无法修复的,应当及时向所在部门负责人报告。

三、视听资料和电子数据的调查收集

视听资料和电子数据的调查收集,不同于行政执法主体及其工作人员的自行生成,是指从当事人、利害关系人、第三人等处收集、收取、提取,属于一种"拿来"行为。鉴于视听资料和电子数据也属于实物证据,其发挥证明作用的功能近似于书证,其存储、传输、处理载体或者介质近似于物证,故而视听资料和电子数据的调查收集,可以参照书证和物证调查收集的相关制度、规则和程序。从广义上讲,视听资料和电子数据的调查收集包括发现、收取、固定与封存等专门活动。

1. 视听资料和电子数据的收取

笔者主张,行政执法主体自行生成的视听资料和电子数据应当及时收取原始数据或者存储媒介/载体。对于非行政执法主体通过不违法的手段采集的视听资料和电子数据,行政执法主体应当依法调取,审核使用。

(1) 收取视听资料和电子数据的基本规则

收取视听资料和电子数据时,应当遵循"原件优先、复制例外"的最佳证据规则,如《农业行政处罚程序规定》第36条的规定。

(2) 电子数据的取证技术与常用工具

电子数据的取证技术主要包括电子数据保全技术、电子数据恢复技术、电子数据解密技术和电子数据分析技术,略述要点如下。❶

① 电子数据保全技术。电子数据保全是指行政执法主体及其委托人员,采用适当的方式和手段,将已经发现或者提取的电子数据固定下来并妥善保管,以便在行政执法程序中认定案件事实时使用的专门活动。电子数据的保全方法主要有封存、备份和认证三种。❷ 这三种保全方法涉及的技术手段主要有磁盘镜像技术、数字签名技术和时间戳技术。

② 电子数据恢复技术。电子数据恢复技术是同信息技术一起发展起来的,是一种将被删除或者破坏的数据还原为原始数据的技术。从广义上讲,驻留在计算机存储介质上的信息都是数据,任何使这些数据发生主观意愿之外的变化的行为都可视为破坏。数据恢复就是将遭到破坏的数据还原为正常数据的过

---

❶ 以下内容,除另有注明者外,皆参考汪振林:《电子证据学》,北京:中国政法大学出版社2016年版,第137-150页。

❷ 2012年9月24日原文化部《文化市场行政处罚案件证据规则(试行)》第8条第2款指出,现场固定电子数据的方式包括备份和封存。

程。一般来说，常用的数据恢复方法包括如下四种：利用系统自身的还原功能恢复数据；使用专业的数据恢复软件恢复数据；用软件和硬件结合恢复数据的方法来恢复数据；通过数据雕刻技术恢复数据。

③ 电子数据解密技术。与加密相对应，在行政执法调查收集电子数据的过程中，常常需要解密技术，以破解密码、恢复数据的原貌。攻击或者破译密码的传统方法主要有三种：穷举攻击、统计分析攻击、数学分析攻击。而多节点分布式解密则是一种较新的密码破解技术。

④ 电子数据分析技术。目前，电子数据分析技术是指在已经获取的数据流或者信息流中寻找、匹配关键词或者关键短语，具体包括文件属性分析技术、文件数字摘要分析技术、日志分析技术、数据内容分析技术。

在电子数据取证过程中，涉及磁盘分析、加密解密、图形和音频文件的分析、日志信息挖掘、数据库技术、媒体介质的物理分析等专业事项，如果没有合适的取证工具，仅仅依赖人工实现，会大大降低取证的速度和取证结果的可靠性。随着大容量磁盘和网络动态证据信息的出现，手工取证已变得不可行。因此，计算机取证工作需要一些相应的工具软件和外围设备来支持。相较于简单地查封、扣押、收取存储介质、计算机或者硬件设备，电子数据取证的成功与否在很大程度上取决于调查人员有无足够的、合适的、高效的取证工具，以及能否熟练地掌握其使用方法。电子数据的取证工具主要有下列七类：硬盘取证复制机、写保护设备、前端证据采集工具、数据恢复设备、密码解析工具、电子物证分析工具、网络数据分析工具。❶

（3）电子数据证据的来源与取证过程

电子数据证据的来源是取证过程中的首要问题，是整个取证活动的行动目标。如果不知道证据来源，取证过程就缺乏方向性，变成"大海捞针"。在明确了电子数据的源头之后，科学、规范的取证过程则保障了取证行为的有效性。有学者指出，电子证据主要来自两个方面：一个是计算机系统，如用户自建的文档、用户保护文档、计算机创建的文档等；另一个是网络，如防火墙日志、实时聊天记录等。❷ 这种两分法在逻辑上是周延的。来源于计算机的电子数据一般称为静态电子数据，而来自网络的电子数据通常称为动态电子数据。行政执法调查取证人员收取电子数据时，无论是采用传统的物理取证手段，还

---

❶ 详见北京安信荣达科技有限公司出品的《电子物证实验室建设方案 V3》，参见 https：//www.docin.com/p-283603374.html&endPro=true。访问日期：2021 年 8 月 8 日。以及汪振林：《电子证据学》，北京：中国政法大学出版社 2016 年版，第 151－181 页。

❷ 殷联甫：《计算机取证技术》，北京：科学出版社 2008 年版，第 8－9 页。

是借助于计算机取证技术，都应当对这两个证据来源加以必要的认知和关注。

如何科学、规范地收取上述两方面来源的电子数据？行政执法主体收取这些来源的电子数据的过程怎样？这属于电子数据取证过程或者取证模型的问题。毫无疑问，电子数据的调查取证必须严格遵循法定程序，否则就会导致所获取的证据缺乏可靠性和合法性，从而失去证据资格或者证明价值。自20世纪90年代以来，人们相继提出了很多电子证据取证模型。所谓电子证据取证模型，是指被类型化抽象概括的、标准化的取证过程。笔者认为，行政执法调查取证的手段和工具可以分为传统的和现代的、科技的与非科技的，但是其过程应当具有共性，即电子数据与物证、书证等证据的取证过程应当是相通的。换言之，在行政执法程序中，所有证据的取证过程或者取证模型应当是一致的，但具体环节中的工具、手段、措施、注意事项可以根据取证对象、案件类型的不同而有所差异，也必然有所差异。根据本章第一节之第四部分"行政执法调查取证的工作步骤"的阐述，笔者赞同把电子数据的取证过程划分为三个阶段，分别为证据获取阶段、证据分析阶段和证据陈述阶段。过于靠前的知识储备及人员培训，以及过于靠后的、诉讼程序中的证据整理及提交（理证与举证），不应当列入电子数据调查取证的过程中。❶

（4）电子数据的取证方法

电子数据从其物理形态和存储介质上看，接近于物证；从其发挥证明案件事实的功能上看，接近于书证。所以，几乎所有物证与书证的取证方法都可以适用于电子数据的调查收集。这里所谓的电子数据的取证方法，是指除传统物证和书证的调查收集方法之外，具有电子数据特色的、侧重于科技手段的具体措施。这些措施是电子数据取证的核心，注重电子数据的保全与收取，是确保电子数据原始性、完整性和可靠性的必要手段。在实务中，可以分为单机电子数据的收集方法与网络电子数据的收集方法两方面。❷

① 单机电子数据的收集方法。收集单机电子数据的特殊化措施主要有如下四点：

第一，取证前对计算机进行规范处理。在对单机电子数据进行收集时，计算机电源可能处于关闭状态，也可能处于开通状态。不同状态下对计算机的处理方法并不完全相同。

第二，准备好各种收集与保全设备。电子数据的收集与保全需要专门的设备。在具体实施取证之前，应当检查目标介质，确保各项设备功能正常。

---

❶ 殷联甫：《计算机取证技术》，北京：科学出版社2008年版，第10-11页。
❷ 汪振林：《电子证据学》，北京：中国政法大学出版社2016年版，第189-199页

第三，科学地安排电子数据收集顺序。收集与保全电子数据应当根据数据挥发性的高低来决定取证的先后顺序。挥发性越高的电子数据及其存储介质，越是应当优先提取保全。换言之，电子数据挥发性高低与收集顺序成正比。信息挥发性和证据收集顺序一般是：寄存器、高速缓冲存储器→路由表、ARP高速缓冲存储器、流程表、内核统计、内存→临时文件系统→磁盘→与系统相关的远程采集和监视数据→物理设定、网络拓扑→存档用存储介质。

第四，谨慎、专业、有效地提取电子数据。在具体实施电子数据保全及提取作业时，为了确保电子数据的真实性、完整性和可靠性，需要充分保障作业的规范性、标准化和专业性。因此，应当达到以下要求：实施作业人员不少于两人，同时邀请两名与案件无关、为人公正的人做见证人；同一性验证；全过程记录；妥善保管与处理。

② 网络电子数据的收集方法。收集网络电子数据特殊步骤和方法有如下几点：

第一，检查待访问的账号；

第二，完成作业记录；

第三，检查服务利用状况；

第四，确认保全对象；

第五，确定保全措施；

第六，同一性验证；

第七，恢复因保全所做的设定变更。

2. 视听资料和电子数据的发现与固定

证据发现是证据收取的前提。犹如其他实物证据，行政执法程序中发现电子数据的手段也是勘验、检查、报案、举报、巡查等。

（1）操作系统中电子数据的发现

操作系统是计算机必不可少的系统软件，几乎所有的应用程序都是基于操作系统的。在计算机技术的发展史上，DOS 系统、Windows 系统、Unix 系统和 Linux 系统是四大常用操作系统。比较而言，Windows 系统是最为常见、应用最广的操作系统。以下就 Windows 系统中若干电子证据的发现进行探讨（不涉及对操作系统本身的任何改动）。❶

① Windows 文件系统中证据的发现。Windows 系列操作系统中主要使用 FAT 和 NTFS 文件系统。行政执法调查取证人员可以在 FAT 和 NTFS 两种文件系统中进行文件搜索。除了常规的文件搜索外，调查取证人员有时候还需要关

---

❶ 汪振林：《电子证据学》，北京：中国政法大学出版社2016年版，第95-103页。

注那些被删除的，或者被人故意隐藏起来的信息。典型的是在文件系统的未分配空间（自由空间）、未分配磁盘中，这些地方实际上都是有信息的。

② Windows 注册表中证据的发现。Windows 操作系统中注册表的功能主要包括记录安装信息、记录使用记录、设置硬件和定制操作系统及应用软件。调查取证人员可以从注册表中获取硬件和软件的配置信息、用户优先权、系统的初始配置以及登录和密码信息。

③ Windows 事件查看器中证据的发现。在系统启动的同时，事件日志服务会自动启动。调查取证人员不但可以查看系统运行日志文件，还可以查看事件类型。Windows 日志主要包括应用程序日志、安全日志和系统日志三类。

（2）网络通信中电子数据的发现

与网络通信活动有关的证据都可以称为网络环境下的电子证据，主要来自以下四个方面：

① 源自网络服务器、网络应用主机的证据，诸如系统事件记录和系统应用记录、网络服务器的各种日志记录、网络应用主机的网页浏览历史记录、Cookies、收藏夹、浏览网页缓存等。❶

② 来自网络通信数据的证据。在网络上传输的网络通信数据可以作为证据的来源，这些数据可以反映计算机的工作状态以及行为人的行为。从网络通信数据中可以发现对主机系统来说不易发现的一些证据，这样可以形成证据补充，或从另外的角度证实某个行为或事实，从而相互印证。

③ 来自网络安全产品、网络设施的证据，包括路由器、交换机、访问控制系统、专门性审计（审核）系统、防火墙、入侵检测系统 IDS 等网络设备。❷

④ 专门的网络取证分析系统产生的包括日志信息在内的结果。在网络通信环境中发现电子数据，首先要调查网络运行环境；其次才是从网络通信记录、网络通信设备中发现有用的电子证据。❸

---

❶ Cookies 是 Cookie 的复数。Cookie 指储存在用户本地终端上的数据，类型为"小型文本文件"，是某些网站为了辨别用户身份，进行 Session 跟踪而储存在用户本地终端上的数据（通常经过加密），由客户端计算机暂时或永久保存的信息。参见：https://baike.baidu.com/item/cookie/1119?fr=aladdin. 访问日期：2021 年 8 月 19 日。

❷ IDS 是 intrusion detection system 的缩写，指入侵检测系统，是一种对网络传输进行即时监视，在发现可疑传输时发出警报或者采取主动反应措施的网络安全设备。参见：https://baike.baidu.com/item/%E5%85%A5%E4%BE%B5%E6%A3%80%E6%B5%8B%E7%B3%BB%E7%BB%9F/404710?fr=aladdin. 访问日期：2021 年 8 月 19 日。

❸ 江振林：《电子证据学》，北京：中国政法大学出版社 2016 年版，第 103－124 页。

(3) 视听资料和电子数据的勘验、检查

针对当事人及其他参与人生成的视听资料和电子数据，行政执法主体可以依法予以现场或者远程勘验、检查。对视听资料和电子数据进行勘验、检查时，应当制作《现场勘验检查笔录》等笔录文书和远程截获的屏幕截图等，必要时予以同步录音、摄像。总体来说，对视听资料和电子数据的勘验、检查，基本上可以参照物证的勘验、检查规程。

① 现场勘查。参照国际通行的电子数据鉴真原则以及各行政执法机关电子证据勘查工作技术规范，为确保电子证据的真实性、合法性和完整性，电子证据现场勘查工作应遵循以下原则：即时原则、全面完整原则、隔离现场原则、分步实施原则、记录监督原则、保密原则。❶

规范的电子证据现场勘查程序应当包括如下三个基本阶段：第一，现场保护；第二，现场勘查，主要包括现场访问、物理勘查、在线分析；第三，证据固定、封存和提取。❷

② 远程勘查。《江苏省文化市场综合行政执法管理办法》第24条规定，文化市场综合行政执法机构开展网络文化市场执法检查时，应当制作远程勘验笔录。远程勘验检查是涉及电子证据的一种重要勘查形式。

远程勘查是这样一种勘查手段：通过网络对远程目标系统实施相应的勘验、检查，从而发现、提取、固定远程目标系统的状态及其中存留的电子数据。远程勘查一般应当收集远程目标系统的状态信息和存留内容。其中，状态信息一般包括 IP 地址、域名信息、路由、开放端口、操作系统类型等。流存内容一般包括网站内容、用户注册信息、网站源程序、数据库文件、网站访问日志等。

远程勘查运用的是网络远程访问技术。离开互联网和远程访问服务器技术，远程勘查是无法实现的。❸ 这里的远程不一定是指自然空间距离的遥远。如果现场勘查的路径是调查人员→被调查设备，人和目标对象或者系统是单线、直接关系，那么，远程访问或者远程勘查则是指调查人员→自己的设备→通过网络→被调查设备，人和目标对象或者系统之间是间接、多环节关系。因此，所谓的远程，其实是指调查人员无法物理接触目标系统或者调查对象，而是必须通过网络间接对目标系统或者调查对象进行勘查。在自然状态下，调查

---

❶ 汪振林：《电子证据学》，北京：中国政法大学出版社2016年版，第209－211页。

❷ 麦永浩，孙国梓，许榕生，戴士剑：《计算机取证与司法鉴定》，北京：清华大学出版社2009年版，第141－143页；汪振林：《电子证据学》，北京：中国政法大学出版社2016年版，第211－213页。

❸ 麦永浩，孙国梓，许榕生，戴士剑：《计算机取证与司法鉴定》，北京：清华大学出版社2009年版，第225页。

人员的设备和被调查设备可能在同一间办公室内、同一栋楼内、同一个居民区内，但是，由于调查人员与被调查设备不能直接实现物理接触，故称为远程。

远程勘查技术的步骤一般可以分为三个阶段：确定远程勘查目标，勘查状态信息，勘查留存内容。❶

③ 电子证据检查。电子证据检查是指专业技术人员检查已经扣押、封存、固定的电子证据，以发现和提取与案件有关的线索和证据的专门活动。此处的检查应作狭义的理解，不包括物理现场的检查，专指具有计算机专门知识和分析能力的人员，对经过勘查、已经扣押、封存和固定的电子数据进行的分析。这种专业检查活动主要包括实验室分析和证据报告两个关键步骤，前提是检查分析对象已经被扣押、封存和固定。所以，电子证据检查专门人员与现场勘查人员之间有一个电子数据及其载体的交接手续与保管链条完整性问题。

（4）视听资料和电子数据的固定与封存

《文化市场行政处罚案件证据规则（试行）》第 8 条第 2 款规定，为了保护电子数据的完整性、真实性和原始性，应当对其实施固定和封存。对于存储媒介、电子设备和电子数据，如果准备将其作为证据使用，则应当在现场固定或封存。固定方式包括备份和封存。

① 备份方式。在基本的语词含义上，备份有名词和动词两种用法。作为名词，备份指为备用而准备的另外一份；作为动词，备份指为备用而复制文件、软件等。❷ 在电子数据的固定事项上，备份也是如此。例如，《文化市场行政处罚案件证据规则（试行）》第 8 条第 2 款第 1 项规定，备份方式是指复制、制作原始存储媒介的备份。这里后一个备份是名词，前一个备份是动词，为了区别二者，前一个备份被称为备份方式；后一个备份被称为备份件以彰显其名词性，如有人指出，收集的电子数据应当使用光盘或者其他数字存储介质备份。行政机关作为取证人时，应当妥善保存至少一份封存状态的电子数据备份件。❸

电子数据的备份是一项专门的技术和科技手段，除了由专业人员操作外，通常离不开专业的电子数据备份工具，如硬盘复制机和软件。位对位复制和镜像获取是常用的电子数据（存储媒介）备份手段，位对位复制是把数据从一个设备（如硬盘）复制到另一个设备（如光盘）或者从一个设备的一个磁盘

---

❶ 汪振林：《电子证据学》，北京：中国政法大学出版社 2016 年版，第 213－214 页。

❷ 中国社会科学院语言研究所词典编辑室：《现代汉语词典》（第 7 版），北京：商务印书馆 2016 年版，第 56－57 页。

❸ 袁雪石：《中华人民共和国行政处罚法释义》，北京：中国法制出版社 2021 年版，第 278 页。

复制到另一个磁盘，生成一个数据副本。镜像是在两个或多个磁盘或磁盘子系统上产生同一个数据的镜像视图的信息存储过程。二者的主要区别在于：镜像是数据虽然存储在两个物理设备中，但是 OS 和逻辑层次只能识别到一个逻辑设备；复制是在 OS 和逻辑层能够识别到两个逻辑设备。换言之，复制是在另一个地方出现同样的物体；而镜像虽然也是在另一个地方出现同样的物体，但是不同点是位置相对固定，在镜像点确定后，位置就固定了。❶

② 封存方式。根据《文化市场行政处罚案件证据规则（试行）》第 8 条第 2 款第 1 项，封存方式是指在无法制作备份的情形下，封存原始存储媒介。封存的客体是否必须是原始存储媒介？这在行政执法领域有不同的规定，如《税务稽查案件办理程序规定》❷ 第 23 条第 2 款指出，需要以有形载体形式固定电子数据的，检查人员应当与提供电子数据的个人、单位的法定代表人或者财务负责人或者经单位授权的其他人员一起，将电子数据复制到存储介质上并封存，同时在封存包装物上注明制作方法、制作时间、制作人、文件格式及大小等，注明"与原始载体记载的电子数据核对无误"，并由电子数据提供人签章。很显然，此处封存的客体不是原始载体而是复制的备份，所以要求在封存包装物上注明"与原始载体记载的电子数据核对无误"。

《文化市场行政处罚案件证据规则（试行）》第 8 条第 2 款第 3 项对封存电子设备和存储媒介提出了基本要求：首先，应保证在不解除封存状态的情况下，无法使用被封存的电子数据；其次，应当拍摄被封存电子数据的照片并制作《封存电子证据清单》。

3. 视听资料和电子数据的鉴真

行政执法主体调查收集的视听资料和电子数据是否具有合法性、形式关联性和形式客观性，即有无证据资格，同样需要行政执法调查取证主体加以必要的鉴真。

（1）视听资料和电子数据鉴真的客体与方法

在行政执法证据法规范文件中，对于视听资料和电子数据鉴真的客体以及相应的鉴真方法，常有大量的条文规定。以《交通运输行政执法程序规定》第 37 条和第 38 条为例，要而言之，视听资料和电子数据鉴真的客体包括原始证据和传来证据。传来证据不限于复制，还有转换、恢复、破解等。对视听资料和电子数据的鉴真方法，归结起来，包括但不限于：原始数据、原始存储媒

---

❶ 参见 https://zhidao.baidu.com/question/398700519.html。访问日期：2021 年 8 月 28 日。OS 是 operating system 的缩写，指操作系统。

❷ 2021 年 7 月 12 日，国家税务总局令第 52 号。以下不再一一注明该文件的发文日期和发文号。

介和原始载体；计算完整性校验值，生成完整性校验码；计算机或者网络数据专业检测与鉴定；取证过程的说明、笔录、图片和其他音视频资料；提供人（持有人）、制作人、复制人、保管人等的说明；公证机关对取证过程及结果的证明。

（2）电子数据的鉴定

这里的鉴定专指对收集的电子数据是否具有形式真实性、形式关联性以及过程合法性进行的科学实证、科学研判、科学证明。电子数据的这些属性决定着调查收集的电子数据是否具有证据资格。我国学界的主流观点是，电子数据必须经过关联性、合法性与真实性的检验，才能作为定案的根据。鉴于过程合法性、形式关联性和形式真实性影响证据资格，内容真实性和实质关联性决定证明力，所以，作为电子数据鉴真方法的鉴定，应当专门针对其形式真实性、形式关联性以及过程合法性。❶

根据 2020 年 6 月 23 日司法部印发的《声像资料司法鉴定执业分类规定》（司规〔2020〕5 号）第 17 条第 2 款，电子数据鉴定包括电子数据存在性鉴定、电子数据真实性鉴定、电子数据功能性鉴定、电子数据相似性鉴定等。需要强调的是，电子数据的一致性、完整性和真实性有很大的重合度。电子数据的一致性涉及过程合法性和形式关联性；完整性涉及形式真实性。例如，在 2010 年 4 月 7 日发布的《声像资料鉴定通用规范》中，真实性和完整性就是作为同义词使用的。❷ 当然，也有把真实性和完整性作为两个独立属性表述的条文，如《医疗保障行政处罚程序暂行规定》❸ 第 23 条第 1 款。电子数据的一致性，亦称同一性，是指复制备份的电子数据、转录转存的电子数据、破解恢复的电子数据等传来证据与原始证据（原始数据、原始载体或者存储介质）没有任何差异。所以，一致性与完整性也有很大的重合度。

关于电子数据鉴定的通用程序，详见 2014 年 3 月 17 日司法部司法鉴定管理局发布的《电子数据司法鉴定通用实施规范》（SF/Z JD0400001—2014），此处不再赘述。

---

❶ 麦永浩，孙国梓，许榕生，戴士剑：《计算机取证与司法鉴定》，北京：清华大学出版社 2009 年版，第 6-7 页。

❷ 详见 2010 年 4 月 7 日司法部《声像资料鉴定通用规范》，SF/Z JD0300001—2010。完整性是在真实性后面用圆括号附加表述的，足以彰显二者的同义性。该规范现已废止，这里仅用于说明真实性和完整性的重合度。

❸ 2021 年 6 月 11 日，国家医疗保障局令第 4 号。以下不再一一注明该文件的发文日期和发文号。

四、鉴定与鉴定意见

在行政执法程序中，鉴定作为认定案件事实的科技手段、鉴定意见作为认定事实的法定证据是普遍存在的。无论是英美法系国家，还是大陆法系国家，科学证据基本上就是指专家鉴定意见。在我国，鉴定意见是最为核心和最为重要的科学证据形态。在行政执法程序中，鉴定和鉴定意见的出现有三种情形：行政执法主体直接收取当事人或者第三人依法获得的鉴定意见；行政执法主体对外聘请鉴定机构及其鉴定人实施鉴定生成的鉴定意见；行政执法主体指定内设鉴定机构及其鉴定人实施鉴定生成的鉴定意见。从行政执法证据调查角度看，就是收取鉴定意见、委托实施鉴定并获得鉴定意见、指定鉴定并获得鉴定意见。

1. 鉴定及其类型

调查取证程序中的鉴定及其类型，侧重于把鉴定作为一种收取及分析并生成科学证据的专门活动。相较于其他调查取证行为，实施鉴定时，行政执法工作人员的工作事项不多。当然，在行政执法机关内设鉴定机构中专门从事技术鉴定的工作人员除外，因为他（她）们是鉴定的具体实施人员。

（1）鉴定的概念

在行政执法程序中，鉴定与司法鉴定不应当被简单割裂、泾渭分明。

鉴定与司法鉴定都是专业词汇。"司法鉴定"的社会知名度似乎要高于鉴定。其实，"鉴定"在我国法律体制中也是使用广泛的一个术语，尤其是在行政管理和行政执法领域。在行政执法程序中，鉴定、科学鉴定、司法鉴定是可以混同使用的。无论是司法鉴定的体制文件，还是司法鉴定的实务操作，都可以服务于、适用于行政执法领域。何家弘教授也指出：不能把鉴定等同于司法鉴定，把司法鉴定局限于诉讼活动。鉴定应当涵盖非诉讼活动，只有这样，才更符合现代法治理念和内容的要求，才能切合证据调查的本意。随着社会的发展和科技的进步，社会生活中各种矛盾的复杂性增大，各种案件、事件的调查处理难度越来越大，调查人员也越来越频繁地转向依靠专门的科学技术、方法与手段来鉴别、判断与认定客观真实情况，从而查明案件、事件的事实真相。社会中各行各业的一切需要鉴别、判断与认定的专门调查方法都可称为广义上的鉴定。[1]

借鉴《公安机关鉴定规则》第 2 条的表述，行政执法程序中的鉴定是指在行政执法程序中，鉴定人接受聘请或者指派，运用科学技术或者专门知识对

---

[1] 何家弘：《证据调查》（第 2 版），北京：中国人民大学出版社 2005 年版，第 327 - 328 页。

案件涉及的专门性问题进行鉴别和判断并提供鉴定意见的科学实证活动。

（2）鉴定的适度扩张

对于行政执法程序中的鉴定，应当作必要的扩张解释，换言之，应当对鉴定作广义理解，鉴定包括检测、检验、检疫和评估。

① 在行政执法证据法规范文件中，鉴定与检测、检验、检疫、评估经常一并表述，都是指针对专门事项作出的专业分析研判，如《中华人民共和国海关办理行政处罚案件程序规定》❶ 第42~44条。

② 鉴定的过程、鉴定意见的内容，其本身就包含着检测、检验、检疫和评估。例如，《文化市场行政处罚案件证据规则（试行）》第11条第1款明确指出，文化市场行政处罚案件的鉴定结论是指具有法定鉴定资格的鉴定机构利用专门的仪器、设备，就与案件有关的物品所作出的技术性检验检测结论。即鉴定结论就是技术性检验检测结论。

（3）鉴定的必要性

行政执法程序应当克服"鉴定依赖症"，非属专门性问题不得动辄委托鉴定。这就是鉴定的必要性问题。所谓鉴定必要性，亦称鉴定确有必要，是指该事实的认定属于专门性问题，超越了常识和生活经验，非借助于专家知识或者技能不能分析与研判。

其实，几乎所有事涉鉴定的法规条文和规范文件表述，都在规定鉴定这种调查取证手段时强调实施鉴定应当建立在两个必要的前提下：其一，目的必要，即必须是为了查明案情或者查清事实；其二，事项必要，即必须是针对案件中的专门事项或者专门性问题、专门性技术问题。例如，《治安管理处罚法》第90条强调鉴定针对的是案件中有争议的专门性问题。

专门性问题（专门事项、专门性技术问题）既是鉴定得以实施的基础前提之一，也是鉴定的客体。所谓专门性问题，是指行政执法主体及其工作人员的常识和经验不足以解决的案件事实。这些事实的判定必须借助于具有专门知识、专业技术、专用设备的专门人员（专家或者鉴定人）的分析和研判。对此，《海事行政执法证据管理规定》第29条有一个精辟的解释。根据该条规定，鉴定人之所以不同于行政执法主体及其工作人员，之所以被称为专家，之所以能够解决案件中的专门问题，完全在于他（她）们具有的三项专门性，即专门知识、专业技术、专用设备。

（4）鉴定的类型

在行政执法程序中，鉴定的类型主要依据两个标准进行划分，其一，依据

---

❶ 2021年6月15日，海关总署令第250号。以下不再一一注明该文件的发文日期和发文号。

鉴定的客体，或者说需要鉴定的专门性问题进行划分，如环境损害鉴定评估、价格评估、治安案件人身损害鉴定、交通事故鉴定等；其二，依据鉴定启动时的机构选择，具体说是依据对外聘请还是对内指定而划分为对外聘请鉴定（委托鉴定）与内部指定鉴定（指定鉴定）。例如，《公安机关办理行政案件程序规定》第 87 条第 1 款就体现了鉴定的不同类型。

① 内部指定鉴定。内部指定鉴定是指指派本机关、本系统内设或者主管的鉴定机构中的鉴定人实施的鉴定。很显然，这种鉴定类型的出现建立在本机关、本系统有内设的鉴定机构或者主管的鉴定机构。

② 对外聘请鉴定。对外聘请鉴定亦称委托鉴定，在 2005 年司法鉴定机构社会化改制后，这一类型的鉴定在行政执法程序中占据绝对的多数。委托鉴定的显著特点在于，委托人与鉴定机构不在同一部门或者同一系统。行政执法程序中的委托鉴定人是行政执法机关，接受委托具体实施科学鉴定活动的则是社会化服务的司法鉴定机构、行政机关内设或者主管的鉴定机构及类似组织。

2. 鉴定程序

通常的鉴定程序一般包括鉴定的委托或者指定、鉴定的受理、鉴定的具体实施、补充鉴定或者重新鉴定、出具鉴定意见书、在听证会或者法庭以及类似场合口头陈述鉴定意见并接受质询等环节。作为行政执法主体，自身需要完成的工作主要是委托或者指定鉴定机构及其鉴定人。

（1）行政执法主体委托或者指定鉴定时需要注意的问题

根据相关的鉴定程序规则，行政执法主体委托实施鉴定的，应当注意下列事项：

① 确有必要实施鉴定。

② 鉴定机构和鉴定人必须具有法定的、相应的资格和条件。

③ 提出明确且清晰的鉴定目的和要求，但不得强迫或者暗示鉴定人应当作出什么鉴定意见。

④ 最大限度地提供检材、样本和关联资料。

⑤ 支付鉴定费用。

⑥ 签订委托书或者鉴定协议，载明委托人、委托事项、提供的材料、鉴定要求等。

⑦ 协助鉴定人行使权利。

（2）行政执法主体要求补充鉴定

补充鉴定是指为了使鉴定意见更臻充实完善，而在原鉴定的基础上，对案件中某些遗漏的专门性问题继续进行鉴别和判断并作出一些完善意见的一种鉴定形态。补充鉴定的目的在于弥补原有鉴定的不足，保证鉴定的全面性和客观性。行政执法主体在收到鉴定意见后，应当仔细审查，依法、合规地提出补充鉴定的要求。

要而言之，具有下列情形之一的，行政执法主体应当决定进行补充鉴定：
① 初始鉴定事项存在遗漏的。
② 初始鉴定的内容存在明显遗漏的。
③ 针对初始委托鉴定事项，委托人提供新的鉴定材料或者发现新的有鉴定意义的证据的。
④ 原鉴定意见不完善，可能导致案件或者事件被不公正处理的。
⑤ 其他需要补充鉴定的情形。

补充鉴定是原委托鉴定的组成部分，应当由原鉴定人进行。情况特殊者亦可由其他鉴定人进行。

（3）行政执法主体决定重新鉴定

重新鉴定是指行政执法机关或者案件当事人认为原鉴定或补充鉴定的依据不充分，对结论意见不满意，或鉴定人之间意见不一致，而依法、合规地将原鉴定材料再次指派或聘请新的鉴定人进行的独立鉴定。行政执法机关在收到鉴定意见后，一方面要认真审查，另一方面要依法、合规地及时送达当事人。在符合法定条件的前提下，当事人有权申请重新鉴定，行政执法机关亦可直接决定重新鉴定。

要而言之，具有下列情形之一的，行政执法主体应当决定重新鉴定：
① 初始鉴定人没有从事委托鉴定事项的执业资格的。
② 原鉴定机构超出登记的业务范围组织鉴定的。
③ 原鉴定人应当回避而没有回避的。
④ 鉴定意见与事实不符或者同其他证据有明显矛盾的。
⑤ 鉴定意见明显依据不足、不够准确的。
⑥ 原鉴定程序严重违法的。
⑦ 行政执法主体认为需要的。
⑧ 法定的其他情形。

实施重新鉴定时，应当另行指派或者聘请鉴定人员。

3. 鉴定意见

鉴定人在鉴定结束后，应当写出书面鉴定意见并签名。鉴定意见是鉴定活动的结果，也是法定证据形态。发挥证据作用的是鉴定意见。

（1）鉴定意见的概念

袁雪石主张，鉴定意见是指接受委托的鉴定人运用自己的专业知识和技能，对需要鉴定的专业性问题进行分析、鉴别和判断之后出具的专业意见。❶这一定义总体上比较可取，涵盖了所有需要鉴定及其鉴定意见的法律领域。

（2）鉴定意见的内容

鉴定人完成鉴定后应当出具鉴定意见。鉴定意见的载体应当是书面的鉴定意见书。鉴定意见书应当及时送达当事人及其他参与人。

对于鉴定意见（鉴定结论）应当包括哪些内容，许多行政执法证据法规范文件都有要求，如《海事行政执法证据管理规定》第30条。笔者认为，书面鉴定意见应当包括下列基本内容：

① 委托、指派或者申请鉴定的单位或个人。
② 委托、指派或者申请鉴定的时间及内容。
③ 明确的结论性意见。
④ 鉴定时提交的相关材料，包括检材、样本和辅助资料。
⑤ 鉴定的依据和使用的科学技术手段。
⑥ 鉴定的具体实施过程。
⑦ 鉴定机构和鉴定人员的资格证明。
⑧ 鉴定机构印章、发文时间及鉴定人员签名。
⑨ 其他必要的项目。

（3）鉴定意见书格式

《司法鉴定程序通则》❷第36条强调，司法鉴定机构和司法鉴定人应当按照统一规定的文本格式制作司法鉴定意见书。2016年11月21日司法部《关于印发司法鉴定文书格式的通知》（司发通〔2016〕112号）所附《司法鉴定意见书》的组成及其格式是：①封面；②声明页；③正文；④文书格式及其使用注释。

《司法鉴定程序通则》第39条要求，司法鉴定意见书应当一式四份，三份交委托人收执，一份由司法鉴定机构存档。司法鉴定机构应当按照有关规定或者与委托人约定的方式，向委托人发送司法鉴定意见书。第41条还特别指出，司法鉴定意见书出具后，发现有下列情形之一的，司法鉴定机构可以进行补正：图像、谱图、表格不清晰的；签名、盖章或者编号不符合制作要求的；文字表达有瑕疵或者错别字，但不影响司法鉴定意见的。补正应当在原司法鉴定意见书上进行，由至少1名司法鉴定人在补正处签名。必要时，可以出具补正书。对司法鉴定意见书进行补正，不得改变司法鉴定意见的原意。

---

❶ 袁雪石：《中华人民共和国行政处罚法释义》，北京：中国法制出版社2021年版，第279页。
❷ 2016年3月2日，司法部令第132号。

第六节　行政执法证据保全

广义的调查取证包括证据保全，是指与证据的收集有关的各种调查活动的总称；狭义的调查取证仅指行政执法机关自行生成或者收取（提取）证据的活动。证据保全在证据发现与证据收取之间，具有十分重要的意义。证据保全是取证制度的重要环节，是收集证据工作不可分割的一部分，它在行政执法证据制度中的前提作用和基础地位与证据的收集相一致。

一、行政执法证据保全概述

"保全"在古代汉语中就有使用，意指"保护使之安全"。在现代汉语中，作为动词，是指"保住使不受损失"。❶ 证据保全，大体上也是这个意思，即将案件中的证据保护好、保存着，使之不受损害，确保能够安全使用。

1. 行政执法证据保全的概念

行政执法证据保全是指在行政执法程序中，在法定情形下，行政执法机关依据职权或者根据当事人的申请，采取必要措施对案件中的证据加以固定和保护的行为。

（1）行政执法证据保全的前提

行政执法证据保全的前提是指在行政执法程序中，当难以一步到位收取或者提取证据时，应当对已知证据或者潜在证据予以保全的法定情形。这种前提情况主要有下列两类。

① 该证据可能灭失。《医疗保障行政处罚程序暂行规定》第29条第1款指出，医疗保障行政部门对可能被转移、隐匿或者灭失的资料，无法以先行登记保存措施加以证据保全，采取封存措施。在实务过程中，证据可能灭失的情形主要包括：证人身患严重疾病有死亡的可能；鉴定或者勘验之物将因自然因素或者当事人的转移、隐匿行为而有消灭、变更的隐患；有关机关保管的文书、卷宗、档案即将逾越保存期限而有焚毁的可能，等等。❷

② 以后难以取得该证据。《中国银保监会行政处罚办法》❸ 第24条指出，

---

❶ 夏征农，陈至立：《辞海》（第6版彩图本，第1册），上海：上海辞书出版社2009年版，第105页；中国社会科学院语言研究所词典编辑室：《现代汉语词典》（第7版），北京：商务印书馆2016年版，第46页。

❷ 卞建林：《证据法学》，北京：高等教育出版社2020年版，第241页。

❸ 2020年6月15日，中国银行保险监督管理委员会令2020年第8号。以下不再一一注明该文件的发文日期和发文号。

在证据可能灭失或者以后难以取得的情况下，可以采取先行登记保存措施。以后难以取得的情形包括：证人即将远行或者出国；证物即将被当事人或者第三人携带出境，等等。❶

（2）行政执法证据保全的启动

行政执法证据保全的启动，是指依据什么行政决定或者当事人申请而采取证据保全措施。总体而言，行政执法证据保全依据下列两种前置行为而启动。

① 行政执法主体职权决定。《证券期货违法行为行政处罚办法》❷ 第22条规定，中国证监会及其派出机构依法需要采取封存、先行登记保存措施的，应当经单位负责人批准。遇有紧急情况，需要立即采取上述措施的，执法人员应当在二十四小时内向单位负责人报告，并补办批准手续。单位负责人认为不应当采取的，应当立即解除。类似这种依据职权决定采取证据保全措施的规定很多。应当说，在行政执法程序中，证据保全的启动，绝大多数都是依据行政执法主体的职权决定的。这是由行政执法行为的主动性所决定的。有学者直接界定行政执法中的证据保全是指在证据可能灭失或者以后难以取得的情况下，行政机关依照职权主动采取一定措施加以固定的调查取证措施。❸

② 当事人或者第三人依法申请。笔者认为，行政执法证据保全也可以依据当事人或者第三人的申请而启动，其中最主要的形式就是证据公证。在行政执法程序中，有时候会利用证据公证制度来保全证据。

2. 行政执法证据保全的范围

行政执法证据保全的范围是指实施证据保全措施时，可以对哪些已知或者潜在的证据加以保护。

（1）职权决定时保全范围的取舍

行政执法机关职权决定证据保全时，其范围的取舍应当明确两个方面：其一，拟保全的证据是否具有关联性，或者说在案件处理中有无证据价值，即有没有用。凡是对案件的处理具有价值的证据，不管是人证、物证还是书证，都应当保全；反之则没有保全之必要。其二，拟保全的证据是否符合应当保全的前提情形，即是否存在灭失或者以后难以取得的可能。一旦有这种可能性，哪怕其概率低于50%，也应当果断决定予以证据保全，切不可患得患失、错失良机。

---

❶ 卞建林：《证据法学》，北京：高等教育出版社2020年版，第241页。

❷ 2021年7月14日，中国证券监督管理委员会令第186号。以下不再一一注明该文件的发文日期和发文号。

❸ 华晨泓，刘玉江，等：《行政执法证据的收集与运用》，南京：江苏科学技术出版社2007年版，第98页。

（2）当事人申请时保全范围的确立

无论是行政执法主体接受当事人申请还是公证机构接受申请，其证据保全范围的确立，在理论上包括三类情形：其一，完全依据申请，申请保全什么证据就保全那些证据；其二，超越或者扩张申请范围，以申请保全之证据为基础，适度扩及关联的有用证据；其三，限缩申请范围，把申请中无关的证据或者不存在保全必要的证据排除出去，不予实施保全措施。

无论是基于什么情形而保全证据，其范围总体上宜大不宜小，宁可多保全，不可少保全。因为证据是认定案件事实的根据，一旦证据灭失或者以后难以取得，则意味着事实难以准确认定。事实不能准确认定，则相应的法律适用也必然不能顺利完成。所以，应当最大限度地保全证据。

3. 行政执法证据保全的特征

行政执法证据保全既与诉讼证据保全存在差异，又与其他行政执法调查取证行为存在差异。

（1）行政执法证据保全与诉讼证据保全的区别

笔者认为，尽管行政执法证据保全与诉讼证据保全在文义上有一致性，在功能上都固定和保护了证据，但两者至少有下列几点区别。

① 存在环境不同。诉讼证据保全主要存在于民事诉讼和行政诉讼程序中。刑事诉讼程序由于侦查制度和侦查措施的存在，证据保全制度并不显见，或者说证据保全蕴含于侦查措施之中。行政执法证据保全存在于行政执法程序之中。行政执法程序与诉讼程序显然不是一致的法律程序环境：行政执法程序具有主动性，诉讼程序具有被动性。行政执法中的证据保全是主动作为，以职权保全为主，亦有依申请而作出的情况；诉讼程序中的证据保全是被动作为，以申请为主，亦有依职权而决定的情况。

② 保全主体不同。存在的程序环境不同，保全证据的主体自然不同。诉讼证据保全的主体只能是法院，相对单一；行政执法证据保全的主体是各类行政执法主体以及公证机构。行政执法主体的类型显然要多于法院。

③ 保全类型不同。行政执法证据保全无诉前保全、诉中保全之划分。有学者主张，行政执法程序中的证据保全从时间上看，可分为行政处罚程序前和行政处罚程序中的证据保全。行政处罚程序前的证据保全包括监督检查结果、举报人提供的有关证据；行政处罚程序中的证据保全包括抽样取证、提取和笔录等。❶ 这种观念显然是错误的。行政监督检查是独立的行政执法行为，举报

---

❶ 华晨泓，刘玉江，等：《行政执法证据的收集与运用》，南京：江苏科学技术出版社2007年版，第99页。

人提供证据是其权利和义务，二者都不是行政处罚程序前的证据保全。监督检查发现证据、固定证据是独立行政执法行为中的证据调查事项，不可简单地作为行政处罚前的证据保全措施。举报人提供证据，是行政执法主体立案的线索来源之一，亦不属行政处罚前的证据保全措施。

④ 具体措施不同。许多诉讼保全的措施，如《最高人民法院关于行政诉讼证据若干问题的规定》第28条所规定的查封、扣押、拍照、录音、录像、复制、鉴定、勘验、制作询问笔录等，在行政执法中都属于行政强制措施或者科学鉴定或取证手段。司法具有被动性，行政执法彰显主动性。法院依据当事人申请录音、录像、复制、勘验是为了保障当事人利益而保全证据；行政执法机关有职权自主实施这些行为，这些行为就是收集人证、物证和书证的具体手段，而不是保全措施。

（2）行政执法证据保全与其他行政执法调查取证行为的区别

很显然，行政执法证据保全存在于广义的调查取证行为之中，是广义调查取证中的一个重要环节，有时甚至是基础性的工作。但是，严格地讲，行政执法证据保全与行政执法调查取证中的其他行为或者措施相比，在行为目的、行为功能、适用条件和具体措施等方面还是有差异的。

① 行为目的的不同。行政执法证据保全想要得到的结果是相关证据的固定与保护；人证询问、物证勘查、书证收取、科学鉴定、人物辨认想要得到的结果是各种法定证据种类的获得或者生成。尽管保全行为与具体收集证据行为有许多交叉，但是，二者在宏观上追求的目标是有差异的。如果没有差异，为什么要分节或者分章规定证据保全与证据收集手段？有学者曾经明确指出，只有在证据可能灭失或者以后难以取得的情况下，行政机关才能采取证据保全措施。❶

② 行为功能的不同。行政执法证据保全的效用在于实际固定和保护了有价值的证据，使这些证据不至于灭失或者以后难以取得。在相关证据得以保全后，行政执法机关并非一劳永逸、无所作为，而是会根据案件的发展以及调查取证程序的推进，作出后续的行为，包括但不限于复制、拍照、摄像、送交鉴定、询问、变价处理、予以没收和退还。在这些后续行为中，有些属于保存措施的解除，有些属于行政处罚，有些属于人证、书证、物证的收集与分析。相对而言，证据收集的具体手段，其效用在于法定证据种类的实际获得或者生成。所以，从行为功能角度比较，证据保全可以作为证据收集的前置行为对待。

---

❶ 曹晓凡：《环境行政执法证据的收集与运用》，北京：中国民主法制出版社2015年版，第69页。

③适用条件的不同。行政执法证据保全的适用条件：证据存在灭失的可能或者以后难以取得。各种收集证据的行为，其适用条件是能够有效收集即可。如人证询问，在当事人、被害人、证人愿意作证、愿意陈述其所作所为、所受所遇、所见所闻时，即可依法实施。在诉讼程序中，询问既可以是当事人及其律师调查收集人证的手段，也可以是法院进行证据保全的手段。在行政执法程序中，如果相关人证主体面临死亡、出国等情形，行政执法机关可以凭借自身执法权而立即询问，此时的询问不宜作为证据保全，而是一种直接的取证行为。但是，当行政执法机关申请公证机构予以证据公证时，公证机构采取的询问以及出具公证书的行为，可以作为证据保全措施或者公证审查措施。

④具体措施的不同。对于行政执法证据保全的具体措施有哪些的问题，无论是在规范文件中，还是在学理认知上，都存在差异。《公安机关办理行政案件程序规定》对于行政执法证据保全措施的规定最为明确且广泛，具体包括扣押（扣留）、查封、抽样取证、先行登记保存、封存、冻结。而该文件证据保全之外的调查取证措施则包括询问、勘验、检查、鉴定、辨认。所以，证据保全措施与狭义的证据调查措施都属于广义的调查取证，但它们各自的具体手段则有所不同。

4. 行政执法证据保全的类型

由于行政执法程序中，能够发挥证据保全功能的措施比较繁多，导致对于行政执法证据保全类型的认知也存在分歧，需要加以研究和确立。笔者主张狭义界定和确立。

（1）行政执法证据保全类型的认知分歧

对于行政执法证据保全究竟应当包括哪些类型，在行政执法证据法规范文件中有明示的表述方式，也有不明示的表述方式。

①以"证据保全"为标题，明示规定证据保全的类型。这一立法例的典型代表是《公安机关办理行政案件程序规定》。该规定第七章的标题为"调查取证"，其中第七节的标题为"证据保全"，这一节中规定的保全措施有：扣押或者扣留物品（第107条、第111条、第112条、第115条、第116条）；查封场所、设施、物品（第108条、第111条、第112条、第115条、第116条）；抽样取证（第109条、第111条、第115条、第116条）；先行登记保存（第110条、第111条、第115条、第116条）；封存电子数据原始存储介质（第111条、第115条、第116条，结合扣押）；冻结存款、汇款、债券、股票、基金份额等财产（第113～116条）。根据这一节的规定，公安机关在行政执法程序中的证据保全类型或者措施一共有六种：扣押（扣留）、查封、抽样取证、先行登记保存、封存、冻结。其中，查封（封存）、扣押（扣留）、冻

结是《行政强制法》第 9 条明确规定的行政强制措施。只有抽样取证和先行登记保存在《行政强制法》中没有被明确规定为行政强制措施。但是,《公安机关办理行政案件程序规定》第 54 条第 1 项把这些措施都定性为行政强制措施。

② 没有明示"证据保全"的类型表述。《医疗保障行政处罚程序暂行规定》是这种模式的适例。在该规定的第三章"行政处罚的普通程序"中,可以归属于证据保全的措施有先行登记保存(第 26~28 条)和封存(第 29~33 条)。在该规定中,适用先行登记保存措施的前提条件是证据可能灭失或者以后难以取得(第 26 条);适用封存措施的前提条件是证据资料可能被转移、隐匿或者灭失,不能用先行登记保存措施来保全证据(第 29 条)。可见,封存作为证据保全措施是在先行登记保存不足以防止证据被转移、隐匿或者灭失时才采取的,具有一定的滞后性或者后续选择性。该规定还特别指出,医疗保障行政部门实施的封存属于行政强制措施,应当依照《行政强制法》规定的程序进行(第 30 条)。综合该文件中关于封存的所有条文,可见其所规定的封存,与《行政强制法》中的查封在本质上是相同的。唯一可能存在的差异就是查封的客体(对象)主要是物证(场所、设施或者财物),而封存的客体(对象)主要是书证(传统文书和现代电子数据)。

(2) 行政执法证据保全类型的确立

笔者主张,在所有具备证据保全、证据固定、证据保管等保护性的措施中,凡其他法律、法规有明确定性和制度安排的,不宜作为证据保全措施。换言之,查封(封存)、扣押(扣留)、冻结等行政强制措施,以及抽样取证行为,可以划出证据保全措施之外,或者不作为狭义的证据保全措施。也就是说,应当树立狭义的证据保全观,具有证据保全功能的那些行政强制措施应当与证据保全区别开来、分离出去。因为无论是行政强制措施还是行政强制执行,都是独立的行政执法行为。而证据保全不是独立的行政执法行为,它仅仅是调查取证过程中的一种临时性、阶段性活动。

①《行政强制法》明确规定的具有证据保全功能的措施。《行政强制法》第 9 条以列举加概括的立法技术规定了行政强制措施的种类。在这些行政强制措施中,查封、扣押、冻结常被作为证据保全措施加以介绍。在行政执法程序中,它们到底是被定性为行政强制措施好,还是被定性为证据保全措施好?应当依据依法行政的基本原则加以确立。笔者赞同把这些行为定性为行政强制措施。因为它们既然已经被《行政强制法》明确规定为行政强制措施,那么就不能仅仅作为证据保全手段简单对待。

对于在行政执法程序中,适用具有证据保全功能的行政强制措施与适用纯粹的证据保全措施，应当有不同的法律依据和操作程序，这是有规范文件可以佐证的。例如，《证券期货违法行为行政处罚办法》第 21 条就特别强调采取冻结、查封、扣押、限制证券买卖等措施的，按照《行政强制法》等法律、法规以及中国证监会的有关规定办理。该办法在规定封存和先行登记保存措施时，则没有这种援引适用《行政强制法》相关规定的表述。相反，其第 22～24 条对于封存、先行登记保存这两种纯粹的证据保全手段作出了自身细致的安排。这是为什么？因为查封、扣押、冻结、限制证券买卖是法定的行政强制措施，而封存、先行登记保存则是单纯的证据保全措施，二者不是同一类型，尽管它们在证据保全的功能上具有一致性。❶

② 抽样取证是保全行为还是取证方法之一种。《行政处罚法》第 56 条将抽样取证和先行登记保存一并规定，指出行政机关在收集证据时，可以采取抽样取证的方法；在证据可能灭失或者以后难以取得的情况下，经行政机关负责人批准，可以先行登记保存。抽样取证行为如何定性？抽样取证的目的不同，其定性就不同：用于检测、检验、检疫、鉴定时，属于保障措施；直接用于定案证据时，则是收取证据的一种方法。有学者指出，抽样取证必须针对数量较大的物品进行。抽样取证的性质是阶段性行为。❷ 既然把抽样取证定性为阶段性行为，是为了实施化验、鉴定而抽取样品，那么认定抽样取证是证据保全措施亦无不可。不过，笔者认为，用于检测、检验、检疫、鉴定的抽样取证，是收取检材或者样本（样品）的基本手段，本质上还是属于证据提取，是检测、检验、检疫、鉴定之物证基础的实物证据的收集，因此抽样取证不应当作为证据保全措施，而应当是取证类型，是针对多数实物证据的取证形态，抽取少数样本（样品）的行为。检测、检验、检疫、鉴定等后续行为，其实是对检材或者样本（样品）的证据信息进行科学的解读（分析和研判并得出结论）。不能因为一个证据有两种或者两种以上的行为，就直接把前面一个行为作为保全措施。在《行政处罚法》的法条表述中，第 56 条的语句可以分解为两句话：其一，行政机关在收集证据时，可以采取抽样取证的方法；其二，行政机关在证据可能灭失或者以后难以取得的情况下，经行政机关负责人批准，可以先行登记保存，并应当在七日内及时作出处理决定，在此期间，当事人或者有关人

---

❶ 2019 年 12 月 28 日第二次修订的《证券法》第 170 条第 1 款第 7 项规定，国务院证券监督管理机构在调查操纵证券市场、内幕交易等重大证券违法行为时，经国务院证券监督管理机构主要负责人或者其授权的其他负责人批准，可以限制被调查的当事人的证券买卖。据此，限制证券买卖是一种行政强制措施。我国也有少数文件把先行登记保存作为行政强制措施，如 2016 年 4 月 13 日交通运输部《民用航空行政检查工作规则》（交通运输部令 2016 年第 40 号）第 34 条第 3 项。

❷ 袁雪石：《中华人民共和国行政处罚法释义》，北京：中国法制出版社 2021 年版，第 315－316 页。

员不得销毁或者转移证据。从基本的文义解释可以发现，抽样取证是收集证据的一种方法，先行登记保存则是证据保全的措施。因为先行登记保存是保全手段，所以有七日的期间限制；而抽样取证是取证方法之一，没有期限约束。我国也有学者在完整引述《行政处罚法》这一条款后，特别指出：该款规定的先行登记保存实际上就是证据保全。但是，该论者却没有把抽样取证作为证据保全对待。❶

根据以上两点阐述，笔者主张行政执法程序中的证据保全应作狭义界定，专指证据先行登记保存和证据公证。先行登记保存是唯一没有争议的证据保全措施。至于证据公证，依据《公证法》第 2 条等的规定，公证行为本质上就是由专门机关对有关案件事实和证据加以证明。这种证明在实际功效上就是保全了或者补强了相关的人证、书证和物证。

二、先行登记保存

极少数规范文件把先行登记保存作为行政强制措施，如《民用航空行政检查工作规则》第 34 条第 3 项。然而，大多数行政执法证据法规范文件都认定先行登记保存是证据保全措施。

1. 先行登记保存的概念

先行登记保存是一个专业法律词汇，也有一些立法的定义。

《财政部门证据先行登记保存办法》第 3 条指出，本办法所称证据先行登记保存，是指财政部门依法在调查或者检查过程中，为了查明情况，保护证据安全，在证据可能灭失或者以后难以取得的情况下，对有关证据采取清点、登记并封存的措施。

2. 先行登记保存的特征

（1）先行登记保存的定性

要认识先行登记保存的特征，必须首先对其性质加以界定。如果认为先行登记保存属于行政强制措施，那么其特征就是与其他行政强制措施的不同；如果认为先行登记保存不属于行政强制措施，那么它的特征判断就不需要与其他法定行政强制措施加以比较。在行政执法证据法学领域，有学者认为，包括先行登记保存在内的行政执法证据保全是一项保证证据完整和真实，不被破坏和灭失的保护性措施。❷ 也有学者认为，先行登记保存是在行

---

❶ 曹晓凡：《环境行政执法证据的收集与运用》，北京：中国民主法制出版社 2015 年版，第 69 页。现行《行政处罚法》第 56 条是原第 37 条第 2 款。

❷ 曹晓凡：《环境行政执法证据的收集与运用》，北京：中国民主法制出版社 2015 年版，第 69 页。

政执法程序中,面临证据可能灭失或者以后难以取得的情形时,对某项证据采取的行政控制措施。❶ 还有学者认为,先行登记保存应当属于行政强制措施,是《行政强制法》第9条第5项概括规定的其他行政强制措施(由《行政处罚法》加以规定)。❷

在行政执法证据法规范文件表述上,既有体现先行登记保存属于行政强制措施的条文,如《价格行政处罚证据规定》第17条第2款;也有体现先行登记保存与行政强制措施不归于一类的表述,如《交通运输行政执法程序规定》第四章"调查取证"之第三节专门规定证据先行登记保存,具体见第43~45条,而防止证据损毁的查封、扣押则安排在第五章"行政强制措施"中,具体见第52~59条。可见,总体上来看,先行登记保存与行政强制措施不应当是一类行为。

在涉及先行登记保存的许多行政诉讼案例中,与先行登记保存是否属于行政强制措施的定性问题相应的待解决事项就是先行登记保存是否具有可诉性。对此,主流观点是先行登记保存属于行政处罚中的过程性行为,不是具有独立法律意义的行政行为,不具有可诉性。例外情形是先行登记之后没有作出行政处罚决定,先行登记明显损害当事人的合法权益或者以先行登记的名义行扣押之实等,此时先行登记具有可诉性。现分别介绍如下:❸

① 先行登记保存属于行政处罚中的过程性行为,不是具有独立法律意义的行政行为,不具有可诉性。详见湖南省高级人民法院(2017)湘行终100号行政裁定,河南省高级人民法院(2018)豫行申1521号行政裁定;山西省高级人民法院(2018)晋行申218号行政裁定,陕西省高级人民法院(2018)陕行申211号行政裁定。

② 先行登记通常不具有可诉性,但如果没有最终的处理结果,则具有可诉性。详见吉林省高级人民法院(2020)吉行再12号判决书。

③ 以先行登记为名行扣押之实的,具有可诉性。如广西省高级人民法院(2020)桂行终365号行政裁定指出:某市执法局系根据《行政处罚法》的规定扣押涉案车辆,虽然以先行登记保全证据为名,但实际是行扣押车辆之实,属于行政强制措施,对陈某某的权利义务产生了实际影响,依法具有可复议性和可诉性。

---

❶ 交通运输部政策法规司:《交通运输行政执法证据收集与运用》,北京:人民交通出版社2012年版,第140页。

❷ 袁雪石:《中华人民共和国行政处罚法释义》,北京:中国法制出版社2021年版,第317页。

❸ 参见 https://new.qq.com/omn/20210916/20210916A04XG000.html。访问日期:2021年9月29日。

④ 先行登记明显不当的，具有可诉性。详见河南省高级人民法院（2019）豫行申 1218 号行政裁定。

综合上述案例，显见先行登记保存作为证据保全措施，不应当定性为行政强制措施，它只是行政执法程序的组成部分和一种证据收集手段，不是独立的具体行政行为。而所有行政强制措施都属于独立的具体行政行为，独立的行政执法行为都具有可诉性。认知先行登记保存行为的性质和特征，不能因为它具有一定的强制性，就简单地把它作为行政强制措施对待。其实，行政执法及其所有行为类型，尤其是负担性行政执法行为，都具有一定的强制性，难道都作为行政强制措施吗？显然不可以。行政执法行为可以分为行政处罚、行政强制、行政许可、行政检查、行政征收、行政命令、行政裁决等类型。在行政处罚、行政征收、行政裁决等执法程序中，肯定需要调查取证。在证据面临灭失或者以后难以取得的特殊情形下，也肯定需要先行登记保存。先行登记保存最基本的特征就是它属于证据保全措施，是行政执法程序中的阶段性行为，不具有独立性和可诉性。

（2）先行登记保存与查封、扣押的区别

有学者认同先行登记保存属于行政强制措施，同时，该论者也指出先行登记保存与查封、扣押存在五点不同：❶

① 实施主体和依据不同。先行登记保存是《行政处罚法》设定的行政强制措施。对具有行政执法权的行政机关普遍授权，享有该项行政强制权的主体范围较大。并不是所有的行政机关都享有查封、扣押的权限，实施查封、扣押行为，一般需要法律、法规的专门授权。

② 实施目的不同。先行登记保存的目的限于收集证据时使用。查封、扣押的目的，则不限于证据保全，还包括制止违法行为发生、控制危险扩大，保障行政决定得到有效作出，或者保障行政决定得到有效执行。

③ 实施对象不同。查封、扣押的对象是场所、设施或者财物。先行登记保存的对象则不包括不动产。对于不动产，应主要适用查封的规定。诸如《银行业监督管理法》《统计法》《价格法》等规定的先行登记保存对象主要是有关原始记录和凭证、会计资料及其他相关文件、资料、证明等。

④ 实施期限不同。根据《行政处罚法》第 56 条和第 85 条，先行登记保存的实施期限是 7 个工作日。根据《行政强制法》第 25 条和第 69 条，查封、扣押的期限不得超过 30 日；情况复杂的，经行政机关负责人批准，可以延长，但是延长期限不得超过 30 日。

---

❶ 袁雪石：《中华人民共和国行政处罚法释义》，北京：中国法制出版社 2021 年版，第 317－319 页。

⑤ 适用的法律文书不同。《行政强制法》第 24 条第 1 款要求实施查封、扣押应当制作并当场交付《查封、扣押决定书》和清单。《财政部门证据先行登记保存办法》第 7 条要求财政部门采取证据先行登记保存措施，应当经本单位负责人批准，制作《证据先行登记保存通知书》，并送达被检查人；第 8 条强调财政部门采取证据先行登记保存措施时，应当会同被检查人对证据进行清点、登记，开具《先行登记保存证据清单》。但是，《公安机关办理行政案件程序规定》第 111 条第 1 款则统一要求实施扣押、扣留、查封、抽样取证、先行登记保存等证据保全措施时，应当会同当事人查点清楚，制作并当场交付《证据保全决定书》。可见，文书的区别有时是不存在的。

暂且不论是否可以将先行登记保存定性为行政强制措施。从该论者的论述中，可以得出一个基本结论：作为证据保全措施的先行登记保存与具有防止证据损毁功能的查封、扣押等行政强制措施不是一回事，存在若干差异。

3. 先行登记保存的适用

对于先行登记保存的实务运用，目前欠缺国家立法层面的制度安排，主要依赖行政规章和其他规范文件加以规制。

（1）先行登记保存的对象

作为证据保全措施，先行登记保存的对象当然是证据，这点毫无异议。但问题是，哪些证据应当予以先行登记保存，哪些证据不需要先行登记保存？这牵涉证据的具体化和先行登记保存前提条件的特定化。在行政执法证据法规范文件中，绝大多数的表述侧重于先行登记保存前提的特定化，如《行政处罚法》第 56 条指出：在证据可能灭失或者以后难以取得的情况下，经行政机关负责人批准，可以先行登记保存。据此，不管是什么证据，一旦存在可能灭失或者以后难以取得的情况，都属于可以且应当加以先行登记保存的对象。当然，也有一些行政执法证据法规范文件为了便于实务操作，予以精准指导，对先行登记保存的证据也会加以具体化表达，如《财政部门证据先行登记保存办法》第 4 条明确指出，本办法所称证据包括：①会计凭证、会计账簿、财务会计报告等会计资料；②合同、协议、会议记录等文书资料；③录音、录像、电子存储数据等电子资料；④现金、有价证券、存货、固定资产等资产；⑤财政部门认为应当先行登记保存的其他证据。显而易见，这里强调的或者明确列举出的先行登记保存证据主要是实物证据，包括书证、电子资料、各种实物等。

（2）先行登记保存的批准

实施证据先行登记保存应当严守法定程序，但目前我国的法律、法规对此并无细致的规定，许多细节问题有赖于位阶较低的规范文件加以规定且表述多有差异。实施先行登记保存是否需要经过批准？绝大多数规范文件都明确强调应当经过批准,如《行政处罚法》第56条要求经行政机关负责人批准,《交通运输行政执法程序规定》第43条要求经执法部门负责人批准。毫无疑问,行政执法不是执法人员个体执法,不是自然人作出行政执法决定,而是以行政执法机关这一单位为名义作出执法决定,包括证据保全措施。所以,实施先行登记保存应当经过批准程序,先行登记保存应当经过行政执法主体负责人批准。情况紧急的,可以采用即时通讯方式获得负责人同意,并在24小时内补办批准手续。

(3) 先行登记保存的实施

先行登记保存的实施,就是在证据保全措施的落实上,完成证据登记、证据封存和证据保管的具体行为与环节。

① 清点。实施先行登记保存,行政执法人员应当会同当事人当场查点清楚所有需要保全的证据资料。例如,《市场监督管理行政处罚程序规定》第34条要求先行登记保存证据时应当当场清点。所谓清点,就是对证据资料予以清理、查点,包括清查(检查)、整理、核对、统计。清点是双方共同行为,应由行政执法人员与行政执法当事人(自然人或者单位)会合完成。清点也是采取先行登记保存措施中的必然行为,必须有此环节或者活动。

实施先行登记保存,应当会同当事人当场查点清楚,制作并当场交付《先行登记保存决定书(通知书)》,同时应开具清单。

② 登记。实施先行登记保存,应当对所保全的证据资料加以登记。所谓登记,即对所有证据资料予以书面详细记载,制作并送达特定的表册或者清单。例如,《交通运输行政执法程序规定》第44条要求先行登记保存有关证据,应当当场清点,制作《证据登记保存清单》,由当事人和执法人员签名或者盖章,当场交当事人一份。对证据资料予以登记并制作清单是行政执法主体的单方活动,也是证据先行登记保存中的必然行为。但是,对于行政执法主体制作的清单,当事人应当依法予以确认。当事人确认清单记载是否真实,并不涉及对自身行为性质的定性,只是单纯确认清点、登记有无差错。对于当事人提出来的错误登记,行政执法人员应当立即核对并更改。当事人拒绝确认的,行政执法主体应当记明情形。

③ 封存。有关证据先行登记保存的规范文件基本上没有要求对所保存的证据必须予以封存的规定。但是在具体的行政执法程序中,有些证据不采取封存措施不足以固定、确定和肯定,则应当采取封存手段。对于一些微量的、散在的、易破损或易挥发的证据,行政执法人员应当使用相应的容器、包装或者贮存设备等予以封存。所以,先行登记保存证据时要否封存,是一个或然行为,应视具体情形而决定。封存为行政执法主体单方行为,无须征得当事人同

意。《财政部门证据先行登记保存办法》第10条第1款要求，先行登记保存的证据应当加封财政部门证据先行登记保存封条，由被检查人就地保存。这是典型的关于封存的制度安排。

④保管。证据先行登记保存的关键就在于保管。没有保管，该措施就谈不上对证据予以了保全。对证据进行保护并使之得以周全、完整，离开保管是不可想象的事情。所以，保管是先行登记保存措施中的必然行为。在实务中，对证据予以保管的主体可分三类：执法主体、当事人、中立第三方。《财政部门证据先行登记保存办法》第14条规定，证据先行登记保存期间，财政部门、被检查人及其他有关人员应当妥善保管证据，不得销毁或者转移。销毁或者转移证据的，依法承担法律责任。这一规定较为完整地表述了证据保管的三类主体。

对先行登记保存的证据如何加以保管？规范性文件一般不从正面规定具体的保管措施，因为保管措施需要结合证据的特性具体考量，难以一一列明，一般只是要求"妥善保管"。何谓妥善？当然是指保管手段的稳妥、适当、完备、良好。如对于文书证据，应当防湿、防潮、防霉变；对于农产品证据，应当防止其腐败、腐烂；对于贵金属证据，应当防火、防盗，等等。有关证据先行登记保存的规范文件通常是从反面列出几项需要禁止的、有碍妥善保管的行为，如使用、截留、销售、转移、隐匿、销毁、损毁或者擅自处置等。但凡出现这些行为或者有此类行为之可能性的，都属于未妥善保管。《财政部门证据先行登记保存办法》第13条指出，证据先行登记保存期间，被检查人需要使用证据的，应当征得财政部门同意，在检查人员监督下使用。这种特定情形下的同意使用，不属于妨碍行为。当然，使用也需要适度，也应当保全证据的完整性。

⑤鉴真。为了使先行登记保存的证据在后续程序中获得证据资格，确保证据的关联性、真实性及合法性，对于先行登记保存证据的过程及其结果有时需要鉴真。鉴真是实施先行登记保存的行政执法主体的单方行为，也是或然行为。先行登记保存或者证据保全的决定书、通知书、清单本身就是鉴真的依据。根据执法全过程记录的要求，必要时，应当对采取先行登记保存措施的证据进行拍照或者对采取先行登记保存的过程进行录像，如《公安机关办理行政案件程序规定》第111条第1款的规定。此时拍摄的照片或者音像资料，就起着证实先行登记保存之证据具备关联性、真实性和合法性的作用。

（4）先行登记保存标的物的处理

处理是指证据先行登记保存的后续措施。这些后续措施表明，先行登记保存只是一种暂时性保全证据的手段，是一种程序性行为。这一阶段的实务主要涉及何时处理、怎么处理两大事项。

① 处理时限。《行政处罚法》第 56 条指出，对证据先行登记保存，应当在七日内及时作出处理决定。因此，所有关于证据先行登记保存的规范文件无一例外地都规定处理时限为 7 日。

② 处理手段或者方式。在 7 日内，如何对先行登记保存的证据进行处理？综合各项规范文件的表达，后续处理措施主要有：

第一，进一步固定与保全类措施。例如，《财政部门证据先行登记保存办法》第 11 条第 1 项指出，对先行登记保存的证据，财政部门应当根据工作需要，自《证据先行登记保存通知书》送达之日起 7 个工作日内，采取核实、记录、复印、复制、摄影、摄像等措施，制作财政检查工作底稿，并经被检查人签字或盖章。

第二，证据信息科学解读类措施。例如，《农业行政处罚程序规定》第 44 条第 2 项指出，农业行政处罚机关对先行登记保存的证据，认为确有需要的，应当在 7 日内送交有关机构检测、检验、鉴定、评估、认定。

第三，送交其他部门协助调查。例如，《财政部门证据先行登记保存办法》第 11 条第 3 项指出，需要其他部门配合调查的，财政部门应当根据工作需要，自《证据先行登记保存通知书》送达之日起 7 个工作日内，送交有关部门进行协助调查。

第四，采取查封、扣押等强制措施。例如，《市场监督管理行政处罚规定》第 35 条第 3 项指出，依据有关法律、法规规定可以对先行登记保存的证据采取查封、扣押等行政强制措施的，应当在 7 个工作日内作出决定。这一规定也足以佐证先行登记保存与查封、扣押等强制措施不具同一性质。

第五，予以没收处罚。例如，《市场监督管理行政处罚程序规定》第 35 条第 4 项指出，在违法事实成立，对于先行登记保存的证据应当予以没收的，应当在 7 个工作日内作出行政处罚决定，没收违法物品。

第六，随案移送其他机关。例如，《文化市场行政处罚案件证据规则（试行）》第 22 条第 5 项指出，依法应当将先行登记保存的证据移交有关部门的，应当在 7 日内作出随案件移交有关部门的决定。

第七，解除保全措施，退还所有人或者持有人。证据先行登记保存的解除包括行政执法主体决定解除和法定自动解除（视为解除）两种情况。执法主体主动决定解除的事由包括不需要继续登记保存，违法事实不成立，违法事实虽成立但依法不应当予以查封、扣押或者没收的。《交通运输行政执法程序规定》第 45 条第 1 款第 1 项要求，对于不再需要采取登记保存措施的证据，执法部门应当及时解除登记保存措施。

第八,销毁或者作无害化处理。例如,《农业行政处罚程序规定》第44条第5项指出,为防止损害公共利益,农业行政处罚机关对先行登记保存的证据,认为需要销毁或无害化处理的,应当在7日内依法进行处理并将决定送达当事人。

先行登记保存证据后7个工作日内,应当及时作出处理决定,制作并向当事人送达《证据登记保存处理决定书》。如需将证据退还当事人,应当填写《登记保存证据退还确认单》,并由当事人签字、按捺指印或者盖章确认。

4. 先行登记保存的注意事项

实施证据先行登记保存必须注意若干重点事项,预防若干错误问题。

(1) 先行登记保存的常见错误

① 超过法定期限实施证据登记保存。

② 任意扩大证据登记保存范围。对没有必要进行证据登记保存,或者通过询问笔录、证人证言、现场笔录等其他证据就能够确定行政相对人违法事实的,不能采取证据登记保存措施。

③ 需要保存的证据不予登记或登记不规范。行政执法机关不制作《证据先行登记保存单》,或者不认真、规范地制作,马马虎虎,草率了事,漏填或者用"一车、一筐、半箱"等含糊单位标记,以至于不能完全、准确地反映登记保存的物品内容,容易与相对人在保存物品的名称、种类、数量、质量等方面产生分歧,引发行政复议或行政诉讼。

(2) 先行登记保存的注意事项

① 注明被取证当事人。

② 有取证事由和依据。

③ 有取证的具体时间、地点。

④ 有作为证据的物品或者资料的性状描述等。

⑤ 有作为证据的物品或者资料的保存期限和地点。

⑥ 予以登记保存的物品或者资料,应有领导审批记载。

⑦ 有被取证的单位或个人签名、按捺指印或盖章。

⑧ 对被登记保存的物品有处理决定和处理结果的文书。

⑨ 由当事人就地保存物品或者资料的,必须明确告知当事人不得使用、销售、转移、损毁或者隐匿证据。

三、证据公证

行政执法主体调查收集证据时,如有必要,可以请公证机构对收集的证据及其收集过程等进行公证。例如,《文化市场行政处罚案件证据规则(试行)》

第 16 条第 2 款指出，必要时，执法部门可以邀请公证机构对收集的证据及其收集过程等进行公证。

1. 证据公证的概念和功能

证据公证是保全证据、鉴真证据的一种权威形式。证据公证与民间私证、法律程序中的见证和鉴证有很大区别。

（1）证据公证的概念

根据 2017 年 9 月 1 日第二次修正的《公证法》第 2 条，公证是公证机构根据自然人、法人或者其他组织的申请，依照法定程序对民事法律行为、有法律意义的事实和文书的真实性、合法性予以证明的活动。公证的绝大多数事项都属于证据公证。

证据公证是指公证机构根据当事人（自然人、法人或者其他组织）的申请，对涉及证据的有关取证行为、证据本体、证据保全加以公证证明的专门活动。

（2）证据公证的功能

证据公证的最大功能就是保全并佐证认定案件事实的证据。《公证法》第 36 条明确指出，经公证的民事法律行为、有法律意义的事实和文书，应当作为认定事实的根据，但有相反证据足以推翻该项公证的除外。所谓应当作为认定事实的根据，就是推定经过公证的行为、事实、文书，当然具备证据资格，提出此类证据者仅需出示公证文书，即完成了证据资格的证明责任（鉴真责任）。

2. 证据公证的申请与受理

行政执法主体可以通过证据公证来保全证据。虽然行政执法主体自身不出具证据公证文书，只是提出申请、参与其中，但是，为了保障证据公证这一保全措施的有效开展，了解证据公证的实务操作环节和相关文书也是十分必要的。根据《公证法》第四章"公证程序"，以及 2020 年 10 月 20 日修正的《公证程序规则》（司法部令第 145 号），证据公证的操作步骤主要包括申请与受理，审查，出具公证书，登记与归档等具体环节。其中申请、受理与行政执法密切相关，审查、出具公证书、登记与归档纯粹是公证机关自己的行为。申请是公证当事人的意思表示，受理是公证机构的意思表示，二者相结合才能启动公证实务程序。

第六章　行政执法证据的分析

在诉讼证据法或者仲裁证据法中，证据分析与事实认定紧密结合，常常是证据运用的最后一个环节，被称为认证。诉讼、仲裁的主体架构常态是"两造对立、居中裁决"的"等腰三角形"，故证据运用的宏观环节是取证、举证、质证、认证。在诉讼或者仲裁程序中，取证、举证和质证的主体基本上是对立的当事人；分析证据、认定事实的主体则是居中裁决的法官或者仲裁员。但是，行政执法程序是行政执法主体与当事人和其他参与人之间的"直线形"关系，故证据收集与证据分析、事实认定统一于一个行政执法主体之身，证据分析工作常常是紧跟取证之后，甚至是同时存在抑或交替循环的。有学者指出，实际上，证据的审查判断与证据的收集也是交替进行的。收集证据的过程，也是一个证据审查判断的过程。当初步的证据到手后，通过审查判断，就会发现证据不足的地方和需要进一步查证的方向；进一步收集证据后，通过与原先已收集到的证据进行综合、审查，又会发现新的情况和需要补充查证的地方。就这样，收集证据—审查判断证据—再收集证据—再审查判断证据，在审查中补充证据，消除证据中的矛盾，不断强化、织密证据链，直至收集到全部证据并查明全部案件事实为止。❶ 审查判断证据贯穿于整个执法过程。证据的审查判断与证据的调查收集相互联系、同步进行或者交叉进行，❷ 所以，对于行政执法证据的分析，需要在证据整理与提交、听证与质证之前介绍。当然，对于取证、析证、举证和质证的顺序，也不必过于拘泥或者僵化。诉讼或者仲裁的当事人，在取证之后、举证之前，其实也是有证据分析的，没有证据分析怎么"趋利避害"，选择所需的证据？同样，在行政执法程序中，在听证与质证之后，还会有证据分析，否则怎么作出最终的事实认定？听证又有什么价值？因此，证据分析（析证）在证据运用过程中的前后顺位的不同，只是一种相对的划分。

---

❶ 董晓慧：《工商行政处罚证据收集与适用》，北京：中国工商出版社2016年版，第32页。
❷ 江伟：《证据法学》，北京：法律出版社1999年版，第285页。

第一节 行政执法证据分析概述

许多行政执法证据法法条，如《行政处罚法》第46条，都在列举行政执法证据种类之后，特别强调一点：所有证据都必须经过查证属实，才可以作为认定案件事实的根据。查证属实就是证据分析，就是审查判断证据是否确实具备了法定的证据属性（合法性、客观性、关联性）。所有证据只有具备了法定的证据属性，才具有作为定案根据的证据资格和证明价值。

一、行政执法证据分析的概念

自清末民初以来，尽管指称证据分析的语词有所变化，但证据分析的基本内涵还是保持了高度的一致。

1. 证据分析的概念

分析的基本含义是把一件事物、一种现象、一个概念分割成较为简单的组成部分，找出这些部分的本质属性和彼此之间的关系。❶ 证据分析（evidence analysis）也应当这样理解，即在行政执法程序中，对于调查收集到的证据，围绕证据的三项属性，即合法性、客观性、关联性进行审查，进而判断其有无证据资格、证明价值的大小强弱，最终确定待处理案件或者事件的基本事实。

（1）表述"证据分析"的不同语词

民国时期的证据法学者多用"证据评判"或者"评证"来指称证据分析。❷ 意指评价证据的属性，判断能否据此证据来认定案件事实。后来，我国台湾地区的一些学者开始使用"证据评价"一词。❸ 新中国成立后，普遍使用"审查判断"来表述证据分析的问题。❹ 有些学者受诉讼法典的影响，使用"查证"一词；还有一些学者使用"审查评断"一词。

在行政执法证据法学界，使用"审查判断"一词来指称证据分析的学者也较多。例如，有学者指出，审查判断证据是指行政执法人员对已经收集到的证据材料进行分析、研究，鉴别真伪，判断这些证据对于案件事实有无证明力、证明关系及证明力的大小，从而决定是否采用这些证据的一种活动，也即

---

❶ 中国社会科学院语言研究所词典编辑室：《现代汉语词典》（第7版），北京：商务印书馆2016年版，第383页。

❷ 周荣：《证据法要论》，吴宏耀点校，北京：中国政法大学出版社2012年版，第197页；东吴大学法学院：《证据法学》，吴宏耀、魏晓娜点校，北京：中国政法大学出版社2012年版，第234页。

❸ 姜世明：《证据评价论》，厦门：厦门大学出版社2017年版。

❹ 巫宇甦：《证据学》，北京：群众出版社1983年版，第142页。

案件承办人员依照法定程序，根据一定的原则或规则，对已经收集到的证据材料的关联性、合法性和真实性进行审查，从而确定这些证据材料是否具有可采性（证据资格）以及可采的证据材料的证明力大小的活动。❶ 还有学者在使用证据审查判断语词的基础上，进一步把这种审查判断细分为两部分，即对个别（单一）证据的审查判断和综合全案证据进行的审查判断，两者互为基础和前提。❷ 近似或者类似的表述还有证据审查、证据审查认定、证据复核、认证等。

在相关行政执法证据法规范文件中，多以查证属实来表示证据分析，如《市场监督管理行政处罚程序规定》第23条第4款；也有使用审查与判断来表示证据分析的，如《交通运输行政执法程序规定》第46条；还有使用审查、核实来表示证据分析的，如《公安机关办理行政案件程序规定》第49条；还有使用更为简洁的审核一词来表示证据分析的，如《价格行政处罚证据规定》第33条。

如此众多的表达词语，应当都属于近义词或者同义词。然而，笔者主张使用证据分析一词，理由有二：

① 根据现有各种表述，可见证据审查判断的核心是分析证据或者证据分析。大家都认为，证据审查判断就是对已收集的证据进行分析、研究和鉴别，就是分析证据材料的证据能力和证明力，进而对案件事实作出认定。❸ 既然无论怎么定义，最终都是直接或者间接地归于分析，那么为什么不直接使用证据分析一词呢？证据分析要比证据审查判断以及其他词语更加简洁明了。

② 复核、核实、审核认定、认证等词语不足以准确表达行政执法程序中，行政执法主体集证据收集、证据分析与事实认定于一身的实际状况，或多或少地受到了《最高人民法院关于行政诉讼证据若干问题的规定》的影响。在最高人民法院的这一文件中，出现了证据的对质辨认和核实、证据的审核认定等表述词语，核实、审核认定证据的主体主要是法官，即居中裁判的法官、一般不负责收集证据的法官。但是，对于行政执法程序而言，不能把直线型关系中的行政执法主体混同于等腰三角型关系中的居中裁决者，行政执法主体自行取证、自行析证、取证析证同步实施甚至交替进行，显然不同于诉讼或者仲裁程

---

❶ 华晨泓，刘玉江，等：《行政执法证据的收集与运用》，南京：江苏科学技术出版社2007年版，第107页。

❷ 董晓慧：《工商行政处罚证据收集与适用》，北京：中国工商出版社2016年版，第32页。

❸ 江伟：《证据法学》，北京：法律出版社1999年版，第279页；曹晓凡：《环境行政执法证据的收集与运用》，北京：中国民主法制出版社2015年版，第81页；樊崇义：《证据法学》（第6版），北京：法律出版社2017年版，第301页。

序中纠纷当事人取证、法官或者仲裁员析证的格局。不是说核实、审核认定这些词汇不能用,而是说它们不够准确。

(2) 证据分析的基本含义

简单地讲,证据分析就是对证据属性的分解与剖析,也就是《行政处罚法》第46条第2款所谓的"查证属实"活动。具体而言,证据分析是确定单个证据有无证据资格,以及单个或者全案证据证明力大小的一项专门活动。该专门活动紧扣证据生成、收集与运用的相关行为、环节和状态,围绕单一证据的合法性、客观性、关联性,以及全案证据的完整性、充分性而开展。分是指分解、分割,分别从三个层面研判证据属性:第一层面是证据资格(证据能力)和证明力(证明价值);第二层面是合法性(法律性)、客观性(真实性)、关联性(相关性);第三层面是证据生成、收集与运用的相关行为、环节和状态。析是研判、确定证据属性的有无、大小,进而推导出案件或者事件的事实结论。认知行政执法程序中证据分析的概念,需要注意如下两个问题:

① 行政执法证据分析的主体具有广泛性。笔者认为,行政执法调查取证人员、行政执法主体负责人、参与案件讨论人员、法制审核人员、听证主持人员及其他参与证据运用的人员,都应当对案件中的各类证据进行分析、评价和判断。

② 行政执法证据分析不限于真伪辨别。界定证据分析或者证据审查判断的学者,都喜欢在定义中着重强调鉴别真伪或者真伪辨别、去伪存真,如有人认为,行政执法证据的审查认定,就是行政机关对收集取得的证据,根据证据的本质属性,结合行政执法的具体情况,进行分析、鉴别,并作出认定的活动。它是一个对行政证据"去粗取精,去伪存真,由此及彼,由表及里"的逐步深入的认识过程。❶ 笔者认为,行政执法程序中的证据分析,当然需要研判证据的真伪,考察证据的客观真实性。但是,必须强调一点:证据分析不限于真伪辨别!否则容易产生证据分析内容的偏差或者限缩。《交通运输行政执法程序规定》第31条强调证据应当具有合法性、真实性、关联性;第46条明确指出,执法部门对收集到的证据逐一审查,必须全面、客观和公正地分析判断,审查证据的合法性、真实性、关联性,判断证据有无证明力以及证明力的大小。所以,真伪判断与鉴别,并非证据分析之全部内涵。这种着重强调辨别证据真伪的见解,一方面可能看到了证据真实性的重要性,只有真实的证据才能真正揭示案件事实;另一方面可能受到"查证属实"一词的影响,认为属

---

❶ 杨继勇,曹永胜:《交通运输行政执法的证据、程序和文书制作实务》,北京:人民交通出版社2017年版,第99页。

实的"实"就是指证据的真实性。笔者认为，查证属实之"实"不是仅指真实，而是"确实""实情""实际"，强调被审查的证据真的具备了证据属性，具备证据应有之属性是实际存在的。在现代汉语中，"属实"是指"符合实际；是实情"。其中，"属"应当解释为"系；是"；"实"应当解释为"实际""实情""确实"。❶查证属实合起来就是指经过证据分析，认定证据确实具备了应有的证据属性；具有证据属性是客观真实的、确实如此的。"属实"完整地包括证据合法性、客观性、关联性的可靠存在、一起存在、真正存在。

2. 证据分析的功能

《行政处罚法》第46条第2款强调必须经过查证属实，证据材料才可以作为认定案件事实的根据。这一表述蕴含着证据分析的功能所在。只有经过了证据分析并确认证据真正具备了合法性、客观性、关联性，才可以把这种证据作为定案的根据。证据被作为定案根据之前，必须经过证据分析。其他规范性文件多用"应当"来强调证据分析的重要性，如《江苏省行政程序规定》第58条。无论是"必须证据分析"，还是"应当证据分析"，都说明了证据分析具有非常重要的功能。

（1）证据分析是行政执法程序中查明案件事实的必要手段和必经阶段

查明案件事实是证据分析最基础、最根本的功能。以事实为根据、以法律为准绳是行政执法行为必须坚持的基本原则。事实是什么？事实是依靠证据"复制"出来的。查明案件客观真实，是正确适用法律、正确处理案件的基础；而查明案件客观真实，要靠查证属实的可靠证据。可见，查证属实的证据，是正确处理案件的可靠基石。❷调查收集证据、当事人举证、推定和职权认知都是查明案件事实的手段。其中，证据分析的必要性在这些手段中最为突出。首先，证据分析具有决定性作用。证据分析是对现有证据材料进行分析、甄别，其结果是对本案全部或者部分事实作出认定结论，这就直接决定着法律条文的选择适用和案件的处理结果。其次，证据分析具有检验和补充作用。在证据分析的过程中，执法人员可以对现有证据或者证据材料进行检验，修正认定结论，直到查明案件的事实真相。毋庸置疑，在行政执法程序中，调查收集所获得的"证据"并非都具有合法性、相关性和真实性，并非都具有证据能力和证明力。案件"证据"的鱼龙混杂、良莠不齐、真假难辨，甚至非法获

---

❶ 中国社会科学院语言研究所词典编辑室：《现代汉语词典》（第7版），北京：商务印书馆2016年版，第1215页。

❷ 刘金友：《证据理论与实务》，北京：法律出版社1992年版，第251页。

得等,决定了证据分析是执法人员查明案件事实所必不可少的阶段。只有能证明案情真相的客观的、合法的和相关的事实材料,才能作为证据采用;凡是与所涉案件无关的、虚假的、非法的事实材料一律不得作为证据使用。❶

(2) 证据分析是行政执法监督的重要途径和重要环节

行政执法监督包括执法主体内部的法制审核和外部(主要是上级)的行政执法监督检查。行政执法监督包括审核、考察事实认定,法律适用,程序操作三大核心问题。无论哪种形式,执法人员调查证据、分析证据及相应的事实认定,都是监督的必备内容或者项目。对于内部监督的法制审核来说,国务院办公厅关于行政执法"三项制度"的指导意见明确审核内容之一就是"案件事实是否清楚,证据是否合法充分"。法制审核机构审核执法行为时需要查看证据分析,其要作出审核结论,本身也有证据分析问题。通过卷宗和程序证据,法制审核机构可以判断行政执法人员的证据收集与证据分析情况。卷宗和程序证据,也是法制审核机构审查分析的对象,是需要分析的证据。这些证据和相应的证据分析,是作出法制审核结论的凭据。

执法主体外部的行政执法监督检查内容也包括执法主体的证据收集与证据分析。行政执法监督之所以要考量证据分析,根本原因在于行政执法程序中事实认定的基础性作用。事实不清,适用法律不可能正确,行政处理就不会合法合理。而查明案情、准确认定案件事实,肯定离不开证据收集与证据分析。

(3) 证据分析有利于保障行政执法相对人的合法权益

毫无疑问,在授益性行政执法行为中,证据分析有利于确认并保障相对人的合法权益。在负担性行政执法行为中,证据分析同样有利于保障相对人的合法权益。例如,《行政处罚法》第 57 条规定,调查终结,行政机关负责人应当对调查结果进行审查,根据不同情况,分别作出如下决定:确有应受行政处罚的违法行为的,根据情节轻重及案情具体情况,作出行政处罚决定;违法行为轻微,依法可以不予行政处罚的,不予行政处罚;违法事实不能成立的,不予行政处罚;违法行为涉嫌犯罪的,移送司法机关。如此种种定性事实和裁量事实是否存在,直接关乎相对人应否受到行政处罚,甚至应否被追究刑事责任。而事实之成立与否,断然离不开证据,离不开对证据的分析。

二、行政执法证据分析的原则

行政执法证据分析的原则,就是进行证据分析时必须坚守的一些基本要求。这些基本要求保障了证据分析工作的合法性及有效性。根据行政执法证据

---

❶ 江伟:《证据法学》,北京:法律出版社 1999 年版,第 284-285 页。

法规范文件的各种表述，行政执法证据分析应当贯彻下列几项原则。

1. 全面分析原则

全面是与"片面"相对的语词，其基本含义是完整周密，兼顾各个方面。❶ 完全地考量各个方面的总和，而不是仅限于一个方面或者部分方面。尽管在证据分析的要求上，全面与客观、公正经常并列表述，但全面分析原则具有基础性。通常而言，做到了全面分析，那么客观、公正也就能够得以实现。

行政执法证据分析的全面原则，具体包括如下要求：

① 证据提出（提交）主体与证据来源上的全面。既要分析行政执法主体自身收集或者生成的证据，也要分析当事人或者有关人员提交的或者生成的证据。当事人申请行政许可时会提交证据，在行政处罚和行政强制中，当事人也有权提供证据。行政执法机关不得对这些证据有所忽视，而是应当一视同仁地对其加以研判。

② 法定证据种类上的全面。凡是案件中收集到的证据，无论是书证、物证、视听资料、电子数据等实物类证据，还是证人证言、当事人陈述、鉴定意见等言词类证据；也无论是事实类的人证、物证、书证，还是材料类的勘验笔录、现场笔录、鉴定意见，以及复制件、复制品等示意证据，都应当纳入分析的视野。

③ 证据分类上的全面。对于直接证据和间接证据、实物证据与言词证据、原始证据与传来证据、本证与反证、违法证据与合法证据、传统形态的证据与现代科学证据、有形证据与虚拟电子证据，都应当加以分析判断。

④ 证据数量上的全面。分析证据首先是对单一（单个）证据的审查判断，其次是对全案综合证据的审查分析。单一证据分析是基础，全案证据分析是关键。案件事实认定与全案证据分析是一枚硬币的两面。虽然许多行政执法证据法规范文件只是单纯要求审查分析证据的合法性、客观性、关联性，而没有明文规定涉及全案证据分析的完整性与充分性。但是，相关的查明案件事实的要求、证明标准的表述，实际上已经包含了全案证据的分析问题。在行政执法程序中，必须杜绝仅分析单一证据的错误认识和错误做法，证据分析的全面原则要求既分析单一证据，又分析全案证据。

⑤ 证据属性上的全面。全面分析原则要求在证据质量的判断上树立多层次、多方面的观点。首先，全面分析证据的属性时，确立三层内容及相应的整体观，其一，证据资格和证明力两个要素；其二，合法性、客观性、关联性三

---

❶ 中国社会科学院语言研究所词典编辑室：《现代汉语词典》（第7版），北京：商务印书馆2016年版，第1083页。

项特征；其三，各种影响证据合法性、客观性、关联性的行为、环节与状态。其次，证据属性不限于客观性或者真实性，还应当包括合法性和关联性。

⑥ 证据功能上的全面。对于案件中所有的证据，无论其有用还是无用，有利还是不利，有大用还是有小用，都应当加以分析。证据分析力戒片面化，即只考察所谓有用的证据、有利的证据、能够发挥较大作用的证据，这样做是很危险的，容易产生错误的事实认定和错误的处理决定。

⑦ 证据运用过程的全面。证据分析应当且实际贯穿于证据运用的全过程：在证据调查收集过程中需要证据分析；在证据整理提交过程中应有证据分析；在法制审核与案件讨论过程中也有证据分析；在听证与质证过程中离不开证据分析。

2. 客观分析原则

证据分析的客观原则要求行政执法相关人员在分析证据时，按照证据的本来面目去考察，不加个人主观偏见。❶ 证据分析是在行政执法程序中，相关人员对证据属性的分析研判，其本身就具有主观性特征。既然是主观思维，是人的认识活动和精神活动，那么就会产生主观主义的风险，诸如偏见、错误，甚至主观擅断。为了防止在证据分析时出现各种主观风险，必须坚持客观分析的原则。贯彻落实客观分析原则，应当做到如下方面。

① 证据分析的客观基础和认知对象必须是已经收集到的证据及客观信息。所谓证据分析，是对已经收集到的、客观存在的证据进行分析、鉴别和判断。对于那些想象的、不存在的、道听途说的所谓"事实"或者"证据"，都不应当加以考量。分析专家意见证据，应当审核得出意见的物质检材和样本基础。分析当事人陈述、证人证言，应当摒弃当事人或者证人主观猜想、推测、臆断、评论的信息，以客观的所作所为、所见所闻、所遇所受为分析对象。

② 以辩证唯物主义认识论为指导，运用科学的分析方法。所有证据分析方法的运用，都应当符合辩证唯物主义认识论，符合基本的逻辑与日常生活经验。具体而言，分析证据时应当树立案件客观事实最终可以认识的信心，充分发挥行政执法人员的主观能动性。把事物之间具有普遍联系的观点，运用到证据分析中去。对证据孤立地进行考查是无法实现彻底认知的，只有把握证据之间的联系，使证据之间相互印证、相互鉴别，才能防止主观片面性。另外，在证据分析中，还要坚持矛盾论的观点。就具体案件而言，只有当证据所证明的事情或者案情存在一致性，即排除了矛盾的时候，才能准确认定。既要承认矛

---

❶ 中国社会科学院语言研究所词典编辑室：《现代汉语词典》（第7版），北京：商务印书馆2016年版，第741页。

盾，估计到事物的复杂性，又要在遇到证据自相矛盾的情况时，解决矛盾、排除矛盾，以查明案件真相。❶

③ 以证据属性为抓手，以证明标准为标尺。证据分析的重心，在于找到和发现证据的本质属性，证据分析的最终目标是确认所涉案件证明标准的达致，也就是案件事实足以被认定。证据属性是证据分析的客观内容，是应当关注的客观事项；证明标准是衡量证据分析，尤其是全案证据分析结果是否正确的标尺。❷ 证据属性与证明标准都是客观的存在。以客观的证据属性为要点，以客观的证明标准为圭臬，是可以保障证据分析的客观性的。

④ 建立对质、复核、监督等纠错机制。在行政执法的规范文件中，尤其是在执法程序的制度设计上，对质、复核、监督机制的建立，是为了保障执行行为和执法程序的合法合理、公平公正、客观真实。在证据分析方面，这些机制有利于纠正主观错误，确保证据分析的客观性。对质和法制审核，直接就是参与证据分析的程序设计和具体措施，其目的除了保障程序公正之外，就是防止证据分析与事实认定的错误。虽然行政执法监督的内容不限于证据分析和事实认定，但证据分析和事实认定肯定是其中的重要内容与基础事项，其功能也有纠错的因素。

3. 公正分析原则

《行政处罚法》第5条第1款要求行政处罚应当遵循公正原则；《行政许可法》第5条第1款也要求行政许可应当遵循公平、公正原则。证据分析作为行政处罚或者行政许可中的重要活动，自然也应当依循公正原则。"公正"的字面含义是指公平、正直，处理事情合情合理，没有偏私、没有偏袒。❸ 行政执法程序中之所以应当公正分析证据，是因为一方面证据分析兹事体大，事关案件事实认定以及相应的法律适用；另一方面证据分析是执法人员的主观思维活动，具体人员的素质和修养至为重要。下列四方面是实现证据公正分析的基本保障：

① 执法人员的职业道德和职业素养。

② 严格执行回避制度。

③ 严格依照法定程序，严守法律要求。在行政执法程序中，最大的公正、最显见的公正就是严格依法办事。在证据分析中，严格依照法定程序，严守法

---

❶ 樊崇义：《证据法学》（第6版），北京：法律出版社2017年版，第302－303页。
❷ 樊崇义：《证据法学》（第6版），北京：法律出版社2017年版，第303－304页。
❸ 中国社会科学院语言研究所词典编辑室：《现代汉语词典》（第7版），北京：商务印书馆2016年版，第452－453页。

律要求,公正自然会得以实现。

④ 坚决落实全面分析原则、分析说理原则。

4. 分析说理原则

《行政处罚法》第 5 条第 1 款要求行政处罚遵循公正、公开的原则;《行政许可法》第 5 条第 1 款要求设定和实施行政许可,应当遵循公开、公平、公正、非歧视的原则。所谓公开,是与"秘密"相对而言,是指不加隐蔽,坦然面对大家,使得人人皆知。❶ 行政执法程序中的公开,包括事由或者案由的公开,法定条件和程序的公开,电子技术监控设备设置地点的公开,证据资料和事实认定的公开,听证的公开,法律依据的公开,认定或者决定的理由公开、结果及文书的公开,救济渠道的公开。证据分析时的说理,是在证据审查判断及相应的事实认定上的公开原则的显著体现。说理是一种公开方式,"心证公开"是将证据分析、研判、鉴别的各种观点及其理由告知当事人、利害关系人、其他审核人员以及社会大众。分析说理是围绕证据属性是否具备来开展的,首先,需要明确证据属性的有无及其证明力的大小;其次,要对这种分析时提出的观点进行必要的论证与反驳,交代肯定或者否定的理由。例如,依据《行政处罚法》第 46 条第 3 款,得出应当排除某份谈话笔录的证据资格之结论时,需要指出排除的理由是该笔录违法了,笔录上没有被调查人的签字认可,也没有其按捺指印或者盖章认可,行政执法人员亦未在笔录中交代出现这种现象的原因。同时,没有见证人或者音像记录佐证该份有瑕疵笔录的生成。如此一来,该份笔录的合法性就不能得到证实,就应当将其排除。

5. 听取当事人意见原则

当事人和其他参与人有权对案件证据发表意见,行政执法人员,尤其是证据分析人员应当认真听取、合理采纳这些意见。《行政处罚法》第 44 条要求行政机关在作出行政处罚之前,应当告知当事人拟作出的行政处罚内容及事实、理由、依据。第 45 条第 1 款强调,行政机关必须充分听取当事人的意见,对当事人提出的事实、理由和证据,应当进行复核;当事人提出的事实、理由或者证据成立的,行政机关应当采纳。第 62 条特别指出,行政机关及其执法人员在作出行政处罚决定之前,未依照本法第 44 条、第 45 条的规定向当事人告知拟作出的行政处罚内容及事实、理由、依据,或者拒绝听取当事人的陈述、申辩,不得作出行政处罚决定;当事人明确放弃陈述或者申辩权利的除外。告知与听取是相辅相成的。只有把证据分析的结论和理由告知当事人,才

---

❶ 中国社会科学院语言研究所词典编辑室:《现代汉语词典》(第 7 版),北京:商务印书馆 2016 年版,第 451 页,第 899 页。

能听取到当事人的有效意见。反之，如果当事人不知道有哪些证据，不知道行政执法机关对这些证据的分析意见及理由，则当事人的陈述或者申辩就没有针对性、没有价值。证据分析之所以要听取当事人的意见，是因为基于矛盾统一规律，兼听则明、偏信则暗。对于证据分析而言，不听取当事人意见的后果往往是证据被排除，如《黑龙江省行政执法程序规定》第22条就强调，行政相对人有权对作为行政执法决定依据的证据发表意见，提出异议。未经行政相对人发表意见的证据不能作为行政执法决定的依据。为了保障当事人发表其对证据的意见，无论是行政处罚程序，还是行政许可程序，都对一些事关当事人较大利益的案件规定了听证程序。听证的核心就是听取当事人对行政机关收集的证据的质证意见。

6. 证据分析时的自由心证规则

（1）证据分析的主观性与自由判断

证据分析是一种主观思维活动，是分析人员的主观判断。这一判断过程受不受其他机关、团体、个人的意志约束呢？在人类证据理论发展的历史上，有两种制度安排。其一，法定证据主义。在该制度安排下，证据分析人员必须严格受到法律所确立的各项规则和判断要素的指导，不可以自由判断。此时，证据分析虽然在形式上是主观判断活动，但在实质上，证据分析人员仅是一台"计算器"，其根据相关法律规定进行"加减乘除"。这种制度安排的好处是可以确保证据分析具有客观性，尤其是符合立法者意志的客观性；其坏处则是较为僵化、流于形式，不能适应千变万化的案情，常常得出错误的证据分析结论和案件事实认定。其二，自由心证主义。在该制度安排下，对于证据的分析、评价、判断，法律不作预先的规定，悉由证据审核人员自由判断，自主形成内心确信，即不受干扰地，基于经验、理性和良心，在自己的内心生成确信的证据分析结论与事实认定结果。这种制度安排的好处是可以促进证据审核人员主观能动性的发挥，克服法定证据主义的机械化弊病；其坏处是容易产生主观擅断和执法腐败，同样会出现错误的证据分析结论和事实认定结果。❶ 比较而言，笔者认为，自由心证主义在证据分析时更为可取，但需要通过制度安排来克服其可能产生的弊端。

（2）主观擅断的预防与现代自由心证

现代社会，无论是在等腰三角型的诉讼、仲裁程序中，还是在直线型的行政执法程序中，对于证据分析都采用了修正的自由心证，称之为现代自由心

---

❶ 卞建林：《证据法学》，北京：高等教育出版社2020年版，第67-69页。

证，即在传统自由心证的基础上，增设了防止其弊端的内在限制与外部制约。❶

① 自由心证的内在限制。行政执法人员分析证据、认定事实时，不得违背经验法则和论理法则，这就是自由心证的内在限制。经验法则是从人类日常生活经验中归纳、提炼出的一切知识或者法则，如日常生活法则、自然法则和专门学科法则。虽然经验法则是盖然性判断，但是，它有高度的盖然性和科学性、可信性。论理法则即为逻辑法则，是指根据逻辑分析方法进行演绎的法则。根据论理法则，证据分析的结论应当符合逻辑思考的要求，不得违反同一律、不矛盾律和排中律，不能出现逻辑上的论证谬误。经验和逻辑，是证据分析人员进行证据分析时的主观思维因素，故称之为内在限制。

② 自由心证的外部制约。自由心证的外部制约是指证据分析人员主观因素之外的制度设计，包括但不限于：构建科学规范的行政执法程序；实行案件集体讨论制度、法制审核制度和听证制度；强化公开原则；推行行政执法文书说理制度和告知制度；规定必要且适度的证据评价法则。由相关的行政执法证据法规范文件明确规定一些证据分析规则，使法定证据制度的优点得以保留。例如，《行政处罚法》第46条第3款"以非法手段取得的证据，不得作为认定案件事实的根据"之规定，即是一项法定证据分析规则。再如，《交通运输行政执法程序规定》第51条第3项"不能正确表达意志的证人提供的证言"不能作为定案依据的规定，亦是法定证据分析规则。适当的法定证据分析规则，可以发挥指导性、统一性的功效。当然，法定证据分析规则不宜过多，否则又会回到法定证据主义的老路上去了。

三、行政执法证据分析的内容

行政执法证据分析的内容是什么？无论是在证据法学界，还是在行政执法证据法研究领域，目前对此都没有统一的说法。虽然各种观点存在一定分歧，但都着眼于证据属性。之所以会存在分歧，是因为对证据属性的认知有混乱、有误差、有不同。例如，证据法学界有人指出，对于一切证据，都需要查证其是否具有客观性、关联性和合法性；应对所收集的全案证据加以综合审查判断，确定其是否达到了确实、充分的要求。❷ 据此，单一证据分析的内容是客观性、关联性和合法性；全案证据分析的内容是确实、充分。也有学者认为，审查判断证据是指执法人员甄别、分析现有证据和证据材料的证据能力与证明

---

❶ 卞建林：《证据法学》，北京：高等教育出版社2020年版，第69—71页。
❷ 刘金友：《证据理论与实务》，北京：法律出版社1992年版，第252页，第268页。

力。审查判断单一证据是为了鉴别其真实性、合法性和相关性，甄别其证据资格和证明力；综合审查判断全案证据通常是在对单一证据进行审查判断的基础上，进一步确定证据之间的相互关系，认定其是否确实、充分。❶ 与前述观点相比，这种观点增加了证据能力（证据资格）和证明力这一对范畴，但没有解释它们与真实性、合法性和相关性的逻辑关系。

在行政执法证据法研究领域，有人指出，证据分析就是案件承办人员依照法定程序，根据一定的原则或者规则，对已经收集到的证据材料的关联性、合法性和真实性进行审查，从而确定证据材料是否具有可采性以及可采证据材料的证明力强弱的活动。❷ 该论者所谓的可采性，是英美法系的证据法术语，大致相当于大陆法系中的证据能力或者证据资格。还有人指出，认证是对证据材料的证据能力和证明力的确认。如何确认证据能力和证明力，是行政处罚认证制度的基本内容。认证的内容是分析、判断、认定证据材料的证据能力和证明力；认证的标准涉及证据的三个基本属性，即客观性、关联性、合法性。对证据能力的认证属于形式要件的分析判断，围绕的是证据的合法性；对证明力的认证属于实质要件的分析判断，围绕的是证据的客观性与关联性。❸ 这一认知，把证据合法性与证据能力相衔接，把证据客观性、关联性与证明力相衔接，具有一定的正确性与可取性。

行政执法证据法规范文件中，对于证据分析的内容也有不同表达，例如，《交通运输行政执法程序规定》第 46 条规定，执法部门应当对收集到的证据逐一审查，进行全面、客观、公正的分析判断，审查证据的合法性、真实性、关联性，判断证据有无证明力以及证明力的大小。这一规定呈现了一定的层次性，进行证据分析时，证据的合法性、真实性、关联性是审查的内容；证明力的有无及大小是判断的要素。又如，《海事行政执法证据管理规定》第 35 条强调，审查证据时，应当审查证据的合法性、真实性、关联性，审核证据的完整性、协调性、充分性，并判断证据有无证明力以及证明力的大小。此处出现的完整性、协调性、充分性，显然是针对全案证据提出的分析内容。

基于对证据属性演变历史的梳理与学术史的整理，结合行政执法实务规范文件的规定，笔者主张对单一证据的分析内容包括三个层次：第一层次，证据资格的有无和证明力的大小；第二层次，证据的合法性、真实性和关联性；第

---

❶ 江伟：《证据法学》，北京：法律出版社 1999 年版，第 279-281 页。
❷ 华晨泓，刘玉江，等：《行政执法证据的收集与运用》，南京：江苏科学技术出版社 2007 年版，第 107 页。
❸ 李红枫：《行政处罚证据原理研究》，北京：中国政法大学出版社 2013 年版，第 202-203 页，第 206-207 页。

三层次,影响证据合法性、真实性和关联性的各种行为、环节和状态。对全案证据的分析内容包括完整性和充分性。❶

1. 证据资格和证明力的分析

通俗地说,证据分析就是检查、核对证据,并对其证据能力和证明力作出肯定或者否定的判断。❷ 行政执法证据分析的首要目标,是判断已经收集到的证据有无证据资格,即能不能用;证明力的大小,即有多大用。必须强调一点,证据能力和证明力是分先后或者说是分层的,在现代证据法理论中,对证据材料的审查判断一般都遵循分层的思维,即首先审查该证据材料是否可以作为证据使用,然后再审查该证据与案件事实之间的证明关系。❸

(1) 证据资格的有无

只有针对单一证据,才有进行证据资格分析的必要。证据资格的分析是一种有无判断,非此即彼,不存在大小或强弱的模糊空间。证据资格,也称证据能力、可采性、证明能力、证据的适格性、容许性等,证据资格和证据能力,译自同一个英文单词 competency of evidence。有人将 competency 翻译成"资格",也有人将其翻译成"能力"。证据资格是指相关事实或者材料得以被采用为证据而必须具备的条件,即被法律所容许为证据的资格。应当说,证据资格是法定的。在我国行政执法证据法规范文件中,证据资格的正面表述常被称为可以作为定案根据,反面表述则为不得作为定案根据,如《行政处罚法》第46条第2款和第3款的规定。本着最大限度地允许证据进入执法程序的原则,对于证据资格一般是从反面限制的角度加以规定,凡没有被限制的事实或者材料,都具备证据资格。

对于证据资格的具体分析路径,有学者指出,对证据能力的认证属于形式要件的认定,涉及证据合法性。判断某项事物是否具有证据能力,主要是从法律角度进行判断,根据法律的规定,判断其是否具有适合性,即主要是考虑证据的合法性。但该论者也指出,关联性(又称相关性)也是证据能力判断的一项标准,这是因为某一证据材料要成为认定待证事实的证据,其必须与待证事实相关联,否则便没有证据资格。❹ 据此,该论者是把合法性、关联性作为分析证据资格的基本要素和标准。也有学者指出,一个具有证据能力的证据,

---

❶ 对三大法系证据属性演变历史的梳理,详见本书第四章第三节。
❷ 戴泽军:《审查判断证据》,北京:中国人民公安大学出版社2010年版,第11页。
❸ 卞建林:《证据法学》,北京:高等教育出版社2020年版,第193页。
❹ 李红枫:《行政处罚证据原理研究》,北京:中国政法大学出版社2013年版,第205-212页。

必须具备三个标准：①客观性标准；②关联性标准；③合法性标准。❶这就把证据资格分析的路径落实在了客观性、关联性和合法性三个属性上。

笔者认为，可以笼统地说证据资格的分析路径是考量该证据的合法性、关联性和客观性。但是，基于证据的关联性、客观性也影响着对证据证明力的判断，所以需要细分什么样的关联性、什么样的客观性决定着单一证据的证据资格。相应地，也要细分什么样的关联性、什么样的客观性决定着证据的证明力。笔者一直主张，证据资格的有无取决于证据的合法性、形式关联性和形式客观性。证据的合法性作为社会属性、外附属性，仅决定证据资格，不直接影响证据的证明力，因此无须对其进行再分解。凡是合法证据都具有证据资格，凡是非法证据都没有证据资格。但是，证据的客观性（真实性）和关联性（相关性）作为证据的自然属性、内生属性，既影响证据资格又影响其证明力，所以需要进行再分解。影响证据资格的关联性是形式关联，影响证据资格的客观性是形式客观。有学者指出，在传统的三属性概念体系中，客观性既包括了证据能力的范畴（证据具有一种客观的形式），也包括了证明力的范畴（证据本身的真实程度）；关联性也是如此，既包括了证据能力的范畴（证据是否具有一定的证明性），也包括了证明力的范畴（考察证据与案件事实之间具有多强的关联程度）。❷证据的形式关联是指该证据在案件或者事件中出现，与案件或者事件的待证事实有实质性的指向关系，可能发挥证明功能，即强调证据的"出身"与"指向"。例如查处占道经营贩卖瓜果，作为物证的瓜果应当是占道经营者实际销售的，而不能是另外摘取的。实际销售的瓜果存在于违法行为之中，能够指向违法行为的标的物，有形式关联性；另外摘取的瓜果，不在违法行为之中，不能指向违法行为的标的物，贩卖的不是这些瓜果，这些瓜果与占道经营无形式关联性。证据的形式客观强调所有证据都应当具备能够为人类所认知、所感知的表现形式，具有该证据作为证据必不可少的要素，因而名副其实地成为该证据。例如，行政执法程序中用隐性液体做笔录就不具备形式客观性。再如，文书没有落款或者签名、没有必要的意思表示事项的记载，就不具备形式真正性，不是真正的、完整的书证，没有证据资格。

（2）证明力的大小

单一证据有证明力分析的问题，全案证据同样需要进行证明力分析。对证据能力的审查评断主要是针对单个证据而言的，对证明力的审查评断则不仅针

---

❶ 戴泽军：《审查判断证据》，北京：中国人民公安大学出版社2010年版，第28-30页；何家弘，刘品新：《证据法学》，北京：法律出版社2019年版，第116-122页。

❷ 卞建林：《证据法学》，北京：高等教育出版社2020年版，第194页。

对单个证据,还要针对一组证据乃至全案证据。❶ 证明力分析主要是概率判断,强调证明力的大小。证明力,也称证明价值、证据价值、证据力、证力、可信性、关联性等,是指证据在证明、证实待证事实(证明对象)存在或不存在上体现出来的价值,包括价值的有无、大小或强弱等程度。具备证据资格的证据,或多或少都有一定的证明力。绝对没有证明力的证据是极为罕见的。所以,分析证据的证明力时通常不考虑有无问题,而是考量其大小或强弱。证明力是证据在"复制出"或者"恢复出"过去案件事实上所具有的功效。证据证明力的大小,取决于它在多大程度上留存着过去案件事实的信息。信息论表明,案件发生的经过就是一个信息转移的过程。任何案件都是一种物质的运动,都必然在一定的时间、空间条件下实施,必然会破坏事物原有的状态,引起信息在人与人之间、人与物之间发生转移。证据就是案件遗留下来的或者说发生转移的信息。所以,证据的终结来源要么是感知案件信息的人,要么是承受案件信息的物。证据的本质是信息,是留存着过去案件事实的信息。行政执法程序中查明案件事实的活动,本质上就是对案件信息获取、加工处理、反馈和传输的过程。如果说证据资格分析是针对证据信息的物品载体(物)或者活体载体(人)来研判其是否为信息的信宿(信息归宿),进而确定其是否具有证据资格,那么,证明力分析则是直接针对信息载体中的信息而开展的研判活动,是分析信息自身是否真实可靠,信源(信息源泉)和信道(传送信息通道)是否真实、清晰、完整。❷

对于证据证明力的分析路径,有学者提出,证明力既涉及真实性和关联性,也涉及合法性。证据具有真实性并与案件待证事实具有关联性,它就具有一定的证明力。一个证据具有证明力,是由于它具备真实性和关联性,进而正确反映案件事实。如果没有合法性,证据的真实性和关联性就失去了法律保障,离开法律、法规的规定去审查判断证据,是不可能得出证据是否具有证明力及其证明力大小的结论的。所以证明力判断涉及合法性。❸ 这是把证明力分析路径与证据的客观性、关联性、合法性相结合的学术主张。也有学者主张证据证明力分析只涉及客观性和关联性,认为在我国证据法中,证据的证明力取决于证据同案件事实的客观、内在联系及其联系的紧密程度。在行政处罚程序中,对证据材料证明力的认定,实际上是对证据材料本身是否具有客观性、与

---

❶ 何家弘,刘品新:《证据法学》,北京:法律出版社2019年版,第411页。
❷ 何家弘,刘品新:《证据法学》,北京:法律出版社2019年版,第47-49页。
❸ 戴泽军:《审查判断证据》,北京:中国人民公安大学出版社2010年版,第30-31页。

行政违法事实是否具有关联性的确认。❶ 这是证据证明力分析的"两项指标说",强调通过对客观性、关联性的考量来分析证明力。

笔者认为,单一证据证明力的大小取决于该证据的实质关联性和内容客观性;一组或者全案证据的内容客观性和实质关联性就是完整性和充分性。一般认为,客观性是证据的首要属性,与关联性一起构成证据的内容;合法性则是证据的形式,是证据客观性和关联性的法律保障。❷ 基于客观性与关联性的两分,准确地说,证据的实质关联和内容客观决定着证明力的大小。内容客观性是指证据信息的真实真正、可靠可信。实质关联性是指证据留存的信息足以揭示出过去案件事实的部分或者全部情况,能够据此证据反映出待证事实的一部分或者全部。必须强调:合法性不直接影响证明力大小,但它通过证据资格发挥着对证明力的功效。因为证据资格是在先的,没有证据资格就无须考量证明力。对证据能力的审查评断是初始审查,而对证明力的审查评断是深入审查,前者往往是后者的前奏;对证据能力的审查评断是基于形形色色的法定规则的审查,而对证明力的审查评断则强调充分发挥法官等的主观能动性。❸

2. 合法性、真实性和关联性的分析

证据的合法性、真实性和关联性是我国传统且长期坚持的证据属性,简称证据的"三性"。它们是在行政执法程序中进行证据分析的第二层次要素,也是承上启下的核心指标。例如《环境行政处罚证据指南》"5.2 审查内容"部分,第5.2.1条要求对单个证据的审查,按照证据形式进行,重点审查证据的关联性、合法性、真实性;第5.2.5条规定,证据综合审查主要对所有证据进行全面、客观和公正的分析判断,确定证据材料与案件事实之间的证明关系,排除不具有关联性、合法性、真实性的证据。可见,无论是单个证据,还是全案所有证据,审查的核心都是合法性、真实性和关联性。

证据"三性"的分析路径是:通过考察证据生成、提交、收集、流转、运用时的相关行为、环节与状态来认定其合法性、真实性和关联性。

(1) 证据合法性分析要点

证据合法性,亦称法律性,强调证据应当是法定种类之一;事实类证据的提取主体和过程应当符合法律规定;材料类证据的生成主体、过程、内容、形式应当符合法律规定。笔者认为,证据合法性的分析要点包括下列事项。

① 证据是否符合法定形式。这是强调证据种类法定,证据的表现形式、

---

❶ 李红枫:《行政处罚证据原理研究》,北京:中国政法大学出版社2013年版,第205-210页。
❷ 卞建林:《证据法学》,北京:高等教育出版社2020年版,第143页。
❸ 何家弘,刘品新:《证据法学》,北京:法律出版社2019年版,第411页。

存在状态应当符合法律、法规的要求。在实务中需要注意，证据符合法定形式不应机械、僵化地理解，应当在法定证据种类的范围内，将案件中的具体事实或者材料予以归类。凡是能够归入法定证据种类之中的，都应当作为合法证据；凡是不能归入任何一种法定证据种类之中的，则不应当作为证据。

② 调查取证或者生成证据材料的执法人员的资格和数量。这是强调主体的合法性。行政执法程序中，收集或者生成证据材料的主体合法包括数量要求、质量或者资格要求、程序要求等。数量要求的一致规定是二人以上；质量要求的一致规定是执法人员，即享有行政执法职权的机关中取得行政执法证件的公务人员；程序要求主要是遵循回避制度，虽然在回避决定作出前不停止调查，但为了保证证据的合法性，行政执法调查取证人员应当严格、主动遵守回避制度。

③ 证据的取得或者生成是否符合法律、法规和规章的要求。这是强调证据收集与生成过程的合法性，以及材料类证据的内容、形式的合法性。证据收集与生成的过程，亦称执法程序、取证程序，包括取证或者生成证据的时间、地点、方式与手续（文书）、手段与措施、交涉与互动等诸多因素。其中，如果手段与措施不符合法律规定或者违背法律要求，取得或者生成的证据往往会成为非法证据。

材料类证据因为是在执法调查程序中由执法人员生成的，所以其内容和形式也应当遵守法律的规定，如人证笔录应当有当事人、证人的签名（捺指印）确认。这里的证据材料的形式，与证据种类法定的形式不是一回事。证据材料的形式强调材料组成、结构中的必要因素，与内容相对，是指那些非案件事实信息的事项。这些事项虽然不是直接的案件事实信息的留存，但对于该份材料能否具有证据资格有极大的影响力，如执法人员的主体交代事项、材料生成时间地点的交代、当事人或者证人的签名确认等。材料内容的合法，强调证据材料中获取或者记录案件信息的要素的合法性，内容合法是证据真实性、关联性的重要保障，如有无真实全面记录、是否允许陈述辩解等，一方面是合法性事项，另一方面也是真实性、关联性的要素。

④ 是否存在影响证据合法性的其他因素。笔者认为，除了种类法定，主体、过程、内容、形式合法外，其他事关证据合法性的事项，主要在于程序中有无意见的交流。例如，根据《公安机关办理行政案件程序规定》第97条的要求，凡是未履行送达、告知义务的鉴定意见、诊断证明，都不具有合法性，没有证据资格。未履行送达、告知义务，剥夺了嫌疑人、被侵害人的知情权和申请重新鉴定权。根据《行政处罚法》第63条应当听证而未听证的案件证据，违背第64条的听证程序规定听证的案件证据，均不具备合法性，欠缺作

为定案根据的资格。

（2）证据真实性分析要点

证据真实性，亦称客观性，包括形式上的客观存在、真正成立，以及内容真实。笔者认为，证据真实性的分析要点包括下列事项。

① 证据的来源或者出处。任何证据都有其来源或者出处。证据的终结来源要么是人，要么是物，而人又占主要地位。例如，书证是某个组织或者自然人通过手写、打印、印刷、复制生成的；电子视频监控影像是某组织或者个人依法设立的电子技术监控设备摄录生成的；谈话笔录是某执法主体与某证人进行调查询问时依法制作而成的；违法建筑是违法主体违法砌建而成的，违法建筑的照片是执法人员拍摄生成的，等等。证据来源既关乎证据的真实性，又关乎证据的关联性。证据的来源不同，其真实可靠程度也会有所不同。分析证据的来源，就是审查判断证据是如何"从无到有"形成的，由谁提供或者收集的，收集的方法是否科学，证据在形成过程中是否受到外界因素的影响及其影响程度，提供证据者有无影响证据内容可信性的行为和其他外部因素。❶

② 证据形成的原因、过程。这里的证据形成原因、过程，侧重指事实类证据得以生成的基本条件，而不是指行政执法人员在执法程序中生成各种材料类证据的原因与过程。有学者指出，环境行政执法证据形成的原因、过程审查判断是一个过程性的分析，环境行政执法证据形成的原因、过程是指证据本身形成的过程，而不是环境行政执法人员调查取证的过程，因为环境行政执法证据都是在被环境行政执法人员调取之前形成的。❷ 证据是否真实，往往与其生成时的主、客观条件密切相关。对证据形成原因、过程的分析，实质上就是审查判断证据形成的基本条件或者主、客观因素。例如，目击证人是案发时存在于案件环境之中的自然人，他（她）通过各种感觉器官耳闻目睹了案件事实，经过大脑的记忆而存储，再在执法人员调查取证时加以陈述。这一感知、记忆、表达过程需要一定的主、客观条件。要确定证人的言词陈述是否真实，在审查判断时需要分析其原因与过程。如果证人是盲人，就只能听见而不能看见；如果证人是聋哑人，就只能看见而不能听见。如果证人中途到达或者匆匆经过案发现场，就不可能完整地感知案件事实的整个要素；如果证人案发前就在现场，自始至终没有离开，就很有可能知晓整个案件的所有因素。证人离案发现场较近，其感知的信息可能更清晰；离案件现场较远，则其感知的信息必然模糊。诸如此类，皆属于证据形成的原因、过程，事关证据信息的真实

---

❶ 戴泽军：《审查判断证据》，北京：中国人民公安大学出版社2010年版，第173—174页。

❷ 曹晓凡：《环境行政执法证据的收集与运用》，北京：中国民主法制出版社2015年版，第87页。

与否。

③发现证据时的客观环境。任何证据都必然处于一定的客观环境之中。证据所处的客观环境，包括人文或者社会环境，即当事人、利害关系人、证人；也包括物质或者自然环境，即现场、关联物及特定空间等；还包括人与物相结合的综合环境。由于证据与其所处客观环境紧密联系，所以，认定证据真实性的重要内容之一，就是对客观环境的审查。

④证据是否为原件、原物，复制件、复制品与原件、原物是否相符。这是体现最佳证据规则及其例外的一项分析要素，主要适用于对书证、音像电子证据和物证的分析。最佳证据规则的规制对象经历了传统书证、现代数据电文、物证，甚至人证的发展过程。现在的最佳证据规则一方面坚持出示或者收集书证原件、物证原物、音像电子证据原始载体、证人当面陈述；另一方面也允许在特定情形下使用书证（含音像电子数据）复制件、物证复制品、证人不当面陈述。相较于复制件、复制品，书证、音像电子数据和物证的原件、原物属于原始证据，直接来源于案件事实，具有极高的真实可靠性。复制件、复制品属于派生证据，其真实可靠性较低或者值得怀疑。因此，对于复制件、复制品的分析，必须强调它们与原件、原物的一致性。只有与原件、原物相一致，它们的真实性才能够获得保障。经过证据分析，凡与原件、原物不符，或者无法查找到原件、原物的复制件、复制品，一律不得作为单独定案的证据。

⑤证据是否进行过修改或者技术处理。这是在对实物证据进行分析时，必须考量的一个要点。通常而言，修改是指对文章、计划等中错误、缺点加以改正；技术处理是指采用一定的技巧和方法，对文字、音像、物品等进行加工改造，使之更加适合某种特定的需要。对于实物证据的初始生成而言，这些修改或者技术处理可能是真实需要的，并且不会妨碍该证据的客观真实性。然而，如果是在实物证据流转和使用过程中，当事人、利害关系人或者第三方主体基于某种不正当目的而对实物证据加以修改或者技术处理，则完全有可能损害这些证据的客观真实性，甚至完全毁灭它们的客观真实性。例如，在书证上添减文字、更改数字；对物品进行打磨；对音像电子数据进行剪辑、拼凑，诸如此类的修改、技术处理行为，足以破坏实物证据的原始状态、原生环境、原来信息，使这些证据的真实性大打折扣，甚至消亡。因此，对实物证据的真实性进行分析时，必须考量这种损害证据真实性的修改或者技术处理情形是否存在，以及在多大程度上损害了证据的真实性。

⑥提供证据的人或者证人与当事人是否具有利害关系或者其他可能影响公正处理的关系。这是在对言词证据进行分析时，必须考量的一个要点。证人是指除当事人以外的、了解案件情况并向行政执法机关作证的自然人；证据提

供者是指除当事人以外，那些持有证据或者掌握证据的来源或者线索并将其提供给行政执法机关的自然人。自然人是有思想、有观点的复杂动物，提供证据的人或者证人一旦与当事人具有利害关系或者其他关系，就可能影响其公正、客观地提供证据或者叙述事实。总体上讲，利害关系包括两种类型，即友好型关系与仇视型关系。存在友好型关系的证人或者提供证据的人，可能多陈述对当事人有利的事实，提供对当事人有利的证据，而隐瞒对当事人不利的事实或者证据。存在仇视型关系的证人或者提供证据的人则正好相反，可能更多地叙述对当事人不利的事实，提供对当事人不利的证据，而隐瞒对当事人有利的事实或者证据。提供证据的人或者证人在利害关系的影响下，可能会丧失立场、违背诚信而故意作出错误陈述，故意颠倒黑白、指鹿为马。因此，分析证据真实性，尤其是人证的真实性时，该人员与当事人的利害关系，以及其所陈述的事实、提供的证据对当事人是否有利，都应当纳入考量的范围。有学者指出，审查判断证据的真伪和准确程度，即证据的真实性，应当特别关注相关人员是否出于某种原因而提供了虚假的证据，例如证人与当事人之间存在利害关系，因而提供虚假证言，或者提供虚假的物证、书证。这里的虚假证据，既可能是为当事人掩盖违法事实的虚假证据，也可能是夸大当事人责任、推卸自己某种责任的虚假证据。❶

⑦ 证据与拟证明事实之间是否存在无法解释的矛盾。有学者曾经指出，案件事实具有唯一性，如果某一证据与拟证明事实之间存在无法解释的矛盾，其真实性就应该受到质疑。至于何为无法解释的矛盾，应该具体问题具体分析。❷ 笔者认为，案件的事实真相只有一个，这是毋庸置疑的。而证据是案件事实所遗留的全部或者部分信息。真实的证据，其所包含的案件信息应当是客观存在的，其与事实真相应具有一致性。如果某证据的信息与案件事实之间存在矛盾，存在不一致的地方，只能说明证据出现了误差。对于这种误差，如果可以做出合理的解释，排除这种矛盾，该证据仍然可以作为定案的依据加以使用。如果对这种矛盾无法做出合理解释，难以排除，那么该证据就不能作为定案根据。此时，该证据被排除的缘由是其真实性值得怀疑。

⑧ 影响证据真实性的其他因素。这是一个兜底性的分析要点，用于概括除以上列举事项之外的其他足以影响证据真实性的因素。这些因素难以也无须逐一列明，以书证为例，诸如字迹的自然风化、挥发，初始记载事项的错误，流转中的非故意增减文字等，皆可归属于此。有学者指出，真实性不能与关联

---

❶ 董晓慧：《工商行政处罚证据收集与适用》，北京：中国工商出版社2016年版，第33页。

❷ 曹晓凡：《环境行政执法证据的收集与运用》，北京：中国民主法制出版社2015年版，第88页。

性断然分开,真实性往往是以关联性为基础。❶ 这既是强调关联性对真实性的影响,也彰显了证据的合法性、关联性和真实性是一个整体,彼此之间都能够相互影响。此外,还需强调一点,单个证据的部分内容不真实的,不真实部分不得采信,真实部分应当加以采信。对此,不可以偏概全。

(3) 证据关联性分析要点

证据关联性,亦称相关性,可以分解为形式上存在联系或者牵连;实质上留存着案件信息,因而能够"复制"出一部分或者全部案件事实。笔者认为,证据关联性的分析要点包括下列事项。

① 证据证明的事实是否与案件实体性事实或者程序性事实有本质的内在联系,以及关联程度的大小。这是强调关注证据的形式关联性。世界是普遍联系着的,证据与案件也应当有客观的联系。分析这种客观联系时,主要考量三个方面:其一,证据是否存在于案件之中,是否为案件事实所留存之信息或者载体;其二,证据信息与案件待证事实是否有本质的、内在的一致性,或者说证据是否指向案件事实的证明,是否有助于认定案件事实;其三,证据与事实的关联是否直接、是否紧密、是哪一方面的联系。例如,案发时已在现场的目击证人,他(她)与案件的关联是直接的、紧密的,案件事实在该证人脑中有记忆存留,该证人的陈述有助于"恢复""还原"或者"复制"出过去发生的事实真相。这种证人与案件的形式关联性就非常强。反之,案发时不在现场,经过他人的两次转述而"听闻"案件的人,尽管他(她)的陈述也有可能指向案件事实,也有可能对事实判断有帮助,但是,由于该证人与案件的关联过于间接、过于疏远,且该证人不在案件发生时的环境之中,因此其形式关联较差。

② 证据所证明的事实对案件主要情节和案件性质的影响程度大小。这是强调关注单一证据的实质关联性,即单一证据所包含的案件信息应当能够揭示、证实待证事实(证明对象)中的一部分或者全部情节。任何案件事实的查明或者认定,都有若干需要证明的事实情节或者要素,每一个证据都应当能够或多或少地帮助认定部分或者全部事实情节,这就是单一证据的证明价值所在。尤其是对案件主要情节和足以影响案件性质的要素,单一证据应当具有这种实质关联性。首先,单一证据要对这些主要情节和性质要素有所影响,能够对其进行揭示或者还原。其次,揭示或者还原的广度和深度越大越好。实质关联性的程度大,表明该证据对案件待证事实的影响(证明价值)大;反之

---

❶ 华晨泓,刘玉江,等:《行政执法证据的收集与运用》,南京:江苏科学技术出版社 2007 年版,第 116 页。

则小。

③ 所形成的证据逻辑体系能否全面印证案件的法律事实。这是要求分析全案证据中各证据之间的实质关联性。在单个证据具备实质关联性的基础上，审查分析证据的关联性还需要把单个证据放置于全案证据中加以考量，研判其与其他证据是否相互印证，是否能够组成一个周密的逻辑体系，进而能够完整地"复制""还原"或者"恢复"出案件事实真相。正如有人指出的那样，既然证据关联性存在两层含义，那么分析判断证据有无关联性也必须分两步：首先审查判断证据与案件事实有没有关联，其次着重审查分析证据彼此之间有没有关联，能不能形成一条证据链。证据经过第一步审查判断，虽然与案件主要事实存有关联，但是，如果证据彼此之间不能相互关联，就不能认为形成了完整的证据链。[1] 证据逻辑体系，亦称证据的证明体系、证据链，是指证据彼此之间的关系，尤其是间接证据之间的关系，强调证据之间彼此印证、和谐、完整，无矛盾、无冲突。在此基础上，所有证据的信息能够全面印证案件的法律事实。

④ 是否有影响证据关联性的其他因素。这是一个兜底性表述，以概括上述列举事项之外的所有可能影响证据关联性的因素，如主观意志的不当掺入、合法性的欠缺等。

3. 完整性和充分性的分析

证据的完整性和充分性，主要是全案证据分析时的考量因素，亦可用于分析一组证据。《海事行政执法证据管理规定》第35条指出，审查证据时，应当审查证据的合法性、真实性、关联性，审核证据的完整性、协调性、充分性，并判断证据有无证明力以及证明力的大小。这是为数不多的突出完整性和充分性的条文，对证据"三性"要求审查，对完整性和充分性要求审核，对证明力要求判断，其中的逻辑思路值得关注。笔者认为，全案证据的证明力取决于证据的完整性和充分性。全案证据的分析要点包括下列事项：证据之间能否相互印证；证据之间是否存在无法解释的矛盾；证据与事理或者情理之间是否存在无法解释的矛盾；证据是否达到一定的数量；证据是否足以认定案件事实；证据是否形成完整的证据逻辑体系；是否有影响证据完整性和充分性的其他因素。

（1）完整性与证据逻辑体系

笔者认为，全案证据的逻辑形态（逻辑体系）分为链条式和合股式。全

---

[1] 交通运输部政策法规司：《交通运输行政执法证据收集与运用》，北京：人民交通出版社2012年版，第170页。

案证据的链条式形态是指各个证据之间呈现环环相扣、一环连一环的整体状态。全案证据的合股式形态是指各个证据之间呈现并列合股、共同发挥证明作用的整体状态。其中合股式应当是主要的、常见的逻辑体系。证据逻辑体系的形成，离不开全案证据的完整性和充分性。

证据的完整性是指全部证据整体和谐、相互印证，彼此之间没有矛盾冲突。全案证据完整性的正向表述为：各证据信息内容彼此印证、相互佐证；反向表述则为：不存在矛盾冲突，或者矛盾冲突能够得到合理解释与排除。

在证据完整性的分析过程中，证据间的相互印证固然需要考量，但更为重要、绝对不能忽视的还是对证据有无矛盾的分析。其实，证据间一旦存在矛盾，相互印证也就不存在了，证据体系也就不具备逻辑上的周延性了。所以，许多行政执法证据法规范文件都特别强调分析证据之间有无矛盾及证据之间矛盾的排除问题。

（2）充分性与证明标准

证据的充分性是指全部证据所留存的案件信息足以将过去发生的案件事实揭示出来。证据充分性的正向表述为：各证据信息内容推断出案件待证事实；反向表述为：所有合理怀疑（得不出事实结论的疑问）能够被合理排除。因此，全案证据具备充分性，其实就是案件证明或者查明标准的达到。

在证据充分的具体分析研判中，文字表述一般使用"足以"一词，如果全案证据足以将过去发生的案件事实原原本本地"恢复"出来，就达到了证据充分。在法律程序中，在证据证明力的分析方面，在证明标准的判断上，"足以"只能是也应当是一个概率。概率是指在同一条件下可能发生也可能不发生之事件的发生可能性大小的比率。有关概率问题的科学方法论即为概率论。国外将概率论引入证据法的尝试由来已久。我国法律实务领域越来越普遍的观点也认为认定案件事实是一种盖然性判断，而非必然性、确定性判断，案件事实的真实绝非客观真实而是符合法律要求的法律真实。法律真实是一种概率性判断，其在一定意义上是以概率为基础的真实。概率论可以用于分析单一物证的证明力，如指纹鉴定。概率论也可以用于评断一组证据或者全案证据的证明力。[1]

分析全案证据的充分性，必须杜绝单纯或者片面考察证据数量的错误观点和做法。诚然，证据的数量，尤其是在没有直接证据，全靠间接证据定案的情形下，是具有重要意义的。但需要注意的是，虽然考察证据数量是有意义的，但不能单纯或者片面地执着于数量问题。曾有逻辑学家指出，把证据充分性看

---

[1] 何家弘，刘品新：《证据法学》，北京：法律出版社2019年版，第51－56，第341－344页。

成"量的概念""量化程度的概念",甚至等同于"证据的齐全性",绝对是对证据充分性的误解。证据充分与否,虽然与其数量有关,关键却不在于数量,尤其不能简单地将证据数量多等同于证据齐全,而是要考量证据与案件事实之间是否具有必然的逻辑联系。换言之,通过真实可靠的(确实的)证据能不能必然地推导出所要证明的案件事实。证据的充分性,是从案件的证明对象上要求的,如果能够将案件中的待证事实证明或者查明清楚,那么证据就是充分的;反之,证据则是不足的。❶

四、行政执法证据分析的方法

行政执法证据分析方法有哪些?对此至今没有统一的、权威的、被普遍认可的说法,反而存在相当大的分歧。在行政执法证据法学界,对于证据分析方法的介绍,有三类不同的形态:其一,着眼于较为具体的措施和手段。例如有人指出,复核证据真实可靠的方法可以概括为矛盾分析法,复核证据证明价值的方法可以概括为关联分析法。在行政执法实践中,复核证据的具体方法很多,不同的行政执法主体、不同性质的行政执法种类,在复核证据的具体方法上也有较大差异。行政执法中常见的证据审查方法主要有鉴别法(甄别法)、比对法(比较法或对比法)、验证法(实验法)、印证法、质证法。❷ 其二,将证据分析的步骤、证据分析的客体与证据分析方法相混同。例如有学者认为,只有方法正确,才能正确地审查判断证据。审查判断证据通常采用以下几种方法:个别审查判断(甄别);比对审查判断(纵向比对和横向比对);充分听取当事人的意见;综合审查判断(矛盾分析),该方法主要依靠形式逻辑。❸ 其三,侧重辩证法与辩证思维。例如有学者主张,证据与案件事实都是客观存在,它们之间的联系也是客观存在。如果办案人员的主观认识能够如实地反映这些客观存在,就能正确地查明案件事实。怎样才能使办案人员的主观认识正确地反映客观实际呢?这就需要研究证据审查判断的方法。在执法办案实践中,证据审查判断的基本方法主要有具体情况具体分析、综合分析、认真分析和解决证据的矛盾。❹

笔者认为,认知证据分析方法,首先要把它与案件事实认定方法、证明方

---

❶ 雍琦:《法律适用中的逻辑》,北京:中国政法大学出版社2002年版,第233页。
❷ 交通运输部政策法规司:《交通运输行政执法证据收集与运用》,北京:人民交通出版社2012年版,第151-153页。
❸ 曹晓凡:《环境行政执法证据的收集与运用》,北京:中国民主法制出版社2015年版,第82-83页。
❹ 董晓慧:《工商行政处罚证据收集与适用》,北京:中国工商出版社2016年版,第33-36页。

法加以必要的区别。事实认定方法有不依赖于证据的免证方法，证明方法包括取证方法、举证方法、质证方法等。证据分析方法仅是对单一证据和全案证据的属性进行研判，对其所蕴含的过去案件事实信息进行探知。确立证据分析方法应当基于证据属性研判与事实信息探知这一根本出发点。鉴于此，笔者主张第一层次意义上的证据分析方法是：单一证据的分析方法有文义分析、逻辑分析（含经验分析）和科学分析；全案证据（含一组证据）的分析方法只能是逻辑分析（含经验分析）。经验是建立在多次归纳基础上的，可以作为逻辑归纳方法一并认知。文义分析、逻辑分析和科学分析彼此之间存在一定的交叉关系，科学分析离不开逻辑分析，针对文书证据的科学分析也少不了文义分析；文义分析离不开语词概念、语句判断和推理解释。在这三种分析方法中，逻辑分析是核心，因为证据分析本质上就是一种主观思维活动，逻辑方法必然贯穿于其始终。逻辑学家指出，证明的过程就是证据运用的过程，它是一种思维活动，其中必须运用逻辑推理。运用证据证明案件事实的过程是一个复杂的逻辑推理过程，无论是收集证据还是审查判断证据，都需要科学的思维方法。❶

1. 文义分析

文义分析是通过对字、词、句、符号、图形、图像及上下文语境的研判来探知证据中所包含的案件事实信息。文义分析方法主要适用于书证、视听资料、电子数据和各种笔录。

（1）语词分析

语词分析亦称概念分析，是对书证中的字、词含义和范围所进行的一种分析。从逻辑的角度讲，语词分析可以采用内涵解析法、外延划分法、合理解释法等具体方法。除非法律、法规有明确解释，语词分析应当优先选择普通含义和通常范围，其次考量专业含义和专用范围。

（2）语句分析

语句分析也称判断分析或者命题分析，是指对书证中的语句含义以及段落含义进行分析的方法。段落是由语句（句子）或者句群组成的，有的段落只有一句，称为独句段；更多的段落是由多个句子或者句群组成的，称为多句段。所以，语句分析包括句子分析和段落分析。

（3）符号、图形、图像分析

传统书证的意思表示工具除了文字外，还有符号和图形。现代数据电文、音像视听证据，文字、图形、图像也是其表示工具和形式。对视听资料和电子数据进行证据分析时，文义分析也是一种基本的方法。此时的文义分析不能拘

---

❶ 雍琦：《法律适用中的逻辑》，北京：中国政法大学出版社2002年版，第260-263页。

泥于传统文字，而应当包括符号、图形、图像等事实载体或者记录工具。例如，一段由无人机跟踪拍摄的渣土车抛洒遗留固体废弃物的视频，经过图像分析，辨认车牌号、道路路名、道路上的渣土遗留痕迹，就可以认定一起违法遗留固体废弃物的案件事实，其中人物、时间、地点、过程、结果等事实要素都可以通过文义分析来作出准确的判断。

必须强调一点：文义分析，尤其是语句分析、整个文本分析、图像分析，并不限于字面解释，它可以也应当与逻辑分析、科学分析相结合。如当事人在笔录上的签名是否真正、按捺的指印是否为本人所留，完全可以通过笔迹鉴定、指纹分析加以研判；图像是否经过技术剪辑、增加、删除等处理，也可以通过技术鉴定加以研判。

2. 逻辑分析

逻辑分析是适用于所有证据种类和证据分类的分析方法，也是既适用于单一证据分析，又适用于全案证据（含一组证据）分析的方法。之所以如此，是因为案件事实认定既是一个思维过程，又是一个"思想产品"。这一认识过程、思维过程的前提和基础是调查取证，核心是证据分析。无论是证据调查，还是证据分析，都离不开逻辑思维方法的运用。

（1）形式逻辑的方法

有学者指出，执法人员在审查判断证据时，必须使用概念和推理等思维方法。在审查分析证据时，形式逻辑作为一种思维方法具有特殊的地位和作用。[1] 形式逻辑亦称普通逻辑、传统逻辑，狭义的形式逻辑指演绎逻辑，广义的形式逻辑还包括归纳逻辑，它是研究思维形式及其规律的科学。形式逻辑是一门工具性质的科学，是认识事物、表达思想时经常运用的一种逻辑工具。形式逻辑靠概念、判断、推理（主要包括归纳推理与演绎推理）来反映事物的本质。鉴于概念（语词）和判断（语句）在文义分析部分已有涉及，这里重点讨论推理的方法。法律适用中的逻辑问题，亦即人们常说的法律逻辑问题，其核心是法律推理。[2] 证据分析，特别是全案证据分析，尤其如此。笔者认为，证据分析时运行的形式逻辑推理包括但不限于演绎分析、归纳分析和类比分析。

① 演绎分析。演绎方法、归纳方法和类推方法被美国著名法理学家博登

---

[1] 江伟：《证据法学》，北京：法律出版社1999年版，第303页。
[2] 雍琦：《法律适用中的逻辑》，北京：中国政法大学出版社2002年版，第8页。

海默合称为分析推理。❶ 演绎是从一般原理、原则推导出个别结论的思维方法。演绎法一般亦称演绎推理，与"归纳法"相对，它的推理方法是由一般到特殊。演绎推论的前提与结论之间具有必然的联系，它是一种确实性推理。演绎推理有三段论，假言推理（以假言判断为前提的推理，分充分条件假言推理和必要条件假言推理），选言推理（以选言判断为前提的推理，分相容的选言推理和不相容的选言推理），关系推理（其前提中至少有一个是关系命题的推理，如对称性关系推理、传递性关系推理）等形式。毫无疑问，演绎法的主要形式是三段论。三段论就是从两个性质判断（其中的一个性质一定是全称判断）得出第三个性质判断的一种演绎推理方法。例如，在对一份《调查询问笔录》的合法性进行分析并得出其不具有合法性的结论时，其三段论思维过程是：

大前提：根据法律要求，《调查询问笔录》无当事人签名认可的，不具有合法性。

小前提：本案中的这份《调查询问笔录》没有当事人的签名认可。

结论：所以，该份《调查询问笔录》不具有合法性，欠缺证据资格。

运用演绎法分析证据时，应当遵守其基本公理和各项推导规则。

② 归纳分析。人们从个别或者特殊的经验事实推出一般结论的思维方法就是归纳。作为归纳前提的是人们关于个别事物或者现象的判断，而归纳出的结论都是关于该类事物或者现象的普遍性判断。归纳法是从个别的或者特殊的经验事实出发，概括得出一般性原理、原则、结论的思维方法，主要包括观察、实验、比较、分析、综合等方法，以及科学归纳法、简单枚举归纳法等。按照归纳法所概括的对象是否完全，可以将其分为完全归纳推理（考察每一个对象，前提与结论之间具有必然联系，属于确定性推理）和不完全归纳推理（考察部分对象，推理具有或然性、不确定性，包括简单枚举归纳推理和科学归纳推理）。现代归纳逻辑往往运用概率论、公理化和形式化的方法对归纳推理和归纳方法进行研究与表述，特别关注概率推理和统计推理。❷

笔者认为，证据调查时运用归纳思维，可以采用不完全归纳法；但在进行证据分析，尤其是全案证据分析时，应当采用完全归纳法，即逐一审查研判每一个证据，然后得出一般性的结论。例如，某城市管理综合执法机关在仅有两

---

❶ [美] E. 博登海默：《法理学：法哲学及其方法》，邓正来，姬敬武译，北京：华夏出版社1987年版，第471页。

❷ 夏征农，陈至立：《辞海》（第6版彩图本，第1册），上海：上海辞书出版社2009年版，第783页。

名证人证言和一段全球定位系统（GPS）行车轨迹的情况下，拟处罚某渣土车司机，认定其在证人证言所述地点倾倒了固体废弃物（垃圾）。该单位法制审核人员得出案件证据不确实、不充分，不能予以行政处罚的结论，其归纳思维是：

前提一：两位证人的证言未必具有真实性，难以肯定嫌疑车辆在其所述地点倾倒了垃圾。

前提二：虽然 GPS 行车轨迹可以证实嫌疑车辆经过了嫌疑路段，且在嫌疑地点有所停留，但是不能因此就肯定嫌疑车辆在证人所述地点倾倒了垃圾。

结论：本案现有证据不足以认定嫌疑车辆在证人所述地点倾倒了垃圾，所以不能予以行政处罚。如果需要查清嫌疑地点的垃圾倾倒实况，应当补充调查，增加证据。

运用完全归纳推理方法分析证据，要想获得正确的结论，必须同时满足两个条件：一是在前提中考察了案件中的所有证据材料；二是在前提中对案件的每一个证据所作出的判断结论都是真的。

③ 经验分析。经验与逻辑的关系非常密切，归纳推理的个别考量及其共性积累，其实就是一个经验过程。经验的通常解释是由实践得来的知识或者技能。❶ 作为证据分析方法的经验，是指能够上升为经验法则的那些经验。换言之，经验分析所运用的是经验法则，是那些能够上升为具有拘束力的规则的经验。有学者指出，所谓经验法则，是指根据经验归纳总结得出的具有普遍性和拘束力的知识和经验，包括日常生活中的经验法则、自然法则以及专门科学上的经验法则。

在证据分析方面，经验分析主要针对证据的证明力分析，在对证据资格进行分析时一般不宜采用，这也是行政执法证据法自由裁量原则或者自由心证原则的基本内涵之一。证明力判断自由是自由心证的核心意义。在逻辑上，证明力评价过程实际上就是以经验法则为大前提、以案件证据事实为小前提所进行的三段论推理过程。经验法则作为推理的根据，具有数量的无限性和结论的盖然性之特性。这也是经验法则成为自由心证判断规则的重要原因。相较于严格法条主义的法定证据制度对证明力的判断，无限的经验法则及其无限的盖然性程度，使得自由心证成为可能，使得自由心证更加有利于发现真实。❷ 以交通行政执法案件中证人证言证明力的分析为例，以经验法则为分析推理大前提的

---

❶ 中国社会科学院语言研究所词典编辑室：《现代汉语词典》（第7版），北京：商务印书馆2016年版，第686页。

❷ 卞建林：《证据法学》，北京：高等教育出版社2020年版，第214–215页。

思维过程是：

大前提：根据经验法则，没有驾驶车辆经历的一般人，不可能准确判断出快速行驶的车辆的速度。

小前提：本案中，证人不会开车，没有驾驶经历。

结论：所以，本案证人对违法车辆速度的判断不可信。

运用经验法则分析证据的证明力时，应当注意下列要求：其一，作为大前提的经验法则，应当具有高度的真实性或者高度的盖然性。其二，得出的结论如果不能肯定具有高度的盖然性，还需要通过其他证据补强与证据分析推理佐证。其三，经验法则应当与逻辑规则结合使用，因为经验法则具有实质内容，是大前提的具体内容；逻辑规则则是科学的推理形式，只有将两者结合起来使用，才能最大限度地得出正确的分析结论。❶

④ 类比分析。犹如归纳分析不完全等同于归纳推理，类比分析也不是类比推理的简单应用。类比分析证据主要是借鉴类比推理的思维方式，研判两个或者两个以上证据之间的相同点与不同点，进而确立各自的真实性或者可信性。类比推理，亦称"类比法""类推"，是这样一种推理形式：依据两个或者两类对象在某些属性方面相同或者相似，推出它们在其他属性方面也可能是相同或者相似的。❷ 类比推理的结论常常是或然性判断。相较于演绎推理从普遍性前提推出特殊性结论，归纳推理从特殊性前提推出普遍性结论，类比推理则是从特殊性前提推出特殊性结论。类比推理是从观察个别现象开始的，因而近似于归纳推理。但它又不是由特殊性到一般性，而是由特殊性到特殊性，因而又不同于归纳推理。类比推理分完全类推和不完全类推两种形式：完全类推是两个或两类事物在进行比较的方面完全相同时的类推；不完全类推是两个或两类事物在进行比较的方面不完全相同时的类推。

类比推理的核心和基础是寻找两个或者两类事物之间的共同点与不同点。这一思维方法结合反证或者逻辑规律，可以用来分析证据。例如，两位年龄相仿、性别相同、都不近视且都在斑马线旁准备过马路的证人，一个陈述看见了肇事车辆闯红灯，另一个则陈述没有看见肇事车辆闯红灯。对这两份证人证言可以进行如下类比分析：

前提一：证人张三，男，43岁，视力1.4，下午15时许，在斑马线东侧，准备向西过马路，未低头看物或者做其他事务，看见肇事车辆闯红灯。

---

❶ 戴泽军：《审查判断证据》，北京：中国人民公安大学出版社2010年版，第70页。

❷ 夏征农，陈至立：《辞海》（第6版彩图本，第2册），上海：上海辞书出版社2009年版，第1320页。

前提二：证人李四，男，45岁，视力1.5，下午15时许，在斑马线东侧，准备向西过马路，未低头看物或者做其他事务，没看见肇事车辆闯红灯。

结论：所以，两份证人证言必然有一份为假。

为什么这么推理和分析？何以得出必有一假的结论？因为这两位证人的其他条件几乎一样，没有本质区别。因此，要么都具备看见肇事车辆闯红灯这一情形；要么都不具备这一情形，也就是没有看见肇事车辆闯红灯。都看见或者都没看见才符合类比推理的结论，也符合经验法则和社会常识；一个看见、另一个却没有看见的可能性不大，甚至几乎没有。

⑤ 逻辑规律与证据分析。无论是运用形式逻辑的分析方法，还是辩证逻辑的分析方法，都需要遵循基本的逻辑规律。所谓逻辑规律，是指人们在逻辑思维过程中正确地运用概念、判断和推理等思维形式的规律。通常指形式逻辑的规律，如同一律、矛盾律、排中律、充足理由律；有时也指辩证逻辑的规律，如对立统一规律。例如，在一起治安案件中，一位木工作为证人，陈述其在距离案发现场800米远的屋顶上，看见两人在河塘边打架斗殴。公安机关经过现场勘查，发现在距离案发现场800米远的屋顶上，任何人都不可能用肉眼看见河塘边所谓打架的地方，于是把该证人证言排除在定案证据之外。此处公安机关进行证据分析时运用的就是矛盾律。因为如果证人所述位置与距离为真，那么"看见"则必为假（实际是这么远的距离及在屋顶的那个位置，不可能看见）；如果证人所述"看见"为真，那么位置与距离必为假（证人所述的感知条件不真实，证言基础虚假）。这两个事项不可能同时为真，只可能其中之一为真，甚至两个同时为假。不管是其中之一为真，还是两个都为假，该证人证言都不具有可信性。

（2）辩证逻辑的方法

辩证逻辑（Dialectical Logic）指唯物辩证法的逻辑职能和作为逻辑学的辩证法。它研究反映客观世界的辩证发展过程的人类思维的形态，亦即关于辩证思维的形式、规律和方法的科学。辩证逻辑是人类思维发展到自觉的辩证思维阶段的产物。19世纪40年代马克思主义哲学产生后，有了科学的辩证逻辑。唯物辩证法的根本规律——对立统一规律，也是辩证逻辑的根本规律。

笔者认为，证据分析时所运用的辩证逻辑方法主要是矛盾分析、综合分析和具体分析，在这些分析实务中，始终贯穿着对论点的论证与反驳。矛盾分析法以对立统一规律为基础；综合分析法以普遍联系原则为基础；具体分析法以矛盾特殊性为基础。

形式逻辑的推理分析、辩证逻辑的矛盾分析等方法，其实就是论证和反驳的思维活动与思维过程。以概念为媒介、以判断为依据的法律推理过程，就是论证与反驳的思维过程。证据分析亦是一种推理论证，无论是单一证据的分析结论，还是全案证据的分析结论，以及案件事实的认定结论，都是推理论证的论点。证据分析要么是从论据得出论点的过程（从前提得出结论），要么是以论据佐证论点的过程（树立论点后再寻找论据），它们都是法律论证。

在证据分析过程中，论证与反驳如影随形、对立统一。例如，在某治安管理行政处罚案件的听证会上，围绕某份证人证言，行政执法调查取证人员与违法行为人进行了下列论证与反驳：

调查取证人员：证人张三案发时在现场，目睹了当事人皮五对被害人李四进行殴打，李四没有还手。该证言可以作为定案根据。

当事人皮五：张三是李四的连襟，肯定帮助李四说话，他不能做证人。

调查取证人员：张三确实是李四的连襟，但张三为人正派，其陈述的证言都是事实。没有任何法律、法规禁止与被害人有连襟关系的人做证人。法律规定凡是知道案件情况的人，都可以也应当作证。

当事人皮五：法律规定与被害人有亲属关系的人所作的有利于该被害人的证言没有证据效力，不能证明客观事实。

调查取证人员：法律只是规定一般情况下，与当事人有亲属关系的人所作的有利于该当事人的证言，证明效力低于其他无亲属关系的人所作的证言，并没有否定其证明价值。

当事人皮五：不能张三说什么，你们就记录什么、相信什么，他说的全是假话，是李四先骂我、打我的，我被迫还手，是正当防卫。

调查取证人员：本案认定皮五殴打伤害李四，并不仅仅是靠张三的证言定案的，还有现场目击证人赵六的证言，赵六与皮五、张三都不熟悉，是在路边卖水果的，他也说自己看见皮五打了李四，李四没有动手。

3. 科学分析

对案件事实和证据中的专门性问题，尤其是解读分析各类物证、对证据进行鉴真，应当采取科学鉴定及类似的分析方法。所谓科学分析，是指采用超越常识和经验的专门知识、专业技能、专用设备来分析证据的方法。狭义的科学分析方法就是指鉴定，而广义的科学分析则包括实验、检测、检验、检疫、评估、认定、认证、辨认、分解、比对等与鉴定类似的科学探知与研判活动。对证据进行科学分析的基础学科为法庭科学，包括但不限于医学、物理学、化学、生物学的知识原理与技术手段。在行政执法证据分析中，除非自身就是行政执法机关内部的技术分析人员，否则，一般的行政执法证据分析人员不会也无须亲自运用科技手段对证据进行科学分析，只需依法指派或者聘请专家实施即可。

第二节　行政执法单一证据的分析

单一证据的分析是对每一种法定证据、每一个案件中的具体证据进行审查判断,其核心内容既包括证据资格(可采性)的评判,也包括证明力(可信性)的评价。

一、各种行政执法证据的分析要点

鉴于证据分析原则和分析方法具有一定的共性且在本章第一节已经有所阐明,故这里的各种行政执法证据的分析要点主要是指证据内容方面的分析。单一证据的分析内容包括三个层面:第一层次,证据资格的有无和证明力的大小;第二层次,证据的合法性、真实性和关联性;第三层次,影响证据合法性、真实性和关联性的各种行为、环节和状态。在这里,着重针对每一种法定证据,阐述影响其合法性、真实性和关联性的行为、环节和状态中的重要事项。

1. 言词类证据的分析

言词类证据是指当事人陈述和证人证言(含被害人陈述),它们属于人证。

(1) 当事人陈述的分析要点

笔者认为,对当事人陈述的分析要点,包括但不限于如下方面:

① 询问过程及其笔录或者音视频资料是否合法。

② 当事人是否因规避不利法律后果而提供虚假陈述。

③ 当事人是否因表述能力等主观问题导致陈述瑕疵。

④ 当事人陈述是否与其他证据吻合,是否有其他证据印证,是否能排除其他证据的矛盾。

由于作为法定证据的当事人陈述在行政执法程序中是通过询问来提取获得的,通过文字或者音像载体加以固定和物化的,所以分析当事人陈述时,不能忽视询问过程及其载体生成的合法性审查。

(2) 证人证言的分析要点

笔者认为,对于证人证言的分析,应当围绕证人证言的感知、记忆、表达三个基本阶段,以及行政执法主体对证人的询问这一调查收集方法。因此,对证人证言的分析要点,包括但不限于如下方面:

① 证言的内容是否为证人直接感知。

② 证言形成的主、客观条件。

③ 证人作证时的年龄，认知、记忆和表达能力，生理和精神状态是否影响作证。

④ 证人与案件当事人、案件处理结果之间有无利害关系。

⑤ 询问证人是否为个别进行。

⑥ 询问笔录的制作、修改是否符合法律、法规的要求，是否注明询问的起止时间和地点，首次询问时是否告知证人有关作证的权利义务和法律责任，证人对询问笔录是否核对确认。

⑦ 询问未成年证人时，是否通知其法定代理人或者有关人员到场，其法定代理人或者有关人员是否到场。

⑧ 询问聋、哑人时，是否提供通晓聋、哑手势的人员作手语翻译；询问不通晓当地通用语言、文字的证人时，是否提供翻译人员。

⑨ 证人证言有无以暴力、威胁等非法手段收集的情形。

⑩ 证言之间以及与其他证据之间能否相互印证，有无矛盾。

处于明显醉酒、中毒或者麻醉等状态，不能正常感知或者正确表达的证人所提供的证言，不得作为证据使用。

证人的猜测性、评论性、推断性的证言，不得作为证据使用，但根据一般生活经验判断符合事实的除外。

对于建立在有偿收费基础上的职业目击证人的证言、违法行为有奖举报证言、"随手拍"提供的证言及相应音视频资料，只要其感知、记忆和记录并没有明显违背法律规定，应当承认其证据资格。但是，对这些证人证言的证明力不能轻信，必须有其他证据补强且彼此之间没有矛盾。这是因为基于收益或者为了追求利益而作证，存在一定的"品行"怀疑，存在受利益驱动而造假或者扭曲事实真相的可能性。[1] 当然，关于分析证人证言时应否考量其品格与操行，是存在分歧的。笔者认为，基于经验法则，品行对证言真实性的影响，是与利害关系相牵连的。一个证人的品行再差，如果与某当事人没有"友好型"利害关系，那么他（她）陈述对该当事人有利的虚假事实或者隐瞒对该当事人不利的真实事实的可能性并不大；反之亦然。所以，笔者并未把品行审查作为证人证言分析的要点予以明确列出。笔者赞同只有在证人主动以自己的品行来强调、担保其证言的真实性时，才可以对其品行予以审查判断。否则，行政执法机关在分析证人证言时，不宜轻易启动品行审查。

2. 实物类证据的分析

实物类证据主要是指传统的物证和书证。

---

[1] 戴泽军：《审查判断证据》，北京：中国人民公安大学出版社2010年版，第268-269页。

(1) 物证的分析要点

笔者认为，对物证的分析要点，包括但不限于如下方面：

① 是否为原物，是否经过辨认、鉴定；物证的照片、录像、复制品是否与原物相符，是否由二人以上制作，有无制作人关于制作过程以及原物存放于何处的文字说明和签名。

② 物证的收集程序、方式是否符合法律、法规的要求；经勘验、检查、搜查提取、扣押的物证，是否附有相关笔录、清单，笔录、清单是否经行政执法人员、物品持有人、见证人签名或者按捺指印，没有物品持有人签名或者按捺指印的，是否注明原因；物品的名称、特征、数量、质量等是否注明清楚。

③ 物证有无清晰、明确、完整的保管链条。

④ 物证在收集、保管、鉴定过程中是否受损或者改变。

⑤ 物证与案件事实有无关联；对现场遗留的与案件有关的具备鉴定条件的血迹、体液、毛发、指纹等生物检材、痕迹、物品，是否已作DNA鉴定、指纹鉴定等，并与疑似人或者被害人的相应生物样本、生物特征、物品等进行比对。

⑥ 与案件事实有关联的物证是否被全面收集。

⑦ 物证与其他证据有无矛盾冲突，是否被其他证据所否定。

据以定案的物证应当是原物。原物不便搬运、不易保存，依法应当由有关部门保管、处理，或者依法应当返还的，可以拍摄、制作足以反映原物外形和特征的照片、录像、复制品。

物证的照片、录像、复制品，不能反映原物的外形和特征的，不得作为定案的根据。

物证的照片、录像、复制品，经与原物核对无误、经鉴定为真实或者以其他方式确认为真实的，可以作为定案的根据。

(2) 书证的分析要点

笔者认为，对书证的分析要点，包括但不限于如下方面：

① 是否为原件，是否经过辨认、鉴定；书证的复制件是否与原件相符，是否由二人以上制作，有无制作人关于制作过程以及原件存放于何处的文字说明和签名。

② 书证的收集程序、方式是否符合法律、法规的要求；经勘验、检查、搜查提取、扣押的书证，是否附有相关笔录、清单，笔录、清单是否经行政执法人员、书证持有人、见证人签名或者按捺指印，没有书证持有人签名或者按捺指印的，是否注明原因。

③ 书证的制作人、制作日期（落款）等主体要素有无彰显。

④ 影响书证成立的必要意思要素是否已经全部出现。
⑤ 书证在收集、保管、鉴定过程中是否受损或者改变。
⑥ 书证与案件事实有无关联。
⑦ 与案件事实有关联的书证是否被全面收集。
⑧ 书证与其他证据是否协调、和谐。

据以定案的书证应当是原件。取得原件确有困难的，可以使用复制件。

书证有更改或者对更改迹象不能作出合理解释，或者书证的复制件不能反映原件及其内容的，不得作为定案的根据。

书证的复制件，经与原件核对无误、经鉴定为真实或者以其他方式确认为真实的，可以作为定案的根据。

3. 科学证据的分析

具有科学技术含量，可以归属于科学证据的是鉴定意见、视听资料和电子数据。

（1）鉴定意见的分析要点

笔者认为，对所有鉴定意见及类似鉴定活动生成的结论性意见的分析要点，包括但不限于如下方面：

① 鉴定机构和鉴定人是否具有法定资质。
② 鉴定人是否存在应当回避的情形。
③ 检材的来源、取得、保管、送检是否符合法律、法规的规定，与相关提取笔录、扣押物品清单等记载的内容是否相符，检材是否充足、可靠。
④ 鉴定意见的形式要件是否完备，是否注明提起鉴定的事由、鉴定委托人、鉴定机构、鉴定要求、鉴定过程、鉴定方法、鉴定日期等相关内容，是否由鉴定机构加盖司法鉴定专用章并由鉴定人签名、盖章。
⑤ 鉴定程序是否符合法律规定，鉴定的过程和方法是否符合相关专业的规范要求。
⑥ 鉴定意见是否明确。
⑦ 鉴定意见与案件待证事实有无关联，发挥的是直接证明作用还是间接证明作用。
⑧ 鉴定意见与案件中的勘验、检查笔录及相关照片等是否矛盾。
⑨ 可能出现的补充鉴定或者重新鉴定是否符合法律规定。
⑩ 是否将鉴定意见依法及时告知相关人员，当事人对鉴定意见有没有异议。

部分学者在其著述中提出，审查判断鉴定意见时，需要把"鉴定的设备是否先进"作为一项重点分析内容。❶ 笔者认为，之所以需要鉴定，是因为基于常识和经验难以认定案件事实或者证据，只能借助专门知识、专业技术、专用设备来解决。这是鉴定必要性之所在。但是，在审查判断鉴定意见时，无须把设备作为分析要点。理由有三：其一，设备的采用已经包含在过程和方法之中。科学鉴定的方法，就是需要借助一定的设备、措施或者手段。其二，"先进"是相对的，不具有绝对意义。而且科学鉴定的设备是否先进，也难以整齐划一地加以确立。其三，国内不少学者并没有把设备是否先进作为分析内容；域外审查判断鉴定意见的立法和判例也没有把设备作为一个重点分析事项。

另外，一些文件和观点在列举科学证据的分析要点时，忽视了"鉴定意见是否明确"。究其原因，一方面，在行政执法证据法规范文件中，很少见到对这一审查要点的明确规定；另一方面，无论是证据法学著述还是行政执法证据法学著述，多有遗漏这一要点的倾向，仿佛"鉴定意见应当明确"是一个无须赘言的事项。其实，想想我们委托鉴定或者指派鉴定的目的是什么，以及我们渴望得到什么，就应当知晓必须把"鉴定意见是否明确"作为分析的一项要点。

必须强调一点，在行政执法程序中，行政执法人员一般不实施鉴定，只是委托或者指派专业人员实施鉴定。但是，不能因此而放弃对鉴定意见的分析。行政执法人员既要依赖和使用鉴定意见，也要明确鉴定意见并无当然的证明力，对自己的事实认定也没有当然的约束力。鉴定意见具有下列情形之一的，不得作为定案的根据：

① 鉴定机构不具备法定资质，或者鉴定事项超出该鉴定机构业务范围、技术条件的。

② 鉴定人不具备法定资质，不具有相关专业技术或者职称，或者违反回避规定的。

③ 送检材料、样本来源不明，或者因污染而不具备鉴定条件的。

④ 鉴定对象与送检材料、样本不一致的。

⑤ 鉴定程序违反规定的。

⑥ 鉴定过程和方法不符合相关专业的规范要求的。

⑦ 鉴定文书缺少签名、盖章的。

⑧ 鉴定意见与案件待证事实没有关联的。

⑨ 违反有关规定的其他情形。

---

❶ 樊崇义：《证据法学》（第6版），北京：法律出版社2017年版，第188页。

鉴定意见没有定案根据的资格，意味着其不具有证据资格，因此无须探讨和分析其证明力。

（2）视听资料的分析要点

笔者认为，对视听资料的分析要点，包括但不限于如下方面：

① 是否附有提取过程的说明，来源是否合法。

② 是否为原件，有无复制件及复制件份数；是复制件的，是否附有无法调取原件的原因、复制件制作过程和原件存放地点的说明，制作人、原视听资料持有人是否签名、按捺指印或者盖章。

③ 制作过程中是否存在威胁、引诱当事人等违反法律规定的情形。

④ 是否写明制作人、持有人的身份，制作的时间、地点、条件和方法。

⑤ 内容和制作过程是否真实，有无剪辑、增加、删改等情形。

⑥ 内容与案件事实有无关联。

⑦ 与其他证据有无矛盾冲突，是否被其他证据所否定。

对视听资料有疑问的，应当进行鉴定。

经过审查分析，无法确定真伪的视听资料，以及制作、取得的时间、地点、方式等有疑问，不能提供必要证明或者作出合理解释的视听资料是不能作为定案根据的。

（3）电子数据的分析要点

在法律事实的证明或者查明问题上，人类社会经历了神证、人证和物证的发展进程，现在正步入电子证据或者数字证据时代。电子数据作为专业化程度较高的一种新型法定证据种类，对其加以分析是比较困难的。

伴随着视听资料和电子数据之间"此消彼长"的发展关系，如何审查判断电子数据，其学术认知和文件表述也经历了一个逐步完善的过程。有学者对于电子证据的资格认定和证明力判断，提出了较为系统的主张，足资参照。[1]综合各种学术主张和关联规范文件，笔者认为，对电子数据的分析要点，包括但不限于如下方面：

① 执法程序中初始生成电子数据的合法性。

② 是否随原始存储介质移送；在原始存储介质无法封存、不便移动或者依法应当由有关部门保管、处理、返还时，提取、复制电子数据是否由二人以上进行，是否足以保证电子数据的完整性，有无提取、复制过程及原始存储介质存放地点的文字说明和签名。

③ 收集程序、方式是否符合法律、法规要求和有关技术规范；经勘验、

---

[1] 汪振林：《电子证据学》，北京：中国政法大学出版社2016年版，第301–311页。

检查等收集的电子数据是否附有笔录、清单,并经行政执法人员、电子数据持有人、见证人签名或者按捺指印;没有持有人签名或者按捺指印的,是否注明原因;远程调取境外或者异地的电子数据的,是否注明相关情况;对电子数据的规格、类别、文件格式等是否注明清楚。

④ 电子数据内容是否真实,有无删除、修改、增加等情形。

⑤ 电子数据与案件事实有无关联。

⑥ 与案件事实有关联的电子数据是否被全面收集。

⑦ 电子数据与案件中的其他证据有无矛盾冲突,是否会被其他证据所否定。

如果对电子数据有疑问,应当进行科学鉴定或者技术检验。

经过审查无法确定真伪的电子数据,以及制作、取得的时间、地点、方式等存在疑问,不能提供必要证明或者作出合理解释的电子数据,是不能作为定案根据的。

对于电子数据真实性的分析,应当结合下列因素综合判断:① 生成、存储、传输电子数据所依赖的计算机系统的硬件、软件环境是否完整、可靠;② 生成、存储、传输电子数据所依赖的计算机系统的硬件、软件环境是否处于正常运行状态,或者当其不处于正常运行状态时,对电子数据的生成、存储、传输有无影响;③ 生成、存储、传输电子数据所依赖的计算机系统的硬件、软件环境是否具备有效的、防止出错的监测、核查手段;④ 电子数据是否被完整地保存、传输、提取,保存、传输、提取的方法是否可靠;⑤ 电子数据是否有数字签名(是指利用特定算法对电子数据进行计算,得出的用于验证电子数据来源和完整性的数据值)、数字证书(是指包含数字签名并对电子数据来源、完整性进行认证的电子文件)等特殊标识;⑥ 电子数据是否为在正常的往来活动中形成和存储;⑦ 保存、传输、提取电子数据的主体是否适当;⑧ 电子数据的收集、提取过程是否可以重现;⑨ 影响电子数据完整性和可靠性的其他所有因素。如果有必要,可以采用科学鉴定或者现场勘验等方法,审查判断电子数据的真实性。

对于电子数据是否完整的审查,应当根据保护电子数据完整性的相应方法进行验证,要点在于:① 原始存储介质(具备数据信息存储功能的电子设备、硬盘、光盘、优盘、记忆棒、存储卡、存储芯片等载体)的扣押、封存状态;② 收集、提取的过程,查看录像;③ 电子数据完整性校验值(为防止电子数据被篡改或者破坏,使用散列算法等特定算法对电子数据进行计算,得出的用于校验数据完整性的数据值)比对;④ 比较电子数据的备份;⑤ 冻结后的访问操作日志(为审查电子数据是否被增加、删除或者修改,由计算机信息系统自动生成的、关于电子数据访问、操作情况的详细记录）；⑥其他科学可行的方法。

一般来说，除有相反证据足以反驳者外，电子数据存有下列情形之一的，可以推定其具有真实性：①由当事人提交或者保管，并且对其不利的；②由中立第三方平台提供或者确认，并由其记录和保存的；③在正常业务活动中生成的；④采用档案管理方式保管的；⑤保存、传输、提取的方式符合当事人约定的。此外，电子数据的内容经过公证机关公证的，应当确认其真实性，但有相反证据足以推翻者除外。

二、行政执法中应当排除的证据

应当排除的证据，是指经过证据分析，认定其欠缺合法性、形式关联性、形式真实性，因而没有证据资格；或者无法证实其具备证据资格的那些所谓事实类或者材料类"证据"。基于证据资格法定的基本原则，排除"证据"的资格也应当有相应的法律依据。例如，《消防救援机构办理行政案件程序规定》第72条和《福建省行政执法条例》第54条的规定。❶

笔者认为，排除证据资格时的考量要素应当是合法性、形式关联性和形式真实性的欠缺或者无法证实已经具备。因此，行政执法中应当排除的证据包括下列四类情形。

1. 没有合法性的证据

这是在行政执法证据法规范文件中最为多见的一种排除情形。例如，《行政处罚法》第46条第3款就明确指出，以非法手段取得的证据，不得作为认定案件事实的根据。一切不具备合法性的证据都应当排除，包括但不限于：

（1）严重违反法定程序收集的证据

严重违反法定程序是指在行政执法程序中违反了最基本的正当程序，如先处罚、后取证；相关人员应当回避而没有回避；没有按照规定告知当事人或者相关人员其依法享有的权利等。❷

（2）以引诱、欺诈、胁迫、暴力等不正当手段获取的证据

① 引诱取证：行政执法人员采用利益诱导或者诱惑的方法获取证据的行为。这种行为有时被称为"钓鱼执法"。

② 欺诈取证：行政执法人员通过欺骗的手段获取人证、物证或者书证的

---

❶ 《消防救援机构办理行政案件程序规定》于2021年9月29日，以应急〔2021〕77号发布。以下不再一一注明该文件的发文日期和发文号。

❷ 曹晓凡：《环境行政执法证据的收集与运用》，北京：中国民主法制出版社2015年版，第114页。

行为。

③ 胁迫取证：胁迫是指威胁和强迫，胁迫取证是指行政执法人员以不法损害相恐吓，或者以人身强制等手段使他人处于恐惧状态，使其无力反抗而作出言词陈述或者实物提交的行为。❶

④ 暴力取证：行政执法人员采用非常激烈的强制力量促使他人就范，从而作出言词陈述或者实物提交的行为。典型的暴力取证就是肉体刑讯，即通过非法的、残暴的肉体折磨来获取言词证据与其他证据的线索。

（3）采用偷拍、偷录、窃听等手段获得，并且侵害了他人合法权益的证据

① 偷拍与偷录：未经对方同意的，不让对方察觉的私自拍照、录音、摄像等取证行为。

② 窃听：暗中偷听，通常是指利用电子设备偷听别人的谈话。❷

（4）以其他违反法律禁止性规定或者侵犯他人合法权益的方法获取的证据

（5）因不能正确表达个人意志而无证人资格的人提供的证言

（6）鉴定人不具备鉴定资格、鉴定程序严重违法情形下出具的鉴定意见

（7）存在明显不符合法律、法规、规章和相关规定要求的勘验、检查、现场笔录

2. 没有形式关联性的证据

中外证据法都强调证据与案件的关联性是影响证据资格的重要因素。在我国行政执法程序中，凡是与案件事实无形式关联性的证据都应当排除，包括但不限于：

① 与案件没有任何联系的证据材料。严格地讲，与案件没有任何联系的材料不能称其为证据材料。

② 对案件待证事实的证明没有实质指向意义的重复证据、拖延证据。重复证据（Cumulative Evidence），是指对案件事实没有实质指向意义，对其他证据的证明力没有加强作用，以至于在采纳它的情况下，它对确定案件事实的"贡献"远远地被它所带来的冗长多余而超越的证据。采纳这类证据必然会导

---

❶ 曹晓凡：《环境行政执法证据的收集与运用》，北京：中国民主法制出版社2015年版，第114－115页。

❷ 中国社会科学院语言研究所词典编辑室：《现代汉语词典》（第7版），北京：商务印书馆2016年版，第1056页。

③ 对证明目标带来不当影响的误导性证据或者明显偏见证据。

④ 不能指向案件中专门性问题判断的、意见不明确或者内容不完整的鉴定意见。

3. 没有形式客观性的证据

无论是事实类证据还是材料类证据，都必须首先是一种能够为人所感知的客观存在。因此，任何无形式客观性的证据皆应当被排除，包括但不限于以下类型：

① 根本不能成立的证据。

② 无法感知和认识的证据。

③ 被伪造、变造或者经过技术处理而无法辨明真伪的证据。

④ 被询问人身份未经确认或者没有进行个别询问而取得的证人证言、当事人陈述。

4. 没有获得证据资格鉴真的证据

证据资格有时是可以自证的（自我鉴真），有时则需要运用旁证加以证明。在对证据资格有疑问、异议时，不能对证据资格进行鉴真的证据也应当被排除，包括但不限于以下种类：

① 对来源及收集过程有疑问，不能作出合理解释的书证、物证。

② 没有其他证据佐证且相关人员不予认可的证据复制件或者复制品。

③ 经过审查或者科学鉴定仍无法确定其真伪的视听资料、电子数据。

④ 在制作和取得时间、地点、方式等方面存在异议，但不能提供必要证明的视听资料、电子数据。

⑤ 没有经证人、当事人核对确认的证人证言、当事人陈述。

⑥ 在中华人民共和国境外形成的未办理法定证明手续的证据。境外证据的资格证明手续主要如下：

第一，国外形成的公文书证：所在国公证机关证明；或者履行双边条约规定的证明手续。

第二，国外形成的且涉及身份关系的证据：所在国公证机关证明＋中国使领馆认证；或者履行双边条约规定的证明手续（如免除领事认证）。

第三，在我国台湾地区形成的证据：首先，由我国台湾地区的公证机关予以公证，出具公证书；其次，由海峡交流基金会（以下简称"海基会"）根据

---

❶ 王进喜：《美国〈联邦证据规则〉（2011 年重塑版）条解》，北京：中国法制出版社 2012 年版，第 68 页。

《海峡两岸公证书使用查证协议》，提供有关证明材料。

第四，在我国香港、澳门特别行政区形成的证据：首先，由经过我国司法部委托的香港律师或者澳门律师，即中国委托公证人，进行公证；其次，由中国法律服务（香港/澳门）有限公司审核加章转递。

第五，外文书证或者外国语视听资料：附有经翻译人签名或者翻译机构盖章确认的复制件（中文译本）+履行上述证明手续。

三、行政执法中待补强的证据

补强证据有时是指"被补强证据"或者"待补强证据"，即某一证据的证明力较弱，不能将其单独作为认定案件事实的依据，其证明力只有在额外增加的其他证据或者权威的确认或支持下才具备，才得到强化，才可以作为定案依据。❶有时是指有独立来源的、用以对其他证明力较弱的证据予以补充、强化的证据，即"加强证据"。❷为了不至于产生混淆，笔者直接使用"待补强证据"的表述。待补强证据是指该证据的证明力不够，不能单独作为定案的根据，需要其他确实、充分的证据予以补充、强化的事实类或者材料类证据，主要体现在证据的内容真实性有所欠缺或者有待证明。

1. 待补强的言词证据

① 无其他证据佐证的当事人陈述。

② 与其年龄和智力状况不相适应的未成年人所作的证言。

③ 与一方当事人有亲属关系或者其他密切关系的证人所作的对该当事人有利的证言，或者与一方当事人有不利关系的证人所作的对该当事人不利的证言。

④ 有正当理由不当面陈述作证的书面证人证言。

2. 待补强的实物证据

① 无法与原件核对的书证复制件。

② 无法与原物核对的物证复制品（此处使用的"复制品"一词应当作扩张解释，扩及整个物证的示意证据或者替代证据。因为在行政执法实务中，展示原始物证、代替物证原件的往往不再是复制品而是物证照片或者影像）。

③ 经一方当事人或者他人改动，对方当事人不予认可的证据。

---

❶ Bryan A. Garner, *Black's Law Dictionary*, 9th ed, New York：WEST/A Thomson Reuters business, 2009，p. 397.

❷ ［英］戴维·M. 沃克：《牛津法律大辞典》，李双元等译，北京：法律出版社2003年版，第267页。

3. 待补强的科学证据

（1）难以识别是否经过修改的视听资料

对是否经过修改无异议或者无争议的，不需要证明；对有异议或者有争议的，则需要加以证明。能够证明清楚是否经过修改的，按照证明的结果决定证据的取舍；不能够清楚地证明是否经过修改的，则该视听资料的证明力较弱，需要其他证据补强。

（2）难以识别是否经过修改的电子数据

与视听资料的补强规则一样，对电子数据的补强，前提条件是对该电子数据是否经过修改产生了异议或者争议，有合理的可能经过修改但又不能充分肯定的怀疑。不能毫无依据地直接要求提交或者运用电子数据的人，必须证明其未经修改。只有在有合理的修改怀疑时，才需要证实电子数据没有经过修改；无修改之怀疑的，依法审核分析即可。

四、卷宗和程序证据的分析

卷宗和程序证据直接证实的对象是行政执法行为的合法性、规范性、真实性，间接证明案件法律关系要素和案件当事人的相关法律事实。

1. 卷宗和程序证据的证明力

（1）行政执法卷宗

卷宗，也称案卷，是行政执法主体工作的成果和记录载体。行政执法主体应当严格按照法律、法规的要求立卷存档。

行政执法卷宗包括纸质版和电子版，二者具有同等效力。行政执法卷宗也可以分为正卷和副卷。例如，《市场监督管理行政处罚程序规定》第71条指出，案卷可以分正卷、副卷。正卷按照下列顺序归档：①立案审批表；②行政处罚决定书及送达回证；③对当事人制发的其他法律文书及送达回证；④证据材料；⑤听证笔录；⑥财物处理单据；⑦其他有关材料。副卷按照下列顺序归档：①案源材料；②调查终结报告；③审核意见；④听证报告；⑤结案审批表；⑥其他有关材料。

行政执法卷宗自立案时开始建立，随执法程序发展而不断完善，至结案时健全。在行政处罚程序中，行政案卷除记录全部证据材料之外，还包括行政处罚过程中的其他各种文献。❶

卷宗分析的要点是审查其完备性，即与办理案件相关的真实材料是否应有尽有，具体包括：法定的卷宗应有事项是否齐备；卷宗材料与所办理执法案件

---

❶ 李红枫：《行政处罚证据原理研究》，北京：中国政法大学出版社2013年版，第51页。

是否相关；卷宗收录材料是否真实可靠。

（2）行政执法程序证据

《行政处罚法》第47条要求，行政机关应当依法以文字、音像等形式，对行政处罚的启动、调查取证、审核、决定、送达、执行等进行全过程记录，归档保存。这里进行全过程记录的材料，除了认定案件事实（实体法事实和证据法事实）的定案证据之外，还包括行政执法行为自身的程序证据，即能够证实执法程序合法、规范的程序性证据。对这些程序证据必须依法依规归档保存，因为它们事关案件评查、执法监督、评议考核、舆情应对、行政决策和健全社会信用体系等工作的开展和相关事实的认定。

行政执法卷宗及其各种程序证据是证明程序性事实的主要证据，应当具有合法性、真实性和关联性。因此，分析程序证据的要点与方法，与分析定案证据的要点和方法并无实质性区别。

2. 笔录证据的分析

笔录证据，无论是文书笔录还是音像笔录，是文字记载还是符号表达抑或图像展示，都是行政执法案件卷宗及程序证据中的主体。对于各种笔录证据的分析要点，在行政执法证据法规范文件中有如下两种模式。

（1）专门规定笔录证据分析要点

这种模式是在规范文件中列有证据审查或者证据认定的章节或者段落，然后对包括笔录在内的各种证据规定分析要点。例如《环境行政处罚证据指南》第5.3.9条指出，对现场检查（勘查）笔录的审查，可以从下列方面进行：

① 现场是否有两名执法人员。

② 执法人员是否表明身份、出示执法证件、告知权利义务（暗查等无法出示和告知的情形除外）。

③ 是否有执法人员的签名。

④ 现场情况有无伪造或者破坏迹象。

⑤ 检查（勘查）方法是否科学。

⑥ 记载是否客观、准确、全面。

《环境行政处罚证据指南》第5.3.10条指出，对调查询问笔录的审查，可以从下列方面进行：

① 现场是否有两名执法人员。

② 执法人员是否表明身份、出示执法证件、告知权利义务。

③ 是否有执法人员的签名。

④ 是否有被询问人的审核确认意见。

⑤ 是否有被询问人的签名、盖章或者按指印。

⑥ 被询问人身份。

⑦ 记载是否客观、准确、全面。

（2）以笔录生成要素或者基本品性的方式体现分析要点

这种模式是在调查取证部分，结合生成笔录的基础调查活动，规定笔录的组成要素，也就是分析笔录合法性、真实性和关联性的要点。有时也在行政执法证据的一般规定部分，列明各种证据的品性要素，这些品性要素就是该种证据分析的基本要点。例如，《消防救援机构办理行政案件程序规定》第44～46条分别对三种笔录的品性提出了要求，这些要求事项，也就是该种笔录的分析要点。

该规定第44条指出，勘验笔录应当符合下列要求：

① 载明勘验时间、现场地点、勘验人员、气象条件、现场保护情况等。

② 客观记录现场方位、建筑结构和周围环境，现场勘验情况，有关的痕迹和物品的情况，尸体的位置、特征和数量等。

③ 载明提取痕迹、物品情况，制图和照相的情况。

④ 由勘验人员、当事人或者见证人签名。当事人、见证人拒绝签名或者无法签名的，应当在现场勘验笔录上注明。现场图应当由制图人、审核人签名。

该规定第45条指出，检查笔录应当符合下列要求：

① 载明检查的时间、地点。

② 客观记录检查情况。

③ 由执法人员、当事人或者见证人签名。当事人拒绝或者不能签名的，应当在笔录中注明原因。

检查中提取物证、书证的，应当在检查笔录中反映其名称、特征、数量、来源及处理情况，并依法制作清单。

进行多次检查的，应当在制作首次检查笔录后，逐次制作补充检查笔录。

该规定第46条指出，现场笔录应当符合下列要求：

① 载明事件发生的时间和地点，执法人员、当事人或者见证人的基本情况。

② 客观记录执法人员现场工作的事由和目的、过程和结果等情况。

③ 有行政执法人员、案件当事人或者现场见证人的签名。当事人拒绝或者不能签名的，应当在笔录中注明原因。

实施行政强制措施时制作现场笔录的，还应当记录执法人员履行告知义务的情况。

笔者认为，对笔录证据的分析要点，包括但不限于如下方面：

① 笔录记载的基础活动是否依法进行，笔录的制作是否符合法律法规的要求，勘验、检查、辨认、实验、询问人员和见证人是否签名、按捺指印或者盖章。

② 勘验、检查笔录是否记录了提起勘验、检查的事由，勘验、检查的时间、地点，在场人员、现场方位、周围环境等，现场的物品、人身等的位置、特征等情况，以及勘验、检查的过程；文字记录与实物或者绘图、照片、录像是否相符；现场、物品、痕迹等是否伪造、有无破坏；人身特征、伤害情况、生理状态有无伪装或者变化等。

③ 补充进行勘验、检查的，是否说明了再次勘验、检查的缘由，前后勘验、检查的情况是否矛盾。

④ 辨认笔录是否详细记录了辨认的过程、方法。

⑤ 实验笔录是否详细记录了实验的条件、过程、方法。

⑥ 询问笔录对陈述的记载是否客观、准确、全面。

⑦ 笔录与其他证据有无矛盾，是否被其他证据否定。

笔录中存在明显不符合法律规定的情形，不能作出合理解释或者说明的，不得作为定案的根据。

文字笔录和音视频资料应当相互参照分析。

第三节 行政执法全案证据的分析

无论是运用直接证据定案，还是运用间接证据定案，"孤证定案"的情形是极为少见的。因为，纵使直接证据具有直接性和单独性，其与案件事实之间的联系是直接的和明显的，但仍然需要审查分析其真实性。由于直接证据大多表现为言词证据，易受主、客观因素的影响而出现虚假或者失真现象，故其证明力有待补强。❶ 直接证据加补强证据，其数量应当为两个或者两个以上。依据间接证据定案时，证据数量必然为两个或者两个以上。鉴于此，全案证据的分析便是在单一证据分析的基础上，对所有具备证据资格的案件证据进行证明力研判。全案证据分析只涉及证明力一项要点。全案证据的分析方法仅仅有逻辑分析，而不存在文义分析与科学分析的手段。

一、全案证据的逻辑证明体系

全案证据的综合审查，是在逐一对证据进行查证核实的基础上，针对全案

---

❶ 何家弘，刘品新：《证据法学》，北京：法律出版社2019年版，第421-422页。

所有的证据材料进行分析、比较和判断。包括全案证据彼此之间的横向分析（完整性）和全案证据与案件（待证）事实之间的论理分析（充分性）。

1. 案件事实认定的论理法则

《环境行政处罚证据指南》第5.1.2条对全案证据的分析判断提出了下列要求：应当依据法律、法规和规章的规定，运用专门知识、逻辑推理和工作经验，对取得的所有证据进行全面、客观和公正的分析判断，确定证据材料与待证事实间的证明关系，排除不具有关联性的证据材料，准确认定案件事实。这是关于如何从全案证据推导出案件事实结论的思维方法的较详细规定。在这一条文中，逻辑推理和工作经验就是案件事实认定的两大思维法则：论理法则与经验法则。有学者指出，逻辑中充满着经验，而经验又要受逻辑的检验。经验法则与论理法则是进行全案证据分析暨案件事实认定时不得违反的必要条件，是案件事实认定的必要保障，违背经验法则和论理法则认定的案件事实无效。❶ 其实，经验法则是建立在归纳推理基础之上的，完全可以作为逻辑方法对待。

（1）论理法则的内涵与价值

在很长一段时间内，逻辑学在我国被称为"论理学"，所以全案证据分析暨案件事实认定的逻辑方法就被称为论理法则，以便与"经验法则"相对应。❷ 论理法则，也称逻辑法则，是指行政执法人员运用逻辑推理的方式，从全案证据（前提）得出案件事实结论的思维活动规则。论理法则是人类为保证正确思考所应遵循的基本规则，是指以逻辑分析方法认定案件事实的规则。论理法则与经验法则都是案件事实认定中的基本法则。与经验法则源于人们的日常生活经验不同，论理法则与人们的思考形式以及推理结构有关，其核心源于逻辑，属于推理性规则。论理法则作为案件事实认定的思维方法，为准确判断证据的证明力，确定案件事实存在与否提供了可靠的路径。其作用在于为行政执法机关利用全案证据进行案件事实的认定提供合理性和妥善性的思维逻辑路径，借助逻辑的自洽性来保障前提（证据）与结果（事实结论）的同质性。所以，论理法则有助于提高案件事实推理的可靠性，也有利于减少案件事实认定的偏差。❸

（2）论理法则在全案证据分析方面的具体体现

论理法则在全案证据分析暨案件事实认定方面的具体体现有两个方面：其

---

❶ 郭华：《案件事实认定方法》，北京：中国人民公安大学出版社2009年版，第142－243页。
❷ 雍琦：《法律逻辑学》，北京：法律出版社2004年版，第4页。
❸ 郭华：《案件事实认定方法》，北京：中国人民公安大学出版社2009年版，第177－182页。

一,具体推理形式应当遵循的规则;其二,具有共性的基本逻辑规律。

在对全案证据进行综合分析时,各种推理模式并不是相互排斥的,而是相辅相成的。印证分析是法律实务中常用的全案证据分析方法,据以定案的全部证据之间应当相互印证,不存在无法排除的矛盾和无法解释的疑问,一方面,各证据彼此之间需要能够相互印证;另一方面,证据与案件事实之间也应当相互印证。在进行印证分析时,归纳推理、类比推理以及演绎推理都会有所运用,如同一证人多次证言的内部印证、两个证人证言的同类印证、证人证言与实物证据的不同类印证、证据与事实的互相强化,类比分析、归纳分析和演绎分析浑然一体,共同发挥着逻辑形式与逻辑规则的作用。❶

逻辑基本规律有同一律、矛盾律、排中律和充足理由律。这四条规律是正确思维的必要条件,即遵守它们不能保证思维结果(事实结论)完全正确,但是违反它们,则必然会使结果(事实结论)发生错误。❷ 笔者认为,这四项规律为形式逻辑的基本规律。在进行全案证据分析暨事实认定时,还需要关注辩证逻辑的一些基本规律,如联系和发展规律、对立统一规律、量变与质变规律等。逻辑规律在证据分析中具有重要作用,例如,运用同一律可以发现言词证据是否具有确定性,是否存在偷换、混淆概念以及偷换命题等问题。运用矛盾律和排中律可以发现并排除证据之间的矛盾。当证据之间存在不一致时(矛盾关系或者反对关系),根据矛盾律可知,这两个或者两个以上的证据不可能同时为真,要么部分为假,要么全部为假。当矛盾的双方证据是唯一的两极时(矛盾关系),就要按照排中律要求,确认其一为真,既不能都肯定,又不能都否定。❸ 充足理由律强调案件事实认定的理由(证据)应当与待证事实之间存在必然的逻辑联系,能够从串联或者并联的证据(理由)推出依法需要论证的案件事实。认定案件事实的理由(全案证据)不仅是必要的,也是充分的,足以让人信服案件事实的客观存在,具有合理的可接受性。❹

2. 全案证据的逻辑体系

依据论理法则,全案证据应当能够彼此间相互印证,并且证据与事实间也能相互印证,这两种印证状态所呈现出的、证据对案件事实加以证明的逻辑体系包括链条式和合股式两种类型。对于全案证据的这种逻辑体系,也有学者称

---

❶ 刘静坤:《证据审查规则与分析方法》,北京:法律出版社 2018 年版,第 234-241 页。
❷ 郭华:《案件事实认定方法》,北京:中国人民公安大学出版社 2009 年版,第 182-183 页。
❸ 戴泽军:《审查判断证据》,北京:中国人民公安大学出版社 2010 年版,第 67-68 页。
❹ 郭华:《案件事实认定方法》,北京:中国人民公安大学出版社 2009 年版,第 189-190 页。

之为"案件事实的证据构成体系"。❶ 这种证据逻辑体系在行政执法证据法规范文件中往往被表述为证据的完整性（协调性）和充分性。证据的完整性是指全部证据整体和谐、相互印证，彼此之间没有矛盾冲突；证据的充分性是指全部证据所留存的案件信息足以将过去发生的案件事实揭示出来。证据的完整性和充分性决定着全案证据的证明力。

（1）全案证据的链条式

全案证据的链条式，亦称串联式、递进式，是指在证明案件事实真相上，各个证据之间呈现环环相扣、一环连一环的整体状态。例如，在一起除草剂误伤他人早稻秧苗的案件中，被害人李四稻田里的秧苗突然大面积枯死，不知何因，遂报警。公安机关和农业主管部门经过调查了解，认定是张三在自家田地里喷洒过量除草剂误伤所致。该案的定案证据如下：

① 某农药经营店店主证言和销售记录：张三于3月18日购买了大量除草剂。

② 邻居证言和张三本人陈述：张三于3月19日在自家田地里喷洒了除草剂，准备在清除杂草后育秧。

③ 行政执法人员现场勘查和气象记录：张三的田地与李四的稻田为紧邻状态，当天风力较大，从张三田地吹向李四稻田。

上述三组证据在揭示案件事实真相上呈现出一种链条式状态：购买除草剂—使用除草剂—风力将部分除草剂吹向紧邻田地，误伤秧苗。链条式证据所揭示的案件事实在时间上有先后顺序性，真正最终揭示案件事实的是最后一个或者一组证据，前面一个或者一组证据对于后面证据所包含的事实信息通常起着说明或者补充的作用。

（2）全案证据的合股式

全案证据的合股式，亦称并联式、并列式，是指各个证据之间在证明案件事实真相上，呈现并列合股、共同发挥证明作用的整体状态。例如，在一起结伙斗殴的治安案件中，公安机关认定张三纠结他人寻衅滋事的证据如下：

① 张三及其同伙的身份证复印件：各人都已满16周岁。

② 张三的陈述：因为在大排档吃饭，被李四占了座位，心生不满，遂打电话邀约舍友三人前来，与李四及其同伙打架。

③ 张三三位舍友的陈述：接到张三的电话，各自携带钢管前往帮忙，与李四一伙打了架。

---

❶ 华晨泓，刘玉江，等：《行政执法证据的收集与运用》，南京：江苏科学技术出版社2007年版，第210页。

④ 李四的陈述：自己和同伴先到大排档，看见座位没有人坐，就选了餐桌，被张三指责占了座，双方发生言语争执，不久被张三等人殴打，然后双方互殴。

⑤ 李四治疗病历：全身多处表皮伤。

⑥ 法医鉴定意见：李四伤情程度为轻微伤。

⑦ 大排档经营业主证言：张三与李四因座位之争，招人斗殴，餐具和桌椅也有损坏。

⑧ 一位在大排档吃饭的顾客用手机拍摄的一段视频：张三一伙与李四一伙打架的主要过程。

上述证据在揭示案件事实真相上呈现出来的是一种合股状态，其中，证据①证实结伙斗殴的行为主体已经达到行政责任年龄；证据②、③证实张三为首要分子，张三的舍友为积极参与者；证据②揭示出张三结伙斗殴的主观故意，原因是出气报复，动机是争勇斗狠；证据②、④、⑦、⑧揭示斗殴的地点在某大排档，为公共场所，其行为破坏了公共秩序；证据②、③、④、⑦、⑧揭示了整个斗殴的行为过程，包括人物、时间、工具等；证据⑤、⑥、⑦揭示了该起结伙斗殴行为的后果，既有李四的人身损伤，又有经营业主的财产损失。合股式证据在揭示案件事实真相上不存在时间上的顺序性，它们是围绕案件事实构成要件的各个子项，分别完成一个或者数个子项事实的证明任务，只有将全部证据合并起来，才能完整、充分地还原整个案件事实。必须强调一点，比较而言，在行政执法程序中，全案证据在证明案件事实真相上，更多的形态是合股式，特别是在运用间接证据定案时。英国著名法官波洛克（Pollock）曾经指出：有人曾说间接证据就像一个链条，每一个间接证据就是这个链条上的一环。其实不然，因为任何一环断开，这个链条就会断掉。间接证据更像是由许多股细绳拧成的绳索，一股绳子或许不能承受重量，但许多股绳子合起来可能就足够结实有力了。任何单一的间接证据都不足以证明案件主要事实，只有若干间接证据相互组合，形成一个相互依赖、相互联结的证据体系，方能起到实际的证明作用。❶

二、间接证据的证明力

凡不能单独、直接地发挥证明案件事实功能的证据，都是间接证据。与直接证据相比较，虽然间接证据在证明事实真相上欠缺直接性、单独性，但是，间接证据的运用在行政执法程序中更为多见。间接证据可以是发现其他证据的

---

❶ 何家弘，刘品新：《证据法学》，北京：法律出版社2019年版，第140页，第423页。

"向导";可以印证直接证据的真实性;可以在形成证据逻辑体系的情形下,完整、充分地揭示全部案件事实。❶ 所以,分析间接证据的证明力也是全案证据分析的一项重要事务。

1. 间接证据推论案件事实的方法与运用风险

间接证据的特点之一就是其证明方式或者证明过程的推理性。也就是说,间接证据对案件事实的证明是以推理的方式进行的,或者说是通过推理实现的。

(1) 间接证据推论案件事实的方法

间接证据本身不能单独地证明案件主要事实,它需要与其他证据结合起来,通过推论的方法才能证明案件主要事实。根据英国著名证据法学家杰里米·边沁(Jeremy Bentham)的观点,在运用间接证据证明案件主要事实的过程中至少存在两个推理:一是从间接证据到间接事实(案件的非主要事实)的证明过程中存在一个推理;二是从间接事实(案件的非主要事实)到案件主要事实的过程中含有一个特别的推理。由间接证据确认案件事实的过程,也就是通过间接证据证明了的间接案件事实(案件的非主要事实)来推论案件的直接事实存在与否的过程。前者是通过证明的方法来获得案件非主要事实确认的过程;后者是通过推论的方法认定案件主要事实的过程。由间接案件事实(非主要事实)推论出直接案件事实(主要事实)的过程需要将每一项间接证据所认定的案件非主要事实结合起来作为一个整体,形成"案件非主要事实群(相关事实群)",然后在案件非主要事实群的基础上,再通过推论来进行案件主要事实的认定。这一过程也就是案件构成要件事实各子项要素与整体要件之间的证明方向的一致性和逻辑推论的接序性。这一推论方法的过程如下:❷

证据→证明(经验法则)→推论(论理法则)

间接证据(A)→间接事实(A′)

间接证据(B)→间接事实(B′)

间接证据(C)→间接事实(C′)

间接事实(A′)+间接事实(B′)+间接事实(C′)→案件直接事实

(2) 间接证据推论案件事实的风险

与直接证据相比,间接证据不能一步到位地证明案件事实,而是需要进行分析推理或者与其他证据相结合,才能证明有关待证事实。间接证据的证明力

---

❶ 李浩:《证据法学》,北京:高等教育出版社2009年版,第172页。
❷ 郭华:《案件事实认定方法》,北京:中国人民公安大学出版社2009年版,第279-287页。

是由证据与案件事实之间联系的性质和程度所决定的，而且间接证据与案件事实之间联系的实现离不开推理，离不开一定的前提。因此，分析间接证据的证明力就是要分析该证据赖以连接事实要素的推理及其前提。这包括两个方面：一是前提的真实性；二是形式的正确性。所谓前提的真实性，即作为推论前提的、从间接证据得出的间接事实判断结论是否符合客观实际。所谓形式的正确性，即推理的形式是否符合逻辑推理的有关规则和基本规律。❶ 与此相应，运用间接证据推论案件事实的风险也存在于两个方面：一是间接证据的失真风险；二是间接证据的推理风险。❷

① 间接证据的失真风险。尽管与作为直接证据的言词证据相比，实物证据、科学证据等间接证据具有更强的客观性、稳定性、科学性等，但其也蕴含着独特的证明风险。分析间接证据时，需要更加重视对其可能存在的失真风险的审查判断。间接证据的失真风险包括但不限于以下方面：第一，来源不明的风险，如把案发前就存在于现场的，或者案件结束后第三方添加的物证，等同于案件发生发展过程中形成的证据；第二，改变灭失的风险，即被伪造、篡改或者毁灭的风险；第三，取证过程中的风险，如不能识别有用证据、错误选取证据等；第四，证据动态变化的风险，如受自然因素和人为因素的影响，证据保管链条不完整、不清晰等；第五，证据的错误鉴定风险，即存在"垃圾"科学鉴定的情形，实施的鉴定在程序和方法上欠缺准确性、可靠性、可验证性等要求。

② 间接证据的推理风险。间接证据因其自身内在的特点，只有通过推理才能证明待证事实。从间接证据到待证事实的推理链条，每个环节都可能存在疑问和不确定性。就间接证据的链条而言，推理结论中的错误概率，首先出自每一事实或者构成步骤之考虑因素，其次出自从那些事实和考虑因素之整体推理中的错误概率。要而言之，间接证据的推理风险，包括但不限于：第一，隐匿或者遗漏潜在有用证据的风险，造成推论前提缺失。第二，诉诸专业权威的推测风险，如科学鉴定缺乏足够的科学基础，以资历和经验作为论证依据，鉴定意见不明确、不具体等。第三，单项论证的风险，如对同一物证的多次鉴定，既有肯定性结论，也有否定性结论，还有不能得出确定性结论的情形，此时就有必要全面审视产生各类结论的原因，不能仅仅选择其中某一结论。第四，循环推理的风险，用案件事实的假说结论，来选取证据、分析证据，又用

---

❶ 何家弘，刘品新：《证据法学》，北京：法律出版社2019年版，第426页。
❷ 刘静坤：《证据审查规则与分析方法：原理·规范·实例》，北京：法律出版社2018年版，第59-67页。

偏向选取的证据来佐证事实假说。第五，并行论证的风险，基于并存的多个证据，论证同时发生的多个事件具有因果关系。第六，附随论证的风险，即围绕既定的案件事实假说进行附随推理。第七，仓促概括的风险，基于不完整的信息，或者对部分事实假说进行检验，就得出特定的事实结论。第八，过度评价的风险，即对间接证据赋予比实际更高的准确性。

2. 间接证据的证明力规则

针对运用间接证据推论出案件事实的方法与风险，对全案间接证据的证明力进行分析时，应当遵循基本的判断路径或者审查标准。笔者认为，间接证据同时具备下列条件时具有证明力，可以作为认定案件事实的根据。

（1）每一间接证据都已经查证属实

为了防止失真风险，应对单一间接证据进行真实可靠性和关联性分析。首先，虚假的间接证据，肯定得不出符合案件真实情况的事实结论，每一个间接证据都应当具有真实性；其次，间接证据必须与案件事实存在客观联系，才能保证以间接证据为前提的推理的正确性。对据以定案的每一个间接证据的关联性，都要作出肯定性的判断。

（2）各间接证据彼此之间能够相互印证，不存在任何无法排除的矛盾和无法解释的疑问

为了防止失真风险，应在间接证据之间进行一致性分析，主要采用比较分析法。通过比较，发现矛盾或者疑点，然后再加以排除或者作出合理解释。在矛盾排除前，不能勉强定案。

（3）全案证据已经形成完整的证明体系

为了防止失真风险与逻辑推论风险，应当对全部间接证据进行连续性或者完备性分析，主要采用综合分析法。每个或者每组间接证据必须能够证明案件的某个事实要素或者情节（非主要事实）。只有把能证明各个事实要素或者情节的证据，按照它们之间的联系排列起来，才能据以定案（得出主要事实的结论）。所以，全部间接证据必须形成完整的证明体系。

（4）运用间接证据进行的推理符合逻辑和经验

为了防止逻辑推论风险，必须对运用间接证据所作事实推论进行合理性分析，审查推论过程是否符合经验法则和论理法则。

（5）根据间接证据认定案件事实已经达到相应的证明标准

为了防止逻辑推论风险，应当对依据间接证据推论出的事实结果进行排他性分析，确保推理结论肯定、案件事实已经"还原"，达到了"事实清楚，证据确实、充分"的证明标准。

三、数个证据的证明力比较

进行证据分析时,需要对两个或者两个以上的证据进行证明力的比较,这是一个客观存在的事实,也是一种必要的证据分析方法。问题是要不要、应不应当对证据证明力的比较作出指导性规定。绝对地依赖证明力比较的既定规则,为严格规则主义;绝对地不依赖任何证明力比较规则,为自由裁量主义。二者的均衡点在哪里?这是行政执法全案证据证明力分析时需要关注的问题。

1. 证明力比较规则及其价值

证明力比较规则是指由权威文件规定两个证据之间证明力的大小。有学者指出,两相比较,对证据资格的审查评断主要是针对单个证据而言的,对证明力的审查评断则不仅针对单个证据,还要针对一组证据乃至全案证据。既然对证据证明力的审查评断需要针对一组证据、全案证据,那么进行证明力分析时,不可避免地会进行两两比对。所谓比对审查评断,就是对案件中证明同一案件事实的两个或者两个以上证据的比较和对照,分析其内容和反映的情况是否一致,能否合理地共同证明该案件事实。一般来说,经比对分析认为相互一致的证据往往比较可靠,而相互矛盾的证据则可能是其中之一有问题或者都有问题。对于相互矛盾或者有差异的证据也不能一概否定,还应当认真分析矛盾或者差异的形成原因和性质。[1] 在此过程中,无论是相一致的两两证据,还是存有矛盾或者差异的两两证据,彼此证明力的比较分析都是客观存在的。

证明力比较规则的可取之处在于,它能够有效、务实地指导自由心证;其风险在于,它可能走向法定证据制度的泥潭,进而破坏自由心证。应该辩证地看待证明力比较规则,比较规则既不能过多、过滥,也不能一点没有。所以,不少行政执法证据法规范文件都有一些涉及证明力比较规则的条文。例如,《价格行政处罚证据规定》第41条就是证据证明力的比较规则。

2. 数个证据证明力的一般比较

综合现行有效的行政执法证据法规范文件,证明同一事实的数个证据证明力比较的规则主要有下列几项。

(1) 公文书证的证明力一般大于其他非公文书证

究其原因,一方面,公文书制作的主体是国家机关、其他职能部门,它们行使的是公权力,维护的是公共利益和公共秩序,没有弄虚作假的私益动机和动力;另一方面,公文书必须依据职权制作,有严格的法定程序,有规范的格式要求,其起草、审批、印制、盖章、发送、留档等皆非一人所为,弄虚作假

---

[1] 何家弘,刘品新:《证据法学》,北京:法律出版社2019年版,第411页,第417页。

的机会极其少、概率非常低。

（2）特别书证的证明力一般大于其他书证（含视听资料、电子数据）和证人证言

该规则的合理性在于，这些特别书证，如勘验笔录、现场笔录、档案材料、公证过的文书、登记过的文书、专家鉴定意见书等，它们已经通过制作主体、制作过程、存放处所、公证登记程序、科学鉴定与复核程序得到了佐证与强化，其合法性、真实性、关联性完全可以推定为客观存在、充分具备。

（3）原始证据的证明力一般大于传来证据

该规则的合理性在于，案件证据与案件事实之间的距离同证据自身的真实性、关联性具有正向联系，即距离越小，真实性、关联性越强；距离越大，真实性、关联性越弱。任何信息，在其扩散、流转、传播的过程中，都有逐渐耗散、失真、减少的风险，证据信息亦复如是。

（4）直接证据的证明力一般大于间接证据

该规则的合理性在于，证据与事实之间证明与被证明关系的直接性与间接性差异。之所以存在这种直接性和间接性的差异，又与该证据留存过去案件事实信息的载体与方式密切相关。间接证据的事后人为解读，与直接证据的事中耳闻目睹、亲力亲为，显然不可等量齐观。此外，从发挥证据之证明功能的方式上看，直接证据揭示案件事实只需要一次推论，即由直接证据之事实信息"一步到位"地还原出案件事实。尽管直接证据本身的真实性有可能需要其他证据加以佐证，但是一旦直接证据的真实性被确认后，它对案件事实的证实就是没有中间环节的直接推论。可列公式如下：❶

直接证据＋佐证＝案件事实结论

间接证据对案件事实的证明至少需要两次推论，甚至需要多次推理。首先，由间接证据推导出间接事实；其次，再由间接事实推论出案件事实。这一推导过程亦可列公式如下：❷

间接证据→间接事实→案件事实结论

这一推论过程及其环节的长短，也能说明直接证据的证明力一般大于间接证据。

（5）与当事人存在友好型关系的证人提供的、对当事人有利的证言，或者与当事人存在不利关系的证人提供的、对当事人不利的证言，其证明力一般低于其他证人证言

---

❶ 何家弘，张卫平：《简明证据法学》，北京：中国人民大学出版社2007年版，第311-313页。
❷ 郭华：《案件事实认定方法》，北京：中国人民公安大学出版社2009年版，第283-285页。

该规则的合理性在于，与当事人存在友好型关系的证人提供的、对当事人有利的证言，或者与当事人存在不利关系的证人提供的、对当事人不利的证言，其本身就是明确规定的待补强证据，即其证明力不足以独立定案，必须有其他证据的补强。相比而言，与当事人没有任何密切关系或者不利关系的证人证言，则属于直接证据，在理论上具有定案的独立性。

（6）对于数个证人证言，应基于各个证人的自身情况及其对案件事实的了解程度等因素，结合案情进行综合分析认定

该规则的合理性在于，基于生理和心理因素的影响，自然人之间在感知、记忆、表达能力方面是有差异性的。案件中的数份证言可能具有一致性，此时一般不需要进行比对分析、综合考量。但是，当数份证言之间具有差异性，呈现不同的陈述内容且可能影响案件事实认定时，应当对数份证言进行比较判断，加以选择采信。如何进行比较分析？该规则要求从各个证人的自身情况、了解案件事实的程度等方面出发，结合案情综合分析认定，也就是用普遍联系的观点、对立统一的规律、具体问题具体分析的方法加以考量，着力点在于各位证人的感知过程、记忆信息、表达能力。一般而言，感知过程全面深刻、记忆完整准确、表达清晰连贯的证人证言，其可信度或者证明力要大于感知、记忆、表达有所欠缺，存在瑕疵，可能失真的证人证言。

（7）原件、原物优于复制件、复制品

该规则的合理性在于最佳证据规则的支撑。最佳证据规则是指应选择最有说服力和最令人信服的证据证明待证事实，如果有最佳的证据，则非最佳的证据应被排除。❶

（8）数个种类不同、内容一致的证据优于一个孤立的证据

该规则的合理性不仅在于数量比较优势，更在于量变与质变规律。该规则主要适用于具有本证与反证、有利证据与不利证据等对立关系的那些证据之间的比较。许多种类不同、内容一致的证据从多个方面印证了案件的待证事实，一个孤证如果也能印证案件待证事实，则彼此没有比较的必要，孤证加入了数个证据之列。只有孤证是出于反对目的，至少是基于动摇数个证据证明力的目的，才有比较的价值。有学者指出，适用这一规则，需要注意五个问题：❷

① 数个证据，要求至少两个，最好是两个以上，多多益善。

② 两个及两个以上的证据，必须是不同种类的法定证据，如书证＋物

---

❶ 潘金贵：《证据法学》，北京：法律出版社2013年版，第286页。
❷ 华晨泓，刘玉江，等：《行政执法证据的收集与运用》，南京：江苏科学技术出版社2007年版，第154页。

证+证人证言，而不能是一个法定证据种类的多次相加，如三份书证、五件物证。

③ 数个不同种类的法定证据，其各自内容必须是证明同一案件事实的，而不能分别证明不同的案件事实，如它们都是用来证明生产以假充真问题的。如果有的证明以假充真，有的证明无证生产，有的证明偷逃税款，则不具有内容一致性。

④ 数个证据中的每一个都必须是合格的证据，即各自都具有真实性、合法性、关联性。

⑤ 数个证据对同一事实的证明应当符合逻辑推理规则、科学原理和生活经验法则。

上述八项证明力比较规则，仅具有一般指导意义或者建议价值，并不妨碍行政执法主体及其相关人员自由判断证据的证明力，具体问题具体分析是马克思主义唯物辩证法的活的灵魂。这些证据证明力比较规则，基本上都是建立在经验法则和盖然性判断的基础之上，未必具有必然性和唯一性。行政执法人员应当从自由心证（依法自由判断证据证明力）与证据（证明力）法定主义相结合的角度来认识和运用上述证明力比较规则。完全不考虑这些规则或者固守这些规则，都是错误的，不符合具体问题具体分析的唯物辩证法思维规律。

第七章 行政执法证据的整理与提交

在所有法律程序中，只要运用证据，就必然有证据整理。任何程序主体都不会杂乱无章地提交证据、运用证据。在诉讼程序中，证据提交和运用除了整理这一基础工作外，还有严格的时间要求（举证时限）、形式要求（编制证据目录）、实质要求（遵循最佳证据规则）和程序要求（言词说明）等。而在行政执法程序中，这几个方面的规范化目前尚未受到应有的重视。行政执法证据法规范文件除了对实质要求有所规定外，对如何编制证据目录、是否需要遵守提交证据的时限，以及如何用言词方式介绍所举证据等问题，基本阙如。与此相应，不少有关行政执法证据收集与运用的著述，常常有意或者无意地忽视行政执法证据的整理与提交。还有一些论述把证据整理与提交混同于行政执法卷宗的立卷归档事宜。其实，证据整理和提交肯定不限于办案结束后的立卷归档。鉴于此，本章讨论行政执法证据的整理、提交及目录编制三方面问题。

第一节 行政执法证据的整理

《价格行政处罚证据规定》第33条要求执法人员应当及时整理和补充收集相关证据材料。这是为数不多的提及证据整理活动的规范文件表述。在行政执法程序中，证据整理活动涉及为什么需要进行证据整理，即证据整理的适用情形；如何进行有效的证据整理，即开展证据整理工作时应当遵循的基本原则和具体方法。

一、行政执法证据整理的概念

通常而言，证据整理是取证之后、举证之前必须完成的工作，常常与证据分析并行共存。证据整理离不开证据分析，没有分析的整理肯定不会有好的结果；证据分析过程也是一个整理和梳理的过程，尤其是对一组证据或者全案证据进行对照分析、归纳推导案件事实结论时，依靠无序、杂乱的证据堆砌是难以进行有效分析的。

1. 行政执法证据整理的概念

整理,作为动词,是指使相关事物或者事务变得有条理、有秩序。❶ 如果事物或者事务本来就没有任何的条理或者秩序,整理则可使它们"从无到有",变得有条理、有秩序。如果事物或者事务本来已经有一定的条理或者秩序,则整理会使它们更加有条理或者有秩序,即"从有到优"。行政执法证据整理亦复如是。

证据整理是指行政执法主体在证据分析的基础上,对所收集或者制作生成的证据进行的取舍、归类与编排工作。从行政执法案卷的角度看,证据整理也可以理解为:行政执法机关案件承办机构或者人员将已经收集的证据在审查、判断的基础上,依据有关法律、法规和规章的规定,将证据按一定的规则组合成有机联系的卷宗,以供案件审查、审核和审理的专门活动。❷ 行政执法证据经过调查取证阶段和调查取证活动,通常不会只有一份、一种证据。只要存在两个及两个以上的证据,便有一个秩序和条理的问题。条理和秩序,强调先后顺序、各自站位、主次功能。而且,在调查取证工作中,分析已有证据、查找潜在证据、列明需求证据,都离不开一定程度的证据整理工作。调查取证结束后,在证据分析与事实认定、法制审核、听证质证、立卷归档等阶段,证据整理也存在其中。

2. 证据整理的具体事项

证据整理主要包括证据取舍和证据归类与编排两项具体工作。

(1) 证据取舍

证据取舍就是选取有用的证据加以保留,对无用的证据加以舍弃。如何取舍?还是要依据证据的合法性、关联性和真实性作出选择。简而言之,证据舍弃就是非法证据排除,无关证据放弃,虚假证据抛弃。

(2) 证据归类与编排

经过证据整理时的取舍,对于留下的证据,还需要进一步归类与编排,使其有条理、有秩序。调查收集的证据、经过整理取舍而保留下来的证据,就是用于证明或者查明待证事实的证据。为了使案件待证事实(证明对象)与证据(证明手段)能够清晰、有序地对应呈现出来,需要对证据进行归类和编排,以明确哪些证据是证明违法行为事实的,哪些证据是证明行为情节轻重

---

❶ 中国社会科学院语言研究所词典编辑室:《现代汉语词典》(第7版),北京:商务印书馆2016年版,第1669页。

❷ 华晨泓,刘玉江,等:《行政执法证据的收集与运用》,南京:江苏科学技术出版社2007年版,第89页。

的，哪些证据是证明裁量情节的。证明裁量情节的证据，还可以归类为应当考量的和可以考量的；从重的和从轻、减轻、免除的，等等。经过这样的归类与编排，证据运用程序中的各类主体才能便捷、高效地认知和判断证据。

3. 行政执法证据整理的意义

凡是需要整理证据的情形或者场合，证据整理工作的意义就会存在。笔者认为，证据整理的核心价值有如下三项。

（1）证据整理是调查取证工作的重要一环

取证—整理（含分析）—再取证，是行政执法证据调查的常见工作形态。在这一过程中，证据整理暨证据分析，起着承前启后的重要作用。

（2）证据整理是提交证据、使用证据的基础

《公安机关办理行政案件程序规定》第64条要求对报案人、控告人、举报人、扭送人、投案人提供的有关证据材料、物品等加以登记，出具接受证据清单，并妥善保管。这就是审查立案时的证据整理工作。不整理这些证据材料和物品，就难以迅速地作出是否立案的决定。这里的登记和出具证据清单，都体现着证据整理的思维和具体工作。出具就是制作并交付，制作一份清单绝不是简单地一一抄录，而是需要加以整理编排的。

（3）证据整理是行政执法工作总结归档的核心事务

显然，总结归档工作的前置事项就是证据材料和办案文书的整理。只有整理了办案中形成的文书、收集的证据，才能形成卷宗，才可以立卷归档。立卷归档的主要工作事项就是整理、装订（立卷），移交保管（归档）。其中立卷时对文书材料、证据材料的整理最为紧要。整理时的材料取舍和排列，都是重要事项。

二、行政执法证据整理的适用情形

所谓行政执法证据整理的适用情形，是指在哪些情况下，需要进行证据整理工作。通常而言，凡是需要提交、运用证据的场合，就应当整理证据。笔者认为，除了证据调查阶段的证据整理工作外，在行政执法程序中需要进行证据整理的情形还有下列几种。

1. 送交行政机关负责人审查决定时

《行政处罚法》第57条第1款要求，在行政执法案件调查结束后，执法人员应当将案件调查结果（含证据）和处理意见送交机关负责人进行审查。在行政执法实务程序中，执法人员或者调查人员向行政机关负责人送交案件以供审查决定时，一般都要制作《案件调查（终结）报告》并附证据材料，如《交通运输行政执法程序规定》第68条就有如此规定。在《案件调查（终结）

报告》制作的前后，证据整理工作肯定包含其中。否则，这种报告就是不完整的，也不便于行政机关负责人审查。

2. 送交行政机关负责人集体讨论案件时

《行政处罚法》第57条第2款要求，对情节复杂或者重大违法行为给予行政处罚，行政机关负责人应当集体讨论决定。集体讨论具有准司法程序的性质，类似于"会审""合议"，要求至少两名以上负责人，以言词分析的方式审查案件的事实认定、法律适用、程序操作、主体资格、文书制作等问题。❶既然负责人集体讨论案件时肯定需要分析证据，那么事前的证据整理就是必不可少的。

3. 法制审核机构审核案件时

《行政处罚法》第58条第1款规定了行政处罚案件的法制审核制度。国务院办公厅《关于全面推行行政执法公示制度执法全过程记录制度重大执法决定法制审核制度的指导意见》所规定的法制审核内容包含案件事实是否清楚、证据是否合法充分。既然法制审核人员需要审查核实案件事实和证据，那么执法部门及其工作人员就应当提交证据。

在行政执法实务中，有些行政机关在法制审核制度之外，还要求进行案件审核，以提高办案质量，强化依法行政能力。如《市场监督管理行政处罚程序规定》第45条规定，案件调查终结，办案机构应当撰写调查终结报告，连同案件材料交由审核机构审核。审核分为法制审核和案件审核。对于并行实施法制审核和案件审核的事项，该规定第47条第3项规定，审核的主要内容包括案件事实是否清楚、证据是否充分。可见，证据审核分析明列其中。既然如此，证据整理同样不可阙如。

4. 举行案件听证会时

听证会尽管听取的内容很多，但顾名思义，"证据"应当是其核心，听取的是"证"，是证据、证明或者论证。《行政处罚法》第64条第7项规定，举行听证时，调查人员提出当事人违法的事实、证据和行政处罚建议；当事人进行申辩和质证。从世界各国的行政立法来看，听证制度是现代行政程序立法的一项重要制度。听证的目的是查明事实、正确适用法律，从而使当事人自觉服从和及时履行行政处罚决定，进而提高行政效率。❷事实是法律适用作出处理决定的前提，法律适用建立在事实清楚的基础上，事实清楚建立在证据确实、充分的基础上。而如何感知和判断证据，则建立在证据整理的基础上。对证据

---

❶ 袁雪石：《中华人民共和国行政处罚法释义》，北京：中国法制出版社2021年版，第321-323页。

❷ 袁雪石：《中华人民共和国行政处罚法释义》，北京：中国法制出版社2021年版，第339页。

进行整理及编目，既便于举证者提出证据，也便于对方分析证据及质证。

5. 行政机关案件审理委员会审理案件时

行政程序法上的合议制度强调，对于某些重大的问题，特别是有关专业性强、技术性要求较高的事务，或者公共性极强的问题，应当由若干公务员组成一定的会议或者委员会，以合议的形式作出行政行为。只有这样，才能确保行政行为实际上的公正性。❶因此，有些行政执法机关成立了专门的案件审理委员会（简称"案审委"），负责审查、审理行政执法案件并作出处理决定。如《税务稽查案件办理程序规定》第36条规定，检查结束后，稽查局应当对案件进行审理。符合重大税务案件标准的，稽查局审理后提请税务局重大税务案件审理委员会审理。第37条所规定的案件审理应当着重审核的内容包括税收违法事实是否清楚，证据是否充分，数据是否准确，资料是否齐全。可以看出，事实与证据，是与法律适用、程序操作、主体适格、文书制作等并列且十分重要的问题。如此重要的问题，离不开证据整理工作作为铺垫。

6. 将案件移送司法机关时

《行政处罚法》第57条第1款第4项指出，行政机关负责人审查后，认为违法行为涉嫌犯罪的，移送司法机关。此时，也需要进行证据整理。该法第27条第2款明确要求，行政处罚实施机关与司法机关之间应当加强协调配合，建立健全案件移送制度，加强证据材料移交、接收衔接，完善案件处理信息通报机制。此外，2020年8月7日修订的《行政执法机关移送涉嫌犯罪案件的规定》（国务院令第730号）第6条规定，行政执法机关向公安机关移送涉嫌犯罪案件，应当附有涉案物品清单；第12条又指出，行政执法机关对于公安机关决定立案的案件，应当在接到立案通知书之日起3日内将所有涉案物品以及与案件有关的其他证据材料移交公安机关，并且办结交接手续。这里的物品清单肯定是物证编排后的有序目录，行政执法机关与公安机关的交接手续当然包括且主要就是证据交接的手续，而证据交接的手续其实就是证据清单或者证据目录。涉案证据材料的移送自然要有取舍和目录编排。

7. 行政复议程序中

根据2017年9月1日第二次修正的《行政复议法》第23条的规定，作为被申请人的行政执法机关，应当把作出行政行为的证据、依据和其他有关材料在法定期限内提交给行政复议机关，以便行政复议机关审查复核、申请人或者第三人查阅。在如此重要的制度和程序中，证据整理更为重要。作为被申请人的行政执法机关，既要把自己认定行政相对人相关事实的证据提交给行政复议

---

❶ 罗豪才，湛中乐：《行政法学》（第4版），北京：北京大学出版社2016年版，第329页。

机关,也要把自己依法行政、规范操作的程序证据提交出来。在此情形下,没有证据整理是不可想象的事情。

8. 行政诉讼程序中

根据《行政诉讼法》第 34 条、第 43 条第 1 款、第 67 条第 1 款等法条的要求,行政执法机关在行政诉讼的诉答阶段就应当提交其作出行政决定前收集的所有证据;在法庭审理时需要出示这些证据并与相对人展开质证。另外,《最高人民法院关于适用〈中华人民共和国行政诉讼法〉的解释》(法释〔2018〕1号)第 38 条第 1 款规定,对于案情比较复杂或者证据数量较多的行政诉讼案件,人民法院可以组织当事人在开庭前向对方出示或者交换证据,并将交换证据清单的情况记录在卷。据此,庭前也可能彼此交换证据且有交换证据清单。所有这些规定都说明在行政诉讼程序中,证据整理及编目是作为被告的行政执法机关必须完成的事务。

9. 立卷归档时

行政执法证据材料和其他相关材料应当在执法程序结束后即时立卷归档是一项法定义务,不得违背。例如,《海事行政执法证据管理规定》第 10 条要求证据应当在适当场所予以妥善保存。无法纳入案卷保存的物证等证据,应当在案卷中说明其保存场所及保管人,并拍照随卷保存。证据应当按照海事行政执法和档案管理的相关规定进行归档保管。如何对证据材料予以归档?这当然离不开证据整理和编目,如《文化市场行政处罚案件证据规则(试行)》第 15 条指出,在文化市场行政处罚案卷中,执法人员应当对收集的证据进行分类编号,对证据材料的来源、证明对象和内容作简要说明,注明收集日期并签名。

10. 行政执法监督时

行政执法监督,亦称行政法制监督,是指对行政执法机关执法活动的监督检查,不同于行政执法机关对行政相对人的监督检查。❶ 证据收集及其运用,以及案件事实认定,是行政执法监督时必然考察的执法事项。执法监督的具体措施也包括证据分析和审查,如《福建省行政执法条例》第 65 条第 1 款规定,行政执法监督实行日常监督和专项监督相结合,可以采取下列措施:①听取行政执法工作报告;②查阅、复制、调取行政执法案卷和其他有关材料;③询问行政执法人员、当事人和其他相关人员,并制作询问笔录;④组织实地调查、勘验,或者进行必要的录音、录像、拍照、抽样等;⑤依法委托进行鉴定、评估、检测、勘验等;⑥组织召开听证会、专家论证会等各种措施。在此情况下,为了更好地配合行政执法监督工作,证据整理就是必须完成的事项。

---

❶ 姜明安:《行政法》,北京:北京大学出版社 2017 年版,第 526−534 页。

三、行政执法证据整理的原则

行政执法证据整理的原则是指实际开展证据整理工作时必须遵守的一般要求。除了行政执法程序及行政执法证据调查和运用的基本原则外,还应当着重坚持如下两项原则。

1. 最大保留原则

针对证据整理时的取舍,应当坚持最大保留原则。

(1) 最大保留原则的含义

最大保留原则是指证据整理时,应当最大限度地留存可以使用的证据而不轻易加以摒弃。该原则的正向要求是:最大限度地扩张调查取证范围,尽量收集更多的证据。这一点主要体现在调查取证阶段的证据整理中。通过对已有证据的整理,进行最大范围的扩张思考,贯彻应取尽取、能取则取的精神调查收集证据。该原则的反向要求是:最小范围地排除证据;尽量保留更多的证据,尽可能在合法的前提下扩张证据的使用范围。这一点着重在证据分析阶段予以贯彻。

证据整理时保留与否的标准应当是该证据是否具有合法性、关联性和真实性。如《交通运输行政执法程序规定》第31条特别强调:证据应当具有合法性、真实性、关联性。所以,具有合法性、真实性和关联性的证据,应当留下;不具有合法性、真实性和关联性的证据,留下无益。但是,证据是否具有这三项属性,有时难以立即判明。在此情形下,最大保留原则要求凡是不能绝对否定其合法性、真实性和关联性的证据,都应当予以保留。所以,合法性有瑕疵但可以补正或者作出合理解释的证据,应予保留;关联性不强但也存在某种联系的证据,应予保留;真假难辨而不是绝对虚假的证据,应予保留。

(2) 坚持最大保留原则的原因

为什么要坚持最大保留证据原则?这绝非仅仅是因为取证不易,而是考虑到证据的功能和证据属性分析的主、客观局限。证据是过去案件事实信息的留存。因此,证据的基本功能就在于能够"还原""再现""恢复""复制"出过去的案件事实。在某种程度上,过去案件事实留存的证据,其数量和质量是相对固定的。而行政执法人员调查收集的证据数量和质量几乎不可能等同于案件事实留存下来的证据数量和质量,总是会有所欠缺。在此种情形下,运用已经收集到的证据"还原"过去的事实就会出现一定的失真或者不完整。如果再进一步轻率地摒弃一些证据,就相当于"雪上加霜"。更何况摒弃证据的理由,即证据欠缺合法性、真实性和关联性,有时受主、客观因素的影响而未必真的存在。例如,书证签名的真伪难辨,如果仅仅因为一个熟人的笔迹辨认而对其进行否定就是轻率的。笔迹是否真正成立、是否确系名义表示者亲自书写,还有科学的笔迹鉴定、目击证人的证言、现场的视频监控等证据可以佐证。熟人辨认仅是一种基于经验法则的手段,证据分析暨整理时,如果仅凭熟人辨认结果就排除该书证,极有可能出现错误,给案件事实的"再现"造成无法挽回的损伤。域外立法对于证据资格多采用反向排除或者禁止的表述形式;对于证明力欠缺者,允许其他证据予以补强,皆彰显着证据最大保留原则的精神。凡未被法律明文规定予以排除或者禁止者,皆有证据资格,最大限度地保留,允许其进入法律程序;凡证明力有瑕疵但可通过其他证据补强者,也最大限度地保留,可以作为认定事实的依据。这些规则的建立都考虑了证据的功能和证据属性认知上的局限性。

2. 有条不紊原则

针对证据整理时的归类与编排,应当坚持有条不紊原则。

(1)有条不紊原则的含义

有条不紊原则是指证据归类与编排时应当做到有条理、秩序。笔者认为,在证据整理时,如果能够做到如下三点,则有条不紊原则即可落实。

① 证据归类方法或者标准的统一。证据的归类与编排,体现着划分的思维。在法律逻辑学上,强调在每一次划分中只能采用一个标准,不能时而依据这一标准,时而依据另一标准。只有标准统一,划分才能界限清晰、条理分明、秩序井然。如果标准不统一,就会犯"多标准划分"的逻辑错误,则子项之间必然混乱无序。[1] 证据的归类与编排,亦复如是。对于全案证据,总体上只能依据一个标准进行归类,如可以选择案件事实的横向构成要件作为归类依据,也可以选择案件发展与执法程序的纵向时间顺序作为归类标准。对于一组证据,在全案证据总归类标准之下,可以另行选择归类依据,但仍需保持相对的统一。

② 证据层次与顺序的合乎逻辑。在证据归类和编排标准确立后,统一标准之下的证据整理,就需要注意彼此之间的层次与顺序。例如,选择案件事实构成要件作为归类与编排标准时,案件构成要件包括主体、时间、地点、手段、行为、工具、过程、结果、原因等。在这些要素之间,安排证据的先后顺序与上下层次时应当合乎逻辑。所谓合乎逻辑,就是符合正常的认知思维与表达思维,符合事物发展演变的规律,符合事物组成的体系,符合推理与论证规则。因此,对于案件事实构成要件的归类与编排,可以遵循这样的思维:什么

---

[1] 张晓光:《法律专业逻辑学教程》,上海:复旦大学出版社2007年版,第24页。

人，基于什么原因，在什么时间和地点，使用什么工具或者运用什么手段，实施了什么行为，该行为持续的过程怎样，造成了什么结果。

③ 证据主次证明力的共济互助。两个以上的证据，无论是一组还是全体，其证明力之间都有相应的共济互助关系，如待补强证据与补强证据之间就有证明力的主次共济关系。待补强证据为主证据，在前；补强证据为辅助证据，在后。因此，从更微观的角度看，证据归类与编排应当考量各自的证明力，尽量体现彼此间的共济互助。一般而言，直接证据在前，间接证据在后；原始证据在前，传来证据在后。另外，先整理编排本证，后归类编排反证（如果有的话）。

（2）有条不紊原则的体现

《证据目录》或者《证据清单》，以及《证据提交纲要》《证据质证纲要》是证据整理有条不紊原则的具体体现。

《证据目录》或者《证据清单》是在行政执法程序中提交、移送、交换证据时必须有的形式要件。该目录或者清单采用表格的形式，体现着证据整理的最终成果。《证据提交纲要》《证据质证纲要》是在行政执法程序中，实施案件讨论、召开听证会和专业论证会等活动时应当准备的举证与质证资料；而在行政复议和行政诉讼中，则是必须准备的复议和诉讼资料。这两份纲要都是以证据目录或者清单为基础而形成的，要素和项目基本一致，区别在于：《证据目录》或者《证据清单》，一般需要向外提交，供他人查阅和使用；《证据提交纲要》和《证据质证纲要》，一般不需要向外提交，仅供自己使用。《证据提交纲要》用于自己提交证据，便于对所提交证据进行言词说明，正向肯定论证己方证据或者本证的证据资格和证明力；为防止对方或者他人反向质证否定，而列出维护与辩论要点。《证据质证纲要》用于质证活动，其中列明如何以言词质疑否定对方证据或者反证，包括质证要点和辩论要点。

四、行政执法证据整理的方法

行政执法证据整理的方法，是指依据什么标准进行证据整理。这些整理的依归，既是取舍的标准，又是归类和编排的标准。《文化市场行政处罚案件证据规则（试行）》第15条规定，在文化市场行政处罚案卷中，执法人员应当对收集的证据进行分类编号，对证据材料的来源、证明对象和内容作简要说明，注明收集日期并签名。这就提示我们，证据来源、证明对象、证据内容或者证明力等，都可以作为证据整理的标准。笔者认为，证据整理的方法包括但不限于如下几种情形。

1. 按照待证事实分类整理

这是一种横向的，以证明对象为标准的证据整理方法，也是最为宏观的证据整理标准。如前所述，行政执法程序中的待证事实包括实体法事实、程序法事实和证据法事实。

2. 按照实体法事实构成要件整理

这也是一种横向的，以证明对象为标准的证据整理方法，是专门针对案件实体法事实的一种证据整理标准。

从实体法法律关系的角度看，实体法事实的构成要素包括主体、客体、权利、义务、责任等。

从实体法规定的事实类型看，包括行为和事件。有学者指出，行政法规范和相关法律事实是行政法律关系产生、变更和消灭的两项基础。法律事实包括行为和事件两类形态。作为法律事实之一的事件是不以人的意志为转移的客观现象，如战争、天灾、出生、死亡等。事件不存在合法与否的问题。行为既是行政法律关系的客体，也是行政法法律关系产生、变更、消灭的原因。作为法律事实之一的行为，是指行政法律关系主体有目的、有意识的活动，如征税、征地、违章建房、阻碍交通等。行为有作为和不作为、合法与非法等之分。合法行为或者非法行为，都可能引起行政法律关系的产生、变更和消灭。❶ 作为案件主要法律事实的行为，行政执法程序中当事人（相对人）的行为，应从系统的角度认知，包括行为（身体行为），行为主体，实施行为的时间、地点、手段、后果、动机与原因等。

通常而言，实体法中的行为事实，就是行政执法程序中的核心调查事项，是主要证明对象。在行政执法实务中，这些事实构成要件也可分为主体事实要件、主观方面事实要件、客观事实要件和违法程度要件四方面。按照事实构成要件整理证据，也是可以的。

3. 按照事实发展的时间顺序整理

这是一种纵向的，以证明对象为标准的证据整理方法，符合事实发展的自然历程。任何法律事实，无论是事件还是行为，都有其产生、变更、消灭，或者启动、实施、终结的历史进程。证据整理也可以按照这一时间顺序来编排证据。

（1）当事人行为事实的时间顺序

当事人行为事实的时间顺序体现为行为的产生、持续或者变更、终止三大环节，这在事实构成要素分析方法中常常被称为行为过程。行为的产生即指行

---

❶ 罗豪才，湛中乐：《行政法学》（第4版），北京：北京大学出版社2016年版，第20–22页。

为"从无到有"地出现,如违法建筑物的砌建、聚众斗殴的召集人员准备工具等。行为的终止就是当事人行为的结束,如假冒名酒的制作完成、盗版图书的印制成功等。最能体现行为事实时间顺序的是行为的持续或者变更。根据《行政处罚法》第36条第2款的规定,行为的持续包括行为在时间上的连续或者继续状态。违法行为的连续状态,是指基于同一个违法故意,连续实施数个独立的行政违法行为,并触犯同一个行政处罚规定的情形。而违法行为的继续状态,则是一个违法行为发生之后,该行为及其造成的不法状态一直处于不间断的持续状态。违法行为的连续状态在本质上是数个独立的违法行为,彼此在时间上有间隔,如驾驶人连续闯多个红灯;违法行为的继续状态本质上是一个违法行为,处于不间断的持续状态,如违法建筑建成后一直持续存在。❶ 在最基本的语义学上,持续是指延续不断;连续是指一个接一个;继续是指连下去、延长下去、不间断。连续与继续的区别还是很明显的。❷ 行为的变更包括主体数量的变化、客体或者对象的变化、手段或者方式方法的变化等情形。

(2) 行政执法办案事实的时间顺序

行政执法办案事实也有时间顺序,主要体现为立案、办案、结案三大环节。立案是行政执法程序的启动、自我发现或者接受相关材料、主动审查确立一个行政执法案件,一般以《立案登记表》《受案登记表》《立案审批表》等文书为显著标志。结案是指行政执法程序的终结,一般以立卷归档为显著标志。办案是指行政执法行为的持续,主要体现为实体上的证据调查和事实认定、法律适用;程序上的文书制作、实施调查、案件审核、听证、处理决定、文书送达、案件执行等具体阶段和相应活动。以行政执法办案程序为纵向脉络,编排证据及案件卷宗,应当是比较普遍的做法。

4. 按照证据种类整理

这是一种以证明手段为标准的证据整理方法,侧重于证据资格、证据来源。证据的终结来源在于人或者物,从历史发展的角度看,证据也经历了从人证、书证到人证、书证、物证以及科学证据的发展过程,正在迈向数字证据的时代。《行政处罚法》第46条第1款规定了八种法定证据种类,其中来源于人的法定证据种类有当事人的陈述、证人证言;来源于物的法定证据种类有书证,物证、勘验笔录、现场笔录;具有科技含量的法定证据种类有鉴定意见、

---

❶ 江必新,夏道虎:《中华人民共和国行政处罚法条文解读与法律适用》,北京:中国法制出版社2021年版,第124页。

❷ 中国社会科学院语言研究所词典编辑室:《现代汉语词典》(第7版),北京:商务印书馆2016年版,第175页,第619页,第808页。

视听资料、电子数据。在进行证据整理工作时，可以按照这些证据种类进行归类和编排。《环境行政处罚证据指南》之附一"常见证据的证明对象示例"，在某种程度上也是依据具体微观的证据种类进行的证明对象的整理归纳。

5. 按照证据分类整理

这也是一种以证明手段为标准的证据整理方法，侧重于证据的证明力、证据的信息内容。这种证据整理方法可以分别采取划分为本证与反证、主要证据与辅助证据等具体形态加以实施。

（1）按照主要证据和辅助证据进行编排整理

2012年9月24日发布的《常见文化市场行政处罚案件执法取证指引（试行）》（文市发〔2012〕34号）就把定案证据分为主要证据和辅助证据。主要证据是指对认定案件的违法事实起主要作用、对案件处罚裁量有重要影响的证据，此类证据应当予以采集并整理提交；辅助证据即补强证据，又称"佐证"或"旁证"，是指用以确认或证明案件主要证据事实的真实性，以补充增强其证明力的证据，此类证据可以根据实际情况尽可能地收集并整理提交。

（2）按照必要证据和补充证据进行编排整理

《环境行政处罚证据指南》之附二"常见环境违法行为的事实证明和证据收集示例"把案件证据按照必要证据和补充证据进行排列。必要证据用以证明案件主要事实；补充证据用于证明裁量事实和印证主要事实。

6. 按照卷宗归档要求整理

整理提交证据与生成案件卷宗具有天然的联系。有学者明确指出，提供证据就是把已经收集的证据在审查判断的基础上，依据有关法律、法规和规章的规定，按照一定的规则组合成有机联系的卷宗，以供案件审理审核、行政复议、行政诉讼所使用的专门活动。❶ 这表明提交证据就是整理证据并形成卷宗。与此相应，形成卷宗也就是整理证据。所以，卷宗归档的要求完全可以作为证据整理的方法。卷宗的卷面要求完全可以作为证据编排的依据。如《环境行政处罚案卷评查指南》（环办〔2012〕98号）之附三"卷面评查评分标准"所确立的卷面评查项目就是办案的证据类型和所发文书种类。

第二节　行政执法中的证据提交

行政执法程序中的证据提交不宜简单地等同于诉讼程序中的举证。诉讼程

---

❶ 华晨泓，刘玉江，等：《行政执法证据的收集与运用》，南京：江苏科学技术出版社2007年版，第89页。

序中的举证，是行政执法机关向人民法院提交证据并以此证实自身行政行为的合法性的专门活动。诉讼举证涉及行政机关与国家司法机关之间的关系。而行政执法程序中的证据提交，主要是内部不同部门之间为了审核审理案件、举行听证而转移证据的行为，大致包括调查取证人员向主管负责人提交、执法调查部门向案件审核审理部门提交、调查取证人员在听证会上代表行政机关向当事人提交、行政机关向上级监督机关提交、行政执法机关向公安机关提交等。在行政执法程序中提交证据，应当遵循相应的规则，针对每一种证据的证据属性完成口头或者书面的论证。

一、行政执法证据提交的基本规则

提交证据的规则与调查取证的规则有一些共同要求，因为取证时需要考虑所取证据能否提交出去，举证规则反过来也会对取证有影响、有指导作用，它们是相辅相成的。除了应当遵守行政执法证据运用的基本原则和规则外，笔者认为，提交证据时有两项特别重要的规则，即最佳证据规则和即时提交规则。当然，每一项规则都有一些例外。

1. 最佳证据规则及其例外

最佳证据规则是提交证据时应当遵循的实质性要求，其基本含义是：当事人意欲证明一项事实时，必须提出一种当时条件下所能获取的最佳证据。照此规则，直接证据优于传闻证据，原始书证优于副本。间接证据也可以作为证据，但有许多限制和例外。❶ 简单地说，提交证据时的最佳证据规则要求提出在案件事实中就存在的实物和人员，并且以最原始、最直接的方式呈现，除鉴定意见和现场勘查笔录外，通常情况下不允许提交案件结束后出现的人员和生成的各种材料，尤其是经过流转环节的证据。

（1）最佳证据规则的具体体现

① 书证提交的最佳证据规则：原件优先；复制件必须依法提供。

② 物证提交的最佳证据规则：原物优先；复制品、照片、录像必须依法提供。

③ 人证提交的最佳证据规则：当面言词陈述优先；书面陈述、转呈陈述必须依法进行。

④ 视听资料和电子数据提交的最佳证据规则：本体或者原始载体优先；复制件必须依法提供。

---

❶ ［英］戴维·M. 沃克：《牛津法律大辞典》，李双元等译，北京：法律出版社2003年版，第115页。

⑤ 鉴定意见提交的最佳证据规则：出具书面报告，并且当面言词回答质询。

（2）最佳证据规则的例外

上述规则并不妨碍根据实际情况采用其他变通的证据提交方式，如对不动产证据，案件现场应当且只能提供诸如图表、照片、音视频等替代证据或者示意证据，不可能把现场搬至行政执法机关办公室或者听证会召开之场所。对此类物证存有合理疑问时，可以共同勘验原物或本体。

替代证据主要是指代替原件、原物、原始载体的"二手证据"，它们在原件、原物、原始载体的缺失可以得到解释或者有合理理由时，被允许提出，经过核对无误，等同于原件、原物、原始载体。替代证据主要包括复制件、复制品、音像或者书面证言和当事人陈述、照片、视频摄像等。示意证据是用于说明、解释、验证原件、原物、原始载体之证据信息的材料、物品和活动，如交通事故现场示意图、卷帙浩繁资料之摘要、物证灭失或者难以获致时的类似物品、实验及其笔录等。示意证据无论如何都不能替代原件、原物、原始载体，它们只是帮助人们认知、理解和掌握原件、原物、原始载体的证据信息。当然，也有学者并不严格区分替代证据与示意证据，而是统一称其为示意证据。他们把实物证据分为两大类：一类是实在证据（Real Evidence），即案件中实际存在的东西，是原件、原物；另一类是示意证据（Demonstrative Evidence），即具有示意或者说明功能的实物材料，如现场的绘图、手枪的照片、足迹的模型、汽车的录像等。示意证据虽然不是案件中实际存在的物品，但也是看得见、摸得着的东西，因而在本质上也属于实物证据。❶

2. 即时提交规则及其例外

即时提交规则是提交证据时应当遵守的时间（时限）要求，其含义是行政执法主体及其相应的工作人员应当在法定程序确立的和办案实际需要的期间内完成证据整理与提交工作。

（1）提交证据的时限及其法律意义

行政执法程序是以法定时间和法定空间为基本要素的。法定时间要素包括时序和时限：时序是执法行为的先后顺序，时限是执法行为所占时间的长短。❷ 整理与提交证据是行政执法程序中的重要活动，是事关证据运用和事实认定的活动，当然也需要遵守时序和时限的要求。关于时序，《行政处罚法》第57条第1款规定，调查终结，行政机关负责人应当对调查结果进行审查。

---

❶ 何家弘，刘品新：《证据法学》，北京：法律出版社2019年版，第127页。
❷ 公丕祥：《法理学》，上海：复旦大学出版社2002年版，第218-219页。

这表明调查取证在前、审查决定在后。根据第 58 条的规定，对于一些疑难复杂案件，法制审核在前、作出处罚决定在后。关于时限，根据《行政处罚法》第 36 条的规定，违法行为在二年内未被发现的，不再给予行政处罚；涉及公民生命健康安全、金融安全且有危害后果的案件，上述期限延长至五年。该法第 60 条规定，行政机关应当自行政处罚案件立案之日起 90 日内作出行政处罚决定。法律、法规和规章另有规定的，从其规定。这一 90 日的期限，包括调查取证、证据整理、证据提交、召开听证会、证据分析暨事实认定。

法律、法规和规章之所以规定时限制度，不仅仅是因为时间要素为法律程序之必要部分。设立时限，还有督促及时执法、提高行政执法效率、维护相对人合法权益、树立执法权威等重大意义。就证据整理与提交而言，在法定的时限内提交证据，便于审查运用证据的主体及时开展工作，及时作出处理决定。鉴于确立提交证据时限制度的公正价值和效率价值，有学者指出，行政处罚程序特别是听证程序中，应当根据行政过程的特点和需要，逐步建立举证时限与证据交换制度。该论者主张，在行政处罚简易程序和一般程序（普通程序）中，行政执法机关应当及时向相对人举证，以彰显程序公正。在行政处罚听证程序中，行政机关举证不仅要在作出行政决定之前进行，而且应当在听证程序开始前就向行政相对人提供证据材料，并对拟作出的初步决定予以说明。举证时限的要求应当在法律中明确规定。唯有如此，在听证程序中，行政相对人才可能知道行政执法事实认定的证据，才知晓应在哪些方面提出辩解理由，对哪些证据要提出质询，才能真正实现听证程序设立的目的。如果允许行政机关随时提出证据甚至"突袭"，那么行政相对人就无法在听证程序中作出有效质证和抗辩，只能"听"而不能"质证"，听证程序将形同虚设。❶ 笔者赞同这种学术主张，并且认为凡是需要提交证据的场合，都应当相应地确立提交证据的时限制度，以此体现行政执法程序的严谨、效率的强化。

（2）即时提交规则的例外

时限作为一段时间过程，其例外无非是提前或者延后（延期）。提前情形并无超出时限要求，某种意义上讲仍在时限之内。而延后（延期）则是不受时限束缚、突破时限要求，故为例外。《行政执法机关移送涉嫌犯罪案件的规定》第 12 条指出，行政执法机关对公安机关决定立案的案件，应当在接到立案通知书之日起 3 日内将涉案物品以及与案件有关的其他材料移交公安机关，并办结交接手续；法律、行政法规另有规定的，依照其规定。这里"法律、行政法规另有规定"就是指提交证据材料时限的例外。允许证据提交时限的

---

❶ 李红枫：《行政处罚证据原理研究》，北京：中国政法大学出版社 2013 年版，第 143－148 页。

例外，符合具体问题具体分析的唯物辩证法，具有实务的灵活性。

二、各类行政执法证据的具体提交

行政执法程序中，各类证据的具体提交侧重于行为，是指"拿出"证据、"展示"证据、"呈现"证据。言词类证据（人证）的提交，应以直接询问为优，通过面对面的一问一答揭示证据的合法性、关联性、真实性及其决定要素的确实存在。当然，法定情形下亦可提供书面材料。实物类证据（物证、书证等）的提交，应当展示实物原件、原物、原始载体，并且辅以言词介绍，论证所提实物证据的合法性、关联性、真实性及其决定要素的确实存在。

1. 言词类证据的提交

行政执法程序中的言词类证据包括当事人的陈述、证人证言（含被侵害人）。鉴定专家需要当面陈述分析意见时，亦可作为证人，即专家证人。

（1）言词类证据提交的一般规则

当事人陈述、各类证人证言的最佳提交方式为亲自出面、直接陈词并接受直接询问。

在调查取证阶段已经生成书面调查询问笔录、自书陈述或者音视频资料且不存在合法性、真实性、关联性异议的，也可以提交文字笔录、自书陈述或者音像笔录。

遇有法律、法规强制要求当事人、证人亲自出面陈述者，行政执法主体应当执行并提前通知相关人员。

行政执法机关在当事人、证人出面言词作证前，应当查验证明当事人或者证人身份的证件，将如实作证的义务以及作伪证的法律后果对其明确告知。

证人履行出面言词作证义务而支出的合理的交通、住宿、就餐等必要费用以及误工损失，由行政执法机关承担或者由申请证人作证的当事人承担。

在询问当事人、证人之前，行政执法机关可以要求其签署保证书。保证书应当载明据实陈述、如有虚假陈述愿意接受处罚等内容。当事人、证人应当在保证书上签名或者按捺指印。

不能正确表达意志的人不能作证。根据当事人申请或者依据职权，行政执法机关可以就证人能否正确表达意志进行审查或者交由有关部门鉴定。

当事人、证人直接接受询问应当如实陈述自身亲历的事实，不得提供虚假信息，不得使用猜测、评价、分析等意见代替事实陈述。

（2）当事人和证人不出面的情形

当事人和证人具有下列情形之一时，经过必要的证明和查证环节，可以不出面亲自陈述：

① 前置程序中的言词陈述已获得对方及相关主体的认可且有据可查，因而无须再次出面。

② 因客观障碍而不能或者不便出面，包括但不限于：第一，年迈或者出于健康原因；第二，路途遥远、交通不便；第三，自然灾害等不可抗力或者其他意外事件；第四，其他特殊原因。

当事人和证人应当出面而不能或者不便出面时，可以采取如下陈述方式加以补救：

① 提供事先摄录好的音视频资料。

② 利用各种视听传输技术在线远程音视频陈述。

③ 提供经过公证的书面陈述。

2. 实物类证据的提交

此处的实物类证据仅指书证和物证，不包括视听资料、电子数据以及笔录。

（1）实物类证据提交的一般规则

书证和物证的最佳提交方式为原件、原物。

在调查取证阶段已经生成复制件或者复制品且不存在合法性、真实性和关联性异议的，也可以提交复制件、复制品。

书证原件与复制件、物证原物与复制品，应当通过宣读或者展示的方式供人查阅、辨认，必要时可以共同勘验、检查。提交者应当对其合法性、关联性和真实性作必要的基础说明并应当回答相关质询。

报表、图纸、会计账册、专业技术资料、科技文献等专门书证在提交时，应当附有必要的说明材料。

原物为数量较多的种类物的，仅需提供其中的一部分。

（2）使用复制件的条件

具有下列情形之一时，可以使用书证复制件：

① 提供原件确有困难，如原件丢失、暂时难以发现、对方或他人控制原件而不提交等。

② 需要留存原件，如户口簿、身份证等。

③ 原件为第三方所保管，如各类档案中的文书、规划许可、施工许可等。

④ 原件过于庞大、繁杂、专业，如施工图纸、财务账册报表等。

⑤ 原件不堪使用，如老旧房屋产权证书发黄、发脆、霉变等。

⑥ 其他不得不使用复制件的客观情况。

书证的复制件，经过与原件查核无误或者经过科学鉴定证明为真实的，可以作为证据使用。

书证的复制件，应当附有关制作过程及原件存放处所的文字说明或者音像视频资料，并由制作人和原件持有人或者持有单位有关人员签名、按捺指印或者盖章确认。

（3）使用复制品或者示意证据的条件

具有下列情形之一的，可以使用物证复制品或者示意证据：

① 提供原物确有困难，如原物为不动产、案发现场，或者原物已不存在。

② 原物不便搬运、不易保存，如易腐烂的瓜果蔬菜。

③ 依据法律规定，原物应当由国家有关部门保管、处理，如枪支弹药。

④ 依据法律规定，原物应当予以返还，如扣押的动产。

⑤ 其他不得不使用复制品的情况。

示意证据是指复制或者描绘与案件有关的人物、物体或者场景的展示性证据或者替代物品，一般包括模型、图表、素描、照片、电子图像、电影胶片等类型。

物证的复制品、照片、录像，经与原物核实无误或者经鉴定证明为真实的，可以作为证据使用。必要时可以共同勘验、检查。

物证的复制品、照片、录像，应当附有关制作过程及原物存放处所的文字说明或者音视频资料，并由制作人和物品持有人或者持有单位有关人员签名、按捺指印或者盖章确认。

3. 视听资料和电子数据的提交

视听资料和电子数据作为一类特殊的实物证据，其提交有一定的特殊性。尤其是电子数据，随着科技的进步、非接触性执法手段的推广，其运用数量和质量都将有大幅度提升，提交电子数据也有契合其特性的制度安排。

（1）视听资料和电子数据提交的一般规则

视听资料和电子数据的最佳提交方式为提供原始数据、原始存储介质、原始载体和完整载体。

在调查取证阶段已经依法生成复制件或者转换资料且不存在合法性、真实性和关联性异议的，也可以提交复制件或者转换资料。

视听资料和电子数据复制件的提交理由与鉴真方式同书证相关规定。

提交视听资料和电子数据应当现场予以播放或者演示。遇有专业、复杂事项时，可以加以必要的解释和说明。

提交声音资料应当附有该声音内容的文字记录。

（2）提交电子数据的全面性规则

电子数据证据分为数据电文数据、附属信息数据与系统环境数据。提交电子数据时需要遵守全面性规则，即对于这三类数据都应当加以提交，不能有所缺失。因为这三类数据各有不同的证据功能。数据电文数据主要用于证明案件待证事实，它是实质证据；附属信息数据主要用于证明数据电文数据的真实可靠，它是辅助证据；系统环境数据主要用于显示数据电文数据，证明数据电文解读的准确性，它也是辅助证据。这三类证据缺少一类，都会直接影响电子数据证据的真实性、合法性、有效性，甚至会导致电子证据不被采信。❶

（3）电子数据的拟制原件

笔者认为，在行政执法程序中，下列电子数据皆应视为原件：❷

① 在电子系统里被完整地再次保存、传输、提取的电子数据。

② 电子数据制作者制作的与原件一致的复制件。

③ 直接来源于电子数据的其他可显示、识别的输出介质。

4. 鉴定意见的提交

鉴定意见首先应当以《鉴定意见书》或者《鉴定报告书》以及类似文书的形式提交。鉴定文书应当载明各项必要的记载事项，诸如委托人和委托鉴定的事由、相关检材样本、鉴定的科学依据和使用的科学技术手段、明确的鉴定结论等，并应有鉴定人的签名和鉴定部门的盖章。对于分析所获得的鉴定结论，应当详细说明分析的过程。

在对鉴定意见存有异议时，根据法律、法规规定或者案件实际需要，鉴定人应当出面接受询问，回答相关问题，对作出的鉴定意见进行必要的解释、说明或者补充。对于出面接受询问的鉴定人，行政执法机关应当核实其身份、查明其与当事人及案件的关系，并且告知应当如实说明鉴定情况的法律义务和故意作虚假说明的法律责任。

参照证人不出面作证之理由，在鉴定人出面言词回答确有困难时，依法可以提交书面意见回应各种质询。

5. 笔录证据的提交

提交文字记录生成的笔录证据，等同于书证的提交。

提交音像记录生成的笔录证据，等同于视听资料和电子数据的提交。

对笔录证据的合法性、真实性和关联性存有异议或者疑问时，笔录制作人、见证人应当出面予以言词解释或者说明。

参照证人不出面作证之理由，在笔录制作人或者见证人出面言词陈述确有困难时，依法可以提交书面意见回应各种异议或者疑问。

---

❶ 汪振林：《电子证据学》，北京：中国政法大学出版社2016年版，第284－285页。

❷ 这是一种法律拟制，用"视为"二字，将甲事实看作乙事实，予以同等对待。

6. 域外证据的提交

理论上，域外证据包括中文域外证据和外文域外证据。

（1）域外证据提交的一般规则

提交从中华人民共和国领域外取得的证据，应当说明其来源，并且附有所在国公证证明，以及我国驻该国使领馆的认证，或者已经履行我国与该证据所在国订立的相关条约所规定的证明手续。

（2）外文书证的提交

外文书证或者外国语视听资料等证据的提交，应当附有具备翻译资质的机构所翻译的或者其他翻译准确的中文译本，翻译机构应当盖章，翻译人员应当签名、盖章。

7. 涉密证据的提交

涉密证据不得予以公开提交。涉及国家秘密、商业秘密或者个人隐私的证据在提交时应当作出明确标注，并且以不公开方式完成。

知晓涉密证据的所有人都应当遵守保密义务，不得以任何形式通过自己或者第三人直接或者间接地加以泄露或者使用。

8. 卷宗和程序证据的提交

卷宗是办案证据和办案程序的综合文档，证明案件实体法事实、程序法事实、证据法事实的证据，都存在于卷宗之中。案卷本身也是规范执法的证据。

在行政执法程序中，提交卷宗与程序证据应当提供原件，并且保持其完整、全面、规范、有序。

行政执法办案卷宗应当依法确定保密级别。

凡不在卷宗收录范围内的任何事实或者材料，都不得作为行政执法证据加以采纳。

三、行政执法中的责令提出证据

责令提出证据与证明妨碍推定规则和证据声明制度有很大的重合关系。证据声明，亦称声明证据，其含义有三：其一，表明有一定的证据可以利用，即交代证据来源、证人姓名和住所；其二，表明证据存在的处所，但是自己穷尽法律所允许的手段仍无法获取，因而申请主管机关发出命令加以获得；其三，法律程序中的事实认定主体应当以当事人提供和指明的证据为限展开证据调查和审核。其中狭义的证据声明即指第二种情形，有时亦称之为证据申请。[1] 在责令提出证据的启动方式中，这种证据申请为其原因之一，并

---

[1] 何家弘：《新编证据法学》，北京：法律出版社2000年版，第280-281页。

且是主要原因。

1. 责令提出证据的含义

所谓责令提出证据，是指行政执法机关依据申请或者职权，命令相关证据持有人、保管人、占有人等交出证据的专门行为。例如，在海事执法程序中，某个体运输船只将某市某航道上的大桥桥墩撞坏。该肇事船主将肇事船舶自沉于某大型湖泊，以逃避行政执法。此时，海事执法部门依法可以命令该肇事船主交代详细的船舶自沉地点。倘有违背，即作出对其不利的事实认定，也就是依据证明妨碍推定规则作出事实推定。对于当事人而言，责令提出证据属于被动举证。

2. 责令提出证据的条件

① 有优势证据证明某一案件关键证据在某一主体控制下。

② 控制证据的主体无正当理由拒不提交。

③ 对待证事实负有举证责任的另一方主体提出申请，或者行政执法主体依据职权作出命令。

3. 违背提出证据之责令的后果

证据控制者拒绝提交证据的，按照证明妨碍制度予以处置。

①证据控制者为案件当事人或者利害关系人的，作出对其不利的事实认定，并可追究行政责任甚至刑事责任。

②证据控制者非属案件当事人或者利害关系人的，作出对申请人有利的事实认定，并且可以对证据控制者予以行政处罚或者追究刑事责任。

四、行政执法中的证据交换

行政执法主体对于案情比较复杂或者证据数量较多的案件，可以组织相关人员在证据整理前后向对方出示或者交换证据，并将交换证据的情况用文字或者音像记录在卷。

证据交换与证据开示、证据展示、证据披露具有异曲同工之妙，源自境外立法与实践，是彰显法律程序中"公平竞赛"（fair play）理念的制度安排。

1. 证据交换的概念

通常情形下，证据交换是指对立的双方，在中立第三方的主持下，在庭审或者听证之前，彼此将己方的证据向对方展示。经过相互展示，听取各自意见，对于双方无异议的证据，在后续程序中将不再质证；而对于有异议的证据，则必须在后续程序中加以质证调查。行政处罚程序中的证据交换，不同于一般意义上的证据交换。因为听证程序中由行政机关单方承担证据开示责任，所以往往无法形成真正的"相互交换"。在一定意义上讲,行政处罚听证程序中的"证据交换"是"有实无名"的。但是,虽然不具有"相互交换"的形式,却可以在行政机关开示证据后,部分达到证据交换的结果。证据交换主持人将行政机关提供证据的情况记录在卷,在之后的听证程序中,听证主持人对行政相对人无异议的证据作必要的说明后,就可以作为认定案件事实的证据,不再纳入质证辩论的范围。对于行政相对人有异议的事实和证据,则组织规范的质证与辩论。❶

2. 证据交换的实务操作

鉴于行政执法程序中证据交换的单向性和"有实无名",其实务操作相对比较简单。

(1) 证据交换的主持人

行政执法程序中主持证据交换的人,主要有听证主持人、法制审核人员等。在听证会召开之前,如果案情比较复杂或者证据数量较多,则听证主持人完全可以组织证据交换或者证据开示。

(2) 证据交换的场所和次数

行政执法程序中的证据交换次数一般以一次为限。如果当事人在证据交换中提出了重大理由,或者提出了足以影响案件事实认定的证据,行政机关复核后,依据复核情况和新的证据信息,亦可组织第二次证据交换活动。

为了便于证据的保管、提出、收回,行政执法程序中的证据交换一般应当在行政执法机关内实施。

(3) 证据交换的记录

无论是普通程序中基于保障当事人知情权而实施的证据交换,还是听证程序中基于提高程序效率而实施的证据交换,都应当对其过程及结果加以记录。该记录可以采用文字或者音像的手段完成。

证据交换记录的重点事项是明确哪些是无异议的证据、哪些是有异议的证据。所有参与证据交换的人员,包括但不限于行政执法人员、当事人及其代理人,都应当在纸面笔录上签名或者按捺指印。

第三节 行政执法证据目录的编制

行政执法程序中,证据整理与证据提交的形式要件就是编制证据目录。如《中国银保监会行政处罚办法》第43条明确要求调查人员应当制作证据

---

❶ 李红枫:《行政处罚证据原理研究》,北京:中国政法大学出版社2013年版,第156-157页。

目录，包括证据材料的序号、名称、证明目的、证据来源、证据形式、页码等。

一、行政执法证据目录及其组成

《证据目录》或者类似的编排文件，也是行政执法中的法律文书。不过，在行政执法文书格式样本中，往往只有卷宗目录的样式而没有证据目录的示例。一些查封、扣押物品清单，则部分发挥着证据目录的作用。其实，证据目录的编制也能体现执法素养或者执法技能，特别是证据分析与证据表述的能力。

1. 证据目录的概念和特征

（1）证据目录的概念

目录，通常的语义是指按一定次序开列出来以供查考的事物名目。[1] 即将两个以上事物的名称等要素逐一有序地编排、表示出来，以供简便快速地了解、查找、考核。证据目录，是指按照一定的次序和表达要素将全案证据予以概略式开列以供查考的专用法律文书。也有法律文件称之为"证据清单"，如《公安机关办理行政案件程序规定》第64条。

（2）证据目录的特征

作为一种行政执法法律文书，证据目录除了具有法律文书所具有的、不同于一般公文的特征（如必须严格依法制作，更加规范的格式、更加严谨的用语等）之外，在行政执法文书体系内，它还具有如下三个特征。

① 证据目录是证据整理结果与编排的纲领性文书。通过证据目录的制作，形成一个纲领、纲要，那么数量众多、质量参差不齐、证明价值大小不一的全案证据，就能够有序、有条理、完整地呈现出来，起到"纲举目张"的良好效果。

② 证据目录是证据信息及其关联要素的表格式展示。证据目录不是对全案证据信息及要素的完全照抄，而是一种概略式的叙述或者展示。这种概略，有相对固定的核心表示要素，如序号、名称、证据内容、证明对象等。而它们又是通过纵横交错的表格加以记载的。各核心要素项目为列（序号、名称、来源等），各证据成行（书证、物证、人证等）。

③ 证据目录是证据提交的必要手续。证据目录是提交证据时必须具有的手续或者文书。没有证据目录的证据提交，就像没有"钥匙"的房屋交付一

---

[1] 中国社会科学院语言研究所词典编辑室：《现代汉语词典》（第7版），北京：商务印书馆2016年版，第928页。

样，难以进入。在提交证据时，证据目录应当置于所有证据之前，所有证据应当按照证据目录编号顺序逐一整理归类附后。目录的作用除了摘要表述事物的信息内容外，本来就是为查找、阅读、审核、使用提供指引的。指引者，当然应当置于前面、首部。

笔者认为，证据目录与卷宗目录既有相同点，也有不同点。

第一，证据目录与卷宗目录的相同点。二者的基本功能是相同的，都是证据或者文据材料的有序编排与表达。

第二，证据目录与卷宗目录的不同点。其一，编制目的不同。卷宗目录的编制目的就是便于检索、查阅；而证据目录的编制目的还有对证据资格和证明力的说明与表达。

其二，构成要素不同。卷宗目录的构成要素比较简单，仅仅有序号、文件名称、页码；而证据目录的构成要素一般应有序号（编号），证据名称，证据来源，证明对象（证明目的），证据内容，是否为原件、原物，份数、页数，备注等。

2. 证据目录的组成

对于行政执法证据目录究竟应由哪些项目组成，至今尚未见统一规定。笔者认为，应当根据如下两点加以确立：其一，证据目录也是法律文书，应有其必要构成事项；其二，证据目录编制的目的是揭示和表达证据资格与证明价值，通过哪些项目才能实现这一目的？

行政执法证据法规范文件对证据目录的组成问题作出明确规定的并不多见。《文化市场行政处罚案件证据规则（试行）》第 15 条规定的项目有：编号；证据材料的来源、证明对象和内容；日期和签名。《中国银保监会行政处罚办法》第 43 条规定的项目包括：证据材料的序号、名称、证明目的、证据来源、证据形式、页码等。显然，后者要比前者更为详细和可取。[1]

行政执法证据法学界关注证据目录组成事项的，也非常少见。少数学者提出，证据清单应当写明证据材料的编号、名称、数量、特征等，由证据提交人、办案人（接受人）签名，注明接受时间，加盖办案（受案）单位

---

[1] 在行政诉讼程序中，《最高人民法院关于行政诉讼证据若干问题的规定》第 19 条要求当事人应当对其提交的证据材料分类编号，对证据材料的来源、证明对象和内容作简要说明，签名或者盖章，注明提交日期。第 20 条强调人民法院收到当事人提交的证据材料，应当出具收据，注明证据的名称、份数、页数、件数、种类以及收到的时间，由经办人员签名或者盖章。这两条是编制行政诉讼证据目录的关联规定。行政执法程序中证据目录的编制，亦可加以借鉴。

公章。❶

笔者认为,作为编排证据、概略展示证据资格和证明价值的法律文书,行政执法证据目录应当包括下列项目:

① 证据目录标题和案号。
② 证据分类编号/序号。
③ 证据名称。
④ 证据来源。
⑤ 证据拟证明的待证事实/证明目的。
⑥ 证据包含的信息内容。
⑦ 证据件数、份数与页数/页码。
⑧ 是否原件、原物/证据形式。
⑨ 备注信息。
⑩ 编制主体名称、签名或者印章。
⑪ 编制日期或者提交日期。

其中,第①项为证据目录的首部,交代证据目录作为一种法律文书的名称和案件的案号;第②~⑨项为证据目录的正文,在排序的基础上,围绕影响证据资格和证明力的合法性、关联性和真实性及其核心要素逐项表达;第⑩项和第⑪项为尾部,交代编制或者提交主体及日期。证明目录示例见表7-1。

表7-1　××汽修厂乱倒垃圾行政处罚案证据目录

案号:×××××202102001

序号	证据名称	证据来源	证明对象	证据内容	是否原件原物	份数页数	备注
1							
2							

×县综合行政执法局

二〇二一年十二月二十日

二、证据目录标题和案号的表达

标题和案号,是证据目录的首部事项。标题是《证据目录》这一文书的名称,案号是该案件检索、归档的编码。

---

❶ 徐伟红、高文英:《公安机关办理行政案件程序规定理解与适用:条文解读、案例分析、最新修改提示与执法风险提示》,北京:中国法制出版社2020年版,第154页。

1. 证据目录标题的表达

证据目录的标题可以简单表述为"证据目录",也可以详细表述为"案由+证明目录",如"张三违法搭建强制拆除案证据目录"。

案由由行为主体和案件性质共同构成。当行为人人数众多、案件性质不同时,可以择一显著者加以表达,如"李四等人破坏道路设施行政处罚案证据目录"。案件性质就是行政执法行为的具体类型,如行政处罚、行政强制、行政征收、行政许可等。

证据目录标题应当居中,独立一行。详细标题字数较多时,可以把案由作为一行,"证据目录"四个字作为另一行。

2. 证据目录中案号的表达

简单地讲,案号就是行政执法案件的编号。完整地界定,案号是指用于区分行政执法机关办理案件的类型和次序的简要标识。案号的传统表达方法由中文汉字、阿拉伯数字及括号组成。现代数字化管理模式下,也有全部由阿拉伯数字组成的案号。

案号应当依据相应的法律、法规和办案实际加以表达,一般由立案年度、执法主体代字、案件性质或者类型代字、案件顺序号等构成。

案号应当另起一行,置于标题右下方。每个案件编定的案号应具有唯一性。

① 混合式案号各基本要素的编排规格:(立案年度)+执法主体代字+类型代字+案件编号+号,如(2021)××××罚字第008号(表示某地级市执法机关,2021年,行政处罚案件,第008号)。

② 数字化管理模式下的代码案号由数字组成。

执法主体单位数字代码:一般是6位数,参照《中华人民共和国行政区域代码》(GB/T 2260—2007)表述,如北京市,代码110000;昌平区,代码110114。再如河北省,代码130000;石家庄市,代码130100;正定县,代码130123。各行政执法机关彼此之间,亦可在行政区域代码外增加使用数字代码加以区别,但应当获得相关行政许可并向社会公示。

年度代码:4位数,如2021。

案件性质或者类型代码:一般是2位数,如行政许可,代码01;行政处罚,代码02;行政强制,代码03。

案件顺序号:一般是3位数或者更多,根据上一年度办案数量,尽量空一个0,如上一年度办案数量未超过100件,只有68件,本年度案件顺序号为001～100,亦可空一个0,写成0001～0100。

纯粹数字式案号例示:××××××202102001(表示某县级执法机关,2021年,行政处罚案件,第001号)。

三、证据目录表格内项目的表达

证据目录的正文或者主体部分就是表格内的各个项目，通常应当包括下列子项，具体见表7-2。

表7-2 证据目录表格内项目示例

序号	证据名称	证据来源	证明对象	证据内容	是否原件原物	份数页数	备注

1. 证据分类编号的表达

证据分类编号亦称序列编号，在证据目录中可以简称编号或者序号。

证据分类编号用阿拉伯数字连续表达，如1、2、3等。

一种或者一份证据使用一个证据分类编号。禁止两种或者两份以上证据合用一个证据分类编号。

证据分组时，各组编号使用"第一组"、中文序数"一"或者"（一）"加以表达。

证据分类编号不得使用字母、罗马数字及其他方式加以表达。

证据分类编号制作实例如下：

① 不分组的编号写法（"证据名称"后的其他子项略去）详见表7-3。

表7-3 不分组的编号写法示例

编号	证据名称	/	/	/	/	/	/
1							
2							

② 分组的编号写法（"证据名称"后的其他子项略去）详见表7-4。

表7-4 分组的编号写法示例

编号	证据名称	/	/	/	/	/	/
第一组：证明违法行为各自然人身份的证据							
1							
2							
第二组：证明违法行为事实要素的证据							
3							
4							
第三组：证明裁量情节的证据							
5							
6							

2. 证据名称的表达

证据名称,是案件中单个证据的"名字"或者"称呼",其主要功能在于说明证据的形式、种类及合法性。

证据名称可以最简便地直接选用法律、法规中的表达,如当事人陈述、书证、物证、视听资料、电子数据、证人证言、鉴定意见、勘验笔录或者现场笔录。

证据名称亦可结合具体案件情况,使用规划许可证、书面合同、协议书等,表示是书证类;使用照片、示意图等,表示是物证类;使用微信聊天等,表示是电子数据类;使用调查询问笔录等,表示是证人证言类;等等。

证据名称应当简洁明了、言简意赅,不宜过于冗长、复杂。

3. 证据来源的表达

证据来源说明证据的形式关联性;形式客观性;主体及过程合法性等证据属性事项。证据来源包括下列三种情形:

① 证据的最初生成,如对于许可证照,可表述为某年某月某日某行政机关核发;对于音视频资料,可表述为某年某月某日某人摄录;对于证人证言,可表述为某证人于某年某月某日某时目击;等等。

② 对于复制件、复制品,证据来源主要是指证据原件、原物的存在或者保管处所、机关,如对老旧房屋产权证书的来源,可表述为某年某月某日复制于某机关部门之档案室,等等。

③ 证据的获取过程,即证据最初来自什么地点和什么人,如对于物证,可表述为某年某月某日某人在某现场勘查时获得;对于证言笔录,可表述为某年某月某日某证人在某处谈话作成;等等。

证据来源绝对不能表述为当事人提供或者提交。

4. 证明对象的表达

证明对象是该证据能够实现的证明目的、拟证明的某一项或者某几项案件待证事实要件。交代证明对象主要是说明该证据的实质关联性。

证据拟证明的待证事实要件,在证据目录中可以简写为证明对象或者待证事实。

在具体案件中,证明对象可以表述为宏观的某某法律关系,亦可表述为微观的法律关系八要素,即主体、客体、内容、产生、变更、消灭、行为、事件。

证明对象的表述不需要面面俱到,紧密围绕双方当事人争议的焦点问题、争议事实即可,如证实张三违法搭建、证明李四占道经营、反映王五殴打受害人等。在实务中,证据的证明对象不等于案件待证事实。一个待证事实可能由若干个证明对象组成,因为案件待证事实常常包括要件事实、辅助事实和背景事实。

证明对象与证明目的有关联,但是不能完全混淆等同。证明目的是运用证据进行证明活动所追求的目标,是运用证据所希望达到的程度,它主要是将案件证明对象证实清楚、揭示出来。

分组编排证据时,每组名称即为该组证据共同的证明对象。

《环境行政处罚证据指南》之附一"常见证据的证明对象示例"可以参照使用。

5. 证据信息内容的表达

证据信息内容说明证据的内容客观性、过程合法性、实质关联性等证据属性。

证据信息内容在证据目录中可以简写为证据内容。证据内容是指证据中所包含的案件事实信息。

在证据目录中表达证据内容需要高度概括、提纲挈领,不能将证据内容照抄一遍,否则一方面不符合目录的简便要求,另一方面也混淆了书面证据目录与举证言词说明的关系,如某证人证言的证据内容可表述为:证人看见李四殴打了张三;某照片的证据内容可表述为:拍摄了王五于某时某处占道经营;某视频监控的证据内容可表述为:摄录了某年某月某日某时某分某秒开始,王五驾驶蓝色本田汽车,蛇形行进,闯红灯,于某时某分某秒将在斑马线上正常横过公路的老太撞倒并拖拽近 5 米才停下,王五晃晃歪歪地下车查看。

证据内容与证明对象不是一回事。证明对象是双方有争议、认识不一致或者有分歧的案件事实,它需要查明、证明,靠证据来证实。证据内容是该证据能够发挥证明作用的信息,正是依赖这些信息,案件事实才能被复制、被感知、被查实。因此,证据内容是证据证明力之所在,是证据具有实质关联性的具体表现。

6. 其他事项的表达

在证据目录表格内,除了上述项目外,一般还有证据件数、份数与页数或者页码,是否为原件、原物或者证据形式,备注信息三类。

(1) 证据件数、份数与页数或者页码

这是对证据数量的特定化交代,以备查验证据是否完整。页数或者页码,主要用于表示书证的数量;件数和份数,可以表示其他证据的数量。如《询问笔录》,可以写成:1份,5页。再如物证,可以写成:3件。又如,书证复印件,可以写成:3份,各2页。

(2) 是否为原件、原物或者证据形式

这类项目主要说明证据的合法性、客观性，体现举证时的最佳证据规则和举证的实质要求。是原件、原物、原始载体，就写成原件、原物、原始载体；不是原件、原物、原如载体，则写成复印件、复制品、照片、影像等。

(3) 备注

备注信息主要交代证据的现存处所，以及原件、原物、原始载体在何处，可以核查等，也说明证据的合法性、客观性。如居民身份证作为证据，收集的只能是复印件，可以在备注栏填写：原件为当事人本人保留。

四、证据目录编制主体与日期的表达

证据目录的尾部是编制主体和编制日期的交代，它们不在表格内。编制主体交代和编制日期交代亦可称为证据目录的落款。

1. 证据目录编制主体的表达

证据目录编制主体与提交主体通常具有同一性。因为只有提交证据的人，才需要整理证据，编制证据目录。

行政执法主体编制的证据目录，其编制主体交代应当使用规范的单位全称，不得使用简便称谓。

编制主体全称应当加盖单位行政公章，不得没有公章或者使用非行政公章。

在编制主体名称前，可以写明"提交人"或者"编制人"，然后用冒号，在冒号后具体交代编制主体。

2. 证据目录编制日期的表达

通常情形下，证据目录的编制日期即为提交日期。注明的编制日期可以提前或者等同于提交日期，但不能迟于提交日期。

证据目录作为法律文书的一种，编制日期应当使用中文数字表述法，不提倡使用阿拉伯数字表述法，严禁使用其他不规范表达形式。

在编制日期前，可以写明"提交时间/日期"或者"编制时间/日期"，然后用冒号，在冒号后具体交代编制日期。

第八章 行政执法听证程序与质证

听证程序是行政执法中最接近审判开庭的一个程序,我国《行政许可法》和《行政处罚法》对此都有规定。有学者曾经指出,听证制度是司法化程度最高的一项行政程序制度,其设立目的在于当行政执法决定将对当事人的权利和利益产生重大影响时,高度对抗的程序构造使当事人能够更好地为自己辩护,保护自己的利益。❶ 犹如法院开庭不只是证据分析与事实认定一样,行政执法中的听证程序也不全是证据审核活动,还包括其他执法中的问题,如法律适用。但是,听证程序给行政执法中的证据质证提供了一个规范的平台,有利于促进行政执法主体规范地收集与运用证据,也给行政执法主体在后续行政复议、行政诉讼中实施证据质证与证据维护创造了一个完美的"预演"。虽然不是所有的行政执法程序都有听证,但是,听证对证据运用、事实认定、法制审核,都具有积极意义。经过听证质证的证据,其作为认定事实的根据更加可靠。依赖听证质证过的证据作出的事实认定也更加接近客观真相。

第一节 行政执法听证程序概述

听证作为一项专门活动,其使用范围非常广泛,如司法听证、检察听证、立法听证、行政执法听证等。在基本的语义学上,听证是指三种活动:为了公正执法,法院公开听取案件当事人的说明与证词;为了保障法律、法规的合法性和合理性,立法机关直接听取各方面的意见;为了实施行政决定,行政机关公开听取公众意见和接受质询。❷ 其实,在法律程序中,还有诸如检察院实施的听证等。在行政法领域,听证主要有行政立法听证和行政执法听证。行政执

---

❶ 王万华:《中华人民共和国行政执法程序条例(建议稿)及立法理由》,北京:中国人民公安大学出版社2016年版,第107页。

❷ 中国社会科学院语言研究所词典编辑室:《现代汉语词典》(第7版),北京:商务印书馆2016年版,第1306页。

法听证又包括行政许可听证和行政处罚听证。[1]

一、行政执法听证制度与原则

从世界各国的行政立法来看,听证制度是现代行政程序立法的一项重要制度,许多国家都对听证程序作了明确、具体的规定。[2] 听证必须遵循相应的基本原则。

1. 行政执法听证制度

听证程序,亦称听证制度、听证或者听证会,是行政执法程序中正式的陈述申辩程序,是指行政机关在作出行政处罚或者行政许可决定之前听取有关当事人的陈述和申辩,由参加人(包括行政执法人员和当事人等)就案件有关事实和证据等问题进行相互质问、辩论和反驳,从而查明案件事实的过程。我国行政处罚和行政许可中的听证制度,其主要内容包括听证的原则、听证的范围、听证程序主体及其权利义务、听证的步骤、听证笔录和听证报告等。

2. 行政执法听证原则

行政执法听证活动作为行政执法程序中的一项制度、行为和步骤,当然应该遵循所有行政执法的基本原则。但是,对于执法程序中的听证,许多规范文件还是规定了若干原则和要求。有一些行政执法的原则,在行政执法听证程序中具有特殊的意义,需要特别地强调和坚守。

(1) 合法听证原则

合法听证原则是针对"违法听证"或者"不依法听证"而提出的要求。该原则着重强调依法确立听证事项范围,依法确立听证主体及其权利和义务,依法实施听证程序步骤。从行政执法机关的角度讲,依法听证既保障了行政执法机关的听证组织权力,又限制或者控制着这一职权的滥用或者不用。从行政执法相对人的角度讲,依法听证既强调保护相对人的权益,又要求其遵守法定义务。

(2) 公开听证原则

公开听证原则是针对听证程序中的"暗箱操作"而提出的要求。该原则着重强调公开听证事项,公开听证时间、地点,公开听证步骤、程序,公开听证证据、法律和资讯,公开听证结果,公开听证理由。当然,听证公开不是绝对的公开。对于涉及国家秘密、商业秘密和个人隐私的案件,可以部分或者全

---

[1] 2008 年 4 月 17 日《湖南省行政程序规定》(湖南省人民政府令第 222 号)第六章把行政听证分为行政决策听证会和行政执法听证会。

[2] 袁雪石:《中华人民共和国行政处罚法释义》,北京:中国法制出版社 2021 年版,第 339 页。

部不公开听证。

（3）公正听证原则

公正听证原则是针对听证程序中的"偏私"或者"歧视"而提出的要求。该原则着重强调行政执法机关对于听证事项和当事人听证申请权的告知义务，听证过程中的平等对待。以及依据听证结果处理案件。

（4）高效听证原则

高效听证原则是针对听证程序中的"拖沓""无效"和"无谓重复"而提出的要求。该原则着重强调听证活动和程序步骤的科学安排，追求程序的效率价值，例如对于复杂疑难、证据众多的案件，可以考虑证据交换。又如，没有重大理由，一般不进行二次听证。

二、行政执法听证范围

尽管从理论上讲，由于行政执法不限于行政许可、行政处罚，所以，行政执法听证也不限于行政许可听证和行政处罚听证。但是，就行政执法实务程序而言，行政执法听证主要是指行政许可程序中的听证和行政处罚程序中的听证。

1. 行政许可中的听证范围

根据《行政许可法》第46条和第47条，行政许可程序中的听证范围包括如下三种。

（1）法律、法规、规章规定实施行政许可应当听证的事项

例如，1997年12月29日公布的《价格法》第23条是法律对价格许可时应当听证事项作出的规定：制定关系群众切身利益的公用事业价格、公益性服务价格、自然垄断经营的商品价格等政府指导价、政府定价，应当建立听证会制度，由政府价格主管部门主持，征求消费者、经营者和有关方面的意见，论证其必要性、可行性。

（2）其他涉及公共利益且行政机关认为需要听证的重大行政许可事项

例如，2006年5月24日公布的《水行政许可听证规定》（水利部令第27号）第4条第2款详细规定了水行政许可实施机关在作出水行政许可决定前，认为涉及公共利益需要听证的若干重大水行政许可事项，诸如江河、湖泊和地下水资源配置，涉及水域水生态系统保护，涉及水工程安全，涉及防洪安全，涉及水土流失防治，涉及不同行政区域边界河段或者跨界河段等。

（3）直接涉及申请人与他人之间重大利益关系的许可事项，申请人、利害关系人在被告知申请听证权利之日起5日内提出听证申请的

例如，2020年5月24日公布的《中国银保监会行政许可实施程序规定》

（中国银行保险监督管理委员会令 2020 年第 7 号）第 23 条强调，行政许可直接涉及申请人与他人之间重大利益关系的，决定机关在作出行政许可决定前，应当告知申请人、利害关系人享有要请听证的权利，申请人、利害关系人在被告知听证权利之日起 5 日内提出听证申请的，决定机关应当在 20 日内组织听证。

2. 行政处罚中的听证范围

《行政处罚法》第 63 条第一款规定，行政机关拟作出下列行政处罚决定时，应当告知当事人有申请听证的权利，当事人提出听证要求的，行政机关应当组织听证。

（1）较大数额罚款

罚款数额"较大"如何判断？自 1996 年《行政处罚法》实施以来，各地区、各部门因地制宜、因业制宜，大体有三种认定标准。❶

① 统一定额式标准。如《河南省行政处罚听证办法》❷ 第 4 条第 1 款第 1 项规定的标准是：对公民处以 5000 元以上、对法人或者其他组织处以 5 万元以上罚款。

② 分领域定额式标准。如 2014 年 6 月 12 日公布的《浙江省人民政府法制办公室关于明确实施行政处罚适用听证程序较大数额罚款标准的函》（浙府法发〔2014〕10 号），共分 41 个系统确立定额式的标准，如发展和改革系统，对个人或者非经营性活动，适用听证的数额标准起点是 4 万元；对组织或者经营性活动，招标代理机构的起点标准是 20 万元，其他组织是 40 万元。在国土资源系统，无论是个人还是组织，经营还是非经营，起点标准都是 5 万元。笔者认为，这种针对不同领域设定不同数额标准的方法较为科学。

③ 比例式标准。如《邮政行政处罚程序规定》❸ 第 42 条第 2 款指出，应当适用听证的较大数额罚款，是指同一个行政处罚案件中，对同一个公民（自然人）罚款 5 千元以上，对同一个法人单位或者其他组织罚款 3 万元以上且超过法定情节最高罚款数额的百分之五十。

（2）没收较大数额违法所得、没收较大价值非法财物

这是一项后来增加的应当听证事项，其背景是《最高人民法院关于没收财产是否应进行听证及没收经营药品行为等有关法律问题的答复》（2004 年 9

---

❶ 袁雪石：《中华人民共和国行政处罚法释义》，北京：中国法制出版社 2021 年版，第 340 – 344 页。

❷ 2021 年 10 月 11 日，河南省人民政府令第 204 号。以下不再一一注明该文件的发文日期和发文号。

❸ 2020 年 5 月 15 日国邮发〔2020〕43 号文件修正。以下不再一一注明该文件的发文日期和发文号。

月4日,〔2004〕行他字第1号)及最高人民法院于2012年4月9日发布的第6号指导案例"黄某富、何某琼、何某诉成都市金堂工商行政管理局行政处罚案"。此后,有些部门规章和地方政府规章就规定没收违法所得适用听证程序。《广播电视行政处罚程序规定》❶第40条第1款第2项和第3项规定的起点标准是:对公民处没收违法所得1万元以上,对法人或者其他组织处没收违法所得10万元以上;没收公民、法人或者其他组织从事违法活动的工具、设备、节目载体,价值分别超过1万元、10万元。

(3)降低资质等级、吊销许可证件

降低资质等级就是限制当事人的经营范围或者行为空间(资格);吊销行政许可则是彻底取消当事人的经营范围或者行为空间(资格),故更应当纳入听证范围。

(4)责令停产停业、责令关闭、限制从业

责令停产停业,亦称责令停产停业整顿、责令停止建设、责令停止施工、责令停止招生、责令停止办学等,是指国家行政机关对违反行政管理法规的工商企业或者个体经营户,依法在一定期限内剥夺其从事某项生产或者经营活动的行政处罚,具有防止违法行为危害后果扩大的效果。

责令停产停业与责令关闭不同,它通常都附有期限,只要被处罚人在一定期限内纠正了违法行为,就可以恢复生产和经营,有"起死回生"的可能性;责令关闭则否定了公民、法人或者其他组织生产经营行为的存续,并无期限限制,直接命令其"死亡",不可能"起死回生"。

限制从业是行政机关依法对违反行政管理秩序的当事人在时间和领域等方面实施经济和社会的职业限制,亦称"禁入"。

(5)其他较重的行政处罚

这是一个概括式的表达,其他较重的行政处罚,可以指行政拘留,也可以指限制开展生产经营活动,或者其他种类的行政处罚。

(6)法律、法规、规章规定的其他情形

这是一个兜底式的表达,应当指部门法创设的非典型行政处罚,在其对当事人权益影响较大时,应当纳入听证范围,如不得申请行政许可、取缔、列入黑名单、开除学籍等。

---

❶ 2021年12月10日,国家广播电视总局令第11号。以下不再一一注明该文件的发文日期和发文号。

三、听证主体及其权利义务

听证主体是指听证程序中的各类机关组织或者人员,根据《行政许可法》《行政处罚法》及相关规章和地方规定,行政执法程序中的听证主体有:听证组织者,指行政执法机关及其法制机构或者其他机构;听证人员,包括听证主持人、听证员和记录员;听证参加人,包括当事人及其代理人、第三人、办案人员、证人、翻译人员、鉴定人、勘验人以及其他有关人员等。

1. 听证组织方

听证组织方类似于诉讼程序中的人民法院及其审判组织(如合议庭、独任制)。在行政执法程序中,听证组织方还是最终作出行政处理决定的法定主体。

(1)听证组织者

听证组织者在宏观上是指行政执法机关,在微观上是指其内部法制机构或者其他机构。

(2)听证人员

听证主持人、听证员和听证记录人可以统称为听证人员。但是,严格地讲,听证记录人和听证主持人、听证员是有很大区别的。真正听取案件事实、法律和处理意见的人员,不包括记录人。听证主持人必须配置,而听证员可有可无。

顾名思义,主持听证是听证主持人的基本职责。综合相关法律、法规、规章的规定,具体而言,听证主持人的职责主要包括:

① 审查听证参加人资格并按时将有关通知送达听证参加人。

② 确定实际举行听证的时间、地点。

③ 确定听证是否公开举行。

④ 确定是否延期、中止或者终止听证,宣布结束听证。

⑤ 对记录员、翻译人员、鉴定人、勘验人的回避事项作出决定。

⑥ 对于是否通知证人、第三人、检测人、检验人、技术鉴定人参加听证作出决定。

⑦ 维持听证秩序,明确听证中应当遵守的各项纪律以及违反纪律的后果,对那些违反听证纪律的行为予以制止。

⑧ 围绕案件中的事实、理由、证据、程序、处罚依据和行政处罚建议等相关内容组织质证和辩论。

⑨ 针对案件中的事实、准备作出行政处罚的理由和依据进行必要的

询问（发问或者提问），对听证参加人提出应当提供或者补充证据的要求。

⑩ 根据听证程序中生成的听证笔录，提出案件的处理意见和建议。

（3）听证记录人

听证记录人类似于审判程序中的法院书记员，专门负责听证记录，以及具体承担各项听证准备事项。听证记录人绝对不能由听证主持人兼任。

2. 听证对抗方

笔者认为，对听证参加人可以再细分为听证对抗方和其他参加人。听证对抗方类似于诉讼中的原告、被告或者控辩双方，他们直接享有或者承受听证的后果，案件与其有直接的利害关联。

（1）行政执法办案人员

行政执法办案人员在听证程序中主要代表行政执法机关提出事实主张、证明案件事实的证据、案件适用的法律及拟处理决定、理由等，可以简要概括为举证人员。在行政许可听证程序中，履行这类举证职责的是许可审查人员；在行政处罚听证程序中为调查取证人员；在其他执法听证程序中为相应的执法人员或者办案人员、承办人员。

履行举证职责的行政执法办案人员，绝对不能担任听证主持人、听证员、听证记录人。

（2）行政执法当事人（相对人）

行政执法当事人在听证程序中主要是为了维护自身的合法权益而进行质证、申辩和陈述的行政管理相对人，可以简要概括为质证方。在行政许可听证程序中，当事人仅指许可申请人；在行政处罚听证程序中，当事人主要是指违法行为人。

《江苏省行政处罚听证程序规定》❶ 第14条第1款规定，当事人是指被事先告知将受到适用听证程序的行政处罚的公民、法人或者其他组织，享有下列权利：

① 要求听证或者放弃听证的权利。

② 根据本法规，申请听证人员回避。

③ 出席听证或者委托一至两人作为代理人参加听证，并出具授权委托书，明确代理人的权限。

④ 对案件中的事实、证据情况、处罚程序和适用的法律依据进行陈述、申辩和质证。

⑤ 对听证笔录进行核实、补充或者修改。

---

❶ 2021年10月25日，苏政发〔2021〕68号。以下不再——注明该文件的发文日期和发文号。

⑥ 法律规定的其他权利。

（3）行政执法利害关系人（第三人）

《行政处罚法》没有明确赋予"与听证案件有利害关系的人"在听证程序中的地位。但是，许多规章或者规范文件允许利害关系人作为第三人，申请或者依通知参加听证。例如，《广播电视行政处罚听证规则》❶ 第 11 条第 1 款规定，与案件处理结果有直接利害关系的公民、法人或者其他组织要求参加听证的，可以作为第三人参加听证。为查明案情，必要时，听证主持人也可以通知其参加听证。

但是，在行政许可听证程序中，与申请人所申请之许可事项有直接利害关系的人，不是听证第三人，而是听证申请人，即当事人。《行政许可法》第 47 条赋予利害关系人独立的、要求听证的权利。独立听证申请人相当于诉讼程序中的原告，他是启动听证程序的主体。第三人无论是在诉讼程序中，还是在行政执法听证程序中，都不可启动程序，只能申请或者被通知加入已经出现的程序当中。

3. 其他参加人

其他参加人不直接享有或者承受听证的后果，案件与其没有直接的利益关联。但是，他们的介入，可以保障或者辅助听证程序的顺利开展。

（1）证人

《市场监督管理行政处罚听证办法》❷ 第 17 条指出，与听证案件有关的证人、鉴定人等经听证主持人同意，可以到场参加听证。证人总体上是辅助行政执法机关查明案件事实的人，包括实体案件中的证人（目击当事人行为）与行政执法程序中的证人（见证执法活动）。证人享有作证的权利及相应的财产和人身保障，也负有如实作证的义务。

（2）鉴定人、勘验人

《广播电视行政处罚听证规则》第 12 条规定，经听证主持人同意，当事人及其代理人、第三人及其代理人、案件调查人员，可以要求证人、检测人、检验人、技术鉴定人参加听证。鉴定人、勘验人也是辅助行政执法机关查明案件事实的人，鉴定人具有专家资格，勘验人具有执法资格。鉴定人、勘验人参加听证，主要功能在于鉴真行政执法程序中的证据，解读或者证实相关证据的合法性、关联性和真实性。

---

❶ 2021 年 12 月 10 日，广电发〔2021〕72 号。以下不再一一注明该文件的发文日期和发文号。

❷ 2021 年 7 月 2 日修正，国家市场监督管理总局令第 42 号。以下不再一一注明该文件的发文日期和发文号。

(3) 代理人

在行政执法听证程序中，代理人是辅助当事人或者第三人的自然人，在行为能力或者质证能力等方面可以弥补当事人或者第三人能力的不足。按照委托主体，可分为当事人代理人、第三人代理人，如《河南省行政处罚听证办法》第14条指出，当事人或者第三人委托代理人参加听证的，应当向行政执法机关提交由委托人签名或者盖章的授权委托书以及委托代理人的身份证明文件。按照代理权限来源，可分为法定代理人、委托代理人。如《江苏省行政处罚听证程序规定》第14条第2款规定，除16周岁以上以自己的劳动收入为主要生活来源的未成年人外，已满14周岁不满18周岁的未成年人和不能完全辨认自己行为的成年人，由其法定代理人代为参加听证，法定代理人享有当事人的权利。

(4) 翻译人员

《消防救援机构办理行政案件程序规定》第101条第4项规定翻译人员是一类听证参加人。翻译人员是辅助听证程序中各主体之间语言交流活动的自然人，包括外语翻译、哑语（手语）翻译、少数民族语翻译。

第二节　行政执法听证实务操作

听证包括行政执法主体的释明和当事人的申请；行政执法主体依职权或者接受申请，决定听证；听证前的通知和具体实施听证等基本环节。《行政许可法》第48条规定了行政许可机关决定听证后的工作程序；《行政处罚法》第64条规定了行政处罚机关告知听证权后的基本程序。其他行政执法规范性文件对于行政执法听证步骤的表述，都比这两部法典规定得更为详细，但彼此之间大同小异。行政执法听证总体上可以分为三大阶段，即听证的启动（告知、申请和受理），听证的准备，听证的实施（举行）。

一、听证的告知、申请和受理

听证的告知、申请和受理，是听证程序的第一环节，为听证的启动阶段。

1. 听证的告知

根据《行政处罚法》第63条第1款和《行政许可法》第47条第1款，在听证程序中，行政执法机关的法定义务之一就是告知当事人（申请人）和利害关系人有权要求听证。

行政执法机关告知听证权利，应当采用书面形式。例如，《江苏省行政处罚听证程序规定》第17条就明确要求书面告知。对适用听证程序的行政处罚案件，这种书面告知的时间应当是在行政机关作出行政处罚决定前。书面告知的事项包含当事人有要求听证的权利，提出听证要求的方式、期限和听证机关。

2. 听证的申请

根据《行政许可法》第 47 条第 1 款和《行政处罚法》第 64 条第 1 项的规定，在行政执法程序中，当事人要求听证的，申请听证期限为五日内，自行政机关告知后起算。

当事人自告知书送达之日起五日内，未以任何形式要求听证，期满应当视为放弃此项权利。但是，对于未到五日，当事人就明确提出放弃听证的，行政机关能不能立即进入法制审核或者集体讨论等程序？有学者基于"禁止反言规则"，认为当事人以书面形式明确放弃听证的，或者在预定格式文件上签字确认明确放弃听证的，行政机关可以进入法制审核或者集体讨论等程序。❶ 笔者认为如此理解不妥。既然规定了当事人申请听证的期限，那么，这个期间必须足额留给当事人，允许当事人有要求听证与放弃听证的选择空间，允许前后不一致的反复。

当事人提出听证申请的方式，可以是口头的，也可以是书面或者书面形式的变通。例如，根据《河南省行政处罚听证办法》第 17 条的规定，既允许当事人口头提出听证申请，又允许书面申请；既允许提交传统的书面文书，又允许采取传真、电子邮件等数据电文；既允许独立文书的提交，又认可当事人在告知书送达回证上的申请意见。

3. 听证的受理

凡是符合听证范围和条件且在法定期限内提出的听证申请，行政执法机关都应当受理。

受理听证申请有无期限要求？对此相关规范文件有明示和推定两种表达形式。《公安机关办理行政案件程序规定》第 135 条明确要求，公安机关收到听证申请后，应当在二日内决定是否受理。根据《江苏省行政处罚听证程序规定》第 19 条规定，可以推定出受理期限为三个工作日内。

二、听证的准备

听证的准备是指受理听证申请后、实际举行听证前的各项工作事项。这些事项对于听证的顺利举行具有重要意义。

---

❶ 袁雪石：《中华人民共和国行政处罚法释义》，北京：中国法制出版社 2021 年版，第 346 页。

1. 听证人员的确立与阅卷准备

《市场监督管理行政处罚听证办法》第18条强调，市场监督管理部门应当自收到当事人要求听证的申请之日起三个工作日内，确定听证主持人。第19条要求，办案人员应当自确定听证主持人之日起3个工作日内，将案件材料移交听证主持人，由听证主持人审阅案件材料，准备听证提纲。

行政执法机关在确立听证主持人时，应当考虑其专业技能，慎重选择。笔者认为，听证主持人应当具备相应的法律知识和专业知识，且经过政府法制部门统一组织培训。

为了避免听证举行时主持人被申请回避的程序问题，笔者认为，行政执法机关应当尽量在确立听证主持人后即时告知当事人（申请人）、利害关系人，询问其是否申请该主持人回避。

2. 听证方式和时间、地点的确立

《河南省行政处罚听证办法》第21条第1款要求，听证主持人应当自接到案件调查人员移交的案件材料之日起3日内确定听证的时间、地点和方式。听证方式应当根据案件情况选择公开听证或者不公开听证。依照相关法律、法规和规章的规定，行政许可的听证一律公开，行政处罚的听证一般也公开。《江苏省行政处罚听证程序规定》第24条第2款强调，涉及国家秘密、商业秘密和个人隐私的证据，在实施听证时，由听证主持人和听证员验证，不予公开质证。所谓公开，是指向当事人、申请人、利害关系人及其他参加人之外的社会公众开放，允许旁听，允许新闻媒体报道等。

举行听证，必须确立具体的时间和地点，否则相关主体难以聚集一处。《市场监督管理行政处罚听证办法》第20条第1款要求，听证主持人应当自接到办案人员移交的案件材料之日起5个工作日内，确定好听证的时间、地点。作为听证准备工作的听证时间确立，应当受行政执法办案期限的限制，肯定不能逾越行政执法办案期限。有些规范文件还特别对举行听证的时间作出专门的限制性要求，例如《行政许可法》第47条第一款指出，对于申请人、利害关系人在被告知听证权利之日起5日内提出听证申请的那些案件，行政机关应当在20日内组织实施听证。这个20日的计算始点是收到听证申请之日。

鉴于行政执法听证是由行政执法机关组织实施的，所以，听证地点一般都是在行政执法机关内部。当然，法律、法规对此并无强制性规定，根据案件实际情况，在具备听证条件的其他地点进行也是可以的。但是，应当最大限度地降低当事人前往该地点参加听证的交通、食宿费用，因此听证地点不宜过于偏远。

3. 听证时间、地点等事项的通知

根据《行政许可法》第 48 条第 1 款第 1 项和《行政处罚法》第 64 条第 2 项的规定，在举行听证的 7 日前，行政机关应当将听证的时间、地点通知到当事人及有关人员。提前 7 日通知，是从当事人（申请人）、利害关系人早做准备的角度出发作出的规定。

必须强调一点，听证时间、地点的通知应当使用书面形式，且通知内容不限于时间、地点两项。例如，《河南省行政处罚听证办法》第 21 条指出，听证主持人应当自接到案件调查人员移交的案件材料之日起 3 日内，确定听证的时间、地点和方式，并在举行听证 7 日前将听证通知书送达听证参加人。听证通知书应当载明下列事项，并且盖有行政执法机关的印章：

① 当事人、第三人的姓名或者名称、地址等基本情况。
② 举行听证的时间、地点、方式。
③ 听证人员、翻译人员、鉴定人、勘验人的姓名。
④ 当事人有权申请回避。
⑤ 当事人准备证据。
⑥ 其他应当载明的事项。

听证通知的对象不限于当事人，还包括第三人（利害关系人）、代理人、行政执法办案人员、证人、鉴定人、勘验人、翻译人等其他参加人。

4. 证据交换

证据交换不是听证准备的必要事项。对于案情比较复杂或者证据数量较多的案件，可以在举行听证之前实施证据交换。行政执法程序中的证据交换，是指在听证主持人的组织下，行政机关和行政程序当事人在听证前将所持有的证据与对方进行交换，并将交换证据的情况记录在卷的制度。听证程序中的证据交换的理论基础是正当行政程序理论，其目的就是要整理证据、固定证据、明晰争点，实现听证的公正、公开、公平、效率的价值。❶

三、听证的实施（举行）

听证的举行是指在行政执法机关确立的日期，各方主体集中于一处，展开实际的听证活动。

1. 实施听证的具体程序

以行政处罚案件为例，具体实施听证时，按下列程序进行：

---

❶ 陈峰，张杰：《法治理念下的行政程序证据制度研究》，北京：经济管理出版社 2017 年版，第 165 页。

① 听证记录员或者书记员查明听证参加人是否到场，宣布听证会场纪律。

② 听证主持人首先宣布听证开始，核对听证参加人，宣布案由，宣布听证主持人、听证员、记录员、翻译人员名单，告知听证参加人在听证中的权利、义务，询问当事人是否提出回避申请，处理回避申请；对不公开听证的行政案件，宣布不公开听证的理由。

③ 行政执法案件调查人员提出案件事项或者当事人违法事实，并且逐一或者分组出示相关证据，详细说明本机关拟作出的行政许可或者行政处罚的内容及其相应的法律依据。

④ 针对案件的事实、证据、适用的法律等问题，当事人或者其委托代理人进行陈述、申辩和质证。他们可以当场向听证会提交新的证据、要求重新鉴定，也可以在听证会后3日内向听证机关补交证据。

⑤ 第三人进行陈述、质证，提交证据。

⑥ 针对案件中的有关问题，听证主持人或者听证员向行政执法案件调查人员、案件当事人、第三人，相关证人、鉴定人、勘验人等询问。

⑦ 在听证主持人的主持下，行政执法案件调查人员，案件当事人、第三人或者他们各自委托的代理人，彼此之间相互提问、质证和辩论。

⑧ 案件调查人员，当事人、第三人或者其委托代理人分别作最后陈述。

⑨ 听证主持人最后宣布听证结束，将听证笔录交由当事人和案件调查人员审阅无误后签字、按捺指印或者盖章。

上述听证程序可以分为预备阶段（①和②）、正式阶段（③~⑥）和结束阶段（⑨）。预备阶段又分为记录员的预备事项和主持人的预备事项。正式阶段由听证对抗双方作为主角，可以划分为：执法方提出主张和举证；当事人、第三人陈述、申辩和质证，以及举证；主持人、听证员补充发问；对抗方相互提问、质证和辩论；对抗方各自最后陈述等具体环节。

在听证的具体实施程序中，必须强调举证环节与质证环节不能分离。有些规定将举证与质证分离，如《市场监督管理行政处罚听证办法》第25条第1款第4项把质证作为一项独立环节，与第1项办案人员提出证据相分离。笔者认为，应当将举证与质证紧密联系，二者不宜分离。换言之，在办案人员提出事实主张后，应当由办案人员逐一或者分组举证；然后就应当让当事人、第三人进行质证。反之，在当事人、第三人陈述事实主张并举证后，随即就应当让办案人员质证。即举证和质证应当紧密结合。例如，《湖南省行政程序规定》第142条把"出示证据，进行质证"合并为一项加以规定。此外，《黑龙江省行政执法程序规定》第26条第1款第4项也是将举证（出示证据）和质证一并规定的。这种合并一处的规定，体现了举证、质证的整体性。

2. 听证的事项与核心内容

根据《行政许可法》第 48 条第 1 款第 4 项和《行政处罚法》第 44 条、第 45 条、第 62 条、第 64 条第 7 项的规定，听证的"证"，可以广义地理解为"论证"，即各方（主要是行政执法主体）提出自己的事实主张和处理意见，然后加以论证（包括反驳）、阐述理由，用事实和证据、法律法规规章作为论据进行论证，表达各自的意见。也可以狭义地理解为"证据"，即证明案件事实的根据。鉴于此，听证总体上包括以下事项：

① 主张：实体事实、程序事实和证据事实的主张，行政许可审查意见，行政处罚种类、幅度等建议（演绎三段论推理的结论）。

② 证据：支持主张的事实理由，事实存在与否的根据（演绎三段论推理的小前提）。

③ 法规（法条）：支持主张的法律理由，主张得以成立的依据（演绎三段论推理的大前提）。

笔者认为，在上述听证事项中，核心内容应当是案件事实和证据。针对行政执法案件事实认定和证据运用，听证包括但不限于以下要点：

① 定性事实或者裁量事实的真实情况。

② 初始事实与变动事实的发展情况。

③ 单一证据有无证据资格和证明力的大小。

④ 全案证据是否完整、充分。

针对单一证据有无证据资格和证明力大小进行陈述和申辩、肯定与否定，应当围绕证据的合法性、真实性和关联性而展开。

3. 证据提交与质证的具体形态

毫无疑问，证据提交与质证是行政执法听证程序的重中之重，也是耗时最长的活动。然而，行政执法规范文件却很少对听证程序中如何举证、如何质证作出详细的规定，绝大多数文件只是简单地交代行政执法机关办案人员应当出示证据；当事人、第三人及其代理人有权对证据进行质证并且也可以提供证据。但是，对于具体如何操作却没有明文。笔者认为，对案件证据具体实施听证，可以采取如下三种具体的举证与质证形态。

（1）一证一听：逐一出示证据、展开质证

这种形态是指举证者逐一举证，随即相对方逐一质证。

举证者出示证据的顺序，应当符合《证据目录》的编排顺序。举证者出示的证据客体，应当遵循最佳证据规则及其例外要求。举证者出示证据的方式，言词证据以询问或者发问为主、宣读书面记录为辅；实物类证据以"展示＋言词说明"的方式举证；音像电子类证据以"播放＋言词说明"的方式举证。在条件具备时，可以通过网络在线方式出示相关证据。以下略举几例加以说明：

① 一证一听操作示例一：证人到场作证（鉴定人、勘验人到场言词作证亦同）。

主持人：请调查人员出示本案的证据。

执法人员：主持人，下面申请证人王五到场作证。本案发生时，王五是现场目击证人，耳闻目睹了案件的整个过程。

主持人：允许。请证人王五到场作证。

（证人王五到达听证会现场。主持人核对其身份，告知其作为证人的权利、义务以及作伪证的法律责任，要求其签署如实作证保证书。）

主持人：下面由调查人员询问证人。

执法人员：（询问证人，先宏观后微观，不得诱导。）

证人：（逐一如实回答。）

（必须坚持一问一答。不得一下子提出若干问题，然后由证人一起回答。以下要求相同。）

主持人：下面由听证申请人（当事人）向证人发问。

当事人（听证申请人）或者代理人：（询问证人。从质证角度发问。）

证人：（逐一如实回答。）

主持人：下面由第三人（利害关系人）向证人发问。

第三人（利害关系人）或者代理人：（询问证人。）

证人：（逐一如实回答。）

主持人：主持人有几个问题需要向证人发问。

主持人：（询问证人。补充性发问，不要重复。）

证人：（逐一如实回答。）

主持人：各方有没有什么问题需要继续询问证人的。

（各方如果有问题，照前面步骤实施。如果没有问题，则该证人证言的举证、质证工作结束。）

主持人：请证人退场休息。听证会结束后，证人需要在听证笔录上签字确认。

② 一证一听操作示例二：出示书证（出示各种笔录、鉴定意见书亦同）。

主持人：请调查人员继续出示证据。

执法人员：下面出示本案当事人的机动车驾驶证。该驾驶证由某某公安局交通警察支队于 2010 年 2 月 8 日出具，驾驶人姓名为本案当事人，有效期限至 2020 年 2 月 8 日，准驾车型为 C1。出示该书证的目的是证明本案当事人原驾驶证已经注销，继续开车属于无证驾驶车辆，应当对 2021 年 6 月 28 日发生的交通事故负全部责任。

主持人：将该驾驶证交由听证申请人（当事人）查验，发表质证意见。

听证申请人（当事人）或者代理人：（查看后）没有异议，记载属实。

主持人：将该驾驶证交由第三人（利害关系人）查验，发表质证意见。

第三人（利害关系人）或者代理人：（查看后）没有异议。

听证主持人：该机动车驾驶证可以作为本案定案根据。

③ 一证一听操作示例三：出示物证或者替代证据、示意证据。

主持人：请调查人员继续出示证据。

执法人员：下面出示案发现场照片 5 张。该 5 张照片是案件发生后，我单位执法人员赵六、周八到达现场后拍摄，这些照片反映了两车相撞的基本情况。本案当事人驾驶的车辆由南向北、逾越道路中分线超车，逆向撞击由北向南、正常行驶的第三人车辆，引发交通事故。第三人车辆前引擎盖被撞击扭曲变形，车身前面挡板被撞脱落，前排安全气囊打开。

主持人：将该 5 张照片交由听证申请人（当事人）查验，发表质证意见。

听证申请人（当事人）或者代理人：（查看后）车子是我的，出交通事故也是事实。但是，这些照片上没有拍摄时间，不知道是哪天拍摄的，不能作为证据。

主持人：请本局调查人员解释照片上为什么没有拍摄时间。

执法人员：照片上虽然没有显示拍摄时间，但是当事人驾驶的车辆在近一年内就出过一次事故，即 2021 年 6 月 28 日的这次事故。此外，本案还有现场视频监控证据、目击证人证言佐证。所以，照片上没有时间不影响对案件事实的反映。

主持人：听证申请人（当事人）有无补充质证意见。

听证申请人（当事人）或者代理人：没有。

主持人：将该 5 张照片交由第三人（利害关系人）查验，发表质证意见。

第三人（利害关系人）或者代理人：（查看后）没有异议，情况属实。

听证主持人：该 5 张照片可以作为本案定案根据。

④ 一证一听操作示例四：出示监控视频信息（其他音像电子证据亦同）。

主持人：请调查人员继续出示证据。

执法人员：下面出示案发现场交警视频监控摄录信息，请允许在线展示和回放。

主持人：听证申请人（当事人）是否同意在线回放案发时的视频监控录像。

听证申请人（当事人）或者代理人：同意。

主持人：第三人（利害关系人）是否同意在线回放案发时的视频监控录像。

第三人（利害关系人）或者代理人：同意。

主持人：请调查人员进入交警视频监控系统，回放案发时现场视频监控录像，各位注意认真观看。

执法人员：（进入交警视频监控系统，回放案发时的现场视频监控录像。）

主持人：听证申请人（当事人）发表质证意见。

听证申请人（当事人）或者代理人：没有异议。

主持人：第三人（利害关系人）发表质证意见。

第三人（利害关系人）或者代理人：没有异议。

主持人：该案发现场相关时段的视频监控录像可以作为本案定案根据。

（2）分段听证：按组出示证据、展开质证

这种形态亦称"一组一听"，是指举证方的一组证据出示完毕后，再交由对方针对该组证据发表质证意见。采用这种听证形态可以提高听证效率，一般适用于案件比较复杂且证据数量较多的案件。这种形态的关键是证据如何分组或者分段。鉴于证据的证明对象是案件事实，应当根据案件构成的基本事实要素进行分组或者分段。就每一个案件事实或者每一组证据，先由执法人员举证，当事人、第三人质证；再由当事人举证，执法人员、第三人质证。❶

（3）整体听证：全案证据一次出示、一次质证

这种形态亦称"全案一听"，是指举证方把所有证据都出示完毕后，再交由对方针对全部证据发表质证意见。采用这种形态似乎可以提高效率，但其实未必。对于案情简单、证据数量较少、分歧和争议不大的案件，可以采用这种形态。但是，对于案情复杂、证据数量较多、分歧和争议很大的案件，则不宜采用这种形态。因为这种笼统地举证和质证的方式效果极差。

此外，在听证会中，应当强调先由行政执法机关举证，当事人（申请人）、第三人（利害关系人）质证；然后再由当事人举证，行政执法机关、第三人质证；最后是第三人举证，行政执法机关、当事人质证。必须在一方彻底举证完毕后，另一方才能举证。听证主持人、听证员的补充发问或者询问，则必须在听证对抗方举证、质证结束后实施。

4. 听证的延期、中止与终止

听证也需要遵守办案期限。在听证过程中，与期间制度相应的特殊情形包

---

❶ 何家弘，刘品新：《证据法学》，北京：法律出版社2019年版，第256页。

括听证的延期（推后举行）、中止（暂停）和终止（提前结束）。

（1）听证的延期

听证的延期是指在听证过程中，由于遇到了影响听证举行的情况而将原定的听证日期推迟，待影响情形消失后，再择日举行听证。

《广播电视行政处罚听证规则》第13条指出，有下列情形之一的，应当延期举行听证：

① 当事人或者其代理人因不可抗力或者有其他正当理由无法到场的。

② 临时决定听证主持人、听证员或者记录员回避，不能当场确定更换人选的。

③ 作为当事人的法人或者其他组织有合并、分立或者其他资产重组情形，需要等待权利义务承受人的。

④ 其他依法应当延期举行听证的情形。

延期听证的原因消除后，由听证主持人重新确定举行听证的时间，并在举行听证的3日前书面告知听证参加人及其他人员。

（2）听证中止

听证中止是指因为发生某种特定情况，影响听证正常进行，故而决定暂时停止听证活动，待该等原因消失后再行恢复听证的制度。听证中止的原因与延期听证的原因有部分交叉重合。

《江苏省行政处罚听证程序规定》第27条指出，有下列情形之一的，应当中止听证并书面告知听证参加人：

① 案件当事人死亡或者解散，必须等待其权利义务继承人的。

② 案件当事人或者行政执法案件调查人员因为不可抗力，不能参加听证的。

③ 在听证过程中，需要对有关证据重新调查或者鉴定的。

④ 其他确需中止听证的。

中止听证的情形消除后，应当及时恢复听证。行政机关的办案期限不得计入听证中止期间。

（3）听证终止

听证终止是指因为出现某种法定情形，致使听证不必要或者不应当继续进行，从而（提前）结束听证的制度。

《市场监督管理行政处罚听证办法》第27条指出，有下列情形之一的，可以终止听证：

① 当事人撤回听证申请或者明确表示放弃听证权利的。

② 当事人无正当理由拒不到场参加听证的。

③ 当事人未经过听证主持人允许中途退场的。
④ 当事人死亡或者终止，并且无权利义务承受人的。
⑤ 其他需要终止听证的情形。

四、听证笔录与听证报告

根据《行政许可法》第48条第1款第5项和《行政处罚法》第64条第8项的规定，听证应当制作笔录。听证笔录应当交给当事人或者当事人的代理人及相关参加人（如证人）核对无误后签字或者盖章加以确认。相关人员拒绝签字或者盖章的，由听证主持人在笔录中注明。此外，一些规范文件还要求在听证笔录外另行制作听证报告。因此，听证笔录的完善与听证报告的制作，应当是听证程序的最后活动。

1. 听证笔录

听证笔录既是听证活动的书面与电子音像记载，又是行政执法程序证据，更主要的是，它是作出行政执法处理决定的依据。正如一些学者所言，行政机关采用司法型听证进行的裁决，像法院判决一样，只能根据案卷的记载作出决定，不能以案卷外的实施作为作出决定的基础，这被称为案卷排他性原则。简言之，对于实施了听证的案件，听证笔录是唯一的根据，而不是咨询意见。行政机关只能将听证笔录作为作出行政处罚决定的唯一依据。❶

笔者认为，听证笔录应当载明下列内容：
① 案由。
② 听证的时间、地点和方式。
③ 听证人员和听证参加人的身份情况。
④ 案件调查人员陈述或者出示的事实、证据和法律依据以及行政处理意见。
⑤ 听证申请人或者其代理人的陈述和申辩。
⑥ 第三人陈述的事实和理由。
⑦ 案件调查人员、听证申请人或者其代理人、第三人质证、辩论的内容。
⑧ 证人、鉴定人陈述的事实。
⑨ 听证申请人、第三人、案件调查人员的最后陈述意见。
⑩ 其他事项。

听证笔录应当交听证申请人阅读或者向其宣读。听证笔录中的证人或者鉴定人陈述部分，应当交证人或者鉴定人阅读或者向其宣读。听证申请人或者证

---

❶ 袁雪石：《中华人民共和国行政处罚法释义》，北京：中国法制出版社2021年版，第349－350页。

人、鉴定人认为听证笔录有误的,可以请求补充或者改正。听证申请人或者证人、鉴定人审核无误后,应当签名或者按捺指印加以确认。听证申请人或者证人、鉴定人拒绝确认的,由记录员在听证笔录中记明情况。

听证笔录经听证主持人审阅后,由听证主持人、听证员和记录员签名。

听证笔录无论是文字记录还是音像记录,都属于程序证据。

2. 听证报告

听证报告,亦称听证报告书或者听证意见报告书,如《黑龙江省行政执法程序规定》第 27 条规定,听证主持人应当在听证结束后 3 日内形成听证意见报告书,连同听证笔录提交行政执法单位。行政执法单位应当根据听证情况作出行政执法决定。

听证报告书不是行政执法法典要求的文书,而是属于规章及其他规范性文件要求的文书。所谓听证报告书,是在听证程序结束后,听证主持人向行政机关负责人汇报案件听证情况及提出自己对案件的处理意见或者建议的一种报告文书。听证报告书属于程序证据、内部建议或者内部工作文书。因此,听证当事人等无权查阅听证报告书。❶

《消防救援机构办理行政案件程序规定》第 109 条规定,听证结束后,听证主持人应当写出听证报告书,提出处理意见和建议,连同听证笔录一并报送消防救援机构负责人。

听证报告书应当包括下列内容:

① 案由。
② 听证人员和听证参加人的基本情况。
③ 听证的时间、地点和方式。
④ 听证会的基本情况。
⑤ 案件事实。
⑥ 处理意见和建议。

第三节 听证程序中的质证

虽然《行政处罚法》第 64 条第 7 项指出,举行听证时,调查人员提出当事人违法的事实、证据和行政处罚建议,当事人进行申辩和质证。但是,迄今为止,对于行政执法听证程序中质证工作如何具体开展,尚未发现有明确、具

---

❶ 徐伟红,高文英:《公安机关办理行政案件程序规定理解与适用:条文解读、案例分析、最新修改提示与执法风险提示》,北京:中国法制出版社 2020 年版,第 298-299 页。

体规定的文件与条文，诸如质证主体、质证客体、质证内容、质证路径、质证方法等实务事项，基本阙如。鉴于此，笔者将在本节对这些实务操作事项和技能加以介绍。

一、质证的概念和功能

设立听证程序的主要目的就是调查案件事实、查实定案证据，听证的核心就是举证与质证。有学者指出，对于《行政处罚法》第 63 条以及其他具体行政执法领域法律、法规、规章规定的应当进行听证的处罚行为，行政机关应当在举行听证时，由当事人对证据进行质证。❶

1. 质证的概念

在行政执法证据法学领域，有学者指出，行政程序中的证据质证，是指行政案件的调查人、相对人、利害关系人及其代理人在质证主持人的主持下，对行政程序证据采取询问、辨认、质疑、说明等方式，就证据的资格、证明力、待证事实等问题，对质证主持人的内心确信产生影响的活动。❷ 也有学者认为，质证，是指案件中的双方当事人，对案件有关证据材料的证据能力和证明力等问题实施质疑、反驳的法定程序。质证已经成为现代法治国家听证制度的核心。通过质证，裁决者能够更加准确地认定证据效力（证据资格和证明力），借助当事人对证据的辩论和质疑，进一步辨明各个证据的特性（合法性、客观性和关联性）。❸

笔者认为，在行政执法证据法规范文件中，"质证"一词基本上都是出现在听证程序中，如《行政许可法》仅在第 48 条第 1 款听证程序中出现过一次，强调举行行政许可听证时，审查该行政许可申请的工作人员应当举证，相应地，申请人、利害关系人可以进行质证。再如，《行政处罚法》也仅在第 64 条听证程序中出现过一次，指出举行行政处罚听证时，调查人员提出当事人违法的事实、证据，当事人进行质证。因此，所谓质证，是指在行政执法听证程序中，听证对抗方在听证主持人的主持下，针对对方当事人或者执法机关提出的证据的证据资格（证据能力）和证明力（证明价值）所进行的询问、辨认、质疑和反驳、否定等活动。质证的目的在于反驳、否定对方证据的证据资格和证明力。质证不限于当事人对行政执法机关提交证据的询问、辨认和质疑，也

---

❶ 江必新，夏道虎：《中华人民共和国行政处罚法条文解读与法律适用》，北京：中国法制出版社 2021 年版，第 159 页。

❷ 徐继敏：《行政证据通论》，北京：法律出版社 2004 年版，第 114 页。

❸ 陈峰，张杰：《法治理念下的行政程序证据制度研究》，北京：经济管理出版社 2017 年版，第 160 页。

包括当事人、利害关系人提供证据后,行政执法机关办案人员对这些证据的询问、辨认和质疑。❶

2. 行政相对人的质证权

《行政许可法》和《行政处罚法》都规定,公民、法人或者其他组织在行政许可或者行政处罚程序中享有陈述权、申辩权。当事人或者行政执法相对人在行政执法程序中的这种权利,当客体为证据时,就具体表现为质证权。在听证程序中,当事人的质证权最为显著。例如,《农业行政处罚程序规定》第65条第2项规定,当事人在听证程序中有权对案件调查人员提出的证据质证并提出新的证据。这是对质证权的赋予。《江苏省行政处罚听证程序规定》第4条第2款要求,行政机关应当保障公民、法人或者其他组织在听证时充分行使陈述权、申辩权和质证权。这是对质证权的保障。

质证权是指作为行政相对人的公民、法人或者其他组织,针对行政执法机关所提交证据的证据资格和证明力进行陈述、询问、辨认、质疑和辩论的权利。质证权本质上属于公民权利中的法律防卫权,具体表现形态有对席辩论权、程序抗辩权等。在行政处罚程序中,质证权的基本内容包括:❷

① 得到告知及通知权。
② 要求回避权。
③ 辩护权及辩论权。
④ 委托代理人的权利。
⑤ 了解或者知情权。
⑥ 要求行政处罚决定必须基于听证笔录的权利。

3. 质证的功能

质证制度是取证、举证和认证(审查认定)之间的连接纽带,取证、举证是质证的前提,没有这两个环节,质证也就无从谈起;而质证活动是认证的必要途径和方法,为认证服务。❸ 对于质证的功能,可以从程序与实体两个角度加以认知。

---

❶ 从更广泛的意义上说,纵使没有听证程序,也存在质证的情形。如《行政处罚法》第44条要求行政机关在作出行政处罚决定之前,应当告知当事人拟作出的行政处罚内容及事实、理由、依据;第45条规定当事人有权进行陈述和申辩。这里就包含着当事人对行政机关定案证据的质证分析。第45条还要求行政机关对当事人提出的事实、理由和证据,应当进行复核。这里包含着行政机关对当事人提交证据的质证分析。

❷ 李红枫:《行政处罚证据原理研究》,北京:中国政法大学出版社2013年版,第185–194页。

❸ 李红枫:《行政处罚证据原理研究》,北京:中国政法大学出版社2013年版,第161页。

(1) 质证在行政执法听证程序中的地位

质证在行政程序中承担着保障行政执法行为程序合法和实体正确两方面的职能，通过当事人的程序参与最大限度地保证证据认定（认证）的正确。❶ 因此，在《行政许可法》和《行政处罚法》的听证程序中，都构建了证据质证的制度，都规定了执法办案人员提出证据后，当事人、申请人、利害关系人可以进行质证。

(2) 质证对于行政执法定案证据的作用

质证是行政执法定案证据查证属实的规范程序和基本环节。从实体性角度看，质证是行政程序证据确认或者肯定的基础。行政决定是基于经过质证的那些证据所复制出的案件事实而作出的，未经质证的证据不得作为行政行为的基础。行政决定的作出者在直接主持质证过程中，其认证行为必须考量相对人的质证意见，其心证过程会直接受到质证中当事人和调查人员对于证据所发表的意见的影响，使其不得滥用裁量权或者因为偏袒而考量不相关的因素。所以，质证的法律效力在于合理地影响行政执法机关心证的过程。❷

二、质证的主体与客体

质证的主体决定谁来质证；质证的客体则为对什么予以质证。二者属于质证制度的基本构成要素。

1. 质证的主体

质证主体是指有权参与证据质证并对证据资格和证明力发表肯定或者否定意见及其理由的主体。对于质证主体的认知，必须破除只有行政相对人才是质证主体的狭隘认识。在行政执法程序特别是听证程序中，任何对己方证据表达肯定意见、对他方证据表达否定意见的人，都是质证主体。但是，在行政执法程序中，参与证据分析、案件讨论时发表不同意见的人，不是质证主体。听证主持人、法制审核人员、案件决定人员，也不能成为质证主体。基于行政效率和程序正义，质证主体的确立，应当强调其法益的相关性和程序的对抗性。

(1) 当事人（申请人、第三人）及其代理人

根据《行政许可法》第48条第1款第4项和《行政处罚法》第64条第7项的规定，案件当事人或者申请人、利害关系人，属于质证主体，是当然主

---

❶ 王维民：《行政程序证据制度研究》，北京：中国言实出版社2014年版，第166页。

❷ 陈峰，张杰：《法治理念下的行政程序证据制度研究》，北京：经济管理出版社2017年版，第161页。

体。对于听证程序而言，他们统称为听证申请人。听证申请人质证的客体主要是行政执法机关调查收集并提交出来的各种证据。根据这两部法律的规定，当事人或者利害关系人又分为公民（自然人）、法人、其他组织三类。其中法人或者其他组织在具体行使质证权时，必须由能够依法代表它们的自然人加以实施。当事人可以依法委托代理人参与质证，法定代理人也有权参与质证。

（2）行政执法办案人员

行政执法办案人员，如行政许可审查人员、行政处罚调查人员，是不是质证主体？相关法典对此没有明确规定。但是，规章和其他规范性文件对此有所强调，例如，《广播电视行政处罚听证规则》第10条规定，在听证过程中，案件调查人员陈述当事人违法的事实、证据、拟作出的行政处罚决定及其法律依据，并同当事人展开质证、辩论。第17条第7项还特别强调，具体听证时，当事人及其代理人、第三人及其代理人、案件调查人员相互质证、辩论。《江苏省行政处罚听证程序规定》第21条第1款第7项也指出，在听证主持人组织下，案件调查人员与案件当事人可以进行互相提问、质证和辩论。这些规定都赋予了行政执法办案人员质证的权利。行政执法办案人员质证的客体是当事人、第三人在听证程序中提交的各种证据。

（3）专家辅助人

在听证程序中，对于是否需要引入专家辅助人制度，没有明确的法律规定。笔者认为，既然听证程序是准司法程序，质证是其核心内容，那么当案件事实或者证据涉及专门性问题时，应当允许任一主体委托一至两名专家担任质证辅助人。专家辅助人帮助质证主体发表专业问题方面的质证意见，可以对鉴定人进行询问。行政执法主体、对方当事人及其代理人可以就专家辅助人的资格和资质事宜对其进行发问。对专家辅助人的发问要求，参照询问证人的规则。行政执法主体可以组织专家辅助人进行对质。

2. 质证的客体

质证客体，亦称质证对象、质证的范围，是指在听证程序中，各质证主体从事质证行为所指向的客体。规范性文件要求所有证据都需要查证属实，所有与定案有关的证据都应当经过质证。例如，《河南省行政处罚听证办法》第27条第2款强调指出，所有与认定案件事实相关的证据都应当在听证时出示并经质证；未经质证的证据不得作为处罚的依据。所以，质证客体包括但不限于在证据交换时、在听证会上出示的任一证据。听证会后出现的补充证据、新证据，也需要质证。在实务操作中，对于质证客体，应当加以关注的问题是证据出现的时间（除法定新证据外，逾期提交证据不得作为客体），证据的形态

（遵照最佳证据规则），证据是否涉密（涉密证据不得成为公开质证的对象）。❶

（1）质证的最佳客体：原件、原物、原始载体和目击证人

质证客体的出示应当遵循最佳证据规则或者最本源证据规则，应当出示原件、原物、原始载体和目击证人，无正当理由不得出示实物证据的复制件、复制品、替代品或者言词证据的书面记录等。

对于质证的最佳客体，举证者仅需简要说明其来源、基本信息和证明目的即可。质证者发表质证意见时，无正当理由不得否定其证据资格。

（2）质证的替代客体或者示意客体：复制件、复制品和传闻证人

在符合法律、法规、规章规定的情形下，质证客体可以是书证、音像电子证据的复制件；物证照片、音像和复制品；人证的传闻证人或者书面记录。

对于质证的替代客体或者示意客体，举证者需要充分说明不能提交原件、原物、原始载体和目击证人的正当理由，还需要详细说明这些替代客体或者示意客体生成的过程及其与原始客体的一致性。然后才能阐释其基本信息和证明目的。质证者发表质证意见时，首先应当围绕证据资格的有无问题，其次才是证明力的大小问题。

（3）涉密证据的验证（不公开质证）

涉及秘密和隐私的证据应当在不公开质证的情况下予以出示。《江苏省行政处罚听证程序规定》第24条第2款规定，涉及国家秘密、商业秘密和个人隐私的证据，由听证主持人和听证员验证，不公开质证。笔者认为，不公开质证并不意味着放弃质证，而是要求保密质证。因此，实施验证时，应当允许当事人、第三人及其各自代理人、行政执法调查办案人员参加，但是应当要求他们首先签署保密承诺书。

三、质证的内容与路径

质证的内容与路径，是指对质证客体进行肯定或者否定时的基本要点，以及对这些要点事项进行论证与反驳的思维过程。质证内容也是质证制度的基本构成要素。质证时，应当围绕证据材料本身的合法性（法律性）、真实性（客观性）和关联性（相关性），针对证据资格（证据能力）的有无和证明力（证明价值）的大小而进行。

1. 质证的内容

有学者基于诉讼程序指出，质证的内容具体包括两个方面：①对证据能力之质问，即就该证据本身是否具有合法进入诉讼的资格进行质问；②对证明力

---

❶ 李红枫：《行政处罚证据原理研究》，北京：中国政法大学出版社2013年版，第164-165页。

之质问,即就该证据在多大程度上可以证明案件的事实真相进行质问。❶ 笔者认为这种观点是正确的,也适用于行政执法程序中的质证内容之确立。在世界上普遍采用证据裁判主义之后,任何社会都面临着两个必须解决的基本证据问题:其一,什么事实或者材料应该被准许作为证据进入法律程序,即证据能力(资格)问题;其二,对采纳的这些事实或者材料能够如何使用,即证据的证明力问题。这实际上就是任何案件中运用各种证据的两个基本范畴。❷ 证据资格是一个证据能否满足法律活动对证据的基本要求、是否具备法律程序的准入资格;证明力是一个证据对案件事实的证明作用或者价值,也可以理解为证据能够证明案件事实的程度。这两个基本问题是质证的核心内容。❸

2. 质证的路径

有学者指出,质证围绕证据的合法性、真实性、关联性进行,针对证据证明效力有无以及证明效力大小进行质疑、说明与辩驳。❹ 通过对证据合法性、真实性、关联性的肯定与否定,来论证证据资格的有无及证明力的大小,就是质证的基本路径。

(1) 证据三特征决定证据的两要素

不管在哪一种法律程序中,质证活动的内容都可以界定为:通过对证据的真实性、关联性和合法性的分析,来说明、质疑、辩驳证据或者证据材料的证据资格的有无和证明力的大小。❺ 所以,证据的三特征(合法性、关联性和真实性)决定着证据的两要素(证据资格、证明力)。在听证程序中,任何一方对对方证据的破坏或者否定,都需要遵循这种路径;任何一方对自己证据的维护或者肯定,同样也是这种路径。具体来说,合法性、形式关联性和形式真实性决定证据资格;内容真实性和实质关联性影响证明力。任何证据,只要同时具备了合法性、形式关联性和形式真实性,肯定具有证据资格。相反,欠缺合法性、形式关联性和形式真实性,无论是其中的一项还是数项,都没有证据资格。任何具有证据资格的证据,同时具备了内容真实性和实质关联性,也就具有了证明力。相反,欠缺内容真实性和实质关联性,无论是其中的一项还是两项,都没有证明力。具有证明力的证据,根据其真实内容的范围和实质关联的程度,其证明力有大小之不同。

(2) 证据生成、收集、保全、提交等行为、环节和状态决定证据三特征

---

❶ 卞建林:《证据法学》,北京:高等教育出版社2020年版,第265页。
❷ 何家弘,刘品新:《证据法学》,北京:法律出版社2019年版,第411页。
❸ 李红枫:《行政处罚证据原理研究》,北京:中国政法大学出版社2013年版,第165页。
❹ 曹晓凡:《环境行政执法证据的收集与运用》,北京:中国民主法制出版社2015年版,第124页。
❺ 李红枫:《行政处罚证据原理研究》,北京:中国政法大学出版社2013年版,第165页。

证据的三特征，具体而言，证据的合法性、形式关联性、形式真实性、内容真实性和实质关联性，不是凭空具有的，它们是由相关证据的生成、收集、保全、提交等行为、环节和状态所决定的。例如，《行政处罚法》第46条第3款指出，以非法手段取得的证据，不得作为认定案件事实的根据。因此，纵使证据本身具有真实性和关联性，但是如果收集的手段违背了法律规定，欠缺合法性，该证据也不能作为定案根据。在听证程序中具体质证此类证据时，其逻辑论证路径是：该证据的调查收集手段非法（行为不合法），所以该证据没有合法性；因为该证据欠缺合法性，所以该证据没有证据资格，应当在行政执法程序中加以排除。

在听证程序中，具体质证时，切忌简单肯定或者否定，也不应当只是宏观地表达有无证据资格和证明力，有无合法性、关联性和真实性，而是应当遵循严格的质证内容与路径，具体而言就是：紧扣影响证据三特征的证据生成、收集、保全、提交等行为、环节和状态；围绕证据的合法性、关联性和真实性；针对证据资格的有无和证明力的大小。这一紧扣—围绕—针对的论证过程，体现着从微观到宏观、从具体到抽象、从论据到论点的科学思维。

四、质证的方法

质证的方法侧重指破坏或者否定对方证据的证据资格与证明力时所采用的具体手段或者形式。质证方法也是质证制度的基本构成要素。有学者指出，直接质证和交叉质证是质证活动中最常用的两种质证方式。所谓直接质证，是指在听证程序中，由传唤证人作证的一方当事人对自己的证人进行第一次发问。所谓交叉质证，是指在听证程序中，由一方当事人对另一方当事人传唤的证人进行发问。交叉质证这种民主对抗的方式也适用于其他证据，如物证、书证等。❶ 笔者认为，基于直接、言词原则和质证本身的对抗性，交叉质证的基本模态确实适用于所有证据的质证。在听证程序的实务中，不同类型的证据，其质证方法略有不同。

1. 对人证的交叉询问

当事人、证人、利害关系人、鉴定人等出席听证会，当面陈述其所作所为（当事人）、所闻所见（证人）、所受所遇（被害人）、所思所想（鉴定人）时，举证方式是直接询问（主询问），质证方式是交叉询问。但是，当这些人员不亲自出席听证会，仅提供书面材料时，则只能依照书证的质证方法进行

---

❶ 姬亚平：《国家治理现代化视角下的行政证据研究》，北京：北京大学出版社2021年版，第192页。

质证。

对于交叉询问（cross-examination）的含义，《牛津法律大辞典》是这样解释的：交叉询问是指"由非提供该证人的一方当事人向该证人提出的诘问或者盘问，通常在提供该证人的一方当事人首先向其提问后进行。交叉询问的目的在于使证人改变、限定、修正或者撤回其提出的证据，使其证据失信，并从其处获得有利于盘问一方当事人的证据。在某一问题上不对证人进行交叉询问，一般就暗示其接受该证人关于该问题的举证。"❶

我国现行行政执法听证程序中的询问及交叉询问，实行的是混合式交叉询问，即除了听证对抗方彼此之间、彼此对各自提交的证人等人员之间进行交叉询问外，听证主持人和听证员也可以对当事人、证人等进行补充性发问。具体到人证质证环节，其实就是主询问—反询问—再主询问—再反询问—主持人补充询问的过程。

笔者认为，交叉询问应当遵循以下基本规则：

① 所有发问的内容都应当与案件待证事实有关联。

② 发问应当单独进行，但组织证人对质的除外。

③ 发问应当最大限度地简洁、清楚，尽量采用封闭式问话方式。

④ 应当采取一问一答的形式实施发问，并且不宜同时发问多个内容不同的问题。

⑤ 禁止以引诱方式实施发问。

⑥ 禁止威胁或者误导证人回答问题。

⑦ 禁止损害证人的人格尊严。

⑧ 不得泄露证人的个人隐私。

⑨ 询问未成年人时，必须结合未成年人的身心特点。

证人不得旁听案件的证据交换或者听证。

证人应当陈述其亲身经历的具体事实。证人根据其经历作出的判断、推测或者评论意见，不可以作为定案的根据。

对鉴定人、勘验人、当事人等进行交叉询问的要求，参照上述规则。

对证人交叉询问的重点问题，包括但不限于以下方面：

① 证人的基本情况、证人与当事人之间的关系、证人与案件处理结果之间的利害关系。

② 证人证言形成的主、客观条件。

---

❶ ［英］戴维·M. 沃克：《牛津法律大辞典》，李双元等译，北京：法律出版社2003年版，第289页。

③ 证人证言的形成过程。

2. 对实物证据的辨认与查阅、查勘

对传统的实物证据（物证、书证）进行质证的主要方法是辨认、查阅和查勘。但是，对于到会参加听证的书证或者物证的制作人、发现人、见证人、保管人、提交人、调取人等，可以参照交叉询问证人的方法予以质询。

（1）书证的辨认与查阅

对书证辨认与查阅的重点问题，包括但不限于以下方面：

① 书证与案件是否有联系。

② 书证的形式是否符合要求。

③ 查明书证的制作者、制作过程、制作方法，判断书证有无伪造、变造、涂改、增减。

④ 复制件与原件是否一致。

⑤ 将书证与其他证据进行比较，分析当事人对书证的意见，判断书证记载的内容是否真实。

（2）物证的辨认与查勘

对物证辨认与查勘的重点问题，包括但不限于以下方面：

① 物证与案件事实是否有联系。

② 查明物证的收集者、提供者、形成时间、地点、原因、经过。

③ 物证照片、影像与复制品是否与原物一致。

④ 物证是否为伪造，是否因自然原因发生变化，是否因为提取、固定、保管的手段、方法等不当而导致物证发生变化。

3. 对音像视频资料的辨认与查看

对音像视频资料进行质证的主要方式是辨认并且当场播放或者显示，在观看和听取后发表质证意见。如果视听资料和电子数据的制作人、保管人、提交人、调取人等到会参加听证，则可以参照交叉询问证人的方法对这些人员予以质询。

（1）视听资料的辨认与查看

对视听资料辨认与查看的重点问题，包括但不限于以下方面：

① 视听资料的形成和取得是否合法。

② 视听资料是否有残缺、失真。

③ 案件现场有无伪造、变造迹象。

④ 视听资料是否有剪辑、加工、删节或者篡改迹象。

（2）电子数据的辨认与查看

对电子数据辨认与查看的重点问题，包括但不限于以下方面：

① 电子数据的形成和收集是否合法。

② 电子数据是否被完整地保存、传输、提取，保存、传输、提取的方法是否可靠。

③ 是否存在影响电子数据完整性和可靠性的相关因素。

4. 质证意见的表达方式

质证意见作为一种自然人的意思表示，可以采用口头或者书面的形式加以表达。行为推定或者默示一般不能作为表达质证意见的方式。因此，任一质证的主体，以及他（她）的法定代理人或者委托代理人，都可以采用口头或者书面的形式表达其对证据的质证意见。

（1）质证意见的言词表达

任一主体都应当在证据交换或者听证时口头言词陈述质证意见。在行政程序质证中，提供证据者在举证时需要进行说明，对方在质证时可以询问和辩论。由行政执法调查人员和当事人及利害关系人相互之间，当面以口头形式对行政执法程序中的证据的证明效力问题进行辩论即为言词质证。言词质证使双方能够面对面地就证据的证据资格有无和证明力大小等问题进行辩论，是辨明行政执法程序证据之证明效力的最佳途径。听证程序中的对抗双方通过言词质证充分地表达了自己的质证意见，有效地了解到对方观点并及时辩驳；听证主持人通过直接言词质证，对调查人员和当事人、利害关系人有关证据的说明和辩论加以听取，对于证据的效力和能否采纳形成初步的意见。案件裁决人可以通过直接聆听言词质证或者阅读听证笔录，对案件证据作出正确的认定。因此，质证意见的言词表达，具有高效和易于交流的特点，往往成为质证的主要形式，也应当成为主要形式。❶

（2）质证意见的书面表达

有学者指出，在短时限的行政行为和非正式的裁决程序中，允许存在书面质证。❷ 笔者认为，除了这些情形外，在正式的听证程序中，一方因言词表达障碍等原因而书面提交质证意见的，听证主持人或者行政执法机关负责人在听取对方意见后，可以作出接受的决定。换言之，在听证程序中，对于个别特殊情形下的书面质证意见之表达，应持开放态度。

---

❶ 陈峰，张杰：《法治理念下的行政程序证据制度研究》，北京：经济管理出版社2017年版，第163页。

❷ 王维民：《行政程序证据制度研究》，北京：中国言实出版社2014年版，第177–178页。

附录　行政执法证据收集与运用规则

【专家拟制稿】
扬州大学法学院　邱爱民教授　编纂

目　录

第一章　总则
第二章　待证事实与查明职责
　　第一节　行政执法中的待证事实
　　第二节　行政执法主体的查明职责
　　第三节　行政执法中的证明标准
第三章　证据及其属性
　　第一节　证据属性
　　第二节　证据种类
　　第三节　证据分类
第四章　调查取证
　　第一节　一般规定
　　第二节　人证的收集
　　第三节　物证的收集
　　第四节　书证的收集
　　第五节　非接触性取证
　　第六节　鉴定
　　第七节　证据保全
第五章　证据分析
第六章　证据整理与提交

第七章　听证程序与质证
　　第一节　行政执法中的听证程序
　　第二节　质证
第八章　附则

第一章　总　则

第一条【目的和依据】

为了规范行政执法中的证据收集与运用，保障行政执法主体准确认定案件事实，实现依法行政的法治目标，根据《中华人民共和国行政许可法》《中华人民共和国行政处罚法》《中华人民共和国行政强制法》等法律、法规、规章，结合证据收集、固定、审查和认定等实际，制定本规则。

第二条【适用范围】

本规则适用于行政执法中的证据收集和保全、证据分析、证据整理与提交、证据听证以及证据质证等证据运用活动。

本规则适用于所有行政执法程序中的事实认定活动，包括但不限于城市管理、城乡建设、治安管理、市场监管、公共卫生、安全生产、资源环境、交通运输、税务稽查、文化旅游、农林水利、海事渔业等执法领域。

本规则适用于所有行政执法行为中的事实认定活动，包括但不限于行政许可、行政处罚、行政强制、行政征收、行政收费、行政检查等执法行为。

第三条【证据认定原则】

所有行政主体的各类行政执法行为，都必须坚持以事实为根据，以法律为准绳。

行政执法主体认定案件事实，必须以查证属实的证据为基础。法律、法规、规章另有规定者除外。

任何行政执法行为的最终决定，都必须建立在先调查取证的前提之下，以证据能够证明的案件事实为根据。

第四条【自由心证原则】

行政执法主体分析判断证据的证明力，不受其他机关、团体和个人的干涉。

行政执法主体分析判断证据的证明力，应当遵循法律、法规、规章的规定，恪守职业道德和工作纪律，综合运用逻辑推理、经验法则和专门知识全面、客观地认定证据证明力的有无及大小。

行政执法主体分析判断证据的证明力，应当通过口头或者书面的方式阐释理由。

第五条【合法运用原则】

行政执法主体在执法程序中运用证据认定案件事实，必须遵守相关法律、法规、规章。

任何违背法律、法规、规章的证据运用行为及其后果，都不具备合法性和有效性。

第六条【诚实信用原则】

行政执法主体在执法程序中运用证据应当恪守诚实信用原则。

任何违背诚实信用原则的行为及其后果，都不具备真实性和有效性。

第七条【回避制度】

行政执法主体中的执法人员具有下列情形之一的，应当主动退出证据收集与运用工作；当事人及其代理人也可以通过口头或者书面方式说明理由申请其回避：

（一）主体关联：本人是案件当事人或者与案件当事人、第三人有亲属、朋友等密切关系；

（二）利益关联：本人或者其近亲属与案件处理结果有直接或者间接的利害关系；

（三）程序关联：本人曾经是举报人、报案人，或者担任过案件中的见证人、鉴定人，以及前置程序的工作人员；

（四）合理怀疑：本人曾经接受过可能影响公正执法的当事人或者第三人的请吃、送礼等。

行政执法主体主要负责人的回避，由该机关负责人集体讨论决定；其他执法人员的回避，由该机关主要负责人决定。回避决定应当及时作出并通知申请人。

回避决定作出前，主动回避或者被申请回避的执法人员不停止对案件证据的调查处理；作出回避决定后，应当回避的执法人员不得再参与该案件证据的调查、审查和决定等工作。

决定执法人员回避的，应当一并根据其活动是否对执法公正性造成影响而决定相关调查与证据运用程序应否重新进行。

行政执法主体中各类辅助参与人员的回避事宜，参照上述规定执行。

第八条【统一证据运用文书】

各行政执法系统和行政执法主体应当统一制作证据收集与运用的相关文书。

证据收集与运用文书应当格式规范、项目齐全并附有必要的使用说明。

第九条 【冲突适用规则】

本规则与上位法律、法规、规章相冲突或者不一致者,以上位法律、法规、规章为准。

本规则施行后,相关法律、法规、规章产生变动而出现冲突或者不一致者,以新的法律、法规、规章为准。

本规则未尽事宜,依照相关法律、法规、规章的规定精神执行。

本规则所称法律、法规、规章包括但不限于全国人民代表大会及其常务委员会的法律、国务院行政法规、国务院部门规章、司法解释、地方性法规和地方政府规章。

第二章 待证事实与查明职责

第一节 行政执法中的待证事实

第十条 【行政执法应当查明的案件事实】

案件事实是指过去发生的、能够被证据加以复制,并能为人所感知或者认识的客观存在。

行政执法应当依法查明下列案件事实:

(一)当事人及其他参与人的主体要素,包括但不限于姓名或者名称、性别或者单位类型、年龄、职业、住所、法定代表人及其职务、身份证号码或者组织机构代码等;

(二)行政违法行为或者应当适用法律、法规、规章的事件、条件或者资格,包括但不限于作为、不作为、考试成绩、勘查结果等;

(三)与行政违法行为或者应当适用法律、法规、规章的事件、条件或者资格相关联的时间、地点、手段、过程、结果、动机与原因等;

(四)应当从轻、减轻、免除行政法律责任或者从重处理的情节,如事实性质、主体年龄、违法原因等;

(五)与案件相关的其他事实及其构成要素。

第十一条 【案件事实的分类】

依据认定案件事实的法律、法规、规章和证明目的,行政执法应当查明的案件事实可以分为如下三类:

(一)由行政实体法规定的实体构成要件事实,如违法搭建事实、非法排污事实、盗版盗印事实等;

(二)由行政程序法规定的程序性事实,如应当回避的事实、未依法召开听证会的事实、文书送达事实等；

（三）由行政证据法规定的证据属性事实，如非执法人员调取证据的事实、书证复印件未核对确认的事实等。

第十二条【不同执法类型的事实】

在不同的行政执法类型中，需要查明的实体法事实也有所不同，相应的主要事实分别为：

（一）行政许可的事实：是否达到应当许可的资格或者变动许可的条件；

（二）行政处罚的事实：是否存在应予处罚的违法行为及其裁量适用法律法规规章的情节；

（三）行政强制的事实：有无应当采取强制措施或者予以强制执行的行为、事件或者事物；

（四）行政征收的事实：能否予以征收的事实；

（五）行政收费的事实：应否收取费用的条件；

（六）行政检查的事实：是否存在行政违法事实；

（七）其他执法程序中的待证事实。

第十三条【事实的核心要素】

任一类型的案件事实，其核心要素都应当包括以下方面：

（一）何事：行为或者事件的法律定性，如非法建设行为、擅自占用河道的房屋等；

（二）何人：行为或者事件的牵涉主体，包括但不限于相对人、利害第三人、见证人，如占道经营的80岁老太等；

（三）何时：行为或者事件的起始时间、终结时间、延续期限，如连续排污三个月等；

（四）何地：行为或者事件的空间处所或者位置，如非法搭建的阳光房位于某小区某栋楼某单元的某层等；

（五）何情：行为或者事件的具体活动表现，包括但不限于行为手段、行为过程、行为结果，如对污染物的偷排方式或者公开排放等；

（六）何物：行为或者事件中存在的物品、物质和痕迹，包括但不限于工具物、被侵害物，如非法运营的黑车、占道经营的西瓜等；

（七）何故：出现行为或者事件的原因与动机，如为了牟取暴利而生产销售假冒伪劣产品等。

第十四条【案件事实的层次】

案件事实在行政执法及其后续可能出现的行政复议、行政诉讼中呈现出如下不同的层次：

（一）当事人或者其他参与人违法行为或者符合适用法律、法规、规章条件的事实，如某人非法占道经营等；

（二）行政执法主体具体行政行为事实，如行政处罚的立案受理、调查取证、听证、决定处罚、送达文书、执行处罚等；

（三）行政复议程序事实，包括但不限于申请复议、受理、复议机关审核作出复议决定、送达文书等；

（四）行政诉讼一审事实，包括但不限于起诉、受理、开庭审理、作出裁判、送达文书等；

（五）行政诉讼二审事实，包括但不限于上诉、审查、裁决等。

不同层次、不同阶段的案件事实，其具体构成要素有所差异，需要证明的事实亦有不同，应当加以必要的厘清。

第十五条【定性事实与裁量事实】

在行政处罚或者行政强制等执法程序中，案件实体事实可以分为定性事实与裁量事实两大类。

定性事实是指违法或者不当行为及其关联事物的法律定性，如建筑物属于违法搭建、沿街摆摊属于占道经营等。

裁量事实是指对当事人及其他参与人予以行政处罚或者实施行政强制时应当考虑的从轻、减轻、免除或者从重情节。

认定裁量事实必须有法律、法规、规章的明确依据且严格依法执行。

第十六条【初始事实与变动事实】

在行政许可或者行政检查等执法程序中，案件实体事实可以分为初始事实与变动事实两大类。

初始事实是指在行政执法程序中首次出现的事实，如申请行政许可时的资格或者条件、行政检查时发现的问题等。

变动事实是指在行政执法程序中后续出现的事实，如行政许可条件的丧失、行政检查发现问题的整改等。

第十七条【直接认定的事实】

行政执法程序中，下列事实无须查明或者证明，可直接加以认定：

（一）自然规律以及定理、定律；

（二）众所周知的事实；

（三）法律拟制的事实；

（四）依照法律规定推定的事实；

（五）根据已知的事实和日常生活经验法则推定的事实；

（六）已为人民法院生效裁判所确认的事实；

（七）已为仲裁机构生效裁决所确认的事实；

（八）已为有效公证文书所证明的事实；

（九）执法人员职务上应当知悉的其他事实。

除自然规律及定理、定律，以及法律拟制的事实外，当事人以及其他参与人有相反证据足以反驳或者推翻上述事实的，行政执法主体需承担相应的查明职责或者证明责任。

第十八条【免证事实之推定】

对于法律拟制的事实，以及法律规定予以推定的事实，行政执法主体应当直接作出相关事实认定。

根据已知事实和日常生活经验法则进行事实推定时，应当遵循以下规则：

（一）推定的基础事实已经得到充分证明；

（二）基础事实与推定事实之间具有高度盖然性的常态联系，且该种联系符合经验法则；

（三）无相反证据或者相反证据不足以推翻这种事实推定。

第十九条【免证事实之行政职务认知】

除非法律、法规、规章另有规定，行政执法主体对行政执法法律依据和行政执法程序中的显著且周知的事实，可以直接作出行政职务认知，免予调查和证明。

第二节 行政执法主体的查明职责

第二十条【行政执法主体的查明职责】

除法律、法规、规章另有规定者外，对适用法律、法规、规章作出行政决定所必要的任何构成要件事实，行政执法主体都应当承担查明或者证明案件事实的责任。

行政执法主体应当综合运用证据证明方法和非证据证明方法来履行自身的查明职责。非证据证明方法包括但不限于行政职务认知、法律推定和事实推定等。

任何当事人以及其他参与人的承认，都不得作为认定案件事实的唯一证据。

第二十一条【当事人的举证责任】

在下列情形下，当事人及参与人应当承担举证责任：

（一）依法应当获得行政许可的条件或者资格已经成就；

（二）要求行政主体依法履行职责或者承担给付义务的，曾经提出过申请并附有条件或者资格成就的资料；

（三）从事被行政监管的行为或者保有相关成果时，已经依法获得了行政许可证书；

（四）要求行政执法主体从宽处理时，符合法定的宽大处理的情形；

（五）其他法律、法规、规章规定的应当由当事人及参与人证明的情形。

对于上述情形，行政执法主体应当在执法程序中加以必要的释明。

在上述情形之下，当事人及参与人不能举证时，并不当然免除行政执法主体依据法律、法规、规章应当承担的查明职责。

第二十二条【当事人的举证权与行政辅助】

在行政执法程序中，当事人及其他参与人可以就与案件相关的意见或者主张提供证据加以证明。行政执法主体对当事人提供的证据进行审查后，认为具备合法性、真实性和关联性的，应当予以采纳。

当事人及其他参与人因客观原因不能自行收集的证据，有权口头或者书面申请行政执法主体予以调查收集。除该证据与待证事实无关联、对证明待证事实无意义或者其他无调查收集必要的，行政执法主体应当调查收集。

当事人及其他参与人申请行政执法主体调查取证应当详细说明证据的基本信息或者主要线索，拟证明的案件事实，以及不能自行取证的客观障碍。

第二十三条【不得擅自转移证明责任】

除非法律、法规、规章另有规定，行政执法主体不得在行政执法程序中擅自转移证明责任，不得将自己应当承担的查明职责无依据地转移给当事人或者其他参与人。

第三节　行政执法中的证明标准

第二十四条【明显优势证据证明标准】

行政执法主体认定案件事实应当达到事实清楚，证据确实、充分。

除非法律、法规、规章另有规定，证据确实、充分是指行政执法主体对案件事实的查明已经达到本证成立具有明显的优势证据。

证据是否充分与案件待证事实密切相关，不同的待证事实需要不同的充分证据。

第二十五条【排除合理怀疑证明标准】

对于行政拘留、吊销许可证件、责令停产停业、责令关闭等严重影响当事人及其他参与人合法权益的行政处罚，行政执法主体对应处罚事项的查明必须达到排除了一切可不处罚的合理怀疑的程度。

第二十六条【优势证据证明标准】

对涉及民事权益或者有利于当事人及其他参与人的行政执法事实的认定，

行政执法主体查明事实的标准可以确立为本证成立更有可能性。

对程序性事实或者证据性事实的查明或者证明,也采用上述优势证据证明标准。

第二十七条【反证的证明程度】

在行政执法程序中,任何一方主体使用反证时的证明程度应当达到能够使本证意图证明的案件事实处于真伪不明状态。

反证达到上述证明程度时,行政执法主体应当认定本证意图证明的相应案件事实不存在。

第三章 证据及其属性

第一节 证据属性

第二十八条【证据定义】

一切有助于行政执法主体查明案件真实情况的事实和材料,都是证据。

事实类证据是指案件发生时已经或者同步存在的人证、物证、书证和视听资料、电子数据等。

材料类证据是指案件发生后、行政执法处理程序中形成的各种笔录,鉴定意见,人证的书面或者有形固定资料,物证和书证的复制品、复制件或者示意文字、图表、影像等。

对于在行政执法卷宗中难以留存的事实类证据,应当通过合法有效的手段转换为材料类证据。

第二十九条【证据终结来源】

行政执法中的所有证据,无论是事实类证据还是材料类证据,其终结来源要么是人,要么是物,抑或人与物的组合。具体情形如下:

(一)独立来源于人的证据:如当事人陈述、人身中的生物证据等;

(二)独立来源于物的证据:如现场、违法搭建的房屋等;

(三)来源于人与人结合的证据:如证人证言等;

(四)来源于物与物结合的证据:如交通违法中的车辆撞击痕迹等;

(五)来源于人与物结合的证据:如现场指纹、鉴定意见等。

第三十条【证据的外在评价要素】

运用证据的行政执法主体从外部评价、分析和认定证据时考虑的证据特征为证据要素。

证据要素包括证据资格和证明力两项。证据资格具有前置性。

证据资格是指某事实或者材料能够作为证据进入行政执法程序的可能性。

证据资格由法律、法规、规章加以规定。凡不为法律、法规、规章所禁止或者排除的事实或者材料，都具有证据资格。

证明力是指某事实或者材料因其留存案件信息而具有的揭示过去事实情况的价值，包括价值的有无及大小。

证明力由行政执法主体及法制审核人员、行政复议人员和行政审判法官等认定主体自由心证。

第三十一条【证据鉴真】

在行政执法程序中，对某事实或者材料的证据资格产生合理怀疑时，收集、提交该证据的主体应当承担证明该证据确系自己所主张的证据的责任。

除非法律、法规、规章有明确规定或者证据自身已经包括鉴真要素，证据鉴真一般需要提出另外的旁证加以证明。

证据鉴真达到优势证据程度时，即可认定该被鉴真证据具有证据资格。

第三十二条【证据的内在属性】

影响证据要素判断的、证据自身应具备的特征为证据属性。

证据属性包括合法性、真实性和关联性，三者一并具备时，该证据才能够作为认定案件事实的根据。

证据的真实性和关联性与某事实或者材料一体产生；证据的合法性于该事实或者材料被调查收集或者制作生成时出现。

第三十三条【证据的合法性】

证据的合法性亦称证据的法律性，包括但不限于下列要求：

（一）任何作为证据的事实或者材料必须属于现行有效的法律、法规、规章所许可的证据种类。

（二）事实类证据的提取主体、提取过程符合法律、法规、规章的要求。

（三）材料类证据的生成主体、生成过程、证据内容、证据形式符合法律、法规、规章的要求。

第三十四条【证据的真实性】

证据的真实性亦称证据的客观性，包括但不限于下列要求：

（一）形式客观：证据应当具备成立为该等证据应有的形式要件；证据应当具备被各类主体感知和认识的外在表现形式。

（二）内容客观：证据所留存、表达的案件事实信息是客观真实的，不存在诸如伪造、变造等虚假情形，以及非臆测、猜想、评价、分析等主观信息。

第三十五条【证据的关联性】

证据的关联性亦称证据的相关性，包括但不限于下列要求：

（一）形式关联：证据来源于过去发生的案件环境且与案件事实具有部分或者全部的牵连，能够指向案件中的待证事实。

（二）实质关联：证据所留存、表达的案件事实信息足以帮助行政执法主体认定部分或者全部过去发生的案件事实。

第三十六条【影响证据内在属性的因素】

证据的合法性、真实性和关联性由下列行为、环节和状态所决定：

（一）证据形式；

（二）证据来源、证据生成；

（三）证据处所、证据环境；

（四）证据提取、证据扣押、证据保全、证据固定、证据保管、证据送检；

（五）证据特征、证据内涵；

（六）证人身份、证人感知、证人记忆、证人表达；

（七）其他对证据内在属性有影响的因素。

第三十七条【证据要素与证据属性的相通】

证据的合法性、形式客观性和形式关联性影响证据资格。

证据的内容客观性和实质关联性决定证明力。

第二节 证据种类

第三十八条【证据的种类】

行政执法证据包括：

（一）书证；

（二）物证；

（三）视听资料；

（四）电子数据；

（五）证人证言；

（六）当事人的陈述；

（七）鉴定意见；

（八）勘验笔录、现场笔录。

以上证据必须经审查属实，才能作为认定案件事实的根据。

第三十九条【书证及其构成】

以其自身所记载的信息内容来证明案件事实的各类文书、证照、图表、簿记、文献、凭据、报刊杂志等属于书证。

书证包括义字书证、符号书证和图表书证。

文字书证是指运用文字形式记载与案件有关的信息内容的文件或者类似物品，如传单、合同、证件等。

符号书证是指运用通用或者专门符号记载与案件有关的信息内容的文件或者类似物品，如标记、标识、记号等。

图表书证是指运用图案、图画或者表格等形式记载案件有关信息内容的文书或者类似物品，如现场地形图、建设规划图等。

第四十条【物证及其构成】

以其自身内在属性、空间位置和外部特征来证明案件事实的物品、物质和痕迹属于物证。

物证包括物品物证、物质物证和痕迹物证。

物品物证亦称有形物证，是指各种人体感官可视的实体存在，包括动产和不动产。不动产是指土地及其附着物。不动产之外的任何实体存在和法律上的拟制物为动产。

物质物证亦称微量物证，是指需要借助一定的工具或者仪器才能发现和提取的细微生物物质或者非生物物质，如金属粉末、DNA 等。

痕迹物证是指两个以上物体相互接触后所留存的印记，如手印、足迹、工具痕迹和车辆痕迹等。

第四十一条【笔录及其类型】

用文字、符号、图表或者音像手段记录或者摄录行为过程及其结果或者言词陈述的属于笔录。

按照记录对象，笔录主要分为勘查笔录、现场笔录、询问笔录等取证笔录，以及听证笔录、审核笔录等行政程序笔录。

按照记载手段，笔录可以分为文字笔录和音像笔录。

第四十二条【鉴定意见及其种类】

鉴定人运用科学原理和技术手段对案件中的专门性问题进行研究、分析、检测、审查、判断后提出的结论性意见属于鉴定意见。

鉴定意见主要包括法医学鉴定意见、物证鉴定意见、声像电子鉴定意见、工程检测意见等。

法医学鉴定，包括法医病理鉴定、法医临床鉴定、法医精神病鉴定、法医物证鉴定和法医毒物鉴定。

物证鉴定，包括文书鉴定、痕迹鉴定和微量鉴定。

声像资料鉴定，包括对录音带、录像带、磁盘、光盘、图片等载体上记录的声音、图像信息的真实性、完整性及其所反映的情况、过程进行的鉴定和对记录的声音、图像中的语言、人体、物体作出种类或者同一认定。

第四十三条【视听资料及其组成】

以模拟信号手段生成且不存储于电子介质中的录音资料和影像资料属于视听资料。

视听资料包括录音资料和影像资料。

录音资料是指以模拟录音设备（如磁带录音机、录音笔）录音生成的声音信息。

影像资料是指以模拟录像、照相设备（如磁带录像机、X光机）摄录生成的视频和图像信息。

第四十四条【电子数据及其组成】

电子数据是指以电子技术手段生成且以数字信号形式存储、处理、传输的各类数据电文及其记录信息与电磁介质。

电子数据包括数据电文证据、附属信息证据与系统环境证据。

数据电文证据，是指电子数据本身，即记录法律关系发生、变更与消灭的数据，如电子邮件（E-mail）的正文。

附属信息证据，是指对数据电文生成、存储、传递、修改、增删而引起的记录，如电子系统的日志记录、电子文件的属性信息。

系统环境证据，是指数据电文运行所处的硬件和软件环境，即某一电子数据在生成、存储、传递、修改、增删的过程中所依靠的计算机环境，特别是硬件设施和系统软件、应用软件。

以数字信号手段生成且存储于电子介质中的录音资料和影像资料，属于电子数据。

第四十五条【行政执法中视听资料和电子数据的来源形态】

行政执法中视听资料和电子数据的来源形态包括但不限于下列情形：

（一）当事人及其他参与人在生产经营或者生活中生成且可以作为独立证据种类的视听资料和电子数据，如网吧接纳未成年人上网打游戏的电子记录、网上淫秽表演的视频等。

（二）其他机关、团体、组织和个人在其工作和生活中以不违法的手段生成而被行政执法主体依法调取使用的视听资料和电子数据，如商店门口自设探头摄录小贩占道经营的视频、路人对小贩占道经营的手机"随手拍"等。

（三）行政执法主体在行政管理与行政执法程序中依法设置或者使用非接触性设备而生成的作为独立证据种类的视听资料和电子数据，如对交通违章的视频监控、对占道经营的无人机拍摄等。

（四）落实全过程记录制度而在行政执法过程中生成并作为证据鉴真或者程序合法正当佐证资料的视听资料和电子数据，如勘查影像、听证会影像、文书送达影像等。

第四十六条【证人与证人证言】

直接参与案件法律关系或者亲历案件发生发展过程的自然人属于证人。

证人包括被侵害人、程序见证人、关联第三人和普通目击证人。

任何知晓案件情况的自然人都可以作为证人。但是因为生理、精神缺陷或者年龄原因而缺乏辨别能力、正确表达能力的人,不能作为证人。

证人就其感知的案件事实向行政执法主体所作的言词陈述为证人证言。

证人自书材料或者对证人的调查询问笔录为证人证言的书面载体或者固定资料。

单位就其知晓的案件事实所作书面证明参照书证或者笔录处置。

第四十七条【当事人陈述】

当事人就其亲历的案件事实向行政执法主体所作的言词陈述属于当事人陈述。

单位当事人的陈述应由其法定代表人、法定负责人或者直接责任人作出。以单位名义所作书面陈述参照书证或者笔录处置。

当事人自书材料或者对当事人的调查询问笔录为当事人陈述的书面载体或者固定资料。

当事人陈述包括对案件事实和证据的承认、否认,以及对第三人行为事实的指认。

第三节 证据分类

第四十八条【本证与反证】

对事实主张承担查明职责或者证明责任的主体,证实己方主张成立的证据为本证。

不负查明职责或者证明责任的主体,对另一方主张加以否定而提出的证据为反证。

第四十九条【言词证据与实物证据】

表现为人的言语陈述的证据为言词证据,如当事人陈述、证人证言。

有一定物质形态或者载体的证据为实物证据,如书证、物证、视听资料和电子数据。

鉴定意见的基础材料(检材和样本)和资料为实物证据;鉴定意见或者结论为言词证据。

言词证据的笔录为言词证据的固定物;实物证据发现、固定、保管等的笔录为实物证据的鉴真材料。

第五十条【直接证据与间接证据】

能够直接、独立地起到有助于查明或者证明案件待证事实作用的证据为直接证据。

直接证据的运用并不意味着肯定或者必然达成证明目的。

需要同其他证据相结合才能发挥证明或者查明作用的证据为间接证据。

间接证据具备完整性和充分性时,能够有助于行政执法主体完成查明职责。

第五十一条【原始证据与传来证据】

直接来源于案件环境或者过程之中的证据,以及初始形成的笔录证据、鉴定意见,属于原始证据。

以原始证据为基础,经过中间环节而生成或者出现的证据,属于传来证据。

原始证据的固定物、替代品、示意证据、复制证据和流转证据一般为传来证据。

第五十二条【主要证据和一般证据】

主要证据又称主证、必要证据,是对认定行政执法程序中的相关事实起主要证明作用的证据。

一般证据又称旁证、佐证、补充证据或者次要证据,是对认定行政执法程序中的相关事实起次要证明作用的证据。

第五十三条【程序证据】

行政执法主体在执法程序中落实全过程记录制度而生成的程序佐证资料,以及严守法定程序而留存的文字、图表和影像资料等,属于程序证据。

程序证据有如下证明作用:

(一)发生行政执法程序争议时,证明行政执法程序的合法性、规范性和正当性;

(二)出现质疑证据的证据资格时,佐证行政执法程序中所取得证据的证据资格。

第四章 调查取证

第一节 一般规定

第五十四条【调查取证的含义】

狭义的调查取证仅指行政执法主体运用法律许可的方法和手段,通过自身行为发现、收集和固定各种证据的活动。

广义的调查取证还包括行政执法主体依法采取的证据固定和保全、申请证据公证和请求其他单位协助收集证据。

第五十五条【调查取证工作原则】

行政执法主体及其适格工作人员调查收集证据必须遵循合法、客观、全面、公正、及时、合理的基本原则。

取证合法原则要求所有收集证据的活动都必须遵守法律规定，有法律依据，严格依照法定的职权、方式、条件、步骤收集证据，不得超越职权或者采用非法的手段获取证据。

取证客观原则要求遵守诚实信用原则，在调查取证过程中尊重事实、保持事实、坚持事实、实事求是，既不能以主观猜想代替客观事实，也不能按照主观需要收集证据，更不能弄虚作假伪造证据。

取证全面原则要求从不同的角度收集能证明案件所有事实要素的一切证据，本证（有利证据）与反证（不利证据）一起收集，不得选择性调查取证。

取证公正原则要求秉持法律面前人人平等，行政执法人员调查取证时应当保持中立，平等对待（冲突）各方，不偏不倚。

取证及时原则要求实施调查取证工作应当迅速，不拖延、不懈怠，严防证据灭失。

取证合理原则要求采取任何调查取证措施都应当优先选择给相对人带来最小损害的方式方法。

第五十六条【保守秘密原则】

行政执法主体及其工作人员对于在调查取证过程中所知悉的国家秘密、商业秘密或者个人隐私都应当予以保密，任何人不得直接或者间接地通过自己或者第三方加以泄露或者使用。

第五十七条【全过程记录原则】

行政执法主体的所有调查取证活动应当贯彻全过程记录原则，确保所有发现、固定、提取、保管、运用证据的行为和过程都具有可回溯性。

全过程记录可以采取文字记录、音像记录及二者结合的形式。

文字记录是以纸质文件或者电子文件形式对证据收集与运用进行全过程记录的方式。

音像记录是通过照相机、录音机、摄像机、执法记录仪、视频监控等记录设备，实时对证据收集与运用进行记录的方式。

第五十八条【当事人配合义务】

行政执法主体首次向当事人收集、调取证据时，应当说明调查事项和依据，告知其享有陈述权、申辩权以及申请回避的权利，告知当事人或者有关人员不如实提供证据、证言和作伪证或者隐匿证据应负的法律责任。

当事人在行政执法主体调查取证时负有配合义务，应当到场并如实提供与调查有关的真实材料和信息。知晓有关情况的其他公民、法人和组织应当协助行政机关调查。

第五十九条【调查取证适格主体】

调查收集证据应当由行政执法主体中获得行政执法资格的自然人具体实施。

设置非接触性取证设施应当事先获得必要的行政许可，并以科学、规范、专业的手段加以完成和维护。

具体实施调查取证活动的工作人员不得少于二人。

具体实施调查取证的工作人员应当着装规范、举止文明并主动出示行政执法证件。

行政执法主体中从事执法辅助工作的人员可以对调查取证进行必要且适度的辅助，但严禁其独立实施调查取证活动。

第六十条【调查取证方法】

行政执法主体依法可以采取的调查取证方法主要包括：

（一）询问并且制作《调查询问笔录》：针对当事人陈述、证人证言等言词证据；

（二）勘验、检查、采样、监测并制作笔录（含同步录音、录像、摄影、拍照）：针对现场、物证；

（三）收集、调取（含委托调取）、提取并附交接手续：针对物证、书证、视听资料、电子证据；

（四）抽样取证并制作证明文书：针对多数物证；

（五）查封、扣押（暂扣）并附手续：针对物证、书证；

（六）冻结存款、汇款、有价证券等财产并附手续：针对钱款、有价证券；

（七）查阅、摘抄、复制：针对他人保管的文书证据；

（八）录音、录像、拍照、摄影或者自动监控，生成视听资料和电子数据：针对现场、物证、书证，以及一切取证行为的补强；

（九）委托或者指定鉴定、监测、检验、评估获得鉴定意见或者类似结论：针对专门性问题；

（十）实施辨认：针对物品、场所和人员的确认；

（十一）先行登记保存并附文书：针对证据固定和保全；

（十二）委托办理证据公证：针对证据固定和保全；

（十三）法律、法规、规章规定的其他调查取证措施。

行政执法主体不得采取任何无法律、法规、规章依据的调查取证手段。

第六十一条【注重科技取证手段的运用】

行政执法主体在调查取证工作中应当着力运用现代科技取证手段，包括但不限于非接触性取证和科学鉴定。

第六十二条【调查取证步骤】

行政执法主体调查收集证据应当以案件中需要查明的待证事实为出发点；以达到相应的证明标准为终结点。

具体的调查取证过程应当合法、规范、科学、有效地实施，努力实现或者保障证据的合法性、关联性和真实性。

行政执法主体调查收集证据应当制定工作计划和保障预案，就实施调查取证的人员、时间、地点、方式、突发状况处置等作出安排。

调查收集证据应当与分析审核证据交互进行。通过对已取得证据的分析来决定是否后续补充取证或者重新调查。

第二节 人证的收集

第六十三条【人证的询问】

调查收集各类言词证据或者人证的基本方法是询问。

询问亦称谈话、发问、查问、问询、询查等，是指用口头语言的方式向当事人、证人及关联自然人了解相关案件情况或者信息的取证活动。

询问在行政执法口语分类中属于"问话"形式，具体语言表现就是"一问一答"。

具体实施询问的执法人员应当采取合理有效的问话方式，综合运用口头语、态势语和书面语，最大限度地获得过去发生的案件事实信息。

询问步骤具体包括启动（准备）、实施、结束。

询问不满十八周岁的未成年人，应当通知其监护人到场。

询问聋哑人或者不通晓当地通用语言的人，应当有通晓手语的人或者翻译提供帮助，并在询问笔录中注明被询问人的聋哑情况或者外籍信息以及翻译人员的姓名、住址、工作单位和联系方式。

第六十四条【询问的启动】

启动询问工作时，行政执法人员应当完成如下各项工作：

（一）核对或者确定被询问人员身份，必要时查验其身份证件。

（二）向被询问人员敬礼，口头说明执法询问人员身份，交代来意。

（三）出示执法证件，请被询问人查验。

（四）告知被询问人的作证义务，以及如实陈述、如实作证的法律规定。

（五）告知固定陈述的方法，开始书面记录；必要时，自始就开启执法记录仪或者录音设备。

第六十五条【询问的实施】

实施询问工作时，行政执法人员应当完成如下各项工作：

（一）高度概括地介绍相关案件情况，但需要注意不能泄露具体事实要素。

（二）请被询问人就其感知的案件事实作总体上的宏观叙述。当事人陈述所作所为；证人陈述所见所闻。在此过程中要注意适当纠偏和引导。

（三）针对办案还需要查明的具体事实要素、事实细节逐一向被询问人问话，一问一答，获得案件事实信息。

询问应当个别进行。

第六十六条【询问的结束】

询问的良好结果是获得部分或者全部案件信息；生成各种固定材料，如谈话笔录、调查笔录、视频资料等。

询问的不好结果包括未获得案件信息；或者未能固定询问结果，如不肯做笔录、不肯签字确认等。

第六十七条【人证的固定】

行政执法取证人员对询问的良好结果应当单独或者并列采取纸质或者科技手段加以固定。

固定言词证据的纸质形式包括但不限于询问（谈话）笔录、当事人或者证人自书材料等。

固定言词证据的科技手段是指运用非接触性设备生成音像资料。此等非接触性设备包括但不限于录音笔、录音机、智能手机、执法记录仪、视频摄像等。

第六十八条【询问笔录】

询问笔录是行政执法人员在各类行政执法活动中，就询问当事人、证人及关联第三人的过程及内容所制作的书面文字记录。凡法律、法规、规章要求询问应当制作笔录者，不得以有音像资料为由而缺失。

制作询问笔录应当尽量使用统一印制的询问笔录纸并规范填写与记录。询问笔录应当格式完整、项目齐备、过程清晰、内容真实、一人一份、能够鉴真。

询问笔录一般包括如下记载项目：

（一）文书名称（标题）；

（二）文书编号或者案号；

（三）询问起止时间，具体到年月日时分；

（四）第几次询问；

（五）询问地址，具体到省县（市）街道（乡镇）路（小区或者村组）门牌号码；

（六）询问人员与记录人员身份信息交代；

（七）被询问人详细身份信息及其与案件关系交代，包括但不限于姓名、性别、年龄、身份证号码、联系电话、工作单位及职务、家庭住址等；

（八）调查询问人员身份交代、执法证件出示及号码记载，要求被询问人查验；

（九）告知被询问人应当如实回答与案件有关的问题；

（十）询问被询问人是否申请回避；

（十一）具体的问答过程及其结果；

（十二）被询问人和询问人的签名确认；

（十三）其他必要记载事项。

第六十九条【笔录的核对与确认】

调查询问笔录应当交被询问人查阅核对；阅读有困难的，应当向其宣读。笔录有差错或者遗漏的，应当允许被询问人更正或者补充。涂改部分应当由被询问人在修改处以签名、盖章或者按捺指印等方式确认。

被询问人确认笔录记载无误后，应当在笔录上逐页签名、盖章或者按捺指印进行确认；拒绝签名、盖章或者按捺指印的，执法人员应当在笔录中予以注明。

调查询问人员也应当在询问笔录上逐页签名确认。

第七十条【当事人及证人自书材料】

当事人及证人的自书材料，除交代案件事实外，还应当具有下列项目：

（一）当事人及证人的姓名、年龄、性别、职业、住址等基本情况；

（二）当事人及证人的签名或者盖章；

（三）出具书面陈述或者证言的日期；

（四）居民身份证复印件等证明当事人及证人身份的文件。

第七十一条【人证的鉴真】

言词证据的纸质形式或者音像载体，应当获得如下一种或者数种方式的鉴真：

（一）被询问人的认可：签字（名）；按捺手印；盖章。

（二）调查询问人的佐证：签名；被询问人不肯签字确认的原因及过程交代。

（三）第三人（见证人）的佐证：签字（名）。

（四）视听资料、电子数据的同步佐证。

（五）被询问人或者见证人的事后追认或辨认，如在听证会上加以确认。

必要时，可以采用科学鉴定的方式来鉴真言词证据的纸质形式或者音像载体。

第七十二条【证人特权与保护】

在行政执法程序中，证人依据相关法律、法规、规章享有拒证特权的，行政执法主体不得强迫其提供证言。

行政执法主体应当对证人及其近亲属的人身和财产安全提供必要且适度的保障。

第三节　物证的收集

第七十三条【物证的收集方法】

行政执法主体收集物证可以采取如下方法：

（一）提取、调取（含委托调取）并附交接手续：针对一般物证；

（二）勘验、检查、采样、监测并制作笔录（含同步录音、录像、摄影、拍照、制作复制品）：针对现场（不动产物证）、一般物证；

（三）查封、扣押（暂扣）并附手续：主要针对动产物证；

（四）冻结存款、汇款并附手续：针对钱款、有价证券；

（五）抽样取证并制作证明文书：针对多数的一般物证；

（六）录音、录像、拍照、摄影或者自动监控，生成视听资料和电子数据：针对现场（不动产物证）、一般物证；

（七）先行登记保存并附文书：针对物证固定和保全；

（八）委托办理证据公证：针对物证固定和保全。

第七十四条【勘验、检查的适用】

勘验、检查，是指行政执法人员对与违法活动或者其他案件事实有关的场所、物品、人身进行勘查、勘验或检查，以发现、固定和收集案件所遗留的各种物品、物质和痕迹的一种取证活动。

勘验、检查的对象是现场、物品和活人的身体。

行政执法主体勘验、检查现场和物证，应当制定工作方案，合理安排勘验人员、辅助人员、勘查流程和记录分工，确保有效发现、固定、提取、保管物证。

勘验、检查时应当通知当事人到场,邀请见证人在场见证。当事人拒不到场、无法找到当事人或者当事人拒绝签名或者盖章的,行政执法人员应当在笔录中注明,并可以请在场的其他人员佐证。

第七十五条【勘验、检查的步骤】

具体实施勘验时应当由勘查负责人确定勘查范围,安排专人维持现场秩序,防止突发事件。

具体勘查步骤应当遵循下列基本要求:

(一)先宏观、后微观(先大范围、后小范围);

(二)先外围(环境)、后内里(中心);

(三)先静止(观察或者拍摄)、后动作(翻检或者测量);

(四)先用眼、再用手,继而科技探查;

(五)防止损坏、污染环境与物证客体。

第七十六条【活体检查注意事项】

检查活体人身时可以依法提取或者采集肖像、指纹等人体生物识别信息;涉嫌酒后驾驶机动车、吸毒、从事恐怖活动等违法行为的,可以依法提取或者采集血液、尿液、毛发、脱落细胞等生物样本。

进行活体人身检查时,应当尊重被检查人的人格尊严,不得以有损人格尊严的方式进行检查。

检查妇女的身体,应当由女性工作人员进行。涉及医学的检查或者生物物证采集应当由医生进行。

第七十七条【勘验、检查的固定】

对勘验、检查活动及其发现、提取的物证,应当采用文字、图表、音像等手段全过程、全方位立体记录。

对现场和物证拍照、摄像的内容应清晰、准确、完整、连贯,突出重点、明确目标,体现直接证明力。

拍照、摄像取证应当最大限度地包含以下信息内容:

(一)与案件行为或者事件相关的门牌号、店名、招牌,以及参照物等能明确具体地点的内容;

(二)执法人员穿着制服实施勘验、检查以及当事人或见证人在场的图像;

(三)案件行为或者事件发生地的整体环境和布局的图像;

(四)与案件行为或者事件相关的近照或特写镜头;

(五)其他需要拍照、摄像的案件信息内容。

勘验、检查书面记录或者音视频资料应当经过必要的确认或者佐证程序。

第七十八条【勘验笔录和现场笔录】

勘验、检查笔录和现场笔录应当完整记载下列事项：

（一）案由和案号；

（二）勘验、检查人员以及执法人员出示执法证件表明身份和告知当事人申请回避权利、配合调查义务等的情况；

（三）现场勘验、检查的时间、地点、主要过程和结果；

（四）被勘验、检查的场所概况及与当事人的关系；

（五）与案件行为或者事件有关的物品、工具、设施的名称、规格、数量、状况、位置、使用情况及相关书证、物证；

（六）与案件行为或者事件有关人员的活动情况；

（七）当事人及其他人员提供证据和配合勘验、检查情况；

（八）现场测量、拍照、录音、录像、绘图、抽样取证、先行登记保存情况；

（九）执法人员勘验、检查发现的其他案件事实。

现场图示要注明绘制时间、方位、比例、制作人等，规范使用制图标记和符号。

经过查阅或者听取宣读、解释与说明，当事人、见证人应当对勘验笔录和现场笔录逐页签名或者按捺指印确认。当事人拒绝签名或者按捺指印的，应当在笔录中予以注明。

执法人员也应当在勘验笔录和现场笔录上逐页签名确认。

第七十九条【查封、扣押的适用】

为了制止违法行为、防止证据损毁、避免危害发生、控制危险扩大等事由，行政执法主体可以对与行政违法案件有关的场所、设施、财物（包括视听资料、电子数据）和文件依法予以强行提取、留置和封存。

查封、扣押是行政执法主体对公民、法人或者其他组织的财物实施暂时性控制的行为，是一种固定和提取实物证据的活动。

实施查封、扣押必须有明确的法律依据，遵守法律、法规规定的主体、条件、程序和期限。

查封、扣押的权力来源应当由法律、行政法规和地方性法规设定赋予；查封、扣押的程序操作应当以《行政强制法》为主要依归。

查封、扣押严格限于涉案的场所、设施或者财物，不得查封、扣押与违法行为无关的场所、设施或者财物；不得查封、扣押公民个人及其所扶养家属的生活必需品。

当事人的场所、设施或者财物已被其他国家机关依法查封的，不得重复查封。

实施查封、扣押必须严格文明执法,规范操作,多解释、多劝导、多疏通,尽量避免产生不必要的冲突,最大限度地避免采用强制手段。

第八十条【查封、扣押的操作】

实施查封、扣押(物证、书证)须由行政执法主体负责人批准,持有行政执法主体的证明文件。事有紧急者,行政执法人员应当在二十四小时内向行政执法主体负责人报告,并补办批准手续。

实施查封、扣押,应当通知当事人到场。当事人不到场的,邀请见证人到场,由见证人和行政执法人员在现场笔录上签名或者盖章。

实施查封、扣押,应当依照法律、法规规定的程序,会同当事人查点清楚、交接明白,制作并当场交付查封、扣押决定书和物品清单。必要时,应当进行同步拍照或者摄像。

行政执法主体对查封、扣押的场所、设施或者物品,应当妥善保管,不得使用、截留、损毁和擅自处分;对鲜活物品或者其他不易保管的物品,可以在留存证据后依法拍卖、变卖或者妥善处理。查封、扣押的物品属非法物品的,应当移送有关部门处理。

对可以作为证据使用的录音带、录像带,在扣押时应当予以检查,记明案由、内容以及录取和复制的时间、地点等,并妥善保管。

对扣押的电子数据原始存储介质应当封存,保证在不解除封存状态的情况下,无法增加、删除、修改电子数据,并在证据保全清单中记录封存状态。

第八十一条【查封、扣押决定书与物品清单】

查封、扣押决定书应当载明下列事项:

(一)当事人的姓名或者名称、地址;

(二)查封、扣押的理由、依据和期限;

(三)查封、扣押场所、设施或者财物的名称、数量等;

(四)申请行政复议或者提起行政诉讼的途径和期限;

(五)行政执法主体的名称、印章和日期。

查封、扣押物品清单应当载明被采取强制措施的场所、设施、物品的名称、规格、数量、特征等特定化要素。

查封、扣押物品清单一式二份,由当事人和行政执法主体分别保存。

行政执法人员和当事人应当在查封、扣押决定书和清单上签名或者按捺指印。有见证人的,还应当由见证人签名或者按捺指印。当事人或者见证人拒绝签名的,应当在决定书和清单上注明。

第八十二条【查封、扣押的期限】

查封、扣押的期限不得超过三十日;情况复杂的,经行政执法主体负责人批准,可以延长,但是延长期限不得超过三十日。法律、行政法规另有规定的除外。

延长查封、扣押的决定应当及时书面告知当事人,并说明理由。

对物品需要进行检测、检验、检疫或者技术鉴定的,查封、扣押的期间不包括检测、检验、检疫或者技术鉴定的期间。检测、检验、检疫或者技术鉴定的期间应当明确,并书面告知当事人。检测、检验、检疫或者技术鉴定的费用由行政机关承担。

第八十三条【查封、扣押的解除】

行政执法主体采取查封、扣押措施后,应当及时查清事实,并在法定期限内作出处理决定。对违法事实清楚、依法应当没收的非法财物予以没收;法律、行政法规规定应当销毁的,依法销毁;应当解除查封、扣押的,作出解除查封、扣押的决定。

有下列情形之一的,行政执法主体应当及时作出解除查封、扣押的决定:

(一)当事人没有违法行为;

(二)查封、扣押的场所、设施或者财物与违法行为无关;

(三)行政执法主体对违法行为已经作出处理决定,不再需要查封、扣押;

(四)查封、扣押期限已经届满;

(五)其他不再需要采取查封、扣押措施的情形。

解除查封、扣押应当立即退还财物;已将鲜活物品或者其他不易保管的财物拍卖或者变卖的,退还拍卖或者变卖所得款项。变卖价格明显低于市场价格,给当事人造成损失的,应当给予补偿。

第八十四条【冻结存款、汇款的适用】

冻结存款、汇款应当由法律规定的行政机关实施,不得委托给其他行政机关或者组织;其他任何行政机关或者组织不得冻结存款、汇款。

冻结存款、汇款的数额应当与违法行为涉及的金额相当;已被其他国家机关依法冻结的,不得重复冻结。

行政机关依照法律规定决定冻结存款、汇款的,必须在实施前向行政机关负责人报告并经批准,应当向金融机构交付冻结通知书。

实施冻结措施时,根据案情需要,应当制作现场笔录或者予以同步录音摄像。

第八十五条【冻结决定书】

依照法律规定冻结存款、汇款的,作出决定的行政机关应当在三日内向当事人交付冻结决定书。冻结决定书应当载明下列事项：

（一）当事人的姓名或者名称、地址；

（二）冻结的理由、依据和期限；

（三）冻结的账号和数额；

（四）申请行政复议或者提起行政诉讼的途径和期限；

（五）行政机关的名称、印章和日期。

第八十六条【冻结的期限】

自冻结存款、汇款之日起三十日内，行政机关应当作出处理决定或者作出解除冻结决定；情况复杂的，经行政机关负责人批准，可以延长，但是延长期限不得超过三十日。法律另有规定的除外。

延长冻结的决定应当及时书面告知当事人，并说明理由。

第八十七条【冻结的解除】

有下列情形之一的，行政机关应当及时作出解除冻结决定：

（一）当事人没有违法行为；

（二）冻结的存款、汇款与违法行为无关；

（三）行政机关对违法行为已经作出处理决定，不再需要冻结；

（四）冻结期限已经届满；

（五）其他不再需要采取冻结措施的情形。

行政机关作出解除冻结决定的，应当及时通知金融机构和当事人。

第八十八条【抽样取证的操作】

抽样取证是行政执法机关在执法活动中，从证据总体中抽取部分作为行政执法证据的一种收集（调查）证据的方法。

实施抽样取证，应有当事人在场，会同当事人查点清楚、交接明白。当事人是单位的，应通知其单位领导，并有其单位领导或者相关的实物保管人员、管理人员、销售人员在场。

抽样方法应具有一定的科学性，随机抽取以确保样品具有代表性。法律、法规、规章、质量标准对抽样、封样方法和样品的数量等有规定的，应遵守其规定。样品的代表数量应该准确、具体，所代表的物品的名称、型号、规格、批号、存放地点、数量等信息均应记录在案。封样要科学、严谨。

执法人员应当制作抽样取证凭证，对样品加贴封条，并由办案人员和当事人在抽样取证凭证上签名、按捺指印或者盖章。

实施抽样取证，应当制作抽样笔录，并由当事人、在场人、办案人签章。实施现场检查的，还应制作现场检查笔录。对抽样过程可以同步采取音视频记录。

对抽取的样品应当及时进行检验。经检验，能够作为证据使用的，应当依法扣押、先行登记保存或者登记；不属于证据的，应当及时返还样品。样品有减损的，应当予以补偿。

第八十九条【抽样取证文书】

抽样取证应当向当事人送达抽样取证决定书、抽样取证凭证和物品清单，对样品加贴封条，由执法人员和当事人或者见证人在封条和相关文书上签名、按捺指印或者盖章。当事人拒绝签名、按捺指印或者盖章的，应当采取拍照、录像或者其他方式记录抽样取证情况。

抽样取证决定书应当载明下列事项：

（一）当事人的姓名或者名称、地址；

（二）抽样取证的理由、依据和期限；

（三）申请行政复议或者提起行政诉讼的途径和期限；

（四）作出决定的行政执法主体的名称、印章和日期。

抽样取证决定书应当附清单，载明被抽样取证物品的名称、规格、数量、品级、型号、形态、特征等，由办案人员和当事人签名或者按捺指印后，一份交当事人，一份附卷。有见证人的，还应当由见证人签名或者按捺指印。当事人或者见证人拒绝签名或者按捺指印的，办案人员应当在抽样取证清单上注明。

抽样取证书面笔录应当包括下列内容：

（一）当事人名称（姓名）；

（二）取证物品的名称、数量、规格等；

（三）取证的事由和依据；

（四）取证的时间、地点；

（五）当事人签名、按捺指印或盖章；

（六）行政执法主体的印章、笔录制作时间；

（七）其他必要记载事项。

第九十条【物证的保真与保存】

对于提取、调取的物证，行政执法主体应当采取各种有效方法加以保真和保存。此等方法包括但不限于：

（一）原物优先，复制品、替代品、示意物（照片、录像、绘图等）例外；

（二）采用特定化包装或者封装以保障其真实性；

（三）在物证上或者其周围添加显著标志使其特定化，具有唯一性；

（四）采用执法记录仪、摄像机、无人机、智能手机等生成动态视频，完整、连续存录其基本状态；

（五）用文字、图表生成相应笔录和清单，记述或者描绘其基本状态；

（六）法律、法规、规章规定的其他保真与保存措施。

第九十一条【物证保管链条】

在行政执法程序中，收集、保管和转移物证的各个环节及所有涉及的经手人员都应当有完整记录，且各环节都能得到证据证明，从而形成保管锁链。

物证收集、保管和转移的各个环节中的证据清单和流转手续构成完整的保管体系，可以确认物证的真实性、关联性。

第九十二条【物证的鉴真】

物证的鉴真方法包括但不限于：

（一）由笔录、清单或者音像资料所构成的取证记录；

（二）物证保管链条；

（三）持有人、提交人和见证人的辨认与确认；

（四）行政执法人员的核对；

（五）专家的鉴定；

（六）法律、法规、规章规定的其他方法。

第九十三条【物的辨认】

为了确定物品、场所作为证据的真实性和关联性，可以对其实施辨认。

组织辨认前，应当向辨认人详细询问辨认物品或者场所的具体特征，并避免辨认人见到辨认对象。

辨认应当个别进行。

具体辨认时，除场所外，应当将辨认物品混杂在与其特征相类似的其他对象中，不得给辨认人任何暗示。辨认每一件物品时，混杂的同类物品不得少于五件。

对于辨认的经过和结果，应当制作辨认笔录，由办案人员和辨认人签名或者按捺指印。必要时，应当对辨认过程进行同步录音、录像。

第四节 书证的收集

第九十四条【书证的收集方法】

行政执法主体收集书证可以采取如下方法：

（一）收集、调取（含委托调取）并附交接手续：针对可获取的书证；

（二）查阅、摘抄、复制：针对他人保管或者留存的文书证据；

（三）录像、拍照、摄影，生成图片、视听资料和电子数据：针对不可获取原件的书证；

（四）委托办理证据公证：针对书证固定和保全。

书证应当收集原件。原本、正本和副本均属于书证的原件。收集原件确有困难的，可以收集与原件核对无误的复印件、照片、节录本。收集报表、图纸、会计账册、专业技术资料、科技文献等专业性强的书证时，对需要解释说明的，应当附说明材料。

第九十五条【查阅、摘抄、复制的注意事项】

查阅、摘抄、复制书证时应注意下列事项：

（一）查阅、摘抄和复制对象（客体）主要是各类证照、报表、图纸、会计账册、专业技术资料、科技文献、银行开户资料、商务往来资料等书证；

（二）查阅、摘抄、复制之处所不限于当事人之处所，更多的是在第三人处所，如当事人客户、开户银行、档案馆、图书馆等；

（三）查阅、摘抄、复制应注意信息内容的完整性、连贯性和关联性；

（四）查阅、摘抄、复制的资料，应当标注"原件存某处，经核对与原件一致"，注明出具日期、证据来源，并由当事人、保管人或者证据提供者签名、按捺指印或者盖章确认。

第九十六条【书证原件】

原本、正本和副本，都是书证原件。

原本是指原生的文书，即文书的原稿，如书籍的初刻、初印，公文的签批稿等。

正本是指抄录原本，与原本有同一内容，对外具有与原本同一效力的缮本。正本主要用于制作主体存档或主送受文主体。行政许可的正本主要用于保存或悬挂、张贴。

副本是指抄录原本，与原本有同一内容的缮本。副本主要用于向制作主体或受文主体以外的第三人送达。行政许可的副本主要用于年检或者对外携带展示。

缮本是指从原本派生出来的文书，包括正本、副本。缮本强调与原本核对无误，无增、减、错乱。

公法领域和公务程序中的正本和副本，在民商事领域一般表现为一式多份的各文本，彼此都是原件且具有同等效力。

第九十七条【书证复制件】

书证复制件是指相对于原件的抄本、节本、影印本和译本。

抄本是指人工完整抄录文书形成的文本。

节本或者节录本是指摘录或者经过删减压缩形成的文本。

影印本是指对文书进行拍照、摄像、扫描、复印后得到的文本。影印本一般亦称复本或者复印件。

译本是指用不同于原本的语言文字进行翻译后形成的文本。

收集书证复制件应当核对无异并经签章确认。

第九十八条【书证的鉴真】

书证的鉴真方法包括但不限于：

（一）遵循最佳证据规则，原件优先、复制件为例外；

（二）由笔录或者音像资料所构成的取证记录；

（三）持有人、保管人、制作人的来源、复制与核对说明；

（四）持有人、提交人和见证人的辨认与确认；

（五）行政执法人员的核对无误；

（六）专家的科学鉴定或者文书检验；

（七）法律、法规、规章规定的其他方法。

第九十九条【文书的真实性】

文书的真实性包括形式真实和内容真实。

文书的形式真实是指完全具有了文书成立的形式要件，确系提出者或者制作者所声称的那种文书。相应地，根据这些形式要件足以判断它是一种客观存在的、名副其实的书面文件。

影响文书形式真实的要素主要包括：

（一）主体彰显要素：是指文书需有落款，特别是制作人落款。落款含签名、印章、指印、日期等。

（二）意思周全要素：是指影响书证成立的必要之意思要素应当齐备，如建筑许可的面积、占道许可的街道。

（三）表面清洁要素：是指判断文书证据自身有无伪造或者变造之情形，如改写、添加等。

文书证据之提出者一般基于形式表达或者字面记载即可完成形式真实之证明。但倘有质疑，则需要以下列方式加以证明：

（一）自我鉴真方法，依文书原件中的若干要素事项（如公章）证明自身的形式真实，一般适用于公文书。

（二）旁证鉴真方法，运用其他外在证据（如笔迹鉴定）证明书证的形式真实，一般适用于私文书。

（三）免于鉴真的方法，如当事人自认或者各方签有某种证据协议。

文书的内容真实是指文书中记载的信息、表达的意思是相关主体真实的意思表示、真实的思想意识、真实的心理显现。

第五节　非接触性取证

第一百条【非接触性取证设备】

非接触性取证是指行政执法人员不与当事人及其他参与人有正面接触，而是利用各种信息技术手段获取有关案件事实的证据材料的取证措施。

非接触性取证生成的证据主要包括视听资料和电子数据。

非接触性取证设备包括但不限于：

（一）执法记录仪：集数码摄像、数码照相、对讲送话器功能于一身，能够对执法过程中动态、静态的现场情况进行数字化记录的集成电子设备。

（二）视频监控系统：由摄像、传输、控制、显示、记录、登记等部分组成的发现、固定案件事实和调查取证的电子网络系统。该系统包括前端摄像机或者智能手机、视频数据传输线缆或无线路径、视频监控平台等设备或者网络技术。

（三）智能手机：类似于个人电脑，具有独立操作系统、独立运行空间，可以由用户自行安装软件、导航等第三方服务商提供的程序，并可以通过移动通讯网络来实现无线网络接入的手机类型的总称。

（四）数码照相机：一种利用电子传感器把光学影像转换成电子数据的照相机，按用途可分为单反相机、微单相机、卡片相机、长焦相机和家用相机等。

（五）摄像机：把光学图像信号转变为电信号并予以视频记录的摄像与录像集成电子产品。摄像机可分为模拟摄像机与网络数字摄像机。该产品存储或者传输的信息具有动态性、连续性、立体性。

（六）无人驾驶飞机：利用无线电遥控设备和自备的程序控制装置操纵的不载人飞机，或者由车载计算机完全地或间歇地自主操作的不载人飞机。该类飞机上装置的摄录设备可以记录并生成音视频资料。本质上属于会飞的照相机或者摄像机。

（七）平板电脑：以触摸屏作为基本输入设备的，小型、便携式个人电脑。

（八）数码录音笔：外形呈笔状，携带方便、功能多样的数字录音器（通过数字存储方式记录音频信息）。

第一百零一条【数字化信息平台】

行政执法主体应当建立健全并充分运用各种行政管理与行政执法数字化信息平台发现案情、收集证据、固定证据、传送证据、留存证据和使用证据。

数字化信息平台是综合运用物联网、大数据、云计算等现代计算机与网络信息技术构建的，完整包括基础软硬件平台系统，以及监管数据采集子系统、监督中心受理子系统、协同工作子系统、地理编码子系统、监督指挥子系统、综合评价子系统、应用维护子系统、基础数据资源管理子系统及数据交换子系统等的信息化集成体系。数字化信息平台也是一种现代管理手段和管理活动，具有自动化、信息化、效率高、成本低的特征和优势。

第一百零二条【视听资料和电子数据的生成】

行政执法中视听资料和电子数据的生成途径包括但不限于：

（一）固定设置检测、监控视频系统，相对稳定地自动生成电子视听资料；

（二）执法人员现场操作非接触性设备，即时、动态生成电子视听资料；

（三）遥控无人机巡查摄录电子视听资料。

使用非接触性设备生成视听资料和电子数据应当确保：

（一）设备设置或者领取使用的合法性；

（二）设备保养和使用的科学性与规范性；

（三）音像摄录的连续性和立体性；

（四）案件信息的特定性和相关性；

（五）视音频数据保存和传输的即时性和完整性。

第一百零三条【视听资料和电子数据的收取】

行政执法主体自行生成的视听资料和电子数据应当及时收取原始数据或者存储媒介或者载体。

在行政执法主体电子设备内或者网络系统中存储、传输的电子数据，一律作为原件使用。通过外在存储媒介或者载体复制，以及由打印设备打印输出的电子数据，按照复制件使用。

非行政执法主体通过不违法的手段采集的视听资料和电子数据，行政执法主体应当依法调取，审核使用。

第一百零四条【收集视听资料和电子数据的注意事项】

收集视听资料和电子数据时应当遵循"原件优先、复制例外"的最佳证据规则。

收集视听资料和电子数据应当最大限度地提取或者调取原始载体或者原始存储介质，并由当事人、提供人、保管人、见证人等签名、按捺指印或者盖章加以佐证确认或者详细说明。

收集原始载体或者原始存储介质确有困难的，可以提取、调取或者转换复制件。收集或者生成复制件应当说明相关行为主体、行为过程及其结果，必要时予以同步录音、摄像。

通过恢复、破解、计算、分析等技术手段形成的新的电子数据，应当有详细的文字说明并经所有相关人员的签名、按捺指印或者盖章佐证确认，必要时予以同步录音、摄像。

第一百零五条【视听资料和电子数据的勘验、检查】

针对当事人及其他参与人生成的视听资料和电子数据，行政执法主体可以依法予以现场或者远程勘验、检查。

现场勘验、检查是指在案件现场实施勘验，以提取、固定现场存留的与案件信息有关的视听资料、电子数据和其他相关证据。

远程勘验是指通过网络对远程目标系统实施勘验，以提取、固定远程目标系统的状态和存留的电子数据。

对已扣押、封存、固定的电子数据，应当及时予以电子证据检查，以发现和提取与案件相关的线索和证据。

对视听资料和电子数据进行勘验、检查应当制作《现场勘验检查笔录》《远程勘验笔录》《电子证据检查笔录》《固定电子证据清单》《封存电子证据清单》《提取电子数据清单》《原始证据使用记录》《勘验检查照片记录表》和远程截获的屏幕截图等，必要时予以同步录音、摄像。

第一百零六条【电子数据的固定与封存】

为了保护电子数据的完整性、真实性和原始性，应当对其实施固定和封存。

作为证据使用的存储媒介、电子设备和电子数据应当在现场固定或封存。

固定存储媒介和电子数据包括以下方式：

（一）完整性校验方式：计算电子数据和存储媒介的完整性校验值，并制作、填写《固定电子证据清单》；

（二）备份方式：复制、制作原始存储媒介的备份，并封存原始存储媒介；

（三）封存方式：对于无法计算存储媒介完整性校验值或制作备份的情形，应当封存原始存储媒介，并在勘验、检查笔录上注明不计算完整性校验值或制作备份的理由。

封存电子设备和存储媒介的基本要求是：

（一）采用的封存方法应当保证在不解除封存状态的情况下，无法使用被封存的存储媒介和启动被封存的电子设备。

（二）封存前后应当拍摄被封存电子设备和存储媒介的照片并制作《封存电子证据清单》，照片应当从各个角度反映设备封存前后的状况，清晰地反映封口或张贴封条处的状况。

第一百零七条【视听资料和电子数据的鉴真】

视听资料和电子数据的鉴真方法包括但不限于：

（一）原始数据、原始存储媒介和原始载体；

（二）计算完整性校验值，生成完整性校验码；

（三）计算机或者网络数据专业检测与鉴定；

（四）取证过程的笔录、图片和其他音视频资料；

（五）制作人、复制人、保管人等的说明；

（六）公证机关对取证过程及结果的证明。

完整性校验值，是指为防止电子数据被篡改或者破坏，使用散列算法等特定算法对电子数据进行计算，得出的用于校验数据完整性的数据值。

第六节　鉴　定

第一百零八条【委托鉴定】

行政执法主体委托实施鉴定，应当注意下列事项：

（一）确有必要实施鉴定；

（二）鉴定机构和鉴定人必须具有法定的、相应的资格和条件；

（三）提出明确且清晰的鉴定目的和要求，但不得强迫或者暗示鉴定人应当作出什么鉴定意见；

（四）最大限度地提供检材、样本和关联资料；

（五）支付鉴定费用；

（六）签订委托书和鉴定协议，载明委托人、委托事项、提供的材料、鉴定要求等；

（七）协助鉴定人行使权利。

行政执法程序应当克服"鉴定依赖症"，非属专门性问题不得动辄委托鉴定。所谓鉴定确有必要，是指该事实的认定属于专门性问题，超越了常识和生活经验，非借助专家知识或者技能不能分析与研判。

行政执法主体指定内设鉴定检测机构实施鉴定活动的，参照委托鉴定进行。

鉴定人鉴定后，应当写出书面鉴定意见，并亲笔签名。

第一百零九条【指定鉴定】

行政执法主体内设有检测、检验、鉴定、评估、认定机构或者人员的，可以依法指定其实施调查取证中的检测、检验、鉴定、评估、认定工作。

检验、检测、鉴定、评估、认定意见应当由检验、检测、鉴定人员签名或者盖章，并加盖所在机构公章。

检验、检测、鉴定、评估、认定意见应当送达当事人。

第一百一十条【鉴定意见的内容】

书面鉴定意见应当包括下列基本内容：

（一）申请或者委托或者指派鉴定的单位或个人；

（二）申请或者委托或者指派鉴定的时间及内容；

（三）明确的结论性意见；

（四）鉴定时提交的相关材料，包括检材、样本和辅助资料；

（五）鉴定的依据和使用的科学技术手段；

（六）鉴定的具体实施过程；

（七）鉴定机构和鉴定人员的资格证明；

（八）鉴定机构印章、发文时间及鉴定人员签名；

（九）其他必要的项目。

鉴定意见应当及时送达当事人及其他参与人。

第一百一十一条【补充鉴定】

具有下列情形之一的，行政执法主体应当决定补充鉴定：

（一）原委托鉴定事项有遗漏的；

（二）原鉴定内容有明显遗漏的；

（三）委托人就原委托鉴定事项提供新的鉴定材料或者发现新的有鉴定意义的证据的；

（四）原鉴定意见不完善，可能导致案件或者事件被不公正处理的；

（五）其他需要补充鉴定的情形。

补充鉴定是原委托鉴定的组成部分，应当由原鉴定人进行。情况特殊者，亦可由其他鉴定人进行。

第一百一十二条【重新鉴定】

具有下列情形之一的，行政执法主体应当决定重新鉴定：

（一）原鉴定人不具有从事委托鉴定事项执业资格的；

（二）原鉴定机构超出登记的业务范围组织鉴定的；

（三）原鉴定人应当回避而没有回避的；

（四）鉴定意见与事实不符或者同其他证据有明显矛盾的；

（五）鉴定意见明显依据不足，不够准确的。

（六）原鉴定程序严重违法的；

（七）行政执法主体认为需要重新鉴定的；

（八）法律、法规规定的其他情形。

需要进行重新鉴定的，应当另行指派或者聘请鉴定人员。

第七节 证据保全

第一百一十三条【先行登记保存的适用】

先行登记保存是指行政执法人员在日常监督检查和案件调查时,在证据可能灭失或以后难以取得的情况下,对相关物品和资料当场登记在册,暂时先予封存固定,并要求当事人或有关人员妥善保管,不得销毁、转移或隐匿,以待行政执法主体进一步调查和处理的证据保全手段。

先行登记保存应当经过行政执法主体负责人批准。情况紧急,时有不逮者,可以采用即时通讯方式获得负责人同意,并在二十四小时内补办批准手续。

就其法律性质而言,先行登记保存是行政执法程序的组成部分和一种证据收集手段,不是独立的具体行政行为。

对先行登记保存的证据,应当在七日内作出处理决定。逾期不作出处理决定的,视为自动解除。

第一百一十四条【先行登记保存文书】

实施先行登记保存,应当会同当事人当场查点清楚,制作并当场交付先行登记保存决定书(通知书),开具清单。必要时,应当对采取先行登记保存措施的证据进行拍照或者对采取先行登记保存的过程进行录像。先行登记保存决定书(通知书)应当载明下列事项:

(一)当事人的姓名或者名称、地址;

(二)先行登记保存的理由、依据和期限;

(三)先行登记保存物品或者资料的名称、规格、数量等性状描述;

(四)登记保存物品或者资料的方式和地点;

(五)申请行政复议或者提起行政诉讼的途径和期限;

(六)作出决定的行政执法主体的名称、印章和日期。

先行登记保存决定书(通知书)应当附清单,载明被采取证据保全措施的物品或者资料的名称、规格、数量、特征等,由办案人员和当事人签名或者按捺指印后,一份交当事人,一份附卷。有见证人的,还应当由见证人签名或者按捺指印。当事人或者见证人拒绝签名或者按捺指印的,办案人员应当在证据保全清单上注明。

先行登记保存证据后七个工作日内,应当及时作出处理决定,制作并向当事人送达《证据登记保存处理决定书》。如需将证据退还当事人,应当填写《登记保存证据退还确认单》,并由当事人签字、按捺指印或者盖章确认。

第一百一十五条【先行登记保存注意事项】

实施先行登记保存应当注意下列事项：

（一）注明被取证当事人；

（二）有取证事由和依据；

（三）有取证的具体时间、地点；

（四）有作为证据的物品或者资料的性状描述等；

（五）有作为证据的物品或者资料的保存期限和地点；

（六）予以登记保存的物品或者资料，应有领导审批记载；

（七）有被取证的单位或个人签名、按捺指印或盖章；

（八）对被登记保存的物品有处理决定和处理结果的文书；

（九）就地由当事人保存物品或者资料的，必须明确告知当事人或者有关人员不得使用、销售、转移、损毁或者隐匿。

第一百一十六条【先行登记保存错误预防】

实施先行登记保存必须克服下列错误：

（一）超过法定期限实施证据登记保存。

（二）任意扩大证据登记保存范围。对没有必要进行证据登记保存，或通过询问笔录、证人证言、现场笔录等其他证据就能够确定行政相对人违法事实的，则不能采取该措施。

（三）需要保存的证据不予登记或登记不规范。行政执法机关不制作证据先行登记保存单，或者不认真规范制作，马马虎虎、草率了事，漏填或者用"一车、一筐、半箱"等含糊单位标记，以至于不能完全、准确地反映登记保存的物品内容，容易与相对人在保存物品的名称、种类、数量、质量等方面产生分歧，引发行政复议或行政诉讼。

第一百一十七条【办理证据公证】

行政执法主体调查收集证据时，如有必要，可以请公证机构对收集的证据及其收集过程等进行公证。

第五章　证据分析

第一百一十八条【证据分析的主体和形式】

行政执法调查取证人员、行政执法主体负责人、参与案件讨论人员、法制审核人员、听证主持人员及其他参与证据运用的人员，都应当对案件中的各类证据采用多种形式进行分析、评价和判断。

证据分析的形式包括但不限于个别甄别、两相比对、综合判断。

证据分析可以在行政执法主体内部进行，亦可开放进行，如召开听证会或者专家论证会，听取当事人、参与人及其代理人或者相关法律、技术等领域专业人士的意见。

第一百一十九条【证据分析的内容】

对单一证据的分析内容包括如下三个层面：

（一）证据资格的有无和证明力的大小；

（二）证据的合法性、真实性和关联性；

（三）影响证据合法性、真实性和关联性的各种行为、环节和状态。

对全案证据的分析内容包括完整性和充分性。

第一百二十条【证据合法性分析要点】

证据合法性的分析要点包括但不限于下列事项：

（一）证据是否符合法定形式；

（二）调查取证的执法人员的资格和数量；

（三）证据的取得是否符合法律、法规和规章的要求；

（四）是否存在影响证据效力的其他不合法因素。

第一百二十一条【证据真实性分析要点】

证据真实性的分析要点包括但不限于下列事项：

（一）证据的来源或者出处；

（二）证据形成的原因、过程；

（三）发现证据时的客观环境；

（四）证据是否为原件、原物，复制件、复制品是否与原件、原物相符；

（五）证据是否进行过修改或者技术处理；

（六）提供证据的人或者证人与当事人是否具有利害关系或者其他可能影响公正处理的关系；

（七）证据与拟证明事实之间是否存在无法解释的矛盾；

（八）影响证据真实性的其他因素。

单个证据的部分内容不真实的，不真实部分不得采信。

第一百二十二条【证据关联性分析要点】

证据关联性的分析要点包括但不限于下列事项：

（一）证据证明的事实是否与案件实体性事实或者程序性事实有本质的内在联系，以及关联程度的大小；

（二）证据所证明的事实对案件主要情节和案件性质的影响程度；

（三）证据之间是否互相印证，能否形成完整的证据逻辑体系；

（四）所形成的证据逻辑体系能否全面印证案件的法律事实；

（五）是否有影响证据关联性的其他因素。

第一百二十三条【全案证据分析要点】

全案证据的分析要点包括但不限于下列事项：

（一）证据之间能否相互印证；

（二）证据之间是否存在无法解释的矛盾；

（三）证据与事理或者情理之间是否存在无法解释的矛盾；

（四）证据是否达到一定的数量；

（五）证据是否足以认定案件事实；

（六）证据是否形成完整的证据逻辑体系（证明体系）；

（七）是否有影响证据完整性和充分性的其他因素。

第一百二十四条【证据分析的原则】

行政执法程序中，任何人分析证据都应当坚持全面、客观、公正原则。

分析证据应当进行必要的论证与反驳，并交代肯定或者否定的理由。

当事人和其他参与人有权对案件证据发表意见。行政执法人员应当认真听取、合理采纳。

第一百二十五条【证据的文义分析】

文义分析适用于书证、视听资料、电子数据和各种笔录。

文义分析是通过对字、词、句、符号、图形、图像及上下文语境的研判来探知证据中所包含的案件事实信息。

除非法律、法规、规章有明确解释，文义分析优先选择普通含义，其次考量专业含义。

文义分析并不限于字面解释，它可以与逻辑分析、科学分析相结合。

第一百二十六条【证据的逻辑分析】

对所有证据，尤其是实物证据或者间接证据，应当采用逻辑分析的研判方法。

逻辑分析包括但不限于演绎分析、归纳分析、类比分析以及论证与反驳、反证、印证、验证等方法。

逻辑分析应当遵循形式逻辑和辩证逻辑的基本规律与推理规则。

第一百二十七条【全案证据的逻辑体系】

全案证据的逻辑形态（证明体系）包括链条式和合股式。

全案证据的链条式是指各个证据之间在证明案件事实真相上呈现环环相扣、一环连一环的整体状态。

全案证据的合股式是指各个证据之间在证明案件事实真相上呈现并列合股、共同发挥证明作用的整体状态。

全案证据的证明力取决于证据的完整性和充分性。

证据的完整性是指全部证据整体和谐、相互印证，彼此之间没有矛盾冲突。

证据的充分性是指全部证据所留存的案件信息足以将过去发生的案件事实揭示出来。

第一百二十八条【证据的科学分析】

对案件中的专门性问题，尤其是解读分析各类物证、对证据进行鉴真，应当采取科学鉴定的分析方法。

对证据进行科学分析的基础学科为法庭科学，包括但不限于物理学、化学、生物学和医学的知识原理与技术手段。

第一百二十九条【应当排除的证据】

下列证据应当予以排除，没有证据资格：

（一）一切不具备合法性的证据，包括但不限于：

1. 严重违反法定程序收集的证据；

2. 以引诱、欺诈、胁迫、暴力等不正当手段获取的证据；

3. 以偷拍、偷录、窃听等手段获取且侵害他人合法权益的证据；

4. 以其他违反法律禁止性规定或者侵犯他人合法权益的方法获取的证据；

5. 不能正确表达意志而无证人资格的人提供的证言；

6. 鉴定人不具备鉴定资格、鉴定程序严重违法情形下出具的鉴定意见；

7. 存在明显不符合法律、法规、规章和相关规定要求的勘验、检查、现场笔录。

（二）无形式关联性的证据，包括但不限于：

1. 与案件没有任何联系的证据材料；

2. 对案件待证事实的证明没有实质指向意义的重复证据、拖延证据；

3. 对证明目标会带来不当影响的误导证据或者明显偏见证据；

4. 不能指向案件中专门性问题判断的、意见不明确或者内容不完整的鉴定意见。

（三）无形式真实性的证据，包括但不限于：

1. 根本不能成立的证据；

2. 无法感知和认识的证据；

3. 被伪造、变造或者经过技术处理而无法辨明真伪的证据；

4. 被询问人身份未经确认或者没有进行个别询问而取得的证人证言、当事人陈述。

（四）不能对证据资格进行鉴真的证据，包括但不限于：

1. 对来源及收集过程有疑问，不能作出合理解释的书证、物证；
2. 没有其他证据佐证且相关人员不予认可的证据复制件或者复制品；
3. 经审查或者鉴定无法确定真伪的视听资料、电子数据；
4. 制作和取得时间、地点、方式等有异议，不能提供必要证明的视听资料、电子数据；
5. 没有经证人、当事人核对确认的证人证言、当事人陈述；
6. 在中华人民共和国境外形成的未办理法定证明手续的证据；

（五）不具备合法性、形式真实性和形式关联性的其他证据。

第一百三十条【待补强证据】

下列证据不能单独作为定案的依据，其证明力需要其他确实、充分的证据予以必要的补强：

（一）无其他证据佐证的当事人陈述；

（二）未成年人所作的与其年龄和智力状况不相适应的证言；

（三）与一方当事人有亲属关系或者其他密切关系的证人所作的对该当事人有利的证言，或者与一方当事人有不利关系的证人所作的对该当事人不利的证言；

（四）有正当理由不当面陈述作证的书面证人证言；

（五）难以识别是否经过修改的视听资料、电子数据；

（六）无法与原件、原物核对的复制件或者复制品；

（七）经一方当事人或者他人改动，对方当事人不予认可的证据；

（八）其他不能单独作为定案依据的证据。

第一百三十一条【间接证据的证明力】

间接证据同时具备下列条件时具有证明力，可以作为认定案件事实的根据：

（一）每一间接证据都已经查证属实；

（二）各间接证据之间相互印证，不存在无法排除的矛盾和无法解释的疑问；

（三）全案证据已经形成完整的证明体系；

（四）运用间接证据进行的推理符合逻辑和经验；

（五）根据间接证据认定案件事实已经达到相应的证明标准。

第一百三十二条【当事人陈述的分析】

对当事人陈述的分析，包括但不限于如下方面：

（一）询问过程及其笔录或者音视频资料是否合法；

（二）当事人是否因规避不利法律后果而提供虚假陈述；

(三)当事人是否因表述能力等主观原因而导致陈述瑕疵;

(四)当事人陈述是否与其他证据吻合,是否有其他证据印证,是否能排除其他证据的矛盾。

第一百三十三条【证人证言的分析】

对证人证言的分析,包括但不限于如下方面:

(一)证言的内容是否为证人直接感知;

(二)证言形成的主客观条件;

(三)证人作证时的年龄、认知、记忆和表达能力,生理和精神状态是否影响作证;

(四)证人与案件当事人、案件处理结果有无利害关系;

(五)询问证人是否个别进行;

(六)询问笔录的制作、修改是否符合法律、法规、规章的要求,是否注明询问的起止时间和地点,首次询问时是否告知证人有关作证的权利、义务和法律责任,证人对询问笔录是否核对确认;

(七)询问未成年证人时,是否通知其法定代理人或者有关人员到场,其法定代理人或者有关人员是否到场;

(八)询问聋、哑人,是否提供通晓聋、哑手势的人员作手语翻译;

(九)询问不通晓当地通用语言、文字的证人,是否提供翻译人员;

(十)证人证言有无以暴力、威胁等非法方法收集的情形;

(十一)证言之间以及与其他证据之间能否相互印证,有无矛盾。

处于明显醉酒、中毒或者麻醉等状态,不能正常感知或者正确表达的证人所提供的证言,不得作为证据使用。

证人的猜测性、评论性、推断性证言,不得作为证据使用,但根据一般生活经验判断符合事实的除外。

第一百三十四条【书证的分析】

对书证的分析,包括但不限于如下方面:

(一)是否为原件,是否经过辨认、鉴定;书证的复制件是否与原件相符,是否由二人以上制作,有无制作人关于制作过程以及原件存放于何处的文字说明和签名;

(二)书证的收集程序、方式是否符合法律、法规、规章的要求;经勘验、检查、搜查、提取、扣押的书证,是否附有相关笔录、清单,笔录、清单是否经行政执法人员、书证持有人、见证人签名或者按捺指印,没有书证持有人签名或者按捺指印的,是否注明原因;

(三)书证的落款及制作人、制作日期等主体要素有无彰显;

（四）影响书证成立的必要意思要素是否都已经全部出现；

（五）书证在收集、保管、鉴定过程中是否受损或者改变；

（六）书证与案件事实有无关联；

（七）与案件事实有关联的书证是否被全面收集；

（八）书证与其他证据是否协调、和谐。

据以定案的书证应当是原件。取得原件确有困难的，可以使用复制件。

书证有更改或者对更改迹象不能作出合理解释，或者书证的复制件不能反映原件及其内容的，不得作为定案的根据。

书证的复制件，经与原件核对无误、经鉴定为真实或者以其他方式确认为真实的，可以作为定案的根据。

第一百三十五条【物证的分析】

对物证的分析，包括但不限于如下方面：

（一）是否为原物，是否经过辨认、鉴定；物证的照片、录像、复制品是否与原物相符，是否由二人以上制作，有无制作人关于制作过程以及原物存放于何处的文字说明和签名；

（二）物证的收集程序、方式是否符合法律、法规、规章的要求；经勘验、检查、搜查提取、扣押的物证，是否附有相关笔录、清单，笔录、清单是否经行政执法人员、物品持有人、见证人签名或者按捺指印，没有物品持有人签名或者按捺指印的，是否注明原因；物品的名称、特征、数量、质量等是否注明清楚；

（三）物证有无清晰、明确、完整的保管链条；

（四）物证在收集、保管、鉴定过程中是否受损或者改变；

（五）物证与案件事实有无关联；对现场遗留的与案件有关的具备鉴定条件的血迹、体液、毛发、指纹等生物检材、痕迹、物品，是否已作 DNA 鉴定、指纹鉴定等，并与疑似人或者被害人的相应生物样本、生物特征、物品等比对；

（六）与案件事实有关联的物证是否被全面收集；

（七）物证与其他证据有无矛盾冲突，是否被其他证据所否定。

据以定案的物证应当是原物。原物不便搬运，不易保存，依法应当由有关部门保管、处理，或者依法应当返还的，可以拍摄、制作足以反映原物外形和特征的照片、录像、复制品。

物证的照片、录像、复制品，不能反映原物的外形和特征的，不得作为定案的根据。

物证的照片、录像、复制品，经与原物核对无误、经鉴定为真实或者以其他方式确认为真实的，可以作为定案的根据。

第一百三十六条【视听资料的分析】

对视听资料的分析，包括但不限于如下方面：

（一）是否附有提取过程的说明，来源是否合法；

（二）是否为原件，有无复制及复制份数；是复制件的，是否附有无法调取原件的原因、复制件制作过程和原件存放地点的说明，制作人、原视听资料持有人是否签名、按捺指印或者盖章；

（三）制作过程中是否存在威胁、引诱当事人等违反法律、法规、规章及有关规定的情形；

（四）是否写明制作人、持有人的身份，制作的时间、地点、条件和方法；

（五）内容和制作过程是否真实，有无剪辑、增加、删改等情形；

（六）内容与案件事实有无关联；

（七）与其他证据有无矛盾冲突，是否被其他证据所否定。

对视听资料有疑问的，应当进行鉴定。

经审查无法确定真伪的视听资料，以及制作、取得的时间、地点、方式等有疑问，不能提供必要证明或者作出合理解释的视听资料不能作为定案根据。

第一百三十七条【电子数据的分析】

对电子数据的分析，包括但不限于如下方面：

（一）执法程序中初始生成电子数据的合法性；

（二）是否随原始存储介质移送；在原始存储介质无法封存、不便移动或者依法应当由有关部门保管、处理、返还时，提取、复制电子数据是否由二人以上进行，是否足以保证电子数据的完整性，有无关于提取、复制过程及原始存储介质存放地点的文字说明和签名；

（三）收集程序、方式是否符合法律、法规、规章和有关技术规范要求；经勘验、检查等收集的电子数据是否附有笔录、清单，并经行政执法人员、电子数据持有人、见证人签名或者按捺指印；没有持有人签名或者按捺指印的，是否注明原因；远程调取境外或者异地的电子数据的，是否注明相关情况；对电子数据的规格、类别、文件格式等是否注明清楚；

（四）电子数据内容是否真实，有无删除、修改、增加等情形；

（五）电子数据与案件事实有无关联；

（六）与案件事实有关联的电子数据是否全面收集；

（七）电子数据与其他证据有无矛盾冲突，是否被其他证据所否定。

对电子数据有疑问的，应当进行鉴定或者检验。

经审查无法确定真伪的电子数据,以及对制作、取得的时间、地点、方式等有疑问,不能提供必要证明或者作出合理解释的电子数据不能作为定案根据。

第一百三十八条【电子数据真实性分析】

对于电子数据真实性的分析,应当结合下列因素综合判断:

(一)电子数据的生成、存储、传输所依赖的计算机系统的硬件、软件环境是否完整、可靠;

(二)电子数据的生成、存储、传输所依赖的计算机系统的硬件、软件环境是否处于正常运行状态,或者不处于正常运行状态时对电子数据的生成、存储、传输是否有影响;

(三)电子数据的生成、存储、传输所依赖的计算机系统的硬件、软件环境是否具备有效地防止出错的监测、核查手段;

(四)电子数据是否被完整地保存、传输、提取,保存、传输、提取的方法是否可靠;

(五)电子数据是否具有数字签名、数字证书等特殊标识;

(六)电子数据是否为在正常的往来活动中形成和存储;

(七)保存、传输、提取电子数据的主体是否适当;

(八)电子数据的收集、提取过程是否可以重现;

(九)影响电子数据完整性和可靠性的其他因素。

如有必要,可以通过鉴定或者勘验等方法,审查判断电子数据的真实性。

数字签名,是指利用特定算法对电子数据进行计算,得出的用于验证电子数据来源和完整性的数据值。

数字证书,是指包含数字签名并对电子数据来源、完整性进行认证的电子文件。

第一百三十九条【电子数据完整性分析】

对于电子数据完整性的分析,应当根据保护电子数据完整性的相应方法进行验证:

(一)审查原始存储介质的扣押、封存状态;

(二)审查电子数据的收集、提取过程,查看录像;

(三)比对电子数据完整性校验值;

(四)与备份的电子数据进行比较;

(五)审查冻结后的访问操作日志;

(六)其他方法。

存储介质，是指具备数据信息存储功能的电子设备、硬盘、光盘、优盘、记忆棒、存储卡、存储芯片等载体。

完整性校验值，是指为防止电子数据被篡改或者破坏，使用散列算法等特定算法对电子数据进行计算，得出的用于校验数据完整性的数据值。

访问操作日志，是指为审查电子数据是否被增加、删除或者修改，由计算机信息系统自动生成的对电子数据访问、操作情况的详细记录。

第一百四十条【电子数据真实性推定】

电子数据存有下列情形之一的，可以推定其具有真实性，但有相反证据足以反驳者除外：

（一）由当事人提交或者保管的于己不利的；

（二）由记录和保存电子数据的中立第三方平台提供或者确认的；

（三）在正常业务活动中形成的；

（四）以档案管理方式保管的；

（五）以当事人约定的方式保存、传输、提取的。

电子数据的内容经公证机关公证的，应当确认其真实性，但有相反证据足以推翻者除外。

第一百四十一条【鉴定意见的分析】

对鉴定意见的分析，包括但不限于如下方面：

（一）鉴定机构和鉴定人是否具有法定资质；

（二）鉴定人是否存在应当回避的情形；

（三）检材的来源、取得、保管、送检是否符合法律、法规、规章及有关规定，与相关提取笔录、扣押物品清单等记载的内容是否相符，检材是否充足、可靠；

（四）鉴定意见的形式要件是否完备，是否注明提起鉴定的事由、鉴定委托人、鉴定机构、鉴定要求、鉴定过程、鉴定方法、鉴定日期等相关内容，是否由鉴定机构加盖司法鉴定专用章并由鉴定人签名、盖章；

（五）鉴定程序是否符合法律、法规、规章及有关规定；

（六）鉴定的过程和方法是否符合相关专业的规范要求；

（七）鉴定意见是否明确；

（八）鉴定意见与案件待证事实有无关联，发挥的是直接证明作用还是间接证明作用；

（九）鉴定意见与勘验、检查笔录及相关照片等其他证据是否矛盾；

（十）补充鉴定或者重新鉴定是否符合法律规定；

（十一）鉴定意见是否依法及时告知相关人员，当事人对鉴定意见有无异议。

第一百四十二条【鉴定意见并无当然证明力】

鉴定意见并不当然具有不可动摇的证明力。

鉴定意见具有下列情形之一的，不得作为定案的根据：

（一）鉴定机构不具备法定资质，或者鉴定事项超出该鉴定机构业务范围、技术条件的；

（二）鉴定人不具备法定资质，不具有相关专业技术或者职称，或者违反回避规定的；

（三）送检材料、样本来源不明，或者因污染不具备鉴定条件的；

（四）鉴定对象与送检材料、样本不一致的；

（五）鉴定程序违反规定的；

（六）鉴定过程和方法不符合相关专业的规范要求的；

（七）鉴定文书缺少签名、盖章的；

（八）鉴定意见与案件待证事实没有关联的；

（九）违反有关规定的其他情形。

第一百四十三条【笔录证据的分析】

对笔录证据的分析，包括但不限于如下方面：

（一）笔录记载的基础活动是否依法进行，笔录的制作是否符合法律、法规、规章的要求，勘验、检查、辨认、实验、询问人员和见证人是否签名、按捺指印或者盖章；

（二）勘验、检查笔录是否记录了提起勘验、检查的事由，勘验、检查的时间、地点、在场人员、现场方位、周围环境等，现场的物品、人身等的位置、特征等情况，以及勘验、检查的过程；文字记录与实物或者绘图、照片、录像是否相符；现场、物品、痕迹等是否伪造、有无破坏；人身特征、伤害情况、生理状态有无伪装或者变化等；

（三）补充进行勘验、检查的，是否说明了再次勘验、检查的缘由，前后勘验、检查的情况是否矛盾；

（四）辨认笔录是否详细记录了辨认的过程、方法；

（五）实验笔录是否详细记录了实验的条件、过程、方法；

（六）询问笔录对陈述的记载是否客观、准确、全面；

（七）笔录与其他证据有无矛盾，是否被其他证据否定。

笔录存在明显不符合法律、法规、规章及有关规定的情形，且不能作出合理解释或者说明的，不得作为定案的根据。

文字笔录和音像摄录的音视频资料应当相互参照分析。

第一百四十四条【卷宗和程序证据的证明力】

行政执法主体应当严格按照法律、法规、规章的要求立卷存档。

行政执法卷宗包括纸质版和电子版,二者具有同等效力。

行政执法卷宗自立案时开始建立,随执法程序发展而不断完善,至结案时健全。

行政执法卷宗除收录能够证明案件实体法事实和证据法事实的各种证据材料外,还留存着能够证实执法程序合法规范的程序性证据。

行政执法卷宗及其各种程序性证据是证明程序性事实的主要证据,应当具有合法性、真实性和关联性。

第一百四十五条【数个证据的证明力】

证明同一事实的数个证据,其证明力一般可以按照下列情形比较分析:

(一)国家机关、其他职能部门依职权制作的公文书证的证明力一般大于其他书证;

(二)鉴定意见、勘验笔录、档案材料或者经过公证、登记的书证,其证明力一般大于其他书证、视听资料、电子数据和证人证言;

(三)原始证据的证明力一般大于传来证据;

(四)直接证据的证明力一般大于间接证据;

(五)证人提供的对与其有亲属关系或者其他特定关系的当事人有利的证言,或者对与其有不利关系的当事人不利的证言,其证明力一般低于其他证人证言;

(六)有数个证人证言的,应根据不同证人的自身情况、对案件事实的了解程度等,结合案情进行综合分析认定;

(七)原件、原物优于复制件、复制品;

(八)数个种类不同、内容一致的证据优于一个孤立的证据。

上述规定仅具一般指导意义或者建议价值,并不妨碍行政执法主体及其相关人员自由判断证据的证明力。

第一百四十六条【证明妨碍推定】

下列行为属于证明妨碍:

(一)掌控证据材料而故意隐匿不予提交;

(二)故意毁损证据材料;

(三)故意涂改、变造证据材料;

(四)威胁、阻扰他人提交证据、证人作证;

(五)提交伪造、虚假的证据或者证言;

(六)其他妨碍证据运用的情形。

认定上述证明妨碍情形必须有相当的证据加以证实，其证明程度应当达到优势证据证明标准。

第一款第（一）项证明妨碍情形足资认定者，行政执法主体应当责令相关人员提交证据，因提交证据所产生的费用由妨碍人负担。相关人员无正当理由拒不提交的，行政执法主体可以推定相对方或者第三人基于该证据主张的事实成立。

第一款第（二）项至第（六）项证明妨碍情形足资认定者，行政执法主体应当依法追究妨碍人或者相关人员的法律责任，并可综合案件情形决定是否推定相对方或者第三人基于该证据主张的事实成立。

第六章 证据整理与提交

第一百四十七条【证据整理的概念和原则】

证据整理是指行政执法主体在证据分析的基础上，对所收集或者制作生成的证据所进行的取舍、归类与编排工作。

证据整理必须坚持最大保留原则，尽可能在合法的前提下扩张证据的使用范围。

第一百四十八条【证据整理的适用情形】

凡需要提交、运用证据，就应当整理证据。

遇有下列情形，应当进行相应的证据整理：

（一）案件送交行政机关负责人审查决定；

（二）送交行政机关负责人集体讨论案件；

（三）法制审核机构审核案件；

（四）举行案件听证会；

（五）行政机关案件审理委员会审理案件；

（六）将案件移送司法机关；

（七）行政复议程序；

（八）行政诉讼程序；

（九）立卷归档；

（十）行政执法监督；

（十一）其他需要整理证据的情形。

第一百四十九条【证据整理的方法】

证据整理的方法包括但不限于：

（一）按照待证事实分类整理，包括实体法事实、程序法事实和证据法事实；

（二）按照实体法事实构成要件整理，包括主体、客体、权利、义务、责任、行为、事件等；

（三）按照事实发展的时间顺序整理，包括产生、变更、终止，立案、办案、结案等；

（四）按照证据种类整理，如分为人证、物证、书证等；

（五）按照证据分类整理，如分为本证、反证等；

（六）按照卷宗归档要求整理，如以办案程序为主线，将证据贯穿于其中等。

第一百五十条【证据目录的编制】

证据整理应当编制证据目录。

编制证据目录应当包括下列项目：

（一）证据目录标题和案号；

（二）证据序列编号；

（三）证据名称；

（四）证据来源；

（五）证据拟证明的待证事实；

（六）证据包含的信息内容；

（七）证据件数、份数与页数；

（八）是否为原件、原物；

（九）备注信息；

（十）编制主体名称、签名或者印章；

（十一）编制日期或者提交日期。

上述第（二）项至第（九）项，以及相应的在编证据信息，应当采用表格式编制。各项目为列，各证据成行。

案情复杂、证据数量众多的案件，可以根据证明对象或者证据类型对所有证据再行分组。分组仅为使证据相对集中，不得因此打断全案证据编号的连续表达。

证据目录根据需要可以一式多份。

证据目录应置于所有证据之前。所有证据应当按照证据目录编号顺序逐一整理归类。

第一百五十一条【证据目录标题和案号的表达】

证据目录标题可以简单表述为"证据目录"，也可详细表述为"案由＋证明目录"，如"张三违法搭建案证据目录"。

案由由行为主体和案件性质共同构成。行为人数众多、案件性质不同时，可以择一显著者加以表达。

证据目录标题应当居中，独立一行。

案号是指行政执法案件的编号，应当依据相应的法律、法规、规章和办案实际加以表达，一般由年度、执法主体代字、案件性质代字、案件顺序号等构成。

案号应当另起一行，置于标题右下方。

第一百五十二条【证据序列编号的表达】

证据序列编号在证据目录中可以简称编号或者序号。

证据序列编号用阿拉伯数字连续表达，如1、2、3等。

一种或者一份证据使用一个证据序列编号。禁止两种或者两份以上证据合用一个证据序列编号。

证据分组时，各组编号使用"第一组"、中文序数"一"或者"（一）"加以表达。

证据序列编号不得使用字母、罗马数字及其他方式加以表达。

第一百五十三条【证据名称的表达】

证据名称可以最简便地直接选用法律、法规、规章中的表达，如当事人的陈述，书证，物证，视听资料，电子数据，证人证言，鉴定意见，勘验笔录或者现场笔录。

证据名称亦可结合具体案件情况，使用规划许可证、书面合同、协议书等，表示是书证类；照片、示意图表示是物证类；微信聊天表示是电子数据类；调查询问笔录表示是证人证言类；等等。

证据名称应当简洁明了、言简意赅，不宜过于冗长、复杂。

第一百五十四条【证据来源的表达】

证据来源包括下列三种情形：

（一）证据的最初生成，如对于许可证件，可表述为某年某月某日某行政机关核发；对于音视频资料，可表述为某年某月某日某人摄录；对于证人证言，可表述为某证人于某年某月某日某时目击；等等。

（二）对于复制件、复制品及示意证据，证据来源主要是指证据原件、原物的存在或者保管处所、机关，如对老旧房屋产权证书的来源，可表述为某年某月某日复制于某机关部门之档案室，等等。

（三）证据的获取过程，即证据最初来自什么地点和什么人，如对于物证，可表述为某年某月某日某人在某现场勘查时获得；对于证言笔录，可表述为某年某月某日某证人在某处谈话作成；等等。

证据来源绝对不能表述为当事人提供或者提交。

第一百五十五条【证据拟证明待证事实的表达】

证据拟证明的待证事实，在证据目录中可以简写为证明对象或者待证事实。

在具体案件中，证明对象可以表述为宏观的某某法律关系，亦可表述为微观的法律关系八要素，即主体、客体、内容，产生、变更、消灭，行为、事件。

证明对象的表述不需要面面俱到，紧紧围绕双方当事人争议的焦点问题、争议事实即可，如证实张三违法搭建、证明李四占道经营、反映王五殴打受害人等。

证明对象与证明目的有关联，但是不能完全混淆等同。证明目的是运用证据进行证明活动所追求的目标，是运用证据所希望达到的程度，它主要是将案件证明对象证实清楚、揭示出来。

第一百五十六条【证据信息内容的表达】

证据信息内容在证据目录中可以简写为证据内容。证据内容是指证据中所包含的案件事实信息。

在证据目录中表达证据内容需要高度概括、提纲挈领，不宜啰嗦，否则一方面不符合目录的简便要求，另一方面也混淆了书面证据目录与举证言词说明的关系，如某证人证言的证据内容可表述为证人看见李四殴打了张三，某照片的证据内容可表述为拍摄了王五于某时某处占道经营等。

证据内容与证明对象不是一回事。证明对象是双方有争议、认识不一致或者有分歧的案件事实，它需要查明、证明，靠证据来证实。证据内容是该证据能够发挥证明作用的信息，正是依赖这些信息，案件事实才能被复制、被感知、被查实。因此，证据内容是证据证明力之所在，是证据具有实质关联性的具体表现。

第一百五十七条【编制主体与日期的表达】

证据目录的落款为编制主体交代和编制日期交代。

行政执法主体编制的证据目录，其编制主体应当使用规范的全称，如某省某市城市管理综合执法局，不得使用简便称谓。

编制主体全称应当加盖单位行政公章。

编制日期应当使用中文数字表述法，如二〇二一年六月八日，不提倡使用阿拉伯数字表述法，严禁使用其他不规范表达形式。

第一百五十八条【证据提交的基本规则】

提交任何证据，都应当坚持下列基本规则：

（一）原件、原物优先：适用于书证、物证、文字笔录；

（二）本体、原始载体优先：适用于视听资料、电子数据、音像笔录；

（三）当面陈述优先：适用于当事人陈述、证人证言、鉴定意见。

上述规则并不妨碍根据实际情况采用其他变通的提交方式，如对不动产证据、案件现场就应当且只能提供诸如图表、照片、音视频等示意证据。存有合理疑问时，可以共同勘验原物或本体。

第一百五十九条【言词证据的提交】

当事人陈述、各类证人证言的最佳提交方式为亲自出面、直接陈词并接受直接询问。

在调查取证阶段已经生成书面调查询问笔录或者音视频资料且不存在合法性、真实性、关联性异议的，也可以提交文字笔录或者音像笔录。

遇有法律、法规、规章强制要求当事人、证人亲自出面陈述者，行政执法主体应当执行并提前通知相关人员。

当事人、证人直接接受询问应当如实陈述自身亲历的事实，不得提供虚假信息，不得使用猜测、评价、分析等意见代替事实陈述。

第一百六十条【直接询问的规则】

询问出面作证的证人，应当遵循以下规则：

（一）发问的内容应当着重围绕与案件相关的事实；

（二）发问应当单独进行；

（三）发问应当简洁、清楚；

（四）发问应当采取一问一答形式，不宜同时发问多个内容不同的问题；

（五）不得以诱导方式发问；

（六）不得威胁或者误导证人；

（七）不得损害证人的人格尊严；

（八）不得泄露证人的个人隐私；

（九）询问未成年人，应当结合未成年人的身心特点进行。

直接询问鉴定人、勘验人、当事人等，参照上述规则执行。

第一百六十一条【当事人和证人的不出面】

当事人和证人具有下列情形之一时，经过必要的证明和查证环节，可以不出面亲自陈述：

（一）在前置程序中的言词陈述已获得对方及相关主体的认可且有据可查，因而无须再次出面；

（二）因客观障碍而不能或者不便出面，包括但不限于：

1. 因年迈或者健康原因不能出面；

2. 因路途遥远、交通不便无法出面；

3. 因自然灾害等不可抗力或者其他意外事件无法出面；

4. 因其他特殊原因确实无法出面。

当事人和证人应当出面而不能或者不便出面时，可以采取如下陈述方式加以补救：

（一）提供事先摄录好的音视频资料；

（二）利用各种视听传输技术在线远程音视频陈述；

（三）提供经过公证的书面陈述。

第一百六十二条【实物证据的提交】

书证和物证的最佳提交方式为原件、原物。

在调查取证阶段已经生成复制件或者复制品及示意证据材料且不存在合法性、真实性和关联性异议的，也可以提交复制件、复制品及示意证据材料。

书证原件与复制件，物证原物与复制品及示意证据材料，应当通过宣读或者展示的方式供人查阅、辨认。必要时可以共同勘验、检查。

提供报表、图纸、会计账册、专业技术资料、科技文献等专门书证的，应当附有说明材料。

原物为数量较多的种类物的，仅需提供其中的一部分。

第一百六十三条【使用复制件的条件】

具有下列情形之一时，可以使用书证复制件：

（一）提供原件确有困难，如原件丢失、暂时难以发现、对方或他人控制原件而不提交等；

（二）需要留存原件，如户口簿、身份证等；

（三）原件为第三方所保管，如各类档案中的文书、规划许可、施工许可等；

（四）原件过于庞大、繁杂、专业，如施工图纸、财务账册报表等；

（五）原件不堪使用，如老旧房屋产权证书发黄、发脆、霉变等；

（六）其他不得不使用复制件的情况。

书证的复制件，经与原件核实无误或者经鉴定证明为真实的，可以作为证据使用。

书证的复制件，应当附有关制作过程及原件存放处的文字说明或者音视频资料，并由制作人和原件持有人或者持有单位有关人员签名、按捺指印或者盖章确认。

第一百六十四条【使用复制品或者示意证据的条件】

具有下列情形之一的，可以使用物证复制品或者示意证据：

（一）提供原物确有困难，如原物为不动产、案发现场，或者原物已不存在；

（二）原物不便搬运、不易保存，如易腐烂的瓜果蔬菜；

（三）原物依法应当由有关部门保管、处理，如枪支弹药；

（四）原物依法应当予以返还，如扣押的动产；

（五）其他不得不使用复制品的情况。

示意证据是指复制或者描绘与案件有关的人物、物体或者场景的展示性证据或者替代物品，一般包括模型、图表、素描、照片、电子图像、电影胶片等类型。

物证的复制品、照片、录像，经与原物核实无误或者经鉴定证明为真实的，可以作为证据使用。必要时可以共同勘验、检查。

物证的复制品、照片、录像，应当附有关制作过程及原物存放处的文字说明或者音视频资料，并由制作人和物品持有人或者持有单位有关人员签名、按捺指印或者盖章确认。

第一百六十五条【视听资料和电子数据的提交】

视听资料和电子数据的最佳提交方式为提供原始数据、原始存储介质、原始载体和完整载体。

在调查取证阶段已经依法生成复制件或者转换资料且不存在合法性、真实性和关联性异议的，也可以提交复制件或者转换资料。

视听资料和电子数据复制件的提交理由与鉴真方式同书证相关规定。

提交视听资料和电子数据应当现场予以播放或者演示。

提交声音资料应当附有该声音内容的文字记录。

第一百六十六条【电子数据的拟制原件】

下列电子数据视为原件：

（一）在电子系统里被完整地再次保存、传输、提取的电子数据；

（二）电子数据制作者制作的与原件一致的复制件；

（三）直接来源于电子数据的打印件；

（四）直接来源于电子数据的其他可显示、识别的输出介质。

第一百六十七条【鉴定意见的提交】

鉴定意见首先应当以《鉴定意见书》或者《鉴定报告书》以及类似文书的形式提交。

在对鉴定意见存有异议时，根据法律、法规、规章规定或者案件实际需要，鉴定人应当出面接受询问，回答相关问题，对作出的鉴定意见进行必要的解释、说明或者补充。

参照证人不出面作证之理由，在鉴定人出面言词回答确有困难时，依法可以提交书面意见回应各种质询。

第一百六十八条【笔录证据的提交】

提交文字记录生成的笔录证据，等同于书证的提交。

提交音像记录生成的笔录证据，等同于视听资料和电子数据的提交。

对笔录证据的合法性、真实性和关联性存有异议或者疑问时，笔录制作人、见证人应当出面予以言词解释或者说明。

参照证人不出面作证之理由，在笔录制作人或者见证人出面言词陈述确有困难时，依法可以提交书面意见回应各种异议或者疑问。

第一百六十九条【域外证据的提交】

提交从中华人民共和国域外取得的证据，应当说明来源，一并附有所在国公证机关的证明，以及中华人民共和国驻该国使领馆的认证，或者已经履行中华人民共和国与该证据所在国订立的有关条约中规定的证明手续。

提交在中华人民共和国香港特别行政区、澳门特别行政区和台湾地区取得的证据，应当一并附有已经按照有关规定办理的证明手续。

第一百七十条【外文书证的提交】

提交外文书证或者外国语视听资料等证据，应当一并附有由具有翻译资质的机构翻译的或者其他翻译准确的中文译本，由翻译机构盖章或者翻译人员签名、盖章。

第一百七十一条【涉密证据的提交】

提交涉及国家秘密、商业秘密或者个人隐私的证据，应当作出明确标注，以不公开方式完成。

知晓涉密证据的所有人都应当遵守保密义务，不得以任何形式通过自己或者第三人直接或者间接地加以泄露或者使用。

第一百七十二条【卷宗与程序证据的提交】

提交卷宗与程序证据应当提供原件，并且保持其完整、全面、规范、有序。

行政执法办案卷宗应当依法确定保密级别。

凡不在卷宗收录范围内的任何事实或者材料，都不得作为行政执法证据加以采纳。

第一百七十三条【责令提出证据】

有优势证据证明某一案件关键证据在某一主体控制下，且该主体无正当理由拒不提交的，对待证事实负有举证责任的另一方主体可以申请行政执法主体责令控制人提交证据。该控制人拒绝提交的，按照证明妨碍处置。

行政执法主体也可以依据职权作出上述责令。

下列情形下，控制书证的某一主体应当提交书证：

（一）控制书证的该方主体在法律程序中曾经引用过的书证；

（二）为对方主体的利益而制作的书证；

（三）对方主体依照法律规定有权查阅、获取的书证；

（四）账簿、记账原始凭证；

（五）应当提交书证的其他正当情形。

第一百七十四条【提交证据的期限】

行政执法主体及其相应的工作人员应当在法定程序确立的和办案实际需要的期间内完成证据整理与提交工作。

第一百七十五条【证据交换】

案情比较复杂或者证据数量较多的案件，行政执法主体可以组织相关人员在证据整理前后向对方出示或者交换证据，并将交换证据的情况用文字或者音像记录在卷。

第七章　听证程序与质证

第一节　行政执法中的听证程序

第一百七十六条【应当听证的案件】

具有下列情形之一的重大案件，行政执法主体在作出事实认定和行政执法决定之前应当举行听证：

（一）行政执法事项属于法律、法规、规章规定应当举行听证的，如重大行政许可事项、重大行政处罚事项等；

（二）行政执法事项属于行政执法主体依法应当告知听证权利的，在告知权利后，当事人、利害关系人申请听证的；

（三）行政执法主体认为有必要举行听证的其他情形。

举行涉及重大公共利益的听证，应当公开征选社会公众代表参加。

第一百七十七条【当事人的权利义务】

听证参加人包括但不限于：

（一）当事人及其代理人；

（二）本案执法办案人员；

（三）证人，检测、检验及鉴定人；

（四）翻译人员；

（五）其他有关人员。

当事人在听证中的权利和义务包括但不限于：

（一）有权对案件的事实认定、法律适用及有关情况进行陈述和申辩；

（二）有权对案件调查人员提出的证据进行质证并提出新的证据；

（三）如实回答听证主持人的提问；

（四）遵守听证会场纪律，服从听证主持人指挥。

听证中其他参与人的权利义务参照上述第二款规定。

第一百七十八条【听证步骤】

听证包括行政执法主体的释明告知和当事人的申请，行政执法主体依职权或者接受申请决定听证，听证前的通知和具体实施听证等基本环节。

具体实施听证按下列程序进行：

（一）听证记录员或者书记员查明听证参加人是否到场，宣布听证会场纪律；

（二）听证主持人宣布听证开始，核对听证参加人，宣布案由，宣布听证主持人、听证员、记录员、翻译人员名单，告知听证参加人在听证中的权利义务，询问当事人是否提出回避申请，处理回避申请；对不公开听证的行政案件，宣布不公开听证的理由；

（三）案件调查人员提出案件事项或者当事人违法事实，逐一或者分组出示证据，说明拟作出的行政许可或者行政处罚的内容及法律依据；

（四）当事人或者其委托代理人对案件的事实、证据、适用的法律等进行陈述、申辩和质证，可以当场向听证会提交新的证据、要求重新鉴定，也可以在听证会后三日内向听证机关补交证据；

（五）第三人进行陈述、质证，提交证据；

（六）听证主持人、听证员就案件的有关问题向案件调查人员、当事人、第三人、证人、鉴定人、勘验人等发问；

（七）案件调查人员、当事人、第三人或者其委托代理人相互提问、质证和辩论；

（八）案件调查人员、当事人、第三人或者其委托代理人作最后陈述；

（九）听证主持人宣布听证结束。

听证应当制作笔录。听证笔录交当事人或者其代理人及相关参加人核对无误后签字、按捺指印或者盖章。当事人或者其代理人拒绝签字、按捺指印或者盖章的，由听证主持人在笔录中注明。

第一百七十九条【听证主持】

听证设听证主持人一名，负责组织听证；必要时，可以设听证员一至二名，协助听证主持人进行听证。

听证主持人应当具备相应的法律知识和专业知识且经过政府法制部门统一组织培训。

本案调查取证人员不得担任听证主持人、听证员或者记录员。

听证主持人决定或者开展下列事项：

（一）举行听证的时间、地点；

（二）听证是否公开举行；

（三）要求听证参加人到场参加听证，提供或者补充证据；

（四）听证的延期、中止或者终止；

（五）主持听证，就案件的事实、理由、证据、程序、适用法律等组织质证和辩论；

（六）维持听证秩序，对违反听证纪律的行为予以制止；

（七）听证员、记录员的回避；

（八）其他有关事项。

第一百八十条【听证的内容】

针对事实认定和证据运用，听证的内容包括但不限于：

（一）定性事实或者裁量事实的真实情况；

（二）初始事实与变动事实的发展情况；

（三）单一证据有无证据资格和证明力大小；

（四）全案证据是否完整、充分。

针对单一证据有无证据资格和证明力大小进行陈述与申辩、肯定与否定，应当围绕证据的合法性、真实性和关联性而展开。

第一百八十一条【听证形式】

除涉及国家秘密、商业秘密或者个人隐私等情形外，听证应当公开举行。

对案件证据实施听证，可以采取如下形式：

（一）一证一听：逐一出示证据、展开质证；

（二）分段听证：按组出示证据、展开质证；

（三）整体听证：全案证据一次出示、一次质证。

第一百八十二条【听证结果】

针对事实认定和证据运用，听证结果包括但不限于：

（一）单一证据有无证据资格；

（二）有证据资格的证据，其证明力的大小；

（三）全案证据是否完整、充分；

（四）定性事实或者裁定事实是否成立或者存在，具体情况如何；

（五）初始事实或者变动事实是否成立或者存在，具体情况如何。

第一百八十三条【听证笔录】

听证至少设一名记录员，负责制作听证笔录。根据需要，可以对听证实施全过程音像记录。

听证笔录应当载明下列内容：

（一）案由；

（二）听证的时间、地点和方式；

（三）听证人员和听证参加人的身份情况；

（四）案件调查人员陈述或者出示的事实、证据和法律依据以及行政处理意见；

（五）听证申请人或者其代理人的陈述和申辩；

（六）第三人陈述的事实和理由；

（七）案件调查人员、听证申请人或者其代理人、第三人质证、辩论的内容；

（八）证人、鉴定人陈述的事实；

（九）听证申请人、第三人、案件调查人员的最后陈述意见；

（十）其他事项。

听证笔录应当交听证申请人阅读或者向其宣读。听证笔录中的证人或者鉴定人陈述部分，应当交证人或者鉴定人阅读或者向其宣读。听证申请人或者证人、鉴定人认为听证笔录有误的，可以请求补充或者改正。听证申请人或者证人、鉴定人审核无误后应当签名或者按捺指印加以确认。听证申请人或者证人、鉴定人拒绝的，由主持人在听证笔录中记明情况。

听证笔录经听证主持人审阅后，由听证主持人、听证员和记录员签名。

听证笔录无论是文字记录还是音像记录，都属于程序证据。

第一百八十四条【法制审核】

听证是法制审核的重要路径之一。

法制审核在事实认定和证据运用方面的要点，包括但不限于：

（一）证据判断：定案证据是否完全具备合法性、真实性和关联性，有无证据资格，证明力大小如何；

（二）事实认定：定案证据是否确实、充分，是否已经达到相应的证明标准。

法制审核结束后，应当区别不同情况提出如下不同建议：

（一）对事实清楚、证据充分、定性准确、适用依据正确、程序合法、处理适当的案件，拟同意作出相应的行政处理决定；

（二）对定性不准、适用依据错误、程序不合法或者处理不当的案件，建议纠正；

（三）对基本事实不清、证据不充分的案件，建议补充调查或者撤销案件；

（四）违法行为轻微并及时纠正没有造成危害后果的，或者违法行为超过追诉时效的，建议不予行政处罚；

（五）认为有必要提出的其他意见和建议。

第二节　质　证

第一百八十五条【质证主体】

任何对己方证据表达肯定意见、对他方证据表达否定意见的人，互为质证主体。

任一主体的法定代理人或者委托代理人，也是质证主体。

证据分析、案件讨论时发表不同意见的人，不是质证主体。

听证主持人、法制审核人员、案件决定人员，不能成为质证主体。

第一百八十六条【质证客体】

质证客体包括但不限于在证据交换时、在听证会上出示的任一证据。

质证客体的出示应当遵循最佳证据规则或者最本源证据规则，无正当理由不得出示实物证据的复制件、复制品、替代品或者言词证据的书面记录。

涉密证据应当在不公开质证时予以出示并进行验证。

第一百八十七条【质证内容与路径】

质证应当围绕证据本身的合法性、真实性和关联性，针对证据资格的有无和证明力的大小进行。

第一百八十八条【对人证的交叉询问】

对人证进行质证的主要方式是交叉询问。

交叉询问应当遵循以下基本规则：

（一）发问的内容应当与案件事实有关联；

（二）发问应当单独进行，但组织证人对质的除外；

（三）发问应当简洁、清楚，尽量采用封闭式问话；

（四）发问应当采取一问一答形式，不宜同时发问多个内容不同的问题；

（五）不得以引诱方式发问；

（六）不得威胁或者误导证人；

（七）不得损害证人的人格尊严；

（八）不得泄露证人个人隐私；

（九）询问未成年人，应当结合未成年人的身心特点进行。

证人不得旁听案件的证据交换或者听证。

证人应当陈述其亲历的具体事实。证人根据其经历所作的判断、推测或者评论，不能作为定案的依据。

对鉴定人、勘验人、当事人等进行交叉询问的要求，参照上述规则。

第一百八十九条【对实物证据的辨认与查阅查勘】

对实物证据进行质证的主要方式是辨认、查阅或者查勘并发表意见。

第一百九十条【音像视频资料的查看】

对音像视频资料进行质证的主要方式是当场播放或者显示，在观看和听取后发表质证意见。

第一百九十一条【质证意见的表达】

任一主体应当在证据交换或者听证时口头言词陈述质证意见。

一方因言词表达障碍等原因而书面提交质证意见的，行政执法主体在听取对方意见后作出是否接受的决定。

任一主体的法定代理人或者委托代理人，在法定或者授权范围内，可以用口头或者书面的形式表达质证意见。

第一百九十二条【专家辅助人】

案件事实或者证据涉及专门性问题的，任一主体都可以委托一至二名专家担任质证辅助人。

专家辅助人帮助质证主体发表专业问题方面的质证意见，可以对鉴定人进行询问。

行政执法主体、对方当事人及其代理人可以就专家辅助人的资格和资质事宜对其进行发问。

对专家辅助人的反问要求，参照询问证人的规则。

行政执法主体可以组织专家辅助人进行对质。

第八章 附 则

第一百九十三条【取证协助机制】

行政执法主体可以建立系统内或者跨系统、跨地区的取证协助机制。

根据办案实际情况，需要其他执法部门协助调查、收集证据的，行政执法主体应当出具书面协助调查函，其他执法部门应当在法定职权范围内提供协助。

其他行政执法主体移送的证据材料，在经过充分审查，认定其具有合法性、真实法和关联性后，可以作为定案依据。

第一百九十四条【规则的援引适用】

本规则对证据保全没有规定或者规定不详的，参照法律、法规、规章中有关财产保全的规定。

本规则对视听资料、电子数据、笔录等没有规定或者规定不详的，可以援引适用有关书证的规定。

存储于电子介质中的视听资料，适用电子数据的有关规定。

对鉴定人、勘验人、专家辅助人、当事人的询问，参照询问证人的规定。

对听证程序没有规定或者规定不详的，参照《行政许可法》《行政处罚法》等法律、法规、规章的规定。

对质证没有规定或者规定不详的，参照行政复议和行政诉讼的法律、法规、规章规定。

第一百九十五条【行政复议的证据沿用】

在行政执法程序中收集的证据，可以在行政复议中依法使用。

在取证和析证基础上，行政执法主体在行政复议中运用证据的重点是举证和质证环节的己方证据维护与对方证据破坏。

第一百九十六条【行政诉讼的证据沿用】

在行政执法程序中收集的证据，可以在行政诉讼中依法使用。

在取证和析证基础上，行政执法主体在行政诉讼中运用证据的重点是举证和质证环节的己方证据维护与对方证据破坏。

第一百九十七条【行政与刑事证据的转化】

行政执法主体在行政执法和查办案件过程中依法收集的物证、书证、视听资料、电子数据等证据材料，在刑事诉讼中可以作为证据使用。

刑事案件转为行政案件办理的，刑事案件办理过程中依法收集的证据材料，可以作为行政案件的证据使用。

第一百九十八条【证据运用不当的过错责任】

在证据的调查收集、审查分析和事实认定等过程中，违反法律、法规、规章的规定，导致行政行为被确认违法或无效、撤销、责令重新作出的，应当依法追究直接责任人员的过错责任。

第一百九十九条【主体界定】

本规则下列用语的含义是：

（一）行政执法主体是指依法设立的行政执法机关和其他依法行使行政执法权的组织，包括各级人民政府及其工作部门和法律、法规授予行政执法职权的具有管理公共事务职能的组织和依法受委托的组织。

（二）行政执法人员，是指行政执法机关、受委托执法的行政机关或者组织中，依法履行行政执法职责的工作人员。

（三）当事人是指与行政执法行为有法律上的利害关系，以自己名义参与行政执法程序的公民、法人或者其他组织。

（四）其他参与人是指与行政执法行为的结果有某种法律上的利害关系的公民、法人或者其他组织。

第二百条【解释规则】

对本规则进行任一解释都必须遵循下列规则：

（一）合法解释规则：依据现行有效的法律、法规、规章加以解释；

（二）目的正当规则：以法治或者依法行政为最高标准，以证据运用的合法规范为具体要求，解释本规则。不得故意误导或者曲解本规则。

（三）文义解释优先规则：首先探究各项规则的字面含义；

（四）体系完整规则：对本规则的体系进行整体考量；

第二百零一条【生效】

本规则自公布之日起施行。

参考文献

一、行政执法证据法类著作

[1] 姬亚平. 国家治理现代化视角下的行政证据研究［M］. 北京：北京大学出版社，2021.

[2] 上海市城管执法培训教材编委会. 城管执法证据收集与运用［M］. 北京：人民法院出版社，2017.

[3] 杨继勇，曹永胜. 交通运输行政执法的证据、程序和文书制作实务［M］. 北京：人民交通出版社股份有限公司，2017.

[4] 陈峰，张杰. 法治理念下的行政程序证据制度研究［M］. 北京：经济管理出版社，2017.

[5] 董晓慧. 工商行政处罚证据收集与适用［M］. 北京：中国工商出版社，2016.

[6] 曹晓凡. 环境行政执法证据的收集与运用［M］. 北京：中国民主法制出版社，2015.

[7] 王维民. 行政程序证据制度研究［M］. 北京：中国言实出版社，2014.

[8] 李红枫. 行政处罚证据原理研究［M］. 北京：中国政法大学出版社，2013.

[9] 交通运输部政策法规司. 交通运输行政执法证据收集与运用［M］. 北京：人民交通出版社，2012.

[10] 徐继敏. 行政程序证据规则研究［M］. 北京：中国政法大学出版社，2010.

[11] 徐继敏. 行政证据通论［M］. 北京：法律出版社，2004.

[12] 华晨泓，刘玉江，等. 行政执法证据的收集与运用［M］. 南京：江苏科学技术出版社，2007.

[13] 刘玉民. 行政证据收集、举证、审查［M］. 北京：中国民主法制出版社，2014.

[14] 徐伟红，高文英. 公安机关办理行政案件程序规定理解与适用：条文解读、案例分析、最新修改提示与执法风险提示［M］. 北京：中国法制出版社，2020.

[15] 王毅. 城管综合执法实务操作与典型案例［M］. 南京：江苏人民出版社，2019.

[16] 沈体雁，朱立国. 城市管理综合执法办案实务［M］. 北京：北京大学出版社，2018.

[17] 王万华. 中华人民共和国行政执法程序条例（建议稿）及立法理由［M］. 北京：中国人民公安大学出版社，2016.

[18] 王万华. 中国行政程序法典试拟稿及立法理由［M］. 北京：中国法制出版社，2010.

二、证据法学类著作

［1］卞建林. 证据法学［M］. 北京：高等教育出版社，2020.
［2］何家弘，刘品新. 证据法学［M］. 北京：法律出版社，2019.
［3］陈光中. 证据法学［M］. 4版. 北京：法律出版社，2019.
［4］樊崇义. 证据法学［M］. 6版. 北京：法律出版社，2017.
［5］张保生. 证据法学［M］. 2版. 北京：中国政法大学出版社，2014.
［6］潘金贵. 证据法学［M］. 北京：法律出版社，2013.
［7］李浩. 证据法学［M］. 北京：高等教育出版社，2009.
［8］卞建林. 证据法学［M］. 3版. 北京：中国政法大学出版社，2007.
［9］何家弘，张卫平. 简明证据法学［M］. 北京：中国人民大学出版社，2007.
［10］何家弘. 证据法学研究［M］. 北京：中国人民大学出版社，2007.
［11］宋英辉，汤维建. 证据法学研究述评［M］. 北京：中国人民公安大学出版社，2006.
［12］高家伟，邵明，王万华. 证据法原理［M］. 北京：中国人民大学出版社，2004.
［13］何家弘，刘品新. 证据法学［M］. 北京：法律出版社，2004.
［14］何家弘. 新编证据法学［M］. 北京：法律出版社，2000.
［15］江伟. 证据法学［M］. 北京：法律出版社，1999.
［16］刘金友. 证据理论与实务［M］. 北京：法律出版社，1992.
［17］陈一云. 证据学［M］. 北京：中国人民大学出版社，1991.
［18］裴苍龄. 证据法学新论［M］. 北京：法律出版社，1989.
［19］巫宇甦. 证据学［M］. 北京：群众出版社，1983.
［20］东吴大学法学院. 证据法学［M］. 吴宏耀，魏晓娜，点校. 北京：中国政法大学出版社，2012.
［21］周荣. 证据法要论［M］. 吴宏耀，点校. 北京：中国政法大学出版社，2012.
［22］刘静坤. 证据审查规则与分析方法：原理·规范·实例［M］. 北京：法律出版社，2018.
［23］郭华. 案件事实认定方法［M］. 北京：中国人民公安大学出版社，2009.
［24］邱爱民. 科学证据基础理论研究［M］. 北京：知识产权出版社，2013.
［25］邱爱民. 实物证据鉴真制度研究［M］. 北京：知识产权出版社，2012.
［26］戴泽军. 审查判断证据［M］. 北京：中国人民公安大学出版社，2010.
［27］汪振林. 电子证据学［M］. 北京：中国政法大学出版社，2016.
［28］何家弘. 证据调查实用教程［M］. 北京：中国人民大学出版社，2000.
［29］何家弘. 证据调查［M］. 2版. 北京：中国人民大学出版社，2005.
［30］何家弘. 证据调查［M］. 北京：法律出版社，1997.
［31］许爱东. 物证技术学［M］. 北京：法律出版社，2016.
［32］马丽霞. 现场勘查［M］. 北京：中国检察出版社，2010.
［33］樊崇义，温小洁，赵燕. 视听资料研究综述与评价［M］. 北京：中国人民公安大学出版社，2002.

[34] 麦永浩,孙国梓,许榕生,等. 计算机取证与司法鉴定[M]. 北京:清华大学出版社,2009.
[35] 殷联甫. 计算机取证技术[M]. 北京:科学出版社,2008.
[36] 姜世明. 证据评价论[M]. 厦门:厦门大学出版社,2017.
[37] 周叔厚. 证据法论[M]. 台北:三民书局股份有限公司,1995年.
[38] 李学灯. 证据法比较研究[M]. 台北:五南图书出版公司,1992.
[39] Edmund M. Morgan. 证据法之基本问题[M]. 李学灯,译. 台北:世界书局,1970.
[40] 王进喜. 美国《联邦证据规则》(2011年重塑版)条解[M]. 北京:中国法制出版社,2012.
[41] 达马斯卡. 漂移的证据法[M]. 李学军,等译. 北京:中国政法大学出版社,2003.
[42] Cyril H. Wecht, John T. Rago. *Forensic Science and Law*[M]. Oxford:Taylor & Francis Group,2006.

三、行政法学及关联学科类著作

[1] 江必新,夏道虎. 中华人民共和国行政处罚法条文解读与法律适用[M]. 北京:中国法制出版社,2021.
[2] 袁雪石. 中华人民共和国行政处罚法释义[M]. 北京:中国法制出版社,2021.
[3] 姜明安. 行政法[M]. 北京:北京大学出版社,2017.
[4] 罗豪才,湛中乐. 行政法学[M]. 4版. 北京:北京大学出版社,2016.
[5] 应松年. 外国行政程序法汇编[M]. 北京:中国法制出版社,2004.
[6] 周旺生. 立法学[M]. 2版. 北京:法律出版社,2009.
[7] 公丕祥. 法理学[M]. 上海:复旦大学出版社,2002.
[8] 陈金钊,熊明辉. 法律逻辑学[M]. 北京:中国人民大学出版社,2012.
[9] 张晓光. 法律专业逻辑学教程[M]. 上海:复旦大学出版社,2007.
[10] 雍琦. 法律逻辑学[M]. 北京:法律出版社,2004.
[11] 雍琦. 法律适用中的逻辑[M]. 北京:中国政法大学出版社,2002.
[12] 李净,唐红洁. 新编现代科技概论[M]. 2版. 北京:中国政法大学出版社,2008.
[13] 博登海默. 法理学:法哲学及其方法[M]. 邓正来,姬敬武,译. 北京:华夏出版社,1987.
[14] 拉伦茨. 法学方法论[M]. 陈爱娥,译. 北京:商务印书馆,2003.
[15] 梅利曼. 大陆法系[M]. 2版. 顾培东,禄正平,译. 北京:法律出版社,2004.

四、学术论文

[1] 邱爱民. 论文书证据的形式真实及其证明[J]. 扬州大学学报(人文社会科学版),2017,21(6):26-31.
[2] 全亮. 论原件与原本:兼辨复制件与副本[J]. 四川师范大学学报(社会科学版),2012,39(5):18-22.

［3］张晓菲，吴瑞. 浅论违警罪的概念及其处罚［J］. 甘肃警察职业学院学报，2011（1）：28－32.

［4］高家伟. 论证据法的体系和法典化［J］//证据学论坛：第8卷. 北京：中国检察出版社，2004：63.

五、工具书

［1］中国社会科学院语言研究所词典编辑室. 现代汉语词典［Z］. 7版. 北京：商务印书馆，2016.

［2］夏征农，陈至立. 辞海［Z］. 6版. 上海：上海辞书出版社，2009.

［3］广东、广西、湖南、河南辞源修订组，商务印书馆编辑部. 辞源［Z］. 修订本重排版. 北京：商务印书馆，2010.

［4］广东、广西、湖南、河南辞源修订组，商务印书馆编辑部. 辞源［Z］. 北京：商务印书馆，1983.

［5］沃克. 牛津法律大辞典［Z］. 李双元，等译. 北京：法律出版社，2003.

［6］Bryan A. Garner：*Black's Law Dictionary*［Z］. 9th ed. New York：WEST/A Thomson Reuters Business，2009.